Claus Roxin

Strafrechtliche Grundlagenprobleme

W DE G

STRAFRECHTLICHE GRUNDLAGEN-PROBLEME

von

Dr. Claus Roxin

o. Professor an der Universität München

1973

Walter de Gruyter

Berlin · New York

ISBN 3 11 0043 84 X

Satz und Druck: Max Schönherr KG, Berlin 65, Müllerstraße 10-11

VORWORT

Der Universitätsunterricht geht immer mehr dazu über, „Materialien“ zu benutzen, die mit dem Ziel vertiefter Problembehandlung in kleineren Arbeitsgruppen kritisch diskutiert werden. Daher habe ich im vorliegenden Band einige meiner strafrechtlichen Abhandlungen versammelt, um sie für Studienzwecke besser zugänglich zu machen. Bei der Auswahl hat mich der Gedanke geleitet, daß es für ein sinnvolles strafrechtliches Studium nicht darauf ankomme, möglichst viele Details zu beherrschen, sondern die kriminalpolitischen, methodologischen und dogmatischen Grundfragen unseres Faches in Auseinandersetzung mit den widerstreitenden modernen Lehrmeinungen selbständig zu durchdenken. Ich habe deshalb in diesen Band nur Arbeiten aufgenommen, von denen ich glaube, daß sie bei diesen Bemühungen behilflich sein könnten. Die beiden ersten Beiträge behandeln die Kardinalfrage nach der Rechtfertigung und dem Zweck der staatlichen Strafe. Dabei geht der einleitende Aufsatz so vor, daß er die herkömmlichen „Straftheorien“ im Zusammenhang mit der historischen Überlieferung darstellt und auf ihre Brauchbarkeit für ein modernes Strafrecht hin überprüft. Auf der Grundlage der dabei erzielten Ergebnisse zieht die zweite Abhandlung die praktischen Folgerungen für die Strafrechtsreform; sie liefert in Anknüpfung an die Lehren Franz v. Liszts, unseres bedeutendsten Kriminalpolitikers, eine Interpretation des „Alternativentwurfs eines Strafgesetzbuches“, der auf die Reformgesetze der letzten Jahre erheblichen Einfluß ausgeübt hat. Die beiden folgenden Studien beschäftigen sich mit dem Aufbau der Verbrechenslehre, also den Grundlagen des „Strafrechtssystems“, unter dem Aspekt der verschiedenen Methoden strafrechtlichen Denkens. Der Beitrag „Zur Kritik der finalen Handlungslehre“ versucht eine Auseinandersetzung mit der in der Nachkriegszeit wirkungsmächtigsten strafrechtsdogmatischen Systemkonzeption, während der anschließende Aufsatz den Abriß einer eigenen teleologischen Zurechnungslehre liefert. Die fünfte Abhandlung untersucht anhand sehr umstrittener praktischer Rechtsfälle ein zentrales Problem der Tatbestandslehre: die Verbrechensbeschreibung mit Hilfe wertausfüllungsbedürftiger, generalklauselartiger Begriffe. Die beiden letzten Arbeiten schließlich behandeln von den zuvor entwickelten methodischen Ansätzen aus zwei der wichtigsten und meistdiskutierten strafrechtsdogmatischen Streitfragen: das Verhältnis von Pflichtwidrigkeit und Erfolg bei fahrlässigen Delikten und die Abgrenzung von Vorsatz und Fahrlässigkeit. Sie gehen von der für den jeweiligen Problemkreis „maßgebenden" Leitentscheidung des Bundesgerichtshofes aus und bemühen sich, durch deren kritische Analyse unter Einbeziehung sämtlicher Lehrmeinungen zu einer selbständigen und weiterführenden Lösung durchzudringen. Auf die Hinzufügung weiterer Abhandlungen zu dogmatischen Einzelthemen habe ich verzichtet. Es kam mir nicht auf eine — ohnehin unerreichbare — Vollständigkeit, sondern auf eine gewissermaßen „exemplarische" Problembehandlung an, für die ich zwei mir besonders lehrreich erscheinende Beispiele herausgegriffen habe.

Die Aufsätze folgen — von geringfügigen redaktionellen Änderungen abgesehen — wortgetreu dem Erstabdruck. Nachträgliche Änderungen (vor allem Korrekturen oder Antikritiken) erscheinen mir nicht angemessen, weil man solche Abhandlungen nicht aus ihrem historischen Kontext lösen kann, ohne in ihre Substanz einzugreifen. Stattdessen habe ich jeder Studie eine Nachbemerkung angefügt, die über die nachfolgenden literarischen Stellungnahmen zum Thema und zu meinen Thesen kurz unterrichtet. Das schien mir notwendig, um eine vollständige Information des Lesers sicherzustellen. Denn es liegt in der Natur wissenschaftlicher Beiträge, daß sie ihre Adressaten von der Richtigkeit eines besonderen Argumentationsverfahrens oder einer bestimmten Problemlösung überzeugen wollen. Der Leser aber wird sich ein fundiertes Urteil darüber nur bilden können, wenn ihm das Pro und Contra der anschließenden Meinungsäußerungen nachgewiesen wird. Gerade die studentischen Leser, die ich mir wünsche, sollen wissen, daß jede Abhandlung — mag auch der Autor von ihrer zeitenthobenen Gültigkeit noch so überzeugt sein — immer nur einen Diskussionsbeitrag darstellt in jenem immerwährenden wissenschaftlichen Streitgespräch, aus dem sich in Rede und Gegenrede der Fortschritt unserer Erkenntnis allmählich herausbildet.

München, im Herbst 1972

Claus Roxin

INHALT

Abkürzungsverzeichnis IX

Sinn und Grenzen staatlicher Strafe 1

Franz von Liszt und die kriminalpolitische Konzeption des Alternativentwurfs 32

Zur Kritik der finalen Handlungslehre 72

Gedanken zur Problematik der Zurechnung im Strafrecht . . . 123

Pflichtwidrigkeit und Erfolg bei fahrlässigen Delikten . . . 147

Verwerflichkeit und Sittenwidrigkeit als unrechtsbegründende Merkmale im Strafrecht 184

Zur Abgrenzung von bedingtem Vorsatz und bewußter Fahrlässigkeit — BGHSt. 7, 363 209

ABKÜRZUNGSVERZEICHNIS

Wiedergegeben sind nur jeweils die neuesten Auflagen.

a. A.	anderer Auffassung
a. a. O.	am angegebenen Ort
AE	Alternativ-Entwurf eines Strafgesetzbuches, 1966 ff.
A. u. V. I	Liszt, Aufsätze und Vorträge, Band I, 1905
A. u. V. II	Liszt, Aufsätze und Vorträge, Band II, 1905.
Baumann	Baumann, Strafrecht, Allgemeiner Teil, 5. Auflage 1968 mit Nachtrag Strafrechtsreformgesetz 1970
BGB	Bürgerliches Gesetzbuch
BGE	Entscheidungen des schweizerischen Bundesgerichts (Amtliche Sammlung), angeführt nach Band, Teil und Seite
BGH	Bundesgerichtshof
BGHSt.	Entscheidungen des Bundesgerichtshofes in Strafsachen (Amtliche Sammlung), angeführt nach Band und Seite
BGHZ	Entscheidungen des Bundesgerichtshofes in Zivilsachen (Amtliche Sammlung), angeführt nach Band und Seite
BVerfG	Bundesverfassungsgericht
DAR	Zeitschrift „Deutsches Autorecht", herausgegeben vom Allgemeinen Deutschen Automobil-Club
DJ	Zeitschrift „Deutsche Justiz"
Dohna	Deutscher Juristentag Graf zu Dohna, Der Aufbau der Verbrechenslehre, 3. Auflage 1947
DR	Zeitschrift „Deutsches Recht", Wochenausgabe
Dreher	Dreher, Strafgesetzbuch, Kommentar, 33. Auflage 1972, früher Schwarz-Dreher
E 1962	Entwurf eines Strafgesetzbuches mit Begründung — Bundesratsvorlage —, Bonn 1962
Engisch, Festschrift	Festschrift für Karl Engisch zum 70. Geburtstag, 1969
Engisch, Kausalität	Engisch, Die Kausalität als Merkmal der strafrechtlichen Tatbestände, 1931

Engisch, Untersuchungen	Engisch, Untersuchungen über Vorsatz und Fahrlässigkeit im Strafrecht, 1930; Neudruck 1964
Feuerbach, Lehrbuch	Feuerbach, Ritter von, Lehrbuch des in Deutschland geltenden peinlichen Rechts, 11. Auflage, 1832
Frank	Frank, Das Strafgesetzbuch für das Deutsche Reich, Kommentar, 18. Auflage, 1931
Frank, Festgabe I und II	Festgabe für Reinhard Frank, herausgegeben von Hegler, Band I und II, 1930
GA	Goltdammer's Archiv für Strafrecht (zitiert nach Bänden, seit 1953 nach Jahrgängen)
Gerland	Gerland, Deutsches Reichsstrafrecht, 2. Auflage, 1932
GG	Grundgesetz für die Bundesrepublik Deutschland
GrS	Großer Senat
Hegel	Hegel, Rechtsphilosophie
v. Hippel, I, II	von Hippel, Deutsches Strafrecht, Band I 1925, Band II 1930
v. Hippel, Lehrbuch	von Hippel, Lehrbuch des Strafrechts, 1932
h. L.	herrschende Lehre
h. M.	herrschende Meinung
Honig-Festschrift	Göttinger Festschrift für Richard M. Honig, 1970
Jescheck	Jescheck, Lehrbuch des Strafrechts, Allgemeiner Teil, 1969
JR	Juristische Rundschau
JuS	Zeitschrift „Juristische Schulung"
JW	Juristische Wochenschrift
JZ	Juristenzeitung
Kaufmann, Armin, Unterlassungsdelikte	Armin Kaufmann, Die Dogmatik der Unterlassungsdelikte, 1959
KG	Kammergericht
Kohlrausch-Lange	Kohlrausch-Lange, Strafgesetzbuch, 43. Auflage, 1961
Liszt, A. u. V. I, II	v. Liszt, Strafrechtliche Aufsätze und Vorträge, Band I und II, 1905
Liszt, Lehrbuch	v. Liszt, Lehrbuch des Deutschen Strafrechts, 26. Auflage besorgt von Eb. Schmidt, 1932
LK	Leipziger Kommentar zum Strafgesetzbuch. Begründet von Ebermayer, Lobe, Rosenberg. 7. Auflage 1953/54 herausgegeben von Johannes Nagler, Edmund Mezger, Heinrich Jagusch u. a.; 8. Auflage 1957/58 herausgegeben

	von Heinrich Jagusch, Edmund Mezger, August Schaeffer und Wolfhart Werner; 9. Auflage ab 1970, herausgegeben von Paulheinz Baldus und Günther Willms.
LM	Nachschlagewerk des BGH, herausgegeben von Lindenmaier-Möhring
LZ	Leipziger Zeitschrift für deutsches Recht
MatStrReform	Materialien zur Strafrechtsreform, 1954. Band I: Gutachten der Strafrechtslehrer. Band II: Rechtsvergleichende Arbeiten (Allgemeiner Teil). Band II BT: Rechtsvergleichende Arbeiten (Besonderer Teil).
Maurach AT	Maurach, Deutsches Strafrecht. Allgemeiner Teil, 4. Auflage 1971.
Maurach BT	Maurach, Deutsches Strafrecht. Besonderer Teil, 5. Auflage 1969 mit Nachtrag 1970
H. Mayer, Lehrbuch AT	Hellmuth Mayer, Strafrecht, Allgemeiner Teil, 1953
H. Mayer, StuB	Hellmuth Mayer, Strafrecht, Allgemeiner Teil, Studienbuch, 1967
MDR	Monatsschrift für deutsches Recht (zitiert nach Jahr und Seite)
Mezger, Lehrbuch	Mezger, Strafrecht. Ein Lehrbuch, 3. Auflage 1949
Mezger-Blei AT (I)	Mezger-Blei, Strafrecht. Ein Studienbuch. Allgemeiner Teil, 14. Auflage 1970
Mezger-Blei BT (II)	Mezger-Blei, Strafrecht. Ein Studienbuch. Besonderer Teil, 9. Auflage 1966; 10. Auflage 1971
Mezger LK	vgl. LK
MoKrimBiologie	Monatsschrift für Kriminalbiologie und Strafrechtsreform
MSchrKrim	Monatsschrift für Kriminologie und Strafrechtsreform
Niederschriften	Niederschriften über die Sitzungen der Großen Strafrechtskommission
Niese	Niese, Finalität, Vorsatz und Fahrlässigkeit, 1951
NJW	Neue Juristische Wochenschrift
OGH	Deutscher Oberster Gerichtshof für die britische Zone
OGHSt	Entscheidungen des Obersten Gerichtshofes für die britische Zone in Strafsachen
ÖJZ	Österreichische Juristenzeitung
OLG	Oberlandesgericht
Radbruch-Gedächtnisschrift	Gedächtnisschrift für Gustav Radbruch, 1968

RG	Reichsgericht
RGSt.	Entscheidungen des Reichsgerichts in Strafsachen (Amtliche Sammlung), angeführt nach Band mit Seite.
RGZ	Entscheidungen des Reichsgerichts in Zivilsachen (Amtliche Sammlung), angeführt nach Band mit Seite.
Roxin, Täterschaft	Roxin, Täterschaft und Tatherrschaft, 2. Auflage 1967
Rspr.	Rechtsprechung
SA	Sonderausschuß des Bundestages für die Strafrechtsreform
Sauer AT	Sauer, Allgemeine Strafrechtslehre, 3. Auflage 1955
Schmidhäuser AT	Schmidhäuser, Strafrecht, Allgemeiner Teil, 1970
Eb.-Schmidt-Festschrift	Festschrift für Eb. Schmidt, 1961
Schönke-Schröder	Schönke, Strafgesetzbuch, Kommentar, fortgeführt von Schröder, 16. Auflage 1972
Schwarz-Dreher	Schwarz-Dreher, Strafgesetzbuch, Kommentar, ab 31. Auflage, Dreher
SchwJZ	Schweizerische Juristen-Zeitung
SchwZStr	Schweizer Zeitschrift für Strafrecht
StGB	Strafgesetzbuch
StrRG	Gesetz zur Reform des Strafrechts
StrafrAbh.	Strafrechtliche Abhandlungen
Stratenwerth AT	Stratenwerth, Strafrecht, Allgemeiner Teil, 1971
VRS	Verkehrsrechts-Sammlung, Entscheidung aus allen Gebieten des Verkehrsrechts
v. Weber, Grundriß	v. Weber, Grundriß des deutschen Strafrechts, 2. Auflage 1948
Welzel, Lehrbuch	Welzel, Das Deutsche Strafrecht, 11. Auflage 1969
Wessels AT	Wessels, Strafrecht AT, 2. Auflage 1972
ZStW	Zeitschrift für die gesamte Strafrechtswissenschaft

Sinn und Grenzen staatlicher Strafe*

A.

Die Frage nach dem Sinn der staatlichen Strafe stellt sich zu allen Zeiten neu. Es geht dabei nämlich nicht in erster Linie um ein theoretisches Problem, um Reflexionen also, wie sie über den Sinn dieser und jener Lebenserscheinung auch sonst angestellt zu werden pflegen, sondern um ein Thema von drängender praktischer Aktualität: Wie und unter welchen Voraussetzungen läßt es sich rechtfertigen, daß eine im Staatsverband zusammenlebende Gruppe von Menschen einzelne ihrer Mitglieder der Freiheit beraubt oder auf andere Weise in ihre soziale Existenz lebensgestaltend eingreift? Es ist dies eine Frage nach der Legitimation und den Grenzen staatlicher Gewalt; und daraus erklärt es sich, daß wir uns mit den Antworten der Vergangenheit nicht begnügen können, sondern daß die geistesgeschichtliche, verfassungsrechtliche und gesellschaftliche Situation der jeweiligen Gegenwart die geistige Durchdringung des vielschichtigen Komplexes unter immerfort gewandelten Aspekten verlangt.

Diese Aufgabe wird oft nicht klar genug gesehen. Wir lehren und lernen die durch die Jahrhunderte überlieferten „Straftheorien", als handele es sich um fertige Antworten auf eine unverändert sich gleichbleibende Frage. Dadurch erhält die Thematik etwas unverbindlich Ehrwürdiges, den ästhetisch-philosophischen Reiz des in besinnlicher Vortragsstunde je und je wieder heraufzurufenden Bildungsgutes, während es sich in Wahrheit um die harte Arbeit an einer den heutigen Gegebenheiten gerecht werdenden sozialen und rechtsstaatlichen Problematik handelt. Es ist also dieser Blickpunkt und

---

* JuS 1966, S. 377 ff. — Der folgende Beitrag ist dazu bestimmt, dem Studenten einen ersten Einblick in den Problemkreis zu geben, ihn mit den wesentlichsten Argumenten vertraut zu machen und ihn zum selbständigen Weiterdenken und zur Diskussion anzuregen. Die Literaturhinweise beschränken sich — neben der Anführung einiger „klassischer" Texte — auf Veröffentlichungen der letzten Jahre, die dem Studenten leicht zugänglich sind und von ihm nachgelesen werden sollten. Sie bedeuten nicht, daß die in den Fußnoten genannten Autoren mit der hier vertretenen Konzeption in allen Fällen übereinstimmen.

nicht die Absicht repetierender Wissensübermittlung, unter dem wir die in der Vergangenheit entwickelten Lösungen in aller Kürze kritisch durchprüfen müssen. Führt man die uferlose philosophische und juristische Literatur auf ihre Grundpositionen zurück, so zeigt sich, daß bisher nicht mehr als drei Lösungen für unsere Ausgangsfrage vorgeschlagen worden sind[1].

I. Die erste Antwort gibt die sogenannte „Vergeltungstheorie". Für sie liegt der Sinn der Strafe darin, daß die Schuld, die der Täter auf sich geladen hat, durch die Zufügung eines Strafübels ausgeglichen wird. Die Rechtfertigung eines solchen Verfahrens ergibt sich für diese Lehre nicht aus irgendwelchen mit der Strafe zu erreichenden Zwecken, sondern allein aus der Verwirklichung einer Idee: der Gerechtigkeit. Die Strafe dient also zu nichts, sondern trägt ihren Zweck in sich selbst. Sie muß sein, weil Gerechtigkeit herrschen soll. Am prägnantesten hat das *Kant*[2] formuliert: „Selbst, wenn sich die bürgerliche Gesellschaft mit aller Glieder Einstimmung auflösete (z. B. das eine Insel bewohnende Volk beschlösse, auseinanderzugehen, und sich in alle Welt zu zerstreuen), müßte der letzte im Gefängnis befindliche Mörder vorher hingerichtet werden, damit jedermann das widerfahre, was seine Taten wert sind, und die Blutschuld nicht auf dem Volke hafte, das auf diese Bestrafung nicht gedrungen hat"[3]. Die bekannte dialektische Formel *Hegels* vom Wesen der Strafe als einer Negation der Negation des Rechts[4] besagt — so, wie sie historisch wirksam geworden ist — nichts anderes: Das Verbrechen wird getilgt, negiert, gesühnt durch das Erleiden der Strafe, die auf diese Weise das verletzte Recht wiederherstellt. Auch die christliche Theologie beider Konfessionen vertritt

---

1 Allgemein zu den Straftheorien, namentlich zu den Fragen von Schuld und Vergeltung: Niederschriften über die Sitzungen der Großen Strafrechtskommission, I, 1956, S. 29; XII, 1959, S. 43; *Preiser,* Festschr. f. Mezger, 1954, S. 71; *Bockelmann,* Schuld und Sühne, 2. Aufl. (1958); *Stratenwerth,* Ev. Theologie 1958, 337 ff.; Schuld und Sühne, Dreizehn Vorträge über den deutschen Strafprozeß, hrsg. v. *Freudenfeld,* 1960; *Arthur Kaufmann,* Das Schuldprinzip, 1961; *Noll,* Die ethische Begründung der Strafe, 1962; *Schmidhäuser,* Vom Sinn der Strafe, 1963; Schuld, Verantwortung, Strafe hrsg. v. *Frey,* 1964; *Baumann,* JurBl. 1965, 113.

2 Die Metaphysik der Sitten, § 49 E I, Kant-Studienausgabe der Wissenschaftlichen Buchgesellschaft IV, 1956, S. 455.

3 Vgl. im einzelnen jetzt *Naucke,* SchlHAnz. 1964, 203.

4 Die Wendung findet sich in § 104 der „Grundlinien der Philosophie des Rechts"; im übrigen wird die Strafrechtstheorie *Hegels* vornehmlich abgehandelt in den §§ 90—103 dieses Werkes. Vgl. dazu neuerdings (aus marxistischer Sicht) die dt. Übersetzung des russischen Werkes von *Piontkowski,* Hegels Lehre über Staat und Recht und seine Strafrechtstheorie, 1960.

heute wie früher überwiegend diesen Standpunkt, indem sie die Verwirklichung der Gerechtigkeit als Gottes Gebot und die Strafe als Vollziehung des göttlichen Richteramtes betrachtet.

Der Umstand, daß die philosophische Tradition des Idealismus und die christliche Überlieferung, die in mannigfacher Durchdringung die Kultur des deutschen Bürgertums im vergangenen Jahrhundert geformt haben, hier zu *einem* mächtigen Strom zusammenfließen, ist wohl überhaupt der Grund dafür, daß die Vergeltungstheorie in Deutschland stets geherrscht hat und heute noch die meisten Anhänger auf sich vereinigt.

Fraglos hat auch der Gedanke vergeltenden Ausgleichs, indem er einen Abglanz höherer Harmonie in unser gebrechliches Erdendasein zu bringen versucht, eine bezwingend erhabene Kraft, der man sich nur schwer entziehen kann. Dennoch wird man redlicherweise die staatliche Strafe durch ihn nicht rechtfertigen können. Ich nenne drei Gegengründe:

1. Die Vergeltungstheorie setzt die Notwendigkeit der Strafe, die sie begründen soll, in Wahrheit schon voraus. Denn wenn ihre Bedeutung im Ausgleich menschlicher Schuld liegt, so kann damit doch ernstlich nicht gemeint sein, daß der Staat die Aufgabe habe, alle Schuld durch Strafe zu vergelten[5]. Jeder von uns macht sich gegenüber seinen Mitmenschen in vielfacher Weise schuldig, aber wir sind deswegen nicht strafbar. Und auch die rechtliche Schuld zieht mancherlei Folgen, wie etwa eine Schadensersatzpflicht, aber nur selten Strafe nach sich. Die Vergeltungstheorie erklärt also gar nicht, *wann* gestraft werden muß, sondern sie sagt nur: „Wenn Ihr schon — nach welchen Maßstäben auch immer — Strafe verhängt, so müßt Ihr damit eine Übeltat vergelten." Die entscheidende Frage, unter welchen Voraussetzungen menschliche Schuld den Staat zu Bestrafungen ermächtigt, bleibt offen. Vor der Aufgabe, der staatlichen Strafgewalt eine *inhaltliche* Grenze zu ziehen, versagt also die Vergeltungstheorie. Sie hindert nicht, daß man beliebiges Verhalten in den Strafkodex aufnimmt und beim Vorliegen der allgemeinen Zurechnungskriterien auch wirklich bestraft; sie gibt insofern dem Gesetzgeber einen Blankoscheck. Daraus erklärt sich auch ihre vom Absolutismus bis heute jeden Verfassungswechsel überdauernde Verwendbarkeit, die unter diesem Gesichtswinkel nicht nur eine theoretische Schwäche, sondern auch eine praktische Gefahr enthüllt.

2. Beim zweiten Gegenargument kann ich mich kurz fassen: Auch wenn man die staatliche Befugnis, schuldhafte Verhaltensweisen unter

[5] Vgl. dazu bes. *Schmidhäuser*, S. 40 ff.

Strafe zu stellen, einschränkungslos bejaht, ist die Rechtfertigung der Strafsanktion durch den Gedanken des Schuldausgleichs immer noch unbefriedigend. Denn die Möglichkeit menschlicher Schuld setzt bekanntlich die Willensfreiheit voraus, und deren Bestehen ist, wie auch die Vertreter des Vergeltungsgedankens einräumen, unbeweisbar[6]. Wohl haben die neueren anthropologischen Forschungen dargetan, daß eine durchgängige biologische Determiniertheit des Menschen (anders als beim Tier) nicht existiert und daß dieser relative Mangel an festen Instinktschemata durch vorwiegend kulturgeprägte Verhaltensmuster ersetzt wird. Ob aber gegenüber den dadurch unabsehbar mannigfaltig werdenden Determinationsfaktoren ein frei wählender Entschluß möglich ist, das ist angesichts der Tatsache, daß wir über die mikrophysikalischen Vorgänge im menschlichen Gehirn kaum etwas wissen, zumindest unentscheidbar. Und wenn man die Willensfreiheit als solche bejahen wollte, wäre die im Prozeß ausschlaggebende Frage, ob dieser bestimmte Mensch in dieser konkreten Situation anders hätte handeln können, damit noch nicht bejaht; sie ist, wie führende Psychiater und Psychologen unumwunden aussprechen, mit wissenschaftlichen Mitteln überhaupt nicht zu beantworten[7]. Die Begründung unseres Strafgesetzentwurfes 1962 sagt denn auch nur, das Gesetz „bekenne" sich zu der Annahme, „daß es menschliche Schuld gibt, daß sie festgestellt und gewogen werden kann. Auch die Wissenschaft", heißt es dort, „vermag nicht der Überzeugung die Grundlage zu entziehen, daß es Schuld im Handeln des Menschen gibt. Neuere Forschungen geben dem Raum." Der Gesetzgeber rechtfertigt also nach seinen eigenen Worten die Strafe nur durch eine zwar unwiderlegte, aber auch nicht verifizierbare Hypothese. Eine solche Vermutung reicht jedoch, wenn sie zu Lasten des Staatsbürgers geht, nicht aus, um die Befugnis zu so einschneidenden Eingriffen darzutun.

3. Wenn man aber auch die Reichweite der staatlichen Strafdrohungen und die menschliche Schuld als durch die Vergeltungstheorie hinreichend begründet ansehen wollte, bliebe immer noch der dritte Einwand, daß nämlich die Idee ausgleichender Vergeltung

---

[6] Zur neueren Diskussion über die Willensfreiheit und ihre Bedeutung für das Strafrecht: *Nowakowski*, Festschr. f. Rittler, 1957, S. 55; *Engisch*, Die Lehre von der Willensfreiheit in der strafrechtsphilosophischen Doktrin der Gegenwart, 2. Aufl. (1965); *Roeder*, JurBl. 1964, 229; *Hilde Kaufmann*, JZ 1962, 193; *A. E. Brauneck*, MSchrKrim 1963, 193; *Mangakis*, ZStW 75, 119.

[7] Vgl. darüber zuletzt *Bockelmann*, ZStW 75, 372.

selbst nur durch einen Glaubensakt plausibel zu machen ist. Denn bei rationaler Betrachtung ist nicht einzusehen, wie man ein begangenes Übel dadurch tilgen kann, daß man ein zweites Übel, das Strafleiden, hinzufügt. Zwar ist klar, daß ein solches Verfahren dem eingewurzelten menschlichen Rachetrieb, aus dem ja die Strafe historisch hervorgegangen ist, entspricht; daß aber die Übernahme der Vergeltung durch den Staat etwas von der Rache qualitativ völlig Verschiedenes sei, daß sie „die Blutschuld vom Volke" nehme, den Täter entsühne usw., das ist nur durch einen Glaubensakt erfaßbar, der, weil er nach unserer Verfassung niemandem aufgenötigt werden darf, für eine allgemein verbindliche Begründung staatlichen Strafens nicht taugt.

Auch die Berufung auf Gottes Gebot kann daran nichts ändern. Denn unsere Urteile werden bekanntlich nicht im Namen Gottes, sondern im Namen des Volkes gesprochen. Die Legitimierung staatlicher Maßnahmen mit Hilfe transzendenter Mächte kann daher in einer Zeit, die alle Staatsgewalt vom Volke ableitet, nicht mehr zulässig sein. Sie scheint mir außerdem auch dem Wesen wahrer Religiosität nicht zu entsprechen. Denn was wissen wir von Gottes Gerechtigkeit, um uns anmaßen zu dürfen, mit unseren Richtersprüchen nicht nur das redliche Bemühen unserer irdisch-fehlsamen Justiz, sondern gleichzeitig den Willen Gottes ausdrücken zu können? Das biblische „Richtet nicht, auf daß ihr nicht gerichtet werdet" ist, so verstanden, geradezu ein Veto gegen den hybriden Glauben, das göttliche Urteil über menschliche Schuld kennen und vollziehen zu dürfen[8].

Um die drei Gründe in einem Satz zusammenzufassen: Die Vergeltungstheorie kann uns nicht helfen, weil sie die Voraussetzungen der Strafbarkeit ungeklärt läßt, in ihren Grundlagen ungesichert und als irrationales und zudem anfechtbares Glaubensbekenntnis unverbindlich ist. Auch die in neueren Darstellungen oft anzutreffende Ersetzung des allzu sehr an das archaische Talionsprinzip erinnernden Vergeltungsgedankens durch den vielfältig schillernden Begriff der „Sühne"[9] ändert daran nichts. Denn soweit damit nichts anderes als ein staatlich legitimierter „Schuldausgleich" gemeint ist, bleiben die Einwände gegen eine „Sühne" solcher Art unvermindert bestehen. Versteht man die Sühne jedoch im Sinne einer durch die Reue des Täters bewirkten inneren Läuterung, so handelt es sich um eine sittliche Lei-

---

[8] Zur Fragwürdigkeit sittlicher Vorwürfe aus dem Munde des Richters vgl. auch *A. E. Brauneck*, MSchrKrim 1958, 129.

[9] Vgl. dazu krit. *Eb. Schmidt*, Materialien zur Strafrechtsreform, I, Gutachten der Strafrechtslehrer, S. 9; *ders.*, ZStW 67, 177.

stung, die durch eine Übelszufügung eher verhindert, jedenfalls aber nicht erzwungen werden kann[10].

II. Die zweite Lösung, die sich unserer Kritik stellen muß, ist die Theorie der sogenannten Spezialprävention. Sie will nicht die vergangene Tat vergelten, sondern sieht die Rechtfertigung der Strafe darin, daß sie neuen Delikten des Täters vorbeugen soll.

Das kann auf dreierlei Weise geschehen: durch Besserung der Besserungsfähigen, durch das also, was wir heute Resozialisierung nennen; durch Abschreckung der wenigstens noch Abschreckbaren; und schließlich dadurch, daß man die weder zu Bessernden noch Abzuschreckenden durch die Freiheitsstrafe unschädlich macht. Diese Lehre entstammt in ihrer moderneren Form der Aufklärungszeit; sie ist im 19. Jahrhundert aus den anfangs geschilderten Gründen durch die Vergeltungstheorie zurückgedrängt worden, hat gegen sein Ende aber eine machtvolle Wiederbelebung durch den Strafrechtslehrer *Franz v. Liszt*[11] und seine Schule erfahren. Während sie in Deutschland inzwischen wieder hinter der Vergeltungstheorie zurückgetreten ist, hat sie im Ausland durch die internationale Bewegung der „Sozialen Verteidigung"[12] gegenwärtig großen und vielfach beherrschenden Einfluß gewonnen.

Der Gedanke eines solchen vorbeugenden Besserungs- und Sicherungsstrafrechts besticht durch seine Nüchternheit und die in ihm sich ausprägende sozialkonstruktive Tendenz. Aber so klar er in seinen Zielen ist, so wenig enthält er eine Rechtfertigung der zu ihrer Erreichung nötigen staatlichen Eingriffe. Darin liegt eine bedenkliche Schwäche dieser Theorie, die ich auch hier in drei Einwänden zusammenfassen will:

1. So wenig wie die Vergeltungstheorie ermöglicht die spezialpräventive Lehre eine inhaltliche Begrenzung der Strafgewalt. Denn wir sind nicht nur alle schuldig, sondern auch alle besserungsbedürftig. Gewiß soll das sozialtherapeutische Bemühen des Staates sich nach dieser Konzeption von vornherein nur gegen die in auffallendem Maße sozial Unangepaßten richten. Aber der Ansatz bleibt gefähr-

---

[10] Sozialtherapeutische Maßnahmen, wie sie die gleich zu erörternde sozialpräventive Theorie vorsieht, könnten dazu, soweit das durch äußeres Eingreifen überhaupt möglich ist, mehr beitragen.

[11] Zur Einführung am geeignetsten und am ehesten zugänglich ist Liszts berühmte Abhandlung „Der Zweckgedanke im Strafrecht", das sog. „Marburger Programm" (1883), das *Erik Wolf* jetzt wieder in leicht gekürzter Form in der Reihe „Deutsches Rechtsdenken" (H. 11) herausgegeben hat.

[12] *Ancel,* MSchrKrim. 1956, Sonderh., S. 51; *Würtenberger,* MSchrKrim. 1956, Sonderh., S. 60; *Hilde Kaufmann,* Festschr. f. v. Weber, 1963, S. 418.

lich genug. Er ermöglicht es z. B. einem herrschenden Regime, politische Gegner als gesellschaftlich unangepaßt strafrechtlicher „Behandlung“ zu unterziehen. Und auch wenn man den Blick nur auf die im herkömmlichen Sinne „Asozialen“ richtet, geraten mit den Bettlern, Landstreichern, Arbeitsscheuen, Prostituierten und sonst gemeinlästigen Personen Menschengruppen in den Bereich des Strafrechts hinein, deren Behandlung als Kriminelle für eine auf die Einzeltat abstellende Strafrechtsordnung, wie wir sie haben, kaum begründbar ist. Der spezialpräventive Gedanke ermöglicht auch keine zeitliche Begrenzung des staatlichen Eingriffs durch feste Strafen, sondern müßte konsequenterweise auf eine Behandlung bis zur endgültigen Besserung abzielen, selbst wenn deren Dauer unabsehbar ist. Sogar die Bindung an exakte Tatbeschreibungen unter Ausschuß der Analogie ist vom Standpunkt eines Behandlungsstrafrechts aus nicht verständlich zu machen. Kurzum: Weit mehr noch als ein vergeltendes Schuldstrafrecht neigt die spezialpräventive Lehre dazu, den einzelnen dem staatlichen Zugriff schrankenlos preiszugeben.

Richtig ist freilich, daß die angedeuteten Konsequenzen nur von den radikalsten Vertretern dieser Theorie gezogen worden sind. Die meisten halten am Tatstrafrecht, an der Tatbestandsbestimmtheit und an den Strafrahmen fest. Aber daran zeigt sich gerade, daß die Verfechter der spezialpräventiven Lehre die auch von ihnen befürworteten Grundlagen des geltenden Strafrechts von ihrem Ausgangspunkt her nicht erklären können. Auch sie setzen also Umfang und Grenzen der staatlichen Strafgewalt, die sie begründen sollen, schon voraus.

2. Der zweite Einwand ist gegen die spezialpräventive Konzeption schon häufig vorgebracht und noch nie schlüssig widerlegt worden. Er besagt, daß auch bei den schwersten Verbrechen jede Strafe entfallen müßte, wenn keine Wiederholungsgefahr besteht. Das schlagendste Beispiel sind im Augenblick die KZ-Mörder, von denen manche zahllose unschuldige Menschen aus sadistischen Motiven grausam getötet haben. Diese Mörder leben heute meist unauffällig und sozial eingeordnet, sind also einer „Resozialisierung“ nicht bedürftig; auch die Gefahr einer Wiederholung, von der sie abgeschreckt und vor der wir gesichert werden müßten, besteht bei ihnen nicht. Sollen sie deshalb wirklich straflos bleiben? Das Problem ist im übrigen von dieser historischen Konstellation unabhängig. Auch sonst geschehen schlimme Bluttaten (und natürlich ebenso andere Delikte) häufig auf Grund unwiederholbarer Motive und Situationen. Die Konsequenz der Straflosigkeit wird aber ernstlich nirgends gezogen. Doch die Begründung für die hier nötige Strafe bleibt die spezialpräventive Theorie schuldig.

3. Drittens endlich gibt der Besserungsgedanke zwar einen Strafzweck an, enthält aber die Rechtfertigung dieses Zwecks keineswegs schon in sich, wie die meisten Anhänger dieser Lehre glauben. Vielmehr ist zu fragen: Was legitimiert eine Mehrheit der Bevölkerung, die Minderheit zwangsweise an die ihnen genehmen Lebensformen anzupassen? Woher nehmen wir überhaupt das Recht, erwachsene Menschen gegen ihren Willen erziehen und behandeln zu dürfen? Warum sollen die Außenseiter der Gesellschaft — ob man nun an Bettler, Prostituierte oder auch an Homosexuelle denkt — in einer freiheitlichen Sozialordnung nicht in der ihnen wünschbaren Weise leben dürfen? Ist der Umstand, daß sie vielen ihrer Mitbürger lästig oder ärgerlich sind, ein hinreichender Grund, mit diskriminierenden Strafen gegen sie vorzugehen? Solche Fragen klingen leicht provozierend. Aber damit wird nur bewiesen, daß man es meist für selbstverständlich hält, wenn das Andersartige und Abweichende gewaltsam unterdrückt wird. Inwieweit aber in einem Rechtsstaat dazu eine Befugnis besteht, darin liegt das eigentliche Problem, das die spezialpräventive Fragestellung, weil es außerhalb ihres Blickfeldes liegt, von vornherein nicht lösen kann.

In einem Satz gesagt: Die spezialpräventive Theorie ist zur Rechtfertigung des Strafrechts nicht tauglich, weil sie seine Voraussetzungen und Folgen nicht umgrenzen kann, weil sie die Strafbarkeit von Taten ohne Wiederholungsgefahr nicht erklärt und weil die Idee zwangsweiser sozialer Anpassung durch Strafe ihre Legitimation nicht in sich selbst trägt, sondern der rechtlichen Begründung aus anderen Erwägungen bedarf.

III. Die dritte der traditionellen Antworten auf unsere Ausgangsfrage sieht Sinn und Zweck der Strafe nicht in der — sei es vergeltenden, sei es bessernden oder sichernden — Einwirkung auf den Täter selbst, sondern in ihren abschreckenden Wirkungen auf die Allgemeinheit, in der sogenannten Generalprävention.

Diese Lehre hat ihren berühmtesten Vertreter in *Anselm v. Feuerbach,* dem Begründer der modernen deutschen Strafrechtswissenschaft, der Anfang des 19. Jahrhunderts sein einflußreiches System mit großer Konsequenz auf den Gedanken der Allgemeinabschreckung gegründet hat[13]. Die generalpräventive Konzeption hat aber auch heute ihre Bedeutung keineswegs

---

[13] Sein „Lehrbuch des gemeinen in Deutschland gültigen Peinlichen Rechts" ist zuletzt in 14. Aufl. (1847) erschienen. Ein reprographischer Nachdruck dieser Ausgabe wird von der Wissenschaftlichen Buchgesellschaft vorbereitet. Über die theoretischen Grundlagen der Feuerbach'schen Lehre zuletzt *Naucke,* Kant und die psychologische Zwangstheorie Feuerbachs,

verloren. Wenn in der Begründung unseres Strafgesetzentwurfs 1962 so viel von der „sittenprägenden Kraft" der Strafe zu lesen ist, wenn, wie es jüngst geschehen ist, die Strafen für Trunkenheit am Steuer und andere Verkehrsdelikte vom Gesetzgeber drastisch erhöht werden, dann steht immer der Gedanke dahinter, daß man mit Hilfe des Strafgesetzbuchs die Allgemeinheit zu ordnungsgemäßem Betragen veranlassen kann, also eine ausgesprochen generalpräventive Erwägung.

So einleuchtend das alles dem gesunden Menschenverstand erscheinen mag, dem kritischen Betrachter sind Gegengründe schnell zur Hand:

1. Erstens bleibt auch hier offen, von welchem Verhalten der Staat überhaupt die Befugnis hat abzuschrecken; diese Schwäche, daß der Bereich des Strafbaren unerklärt bleibt, teilt die generalpräventive Lehre mit der Vergeltungs- und der Besserungstheorie. Dazu kommt ein weiteres Bedenken: So, wie bei der spezialpräventiven Konzeption die Dauer der sozialtherapeutischen Behandlung nicht begrenzbar ist und im Einzelfall das Maß des in einer freiheitlichen Rechtsordnung Vertretbaren überschreiten kann, hat der generalpräventive Ansatz ganz allgemein eine Tendenz zum staatlichen Terror. Denn wer durch die Strafe abschrecken will, wird dazu neigen, diese Wirkung zu verstärken, indem er so hart wie möglich bestraft. Wenn während des Krieges für geringfügige Delikte schwerste Strafen und sogar Todesurteile ausgesprochen wurden, so geschah das zweifelsfrei aus generalpräventiven Gründen. Geht man jedoch davon aus, daß der Zweck auch für den Staat nicht jegliches Mittel heiligt, kann dergleichen nicht rechtens sein. Die Generalprävention bedürfte also einer Grenzziehung, die dem theoretischen Ansatz nicht zu entnehmen ist.

2. Das nächste Gegenargument liegt darin, daß die generalpräventive Wirkung der Strafe bei vielen Delikts- und Tätergruppen bisher nicht hat nachgewiesen werden können. Wohl kann man annehmen, daß der Durchschnittsmensch in normalen Situationen sich durch Strafdrohungen beeinflussen läßt. Berufsverbrecher ebenso wie impulsive Augenblickstäter tun es aber jedenfalls nicht. Bei schweren Delikten, wie Tötungs- und Sittlichkeitsverbrechen, ist die abschrekkende Kraft der Strafdrohungen (auch etwa der Todesstrafe) besonders gering. Die grausamen Leibes- und Lebensstrafen der vergangenen Jahrhunderte, wie das Rädern, Vierteilen und Abhacken von

---

1962; ferner: *Hartmann*, P. J. A. Feuerbachs politische und strafrechtliche Grundanschauungen, 1958. Biographie: *Radbruch*, J. P. A. Feuerbach, ein Juristenleben, 2. Aufl. (1957).

Körpergliedern, haben die Kriminalität nicht vermindern können. Überhaupt ist ja jede Straftat schon durch ihre Existenz ein Beweis gegen die Wirksamkeit der Generalprävention. Man kann dem gewiß entgegenhalten, daß der Natur der Sache nach allein die Fälle der mißlungenen und nicht der erfolgreichen Abschreckung sichtbar werden. Aber abgesehen davon, daß diese Erfolge aus den genannten Gründen bei vielen Delikten zweifelhaft sind, wäre es doch auch einigermaßen paradox, daß das Strafrecht gerade für die Verbrecher, also die nicht Abgeschreckten und vielleicht schlechthin nicht Abschreckbaren, keine Bedeutung haben und sich nicht auch an ihnen bewähren und legitimieren sollte.

3. Das führt uns auf den dritten und wesentlichsten Einwand gegen die Generalprävention. Wie läßt es sich rechtfertigen, daß der einzelne nicht seinetwegen, sondern um anderer willen bestraft wird? Auch wenn die Abschreckung wirksam sein sollte, ist schwer einzusehen, wie es gerecht sein kann, daß man dem einen etwas Übles antut, damit andere etwas Übles unterlassen. Schon *Kant* hat das als einen Verstoß gegen die Menschenwürde gerügt und geltend gemacht, der einzelne könne „nie bloß als Mittel zu den Absichten eines anderen gehandhabt und unter die Gegenstände des Sachenrechts gemengt werden, wowider ihn seine angeborene Persönlichkeit schützt“[14]. Für eine Rechtsordnung, die den einzelnen nicht als ein zur beliebigen Disposition der Staatsgewalt stehendes Objekt, als zu verwendendes Menschenmaterial, sondern als den allen anderen völlig gleichgeordneten Träger eines dem Staate vorgegebenen und von ihm zu schützenden Personenwertes betrachtet, muß eine solche Instrumentalisierung des Menschen in der Tat unzulässig sein.

Die generalpräventive Theorie ist also ähnlichen prinzipiellen Einwänden ausgesetzt wie die beiden anderen Lehren: Sie kann die staatliche Strafgewalt weder in ihren Voraussetzungen begründen noch in ihren Folgen begrenzen; sie ist kriminalpolitisch fragwürdig und entbehrt einer mit den Grundlagen der Rechtsordnung in Einklang stehenden Legitimation.

IV. Damit hat unsere kritische Musterung der Straftheorien ein wenig ermutigendes Bild freigelegt. Sie halten alle nicht stand. Schon ihre praktische Unverbindlichkeit zeigt ihre schwindende Lebenskraft. Unser Strafrecht, so wie es in seiner täglichen Anwendung vor uns steht, fühlt sich durch keine dieser Konzeptionen ernstlich bestätigt oder behindert. Zwar sind die Schwächen der einzelnen Lehren keineswegs verborgen geblieben. Aber man hat sie nicht überwunden, sondern in resignierendem Eklektizismus die sogenannte Vereinigungs-

[14] Metaphysik der Sitten, § 49 E I, Studienausgabe S. 453.

theorie auf den Schild gehoben, die alle drei Auffassungen miteinander kombiniert. So heißt es in der Begründung unseres Strafgesetzentwurfs 1962[15]:

„Der Entwurf sieht den Sinn der Strafe nicht allein darin, daß sie die Schuld des Täters ausgleicht. Sie hat damit zugleich auch den allgemeinen Sinn, die Rechtsordnung zu bewähren. Außerdem dient sie bestimmten kriminalpolitischen Zwecken, in erster Linie dem Zweck, künftige Straftaten zu verhüten. Das kann dadurch geschehen, daß der Täter und andere davon abgeschreckt werden, derartige Taten zu begehen. Es kann nachhaltiger dadurch geschehen, daß auf den Täter eingewirkt wird, um ihn der Gemeinschaft wiederzugewinnen. Alle diese Zwecke werden zum Teil von selbst durch die Strafe erreicht. Sie können aber auch im einzelnen Falle durch Art und Maß der Strafe besonders angestrebt werden."

Mit einer solchen Kumulierung von Eingriffsmöglichkeiten, wie sie hier theoretisch befürwortet wird, können wir uns aber nicht zufriedengeben. Zwar liegt der Vereinigungstheorie die richtige Empfindung zugrunde, daß die einzelnen Auffassungen brauchbare Gesichtspunkte enthalten, deren Verabsolutierung fehlerhaft ist. Aber der Versuch, diesen Mängeln dadurch abzuhelfen, daß man drei verschiedenartige Konzeptionen einfach nebeneinanderstellt, muß natürlich scheitern. Denn die bloße Summierung zerstört nicht nur die immanente Schlüssigkeit der Konzeption und vergrößert den Anwendungsbereich der Kriminalstrafe, die nun zu einem beliebig einsatzfähigen Reaktionsmittel wird. Die Fehler der einzelnen Theorien heben einander auch keineswegs auf, sondern multiplizieren sich. Das ist nicht nur theoretisch inakzeptabel, sondern auch rechtsstaatlich bedenklich. Wenn dieser Mißstand in der Rechtspraxis noch nicht deutlicher bemerkbar geworden ist, so liegt das daran, daß die Gerichte den verfassungsrechtlichen Wertentscheidungen und den Geboten sozialpolitischer Vernunft weitgehend Rechnung tragen, ohne den ihnen durch die Vereinigungstheorie gebotenen Spielraum auszunutzen. Eben deshalb werden die strafrechtlichen Grundsatzfragen heute meist ohne Beziehung zu den Straftheorien erörtert, die auf diese Weise ihre praktische Aktualität zu verlieren drohen. Auf eine geschlossene strafrechtstheoretische Konzeption können wir aber nicht verzichten, weil nur sie für die zahlreichen Vorschläge, die in der Reformdiskussion auftreten, einen Maßstab bieten kann, und weil jede einzelne Regelung allein im Rahmen des Ganzen Bedeutung erlangen und je nachdem wertvoll oder nutzlos sein kann. Wir müssen daher, soweit das im Rahmen eines kurzen Beitrages möglich ist, die Frage unseres Themas jetzt auch selbst zu beantworten suchen.

---

[15] S. 96.

B.

Unser Ausgangspunkt ist der, daß das Strafrecht dem einzelnen in dreifacher Weise entgegentritt: Strafen androhend, verhängend und vollziehend, und daß diese drei Bereiche staatlicher Tätigkeit jeweils gesonderter Rechtfertigung bedürfen. Dabei muß freilich beachtet werden, daß die verschiedenen Stadien der Strafrechtsverwirklichung aufeinander aufbauen und daß deshalb jede folgende Etappe die Grundsätze der vorhergehenden in sich aufnehmen muß. Die Notwendigkeit einer solchen stufenweisen Betrachtung ist schon aus unserer Übersicht deutlich geworden. Die einzelnen Straftheorien richten den Blick einseitig auf bestimmte Aspekte des Strafrechts — die spezialpräventive Lehre auf den Vollzug, der Vergeltungsgedanke auf das Urteil und die generalpräventive Auffassung auf den Zweck der Strafdrohungen — und vernachlässigen die übrigen Erscheinungsweisen der Strafgewalt, obwohl doch jede von ihnen spezifische Eingriffe in die Freiheit des einzelnen in sich schließt. Die Erkenntnis, daß schon die zunächst nur auf dem Papier stehenden Paragraphen eine über den subjektiven Willen des Gesetzgebers hinausreichende Legitimation verlangen, bleibt, wie wir gesehen haben, bei allen Straftheorien überhaupt außerhalb des Blickfeldes. Und doch ist es klar, daß das Urteil ebenso wie der beste und fortschrittlichste Strafvollzug sinnlos sind, wenn ihnen auf Grund der Strafgesetzgebung Menschen unterworfen werden, die den Makel des Kriminellen zu Unrecht tragen.

I. Wir beginnen also mit den Strafdrohungen und fragen: Was darf der Gesetzgeber seinen Bürgern bei Strafe verbieten?

Das hängt zunächst davon ab, welches Betätigungsfeld dem modernen Staat überhaupt zukommt. Seine Funktion kann heute, da alle Staatsgewalt vom Volke ausgeht, nicht mehr in der Verwirklichung göttlicher oder sonst transzendenter Ziele gefunden werden. Sie kann auch, wenn jeder einzelne an der Staatsgewalt gleichberechtigten Anteil hat, nicht in der sittlichen Verbesserung erwachsener, aber als geistig unerleuchtet und moralisch unmündig vorgestellter Menschen durch die Obrigkeit liegen. Sie ist vielmehr darauf beschränkt, einer im Staatsverband zusammengefaßten Gruppe nach außen und innen die Bedingungen einer ihren Lebensbedürfnissen gerecht werdenden Existenz zu schaffen und zu sichern. Die Reduzierung der staatlichen Gewalt auf diesen immer noch umfassenden, aber durchaus irdisch-rationalen Zweck unter voller Wahrung der Freiheit zur individuellen Lebensgestaltung im übrigen läßt sich ernstlich nicht bestreiten. Denn zu etwas anderem können Menschen die von ihnen zur Gesetzgebung und Regierung erwählten Mitbürger mangels eigener Legitimation nicht ermächtigen. Für das Strafrecht folgt daraus, daß sein Zweck nur aus dem des Staates abgeleitet werden und somit nur darin liegen kann, ein ungefährdetes Zusammenleben aller Bürger zu gewährleisten. Die Rechtfertigung dieser Aufgabe — freilich nicht schon jedes zu ihrer Erfüllung anwendbaren Mittels — ergibt sich unmittelbar aus der dem Staat obliegenden Verpflichtung, die Sicherheit seiner Mitglieder zu garantieren.

Für unser Thema bedeutet das im einzelnen, daß die in der jeweiligen historischen und sozialen Situation einer menschlichen Gruppe unerläßlichen Voraussetzungen gemeinsamer Existenz sich in einer Vielzahl werthafter Zustände konkretisieren, wie sie mit dem Leben, der Körperintegrität, der Freiheit der Willensbetätigung, dem Eigentum, kurz: den sogenannten Rechtsgütern, jedermann vor Augen stehen, und daß das Strafrecht diese Rechtsgüter zu sichern hat, indem es ihre Verletzung unter bestimmten Bedingungen mit Strafe bedroht. Neben diesen Schutz vorgegebener Rechtsgüter tritt im modernen Gemeinwesen die Notwendigkeit, die Durchsetzung öffentlicher Leistungszwecke, auf die der einzelne im Rahmen der „Daseinsvorsorge" angewiesen ist, notfalls durch die Mittel des Strafrechts zu sichern. Das Strafrecht erfüllt mit dieser doppelten Funktion unter den zahlreichen Aufgaben des Staates eine der wichtigsten. Denn nur der Schutz der gesellschaftskonstituierenden Rechtsgüter und die Garantie der daseinsnotwendigen öffentlichen Leistungen gestatten dem einzelnen jene freie Entfaltung seiner Persönlichkeit, die unsere Verfassung als Voraussetzung eines menschenwürdigen Daseins betrachtet. Für das staatliche Recht, Strafdrohungen auszusprechen[16], ergeben sich daraus zwei sehr bedeutsame Konsequenzen:

1. Das Strafrecht ist subsidiärer Natur. Das heißt: Rechtsgüterverletzungen und Zuwiderhandlungen gegen Wohlfahrtszwecke dürfen nur dort unter Strafe gestellt werden, wo es für ein geordnetes Zusammenleben unumgänglich ist. Wo durch die Mittel des bürgerlichen oder des öffentlichen Rechts geholfen werden kann, hat das Strafrecht sich zurückzuziehen. Denn jede Strafe bedeutet ja ihrerseits für den Betroffenen eine Rechtsgüterbeeinträchtigung mit nicht selten existenzvernichtenden, auf jeden Fall aber in die persönliche Freiheit hart eingreifenden Wirkungen. Sie darf deshalb als schärfste Reaktion der Rechtsgemeinschaft nur an letzter Stelle in Betracht kommen. Wird sie eingesetzt, wo gelindere Verfahrensweisen zur

[16] Hierzu und zum folgenden vgl. neuestens *Gallas*, Heidelberger Jahrbücher, IX, 1965, S. 1.

Wahrung oder Wiederherstellung der Rechtsordnung ausreichen, fehlt ihr die in der sozialen Notwendigkeit liegende Legitimation, und der Rechtsfrieden wird durch das Vorhandensein eines Heeres von Vorbestraften mehr gestört als ihn die Strafdrohung fördert. Das Rechtsgut erfährt mithin, so gesehen, einen doppelten Schutz: *durch* das Strafrecht und *vor* dem Strafrecht, das bei übertriebener Anwendung gerade die Zustände herbeiführt, die es bekämpfen will.

Schon in diesem, wie ich meine, aus dem Sinn der Strafe unmittelbar abzuleitenden Subsidiaritätsgedanken[17] steckt ein ganzes kriminalpolitisches Programm, das in den Einzelheiten auszumalen hier freilich nicht möglich ist. Einige skizzenhafte Andeutungen müssen genügen:

Danach gehört der Verstoß gegen reine Ordnungsvorschriften, ob es sich nun um Parkverbote oder Ladenschlußzeiten handelt, nicht in das Strafrecht; verwaltungsrechtliche Sanktionen, die Geldbußen getrost einschließen können, reichen hier aus. Auch einfache Störungen der öffentlichen Ordnung sollten nicht als grober Unfug pönalisiert werden; es ist Sache der Polizei, ihnen abzuhelfen. Zu beanstanden ist auch die gesetzgeberische Methode, alle möglichen Gesetze ohne weitere Prüfung der Erforderlichkeit mit einem strafrechtlichen Schutzgürtel zu versehen, indem am Ende einfach dekretiert wird, wer gegen die vorstehenden Bestimmungen verstoße, werde bestraft. Vorrangige Bedeutung hat weiter die Sozialfürsorge: Die vorhin erwähnten gemeinlästigen Personen wie Bettler, Landstreicher usw. sind mit ihren Mitteln besser zu integrieren als durch strafrechtliche Sanktionen, die gefährdete Menschen dieser Art oft nur endgültig auf die schiefe Bahn bringen.

Auf diese Weise wäre die gesamte Rechtsordnung durchzuprüfen mit dem Ziel, das Strafrecht nur für den Schutz bedeutender Rechtsgüter und die Sicherung existenznotwendiger Leistungsaufgaben dort einzusetzen, wo weniger eingreifende Mittel zu ihrer Gewährleistung nicht ausreichen. Natürlich setzt das eine umfassende Rechtstatsachenforschung ebenso wie vieles Nachdenken über die geeigneten außerstrafrechtlichen Sanktionen voraus. Wenn wir aber bei der anstehenden Strafrechtsreform diese Mühe nicht auf uns nehmen, haben wir eine der dringendsten rechtsstaatlichen Forderungen an das Strafrecht versäumt. Denn begreiflicherweise fördert nichts die Kriminalität so sehr wie die Pönalisierung jeglichen Bagatellunrechts.

---

[17] Man spricht hier im allgemeinen vom „fragmentarischen Charakter" des Strafrechts. (Der Ausdruck stammt von *Binding*). Zu diesen Fragen in neuerer Zeit bes. *H. Mayer*, Strafrechtsreform für heute und morgen, 1962.

2. Die zweite Folgerung aus unserer Konzeption ist die, daß dem Gesetzgeber die Befugnis, ein nicht rechtsgüterverletzendes Verhalten allein um seiner Unmoral willen zu bestrafen, überhaupt fehlt[18].

Das Paradebeispiel ist der heutige § 175 StGB, den auch der Entwurf 1962 noch enthält. Denn gleichgeschlechtliche Handlungen, die erwachsene Männer in beiderseitigem Einverständnis außerhalb der Öffentlichkeit vornehmen, schädigen und gefährden niemanden, verletzen also kein Rechtsgut. Die „Moral" ist, wenngleich oft das Gegenteil angenommen wird, kein Rechtsgut im Sinne der von uns aus dem Zweck des Strafrechts abgeleiteten Begriffsbestimmung. Denn wenn ein Tun in niemandes Freiheitsraum eingreift und, weil es in der Verborgenheit der Privatsphäre bleibt, auch auf das Empfinden eines Außenstehenden nicht unmittelbar anstoßerregend einwirken kann, dann hat die Pönalisierung keinen Schutzzweck im oben geschilderten Sinne mehr. Die Verhinderung reiner Unmoral liegt darum außerhalb der dem Strafrecht gestellten Aufgabe. Es kommt also auf die meist in den Vordergrund geschobene Frage, ob ein solches Verhalten sittlich mehr oder weniger verwerflich ist, für die strafrechtliche Beurteilung von vornherein nicht an.

Der Staat hat die äußere Ordnung zu wahren; den einzelnen moralisch zu bevormunden, hat er keinerlei Legitimation. Die Kirche, die sich das Seelenheil und das moralische Wohlverhalten ihrer Glieder angelegen sein läßt, ist da in einer völlig anderen Situation; sie leitet aber ihre Autorität auch nicht vom Menschen ab.

Dieser unleugbare Unterschied wird leider vom Gesetzgeber nicht immer klar erkannt; noch der Entwurf 1962 enthält vom Tatbestand der Unzucht mit Tieren (§ 218) bis zu einem neu eingeführten Striptease-Paragraphen (§ 220 a) die Pönalisierung einer ganzen Reihe bloßer Moralverstöße, die freilich jetzt nicht im einzelnen erörtert werden können. Und die Rechtsprechung macht sich solcher Grenzüberschreitungen sogar dort schuldig, wo der Gesetzeswortlaut nicht dazu zwingt. Nach § 181 I Nr. 2 StGB ist es ein zuchthauswürdiges Verbrechen, wenn Eltern die Unzucht ihrer Kinder fördern, indem sie es z. B. dulden, wenn der Sohn in einem Zimmer der elterlichen Wohnung mit seiner Freundin nächtigt. Diese Bestimmung erfaßt, wenn es sich um Jugendliche handelt, die von ihren Eltern vor Entwicklungsschäden zu bewahren sind, ein durchaus schutzwürdiges Rechtsgut; (wobei freilich auch hier zu fragen wäre, ob Maßnahmen der sozialen Fürsorge zur Verhinderung solcher Zustände nicht besser geeignet

---

18 Zu diesen Fragen unübertrefflich *Karl Kraus*, Sittlichkeit und Kriminalität, 1908; jetzt leicht zugänglich als Taschenbuch der Fischer-Bücherei, Bd. 713. Im neueren strafrechtlichen Schrifttum grdl. *H. Jäger*, Strafgesetzgebung und Rechtsgüterschutz bei Sittlichkeitsdelikten. 1957. Wichtig auch der Sammelband „Sexualität und Verbrechen", Fischer-Bücherei, Bd. 518/19.

sind). Wenn aber der *BGH*[19] diesen Verbrechenstatbestand auch auf Brautleute, bei denen Nachwuchs schon erwartet wird, und auf volljährige Abkömmlinge ausdehnt, weil abstammungsmäßig jeder lebenslang das Kind seiner Eltern bleibt, dann erstreckt er durch eine solche Interpretation des Begriffes „Kind" diese Vorschrift, die richtigerweise auf den Jugendschutz zu beschränken wäre, in den Bereich reiner Moralwidrigkeiten; denn daß die werdenden Eltern und die erwachsenen Kinder noch des Schutzes bedürfen, läßt sich nicht behaupten. Es wäre wünschenswert, daß sich die Einsicht durchsetzte, eine solche Auslegung sei rechtsstaatlich unerlaubt und durch den Zweck des Strafrechts nicht gedeckt.

Zusammenfassend ist also festzuhalten, daß Strafdrohungen nur gerechtfertigt sind, wenn sie der im Prinzip der subsidiären Rechtsgüter- und Leistungssicherung enthaltenen doppelten Einschränkung Rechnung tragen[20]. In diesem Rahmen ist der Zweck der Strafbestimmungen generalpräventiver Art. Das kann der Natur der Sache nach nicht anders sein, weil sie zeitlich vor dem Täter da sind, der vergeltenden oder spezialpräventiven Reaktionen unterworfen werden könnte. Die Bedenken, die wir der Verabsolutierung des generalpräventiven Aspekts entgegengesetzt haben, bestehen bei seiner Verwendung in der hier vorgeschlagenen Form nicht. Denn was man gegen eine Strafbemessung unter generalpräventiven Gesichtspunkten vorbringen kann — daß sie zu übermäßig harten Strafen führe und aus der Person des Täters nicht zu rechtfertigen sei —, berührt die Strafbestimmungen als solche überhaupt noch nicht. Der Einwand, ein generalpräventiver Zweck sei nicht geeignet, die staatliche Strafgewalt zu begrenzen, schlägt an sich auch gegenüber den Strafdrohungen durch, wird aber durch unsere Restriktion dieser Zwecksetzung auf Rechtsgüter- und Leistungssicherung sowie die Subsidiarität des Strafrechts auch bei Erfüllung dieser Aufgaben entkräftet. Und was schließlich die Argumente gegen die kriminalpolitische Effektivität der strafrechtlichen Verbote betrifft, so ist zu berücksichtigen, daß die Strafdrohungen nur die früheste von drei Etappen strafrechtlicher Wirksamkeit darstellen, die erst zusammen Sinn und Aufgabe des Strafrechts erschöpfen. Außerdem faßt man den Begriff der Generalprävention zu eng, wenn man ihn auf die Elemente der Drohung

---

[19] *BGHSt* 17, 230.

[20] *Gallas*, S. 13, nennt jetzt die Tierquälerei als ein Verhalten, das Strafe verdient, obwohl es „nur einen moralisch verwerflichen Akt" und keine Rechtsgüterverletzung darstelle. Aber sollte es hier nicht doch um den Schutz eines Rechtsgutes, nämlich des Schmerzempfindens der Tiere gehen, dessen sich die Rechtsordnung aus einer Art von kreatürlicher Solidarität annimmt?

und Abschreckung reduziert. In ihm ist vor allem auch der Gedanke beschlossen, daß der Staat im Strafgesetzbuch für alle Bürger eine verbindliche Schutzordnung aufstellt, die ihm seine lebensnotwendigen Rechtsgüter garantiert und ihm sagt, welche Eingriffe er bei Strafe zu unterlassen hat. Denn auch, wer die Abschreckung nicht braucht, muß im Interesse der Generalprävention über den Bereich des Verbotenen informiert werden. Das ist, weil es den Satz nulla poena sine lege enthält, ein für jeden Rechtsstaat unabdingbares Erfordernis. Wenn man sich das alles vor Augen führt, wird man unser erstes Zwischenergebnis, daß die Strafdrohungen nur, aber auch stets durch die Notwendigkeit generalpräventiven, subsidiären Rechtsgüter- und Leistungsschutzes gerechtfertigt sind, als gültig und nach allen Richtungen hin abgesichert anerkennen müssen.

II. Damit stehen wir bei der Verhängung und Zumessung der Strafe. Nichts liegt näher, als den generalpräventiven Ansatz bis in die richterliche Tätigkeit hinein weiterzuführen. Denn die generalpräventive Kraft der Paragraphen würde in nichts zusammenfallen, wenn hinter ihr keine Realität stünde. Dementsprechend sagt auch *Feuerbach*[21] über die Verhängung der Strafe: „Der Zweck der Zufügung derselben ist die Begründung der Wirksamkeit der gesetzlichen Drohung, inwiefern ohne sie diese Drohung leer (unwirksam) sein würde." Der Endzweck der Strafzufügung ist folglich nach seiner Meinung „ebenfalls bloße Abschreckung der Bürger durch das Gesetz".

Lehnt man, wie wir es getan haben, die Vergeltung als Zweck der Strafzufügung ab, so kann man nicht bestreiten, daß in dieser Deduktion ein richtiger Kern steckt. Das zeigt sich besonders dann, wenn im Einzelfall eine spezialpräventive Zielsetzung von vornherein ausscheidet, wie z. B. bei den vorhin erwähnten, heute so aktuellen Prozessen gegen NS-Mörder. Warum müssen diese Menschen, auch wenn sie ungefährlich geworden sind, bestraft werden? Rufen wir uns den berühmten, die strafrechtstheoretische Problematik auf die Spitze stellenden Demonstrationsfall *Kants* in die Erinnerung zurück und nehmen wir einmal hypothetisch an, das Inselvolk löste wirklich seinen Staatsverband auf und zerstreute sich in alle Winde! Dann wären, meine ich, diese Mörder freizulassen und der Gerechtigkeit Gottes zu überantworten; denn irdischen Zielen, auf die sich menschliches Recht beschränken muß, könnte ihre Bestrafung nicht mehr dienen. Da wir nun aber in der Realität weiterhin zusammenleben, müssen wir diese Mörder von Rechts wegen bestrafen. Täten wir es nicht, so würde der Staat die Lebensgarantie seiner Rechtsordnung mißachten, und jeder künftige Mörder könnte sich darauf berufen, daß, wenn jene anderen

---

[21] Lehrbuch, § 16 (S. 39).

nicht bestraft würden, er gerechterweise ebenso der Strafe entgehen müsse. Ein Schutz, der nur von Fall zu Fall gewährt wird, ist keine Rechtsgarantie mehr, sondern Ausübung staatlicher Willkür.

Der uralte Gedanke von der Unverbrüchlichkeit der Rechtsordnung, der sich in dem Satz „Recht muß Recht bleiben" (Psalm 94, 15) lapidar und ein für allemal gültig ausprägt, hat in dieser Erwägung seinen rationalen Grund. Es ist ein generalpräventiver Grund, wobei man freilich auch hier diesen Begriff nicht im Sinne bloßer Abschreckung verstehen darf, sondern die umfassendere Bedeutung einer Wahrung der Rechtsordnung im Bewußtsein der Allgemeinheit hinzunehmen muß. Natürlich gilt das alles über diese besonderen Konstellationen hinaus auch für Delikte landläufiger Art. Wenn ein Einbruchsdiebstahl oder Sparkassenraub von der Rechtsgemeinschaft einmal mit Stillschweigen übergangen würde, könnte jeder künftige Einbrecher oder Räuber zu seinen Gunsten geltend machen, daß auch er mindestens eine Tat dieser Art umsonst haben müsse; damit wäre die Rechtsordnung weithin außer Kraft gesetzt[22].

Ist somit die generalpräventive, auf den Schutz der Ordnung als ganzer abstellende Zielrichtung auch bei der Strafverhängung noch wirksam, so kommen die Einwände gegen diese Lehre, die wir anfangs als berechtigt erkannt und bei Rechtfertigung der Strafdrohungen glücklich abgewehrt haben, mit unverminderter Stärke auf uns zurück. Zwar ist unverkennbar, daß in den meisten Fällen der Verhängung der Strafe auch ein spezialpräventives Element innewohnt, insofern als sie den Täter von einem Rückfall abschrecken und die Gesellschaft wenigstens während der Strafverbüßung vor ihm sichern soll. Sieht man aber genauer hin, so hat auch die spezialpräventive Komponente des Strafurteils einen generalpräventiven Endzweck. Denn da das Bemühen um eine dem Täter zugutekommende Resozialisierung erst bei der Vollstreckung der Strafe einsetzen kann, läßt das Urteil selbst zunächst nur den harten Eingriff in die Freiheit des Delinquenten wirksam werden, einen Eingriff, der nicht um seinetwillen, sondern im Interesse der Gemeinschaft vorgenommen wird, also nicht ihm, sondern anderen dient. Man darf sich durch die idealistische Schönrednerei von der Wohltat, die dem Delinquenten mit der Bestrafung angetan werde, nicht irremachen lassen, sondern muß ganz nüchtern die Wahrung der Gemeinschaftsordnung als ihren Zweck erkennen, um auf dieser Grundlage die Frage stellen zu können, ob es berechtigt ist, um eines solchen Zieles willen gegen den einzelnen mit Strafe vorzugehen.

---

[22] Darin sehe ich auch den bleibenden Gehalt der *Hegel*schen Konzeption. Die Strafe ist „Aufheben des Verbrechens, das sonst gelten würde und ist die Wiederherstellung des Rechts" (Rechtsphilosophie, § 99).

Nicht die Angemessenheit des Ziels, sondern die Rechtmäßigkeit des Mittels steht also zur Diskussion; wenn es, wie *Kant* und mit ihm ein großer Teil der heute herrschenden Lehre behauptet, unter allen Umständen unzulässig, weil menschenunwürdig, ist, generalpräventiven Erwägungen bei Verhängung der Strafe Raum zu geben, so steht es um ihre Rechtfertigung schlecht. Es handelt sich dann bei ihr vielleicht wirklich nur um die Macht des Stärkeren. Hinzu kommt, daß wir mit der bisher gegebenen Begründung für die Dauer der Strafe keine Grenze finden können, daß vielmehr eine Sanktion von rigoroser Härte die Unverletzlichkeit der Rechtsordnung nur umso deutlicher bekräftigen würde. Kann eine solche Aufopferung des einzelnen um der Gesamtheit willen aber wirklich noch rechtens sein?

Die Verneinung dieser Frage steht nach allem, was wir schon im Rahmen unserer historischen Übersicht gesagt haben, außer Zweifel. Eine Rechtsordnung, für die der einzelne nicht Objekt, sondern Träger der staatlichen Gewalt ist, darf ihn nicht zum bloßen Abschreckungsmittel denaturieren. Es ist die Subjektseigenschaft, die Personqualität des Menschen, die dem entgegensteht. Damit aber ist die Lösung unseres Problems schon angebahnt: Die Verhängung der Strafe ist dann gerechtfertigt, wenn es gelingt, ihre Notwendigkeit für die Rechtsgemeinschaft mit der vom Recht ebenfalls zu gewährleistenden Persönlichkeitsautonomie des Delinquenten in Einklang zu bringen. Diese beiden Gesichtspunkte schließen einander keineswegs aus, wie vielfach angenommen wird. Denn wenn der Staat dem Bürger seine Rechtsgüter sichern soll, muß umgekehrt jedes Mitglied der Gesellschaft für seine Person tun, was nötig ist, damit diese gemeinsame Aufgabe erfüllt werde, d. h. es muß in den gleich zu erörternden Grenzen die zur Aufrechterhaltung jener Ordnung erforderliche Strafe auf sich nehmen, so wie es etwa auch die Pflicht zum Wehrdienst oder zur Leistung von Steuern tragen muß, ohne dadurch in seiner Menschenwürde verletzt zu werden. Nicht schon durch die Auferlegung von Pflichten im Interesse der Gemeinschaft wird der einzelne, um mit *Kant* zu reden, unter die „Gegenstände des Sachenrechts“ versetzt; dies geschieht vielmehr erst dann, wenn man ihn nicht mehr nach dem Maße seiner Person, sondern nach seiner bloßen Nützlichkeit für die Zwecke anderer beurteilt. Für Strafverfahren und Strafverhängung folgt daraus zweierlei:

1. Der einzelne darf während des Verfahrens keiner Behandlung unterworfen werden, die ihn der freien Bestimmung über seine Willensäußerung beraubt: Gehirnwäsche, Lügendetektor, Wahrheitsserum, Hypnose, Quälereien, Drohungen usw. sind zur Erlangung von Aussagen schlechthin unzulässig, weil die durch solche Mittel hervorgerufenen Reaktionen nicht mehr

Kundgebungen der freien Persönlichkeit des Beschuldigten sind. Die Belange des allgemeinen Nutzens stoßen hier also sehr bald an eine Grenze. Zahlreiche Täter müssen freigesprochen werden, weil die Mittel, die ihre Schuld an den Tag bringen könnten, nicht verwendet werden dürfen. Das erscheint uns heute selbstverständlich und, obwohl es in § 136 a StPO eigens ausgesprochen wird, kaum der Erwähnung wert. Aber man muß bedenken, daß solche verbotenen Praktiken jahrtausendelang rücksichtslos geübt worden sind und in vielen Teilen der Welt noch heute im Schwange stehen. Deshalb ist es notwendig, diese den generalpräventiven Gedanken nachdrücklich beschränkende Rechtfertigungsvoraussetzung in einer Straftheorie deutlich zum Ausdruck zu bringen.

2. Die zweite Konsequenz ist umstritten und für den, der unserem Gedankengang bis hierher gefolgt ist, vielleicht zunächst überraschend: Die Strafe darf, meine ich, das Maß der Schuld nicht überschreiten. Die Schuld, die wir als zur Begründung der staatlichen Strafgewalt ungeeignet erklärt haben, soll jetzt also gleichwohl zu ihrer Begrenzung dienen. Wie ist das möglich? Es ist deshalb geboten, weil die Begriffe der Menschenwürde und der Personautonomie, die unser Grundgesetz und die abendländische Überlieferung beherrschen, unbestreitbar den Menschen als ein der Schuld und der Verantwortung fähiges Wesen voraussetzen. Ob dieses für die Ordnung unserer Gemeinschaft konstitutive Menschenbild seinswissenschaftlich zutreffend ist oder ob man den homo sapiens nicht vielleicht richtiger als ein gefährliches Raubtier oder eine komplizierte Maschine kennzeichnen würde, ist bekanntlich mit Sicherheit nicht zu klären. Das ändert aber nichts daran, daß die Menschen — ihrer relativen „Instinktentbundenheit“ und der dadurch bedingten, der Orientierung an Normen bedürftigen „Weltoffenheit“ entsprechend[23] — allezeit aus dem Bewußtsein von Freiheit und Verantwortung existieren und schlechterdings nicht umhinkönnen, ihr Zusammenleben nach Sinnentwürfen zu gestalten, die zwar nicht mit naturwissenschaftlichen Methoden als „richtig“ zu beweisen sind, die aber ganz unabhängig davon als Entscheidung der Gesellschaft für

[23] Es ist besonders das Verdienst *R. Langes*, die modernen anthropologischen Forschungen für das Strafrecht fruchtbar gemacht zu haben. Deren Ergebnisse können gewiß nicht den Streit um die Willensfreiheit entscheiden; sie können aber dartun, daß die Orientierung an normativen Maßstäben der menschlichen Wesensart entspricht. Von den zahlreichen einschlägigen Arbeiten *Langes* nenne ich: „Wandlungen in den kriminologischen Grundlagen der Strafrechtsreform“, Juristentags-Festschr., 1960, S. 345 ff.; „Die moderne Anthropologie und das Strafrecht“ in Sammelband „Schuld — Verantwortung — Strafe“, hrsg. von *Frey*, 1964, S. 277 ff.

eine freiheitlich-rechtsstaatliche Ordnung ihre Legitimation haben. In diesem Zusammenhang nun hat der Begriff der als Erlebnisrealität ohnehin nicht wegzudisputierenden Schuld die Funktion, den einzelnen davor zu sichern, daß der Staat seine Strafgewalt im Interesse der General- oder Spezialprävention weiter ausdehnt, als es der Verantwortlichkeit eines als frei und schuldfähig gedachten Menschen entspricht. Das schlechte Gewissen, das wir haben müssen, wenn wir die Schuld zur Rechtfertigung von Vergeltungsmaßnahmen verwenden, bleibt uns hier erspart, weil eine solche die Macht der Obrigkeit hemmende Verwendung des Schuldbegriffs sich allein zugunsten des Staatsbürgers und seiner Entfaltungsmöglichkeiten auswirkt. Eben deshalb kann auch die Frage nach der Willensfreiheit, die wir redlicherweise nun einmal nicht abschließend beantworten können, getrost in der Schwebe bleiben; selbst wer sie verneinen zu sollen glaubt, müßte doch das Schuldprinzip im normativen Bereich sozialgestaltender Regelungen als eine Setzung der Rechtsgemeinschaft anerkennen, die den einzelnen vor der Übermacht einer persönlichkeitsvergewaltigenden Staatsgewalt schützt. Wollte man die Schuld auch als strafbegrenzenden Begriff leugnen, so würde das ja nicht bedeuten, daß nun jedermann freigesprochen würde. Die Folge würde nur sein, daß nichts den Staat mehr hindern könnte, terroristische Strafen zu reinen Determinationszwecken schrankenlos einzusetzen.

Um es auf die einfachste Formel zu bringen: Es ist ein fundamentaler Unterschied, ob man den Schuldgedanken verwendet, um den einzelnen der Gewalt des Staates auszuliefern oder um ihn vor dem Mißbrauch dieser Macht zu bewahren. Ob die Schuld dem Staat ein Recht zur Vergeltung gibt, oder ob sie das Mittel ist, die Belange der Gesamtheit gegenüber der individuellen Freiheit in Schranken zu halten, das scheint mir für das Strafrecht eine wichtigere Frage als die nach dem Bestehen von Schuld überhaupt. Die Antwort kann nur im Sinne der zweiten Alternative lauten; nicht allein wegen der geschilderten Fragwürdigkeit des Vergeltungsgedankens, sondern vor allem auch deswegen, weil die im Grundgesetz proklamierte Menschenwürde ein Schutzrecht gegenüber dem Staat ist und nicht in eine Eingriffsbefugnis verkehrt werden darf.

Für die Rechtfertigung der Strafe ergibt sich daraus: Insoweit als man der Person des Täters sein Tun zurechnen kann, ist er um der Gemeinschaft willen verpflichtet, die Strafe auf sich zu nehmen. Das ist nicht deshalb rechtens, weil er sich auf Grund eines kategorischen Imperativs von anderen ein Übel müßte zufügen lassen, sondern es ist legitim, weil er als Glied der Gemeinschaft für seine Taten zur Wahrung ihrer Ordnung nach dem Maße seiner Schuld einstehen muß. Er wird damit nicht als Mittel zu den Zwecken anderer benutzt, sondern, indem er die Verantwortung für das Schicksal aller mitträgt, in seiner Stellung als gleichberechtigter und -verpflichteter Staatsbürger bestätigt. Wer das als Rechtfertigung der Strafe nicht gelten läßt, muß öffentliche Pflichten und damit Sinn und Aufgabe des Staates überhaupt leugnen.

Freilich muß man dann Ernst machen mit dem Gedanken, daß schuldunangemessene Strafen schlechthin verboten sind. Es ist also, um ein aktuelles Beispiel zu nennen, unzulässig, einem geistig beschränkten, von Älteren verführten Hakenkreuzschmierer nur deshalb eine harte, seine vergleichsweise geringe Schuld weit übersteigende Strafe zuzudiktieren, um andere von diesem frevelhaften Tun abzuhalten. Ebenso dürfen bei Verkehrsstraftaten, so wichtig die Eindämmung dieser Delikte ist, keine Exempel statuiert werden, die nicht durch den Grad des persönlichen Verschuldens gedeckt sind. Kurz: Der generalpräventive Zweck der Bestrafung darf nur im Rahmen der individuellen Schuld verfolgt werden. Geht man darüber hinaus, läßt man also den Handelnden für die vermuteten kriminellen Neigungen anderer büßen, so ist das in der Tat ein Verstoß gegen die Menschenwürde[24]. Denn die Schutzwirkung dieses Begriffs liegt gerade darin, daß der einzelne für die Rechtsordnung insofern das Maß aller Dinge bleibt, als er mit seiner Person nur für das einzustehen hat, was sich als durch diese Person verschuldet begreifen läßt. Für das zukünftige Verhalten Dritter aber kann er nichts; strafte man ihn deswegen, läge das, so hart dieser Vergleich klingt, auf einer Stufe mit der Zufalls- oder der Sippenhaftung.

Das Schuldprinzip ist also, wenn man es von der Vergeltungstheorie trennt, mit der es meist irrigerweise als unlöslich verbunden angesehen wird, ein rechtsstaatlich unentbehrliches Mittel zur Begrenzung der staatlichen Strafgewalt[25].

---

[24] Vgl. darüber *Warda*, Dogmatische Grundlagen des richterlichen Ermessens im StrafR, 1962, S. 162; *Bruns*, Festschr. f. v. Weber, 1964, S. 75; *Badura*, JZ 1964, 337 ff.

[25] Darin liegt auch die Bedeutung der Diskussion, die um das „Menschenbild" im Strafrecht geführt wird. Es wäre unrichtig, unter Berufung auf ein bestimmtes „Menschenbild" diese oder jene Verhaltensweisen pönalisieren zu wollen. Es ist aber notwendig, der Rechtsordnung das Bild eines auf freie Entfaltung seiner Persönlichkeit angelegten, einer unantastbaren Menschenwürde teilhaftigen Staatsbürgers zugrundezulegen, um den Gefahren kollektivistischen Zwanges vorzubeugen. Aus dem Schrifttum: *Jescheck*, Das Menschenbild unserer Zeit und die Strafrechtsreform, 1957; *Maihofer*, in: Gesellschaftliche Wirklichkeit im 20. Jhdt. und Strafrechtsreform, Berliner Universitätstage 1964, S. 5.

Das übersehen diejenigen, die es im Interesse eines vermeintlichen Fortschritts abschaffen wollen. Wenn z. B. *Bauer*[26] bei seiner Polemik gegen den Schuldgedanken sagt, das Strafrecht stehe „der Bekämpfung der Seuchen oder der Regelung des Gas- und Wasserwesens näher als dem, was gemeinhin als Ethik oder Moral bezeichnet wird", dann verkennt er, daß eine Rechtsordnung, welche die Delinquenten — wenn wir den provozierenden Vergleich einmal auf die Spitze treiben dürfen — wie im Interesse der öffentlichen Hygiene zu bekämpfende Ratten betrachtete und behandelte, schwerlich zu jener Humanisierung der staatlichen Sanktionen führen würde, um die er so leidenschaftlich bemüht ist.

Ein Mißgriff ist es auch, wenn im Entwurf unseres künftigen Strafgesetzbuches der Satz „Die Strafe darf das Maß der Schuld nicht übersteigen" nachträglich wieder gestrichen und durch die farblose Wendung „Grundlage für die Zumessung der Strafe ist die Schuld des Täters" ersetzt worden ist[27]. Die neue Formulierung ist nicht nur deshalb schlechter, weil sie der Vergeltungstheorie nahesteht, während der ursprüngliche Wortlaut zutreffend allein auf die strafbegrenzende Funktion des Schuldprinzips abstellte. Sie will vor allem auch eine Überschreitung der schuldangemessenen Strafe aus präventiven Gründen in gewissen Grenzen zulassen. Das mag sicher, wie die Befürworter der Änderung immer wieder vorgetragen haben, oftmals zweckmäßig sein. Für die Rechtfertigung der Strafe kommt es aber nicht auf die Zweckmäßigkeit, sondern auf die Gerechtigkeit an[28]. Das alles gilt übrigens genauso für die Spezialprävention. Es mag noch so nützlich sein, den notorischen Bettler durch vieljährige Umerziehungsarbeit in einen strebsamen Buchhalter zu verwandeln. Der geringe Schuldgehalt seines Tuns verbietet es dem Strafrecht, eine solche Aufgabe zu übernehmen[29].

---

[26] Das Verbrechen und die Gesellschaft, 1957, S. 246; vgl. auch seine Arbeit über „Die Schuld im Strafrecht", in: Club Voltaire I, 1963, S. 114. Was er gegen das Vergeltungsprinzip vorbringt, wird dadurch freilich nicht weniger bedenkenswert.

[27] So § 60 I E 1962 an Stelle des § 2 der ursprünglichen Entwurfsfassung. Der *Sonderausschuß für die Strafrechtsreform des Deutschen Bundestages* ist jetzt mit Recht zur alten Formulierung zurückgekehrt. Vgl. zu diesen Problemen auch die Verhandlungen des 43. DJT II, Teil E, 3. Abt., 1962.

[28] Der Einwand, daß die Schuld keine meßbare Größe sei und deshalb die ihr zugeschobene Begrenzungsfunktion von vornherein nicht erfüllen könne, schlägt demgegenüber nicht durch. Denn ob ein Gericht die von ihm nach allgemeinen Strafzumessungsgrundsätzen als angemessen erachtete Strafe aus generalpräventiven Gründen heraufsetzen darf, ist eine für die Praxis durchaus bedeutsame Frage.

[29] Inwieweit in solchen Fällen schuldindifferente Maßnahmen der Sicherung und Besserung verhängt werden dürfen, ist nicht Gegenstand dieses Beitrages. Aber selbstverständlich ist auch dafür eine rechtsstaatliche Legitima-

Zulässig ist es dagegen, die schuldangemessene Strafe zu unterschreiten. Ein solches Verfahren verbietet sich zwar für eine konsequente Vergeltungstheorie; denn es bedeutet einen teilweisen Verzicht auf das ausgleichende Strafleiden[30]. Es ist aber für uns erlaubt und nach dem schon bei Rechtfertigung der Strafdrohungen entwickelten Subsidiaritätsprinzip sogar geboten, wenn sich im Einzelfall der Rechtsfrieden durch geringere Sanktionen wiederherstellen läßt.

Das Institut der Strafaussetzung zur Bewährung entspricht also unmittelbar der hier vertretenen Konzeption; eine Aussetzungsmöglichkeit sollte sogar bei Gefängnisstrafen von mehr als neun Monaten vorgesehen werden[31]. Im übrigen birgt das Subsidiaritätsprinzip auch bei der Strafverhängung ein ganzes Bündel von Reformforderungen in sich; ich nenne nur die Ersetzung kurzzeitiger Freiheitsentziehungen durch Geldstrafen ebenso wie durch Weisungen und Auflagen. Auch in dieser Hinsicht ist an unserem Strafgesetzbuch und an den bisherigen *Reformplänen* noch manches zu verbessern.

Zusammenfassend läßt sich demnach über die zweite Phase strafrechtlicher Wirksamkeit sagen: Die Strafverhängung dient dem subsidiären, generalpräventiven sowie individuell vorbeugenden Schutz von Rechtsgütern und staatlichen Leistungszwecken durch ein die Autonomie der Persönlichkeit wahrendes, im Strafausspruch auf das Maß der Schuld begrenztes Verfahren. Man sieht, wie auf diese Weise der generalpräventive, auf die Erfordernisse des Rechtsstaats zurückgeführte Ansatz erhalten bleibt und durch die spezialpräventive Komponente des Urteils ergänzt wird, wie aber gleichzeitig die Bedenken, die seiner Berücksichtigung im Strafmaß entgegenstehen, durch die limitierende Funktion des unserem Grundgesetz entsprechenden Freiheits- und Schuldbegriffes ausgeräumt werden.

III. Das dritte und letzte Stadium der Strafrechtsverwirklichung bildet schließlich der Vollzug. Da die Strafe, wie wir gesehen haben, ausschließlich rationalen Zwecken dient und das ungefährdete Zusammenleben der Menschen ermöglichen soll, kann ein Vollzug nur gerechtfertigt sein, wenn er, soweit das überhaupt möglich ist, dieses Ziel anstrebt, d. h. die Wiedereingliederung des Täters in die Rechts-

---

tion erforderlich, die nicht weniger sorgfältiger Begründung bedarf als die der Strafe.

30 Bezeichnenderweise spricht die Begründung des E 1962 denn auch von der „Gefahr, daß die Strafzumessung von dem durch die Schwere der Schuld gebotenen Strafmaß zu sehr nach unten abweichen könnte“ (S. 96).

31 Darüber treffend *Hilde Kaufmann*, Gedächtnisschr. f. Grünhut, 1965, S. 1.

gemeinschaft zum Inhalt hat. Es kommt also nur ein Resozialisierungsvollzug in Betracht. Der Gedanke sozialer Ertüchtigung durch Strafvollzug ist deshalb so unmittelbar einleuchtend, weil in ihm die Rechte und Pflichten der Allgemeinheit und des einzelnen, die bei Androhung und Verhängung der Strafe erst durch ein kunstvolles System wechselseitiger Beschränkung miteinander in Einklang gebracht werden mußten, von vornherein in weitem Umfang übereinstimmen. Denn das Interesse der Rechtsgemeinschaft, den Täter nach der Strafverbüßung als lebenstaugliches und rechtstreues Mitglied zurückzuerhalten, entspricht zugleich dem wahren Besten des Vorbestraften und der Idee einer dem Art. 2 GG gerecht werdenden Persönlichkeitsentfaltung.

Freilich ist es nicht so, wie einseitige Verfechter des Resozialisierungszwecks manchmal meinen, daß dieser Gedanke allein das Strafrecht rechtfertigte und daß die vorhergehenden Etappen, in denen er noch nicht wirksam werden kann, deshalb vernachlässigt werden dürften. Vielmehr ist das Bemühen um Resozialisierung legitim und im geschilderten Sinne allseitig fruchtbar nur in den vorher sorgfältig abgesteckten Grenzen.

Das heißt: Menschen, die sich keiner unerträglichen Angriffe gegen die Rechtsgüterordnung schuldig gemacht haben, dürfen nicht mit Hilfe strafrechtlicher Sanktionen resozialisiert werden, auch wenn sie noch so abartig und unangepaßt sind. Wo dieser Gesichtspunkt ignoriert wird, droht die Gefahr kollektivistischer, die freie Entfaltung der Persönlichkeit erstickender Gleichschaltung. Ebenso müssen die Folgerungen aus der verfassungsrechtlichen Gewährleistung der Personautonomie auch im Vollzug beachtet werden. Eine in die Persönlichkeitsstruktur eingreifende Zwangsbehandlung ist auch dann verboten, wenn sie resozialisierend wirkt. Das gilt für die Kastration von Sittlichkeitsverbrechern ebenso wie für die Gehirnoperation, die den brutalen Schläger wider seinen Willen in einen sanften und folgsamen Träumer verwandelt.

Auf der anderen Seite läßt sich auch der generalpräventive Ausgangspunkt aus dem Stadium des Vollzuges nicht völlig verdrängen. Denn es ist klar, daß das besondere Gewaltverhältnis, in das der einzelne mit der Verbüßung einer Freiheitsstrafe eintritt, durch sich selbst einschneidende Beschränkungen in der Freiheit der Lebensgestaltung mit sich bringt. Sie lassen sich bei schweren Delikten um der Effektivität der Strafdrohungen willen auch dann nicht vermeiden, wenn etwa der Verzicht auf eine Freiheitsstrafe der Resozialisierung eher dienlich wäre. Deshalb wird eine Strafaussetzung zur Bewährung bei ausgesprochenen Kapitalverbrechen auch in Zukunft nicht möglich sein.

Soweit jedoch die Persönlichkeitsautonomie des Verurteilten und die unumgänglichen Erfordernisse der Generalprävention es zulassen, sind ausschließlich resozialisierende Vollzugszwecke statthaft. Insbesondere ist es verboten, dem Täter um der bloßen Vergeltung willen Übles zuzufügen. Die Strafe muß vielmehr, da allein die Herstellung des Rechtsfriedens sie legitimiert, einen aufbauenden Sinn gewinnen. Das ist auch dort möglich, wo die Täterpersönlichkeit einer sozialtherapeutischen Förderung nicht bedarf.

Im Grenzfall des auf Grund einer unwiederholbaren Motivation zum Mörder Gewordenen ist die Strafe also derart zu vollziehen, daß der Täter Gelegenheit erhält, seine Kräfte nach Maßgabe seiner Fähigkeiten im Rahmen der Anstalt produktiv zu betätigen und den Erlös seiner Arbeit den Hinterbliebenen des Opfers oder sonst Notleidenden zukommen zu lasen. Wenn man den Begriff der Resozialisierung in einem etwas erweiterten Sinn als Schadensheilung versteht, kann der Täter aus der Strafe auch in solchen Fällen durch sein ehrliches Bemühen persönlichkeitsaufbauende Kräfte ziehen, anstatt daß der langjährige Freiheitsentzug, wie es heute der Fall ist, eine vorzeitige Verholzung in stumpfem Dahinvegetieren zur Folge hat. Überhaupt ist auch sonst bei zeitlich begrenzten Freiheitsstrafen dem Gedanken der Wiedergutmachung weit mehr Raum zu gewähren, als es bisher geschieht.

Wo darüber hinaus, wie es natürlich bei den meisten Strafanstaltsinsassen der Fall ist, erst einmal die Persönlichkeit des Täters auf den rechten Weg geführt werden muß, ist das nicht durch lehrerhaftes Moralisieren, sondern durch geistige und seelische Bildung, durch Weckung des Verantwortungsbewußtseins und durch Aktivierung und Entfaltung aller Kräfte des Delinquenten, namentlich auch seiner besonderen persönlichen Fähigkeiten, zu versuchen. Die Persönlichkeit des Täters soll also nicht geduckt oder gar schikaniert, sondern entwickelt werden. Der Kriminelle ist ja nicht, wie der Laienverstand glaubt, der starke Mann, dessen raubtierhafter Wille gebrochen werden müßte, sondern ein meist schwacher, haltloser, minderbegabter Mensch mit oft psychopathischen Zügen, der das durch seine mangelnde Lebenstauglichkeit hervorgerufene Minderwertigkeitsgefühl mit Hilfe von Straftaten zu kompensieren trachtet. Um ihm und damit uns allen zu helfen, bedarf es des Zusammenwirkens von Juristen, Medizinern, Psychologen und Pädagogen. Die Details eines solchen Resozialisierungs-Programms zu entwickeln, ist jetzt nicht möglich. Doch daß die Realität unseres Vollzuges selbst bescheideneren Forderungen dieser Art vielfach nicht entspricht, weiß jeder. Alle Sachkundigen sind sich darüber einig, daß der Vollzug der schwächste Punkt unserer Strafrechtspraxis ist und weit dringender der Reform bedarf als das materielle Recht.

Andererseits ist vor allzu rosigen Besserungsutopien zu warnen. Alles Resozialisierungsbemühen kann nur ein Angebot an den Delinquenten sein, bei der Arbeit an sich selbst mitzuhelfen. Es muß scheitern, wo er dazu nicht bereit ist. Und andere werden aus Schwäche doch immer wieder straucheln. Die Kriminalität je völlig zu beseitigen, wird nicht möglich sein. Sie gehört als die dunklere Seite zum gesellschaftlichen Leben hinzu, so wie es eine individuelle Existenz ohne Verfehlung und Tragik schwerlich gibt. Das entbindet aber die Gesellschaft nicht von der Verpflichtung gegenüber dem Straffälligen. So, wie *er* die Verantwortung für das Wohlergehen der Rechtsgemeinschaft mitträgt, darf *sie* die Verantwortung für sein Schicksal nicht von sich tun[32]. Erst wenn diese Verbundenheit sich durch den Vollzug und die spätere Wiederaufnahme des Gestrauchelten in die Rechtsgemeinschaft bewährt, kann man die Strafe als Ganzes guten Gewissens gerechtfertigt nennen.

IV. Damit kommen wir zum Ende. Wollten wir Sinn und Grenzen des Strafrechts in einem Satz umreißen, so könnten wir seine Aufgabe charakterisieren als subsidiären Schutz von Rechtsgütern und staatlichen Leistungsaufgaben durch persönlichkeitswahrende General- und Spezialprävention in dem durch das Maß der individuellen Schuld abgesteckten Rahmen. Das ist, wenn ich dieser Konzeption einen Namen geben darf, eine dialektische Vereinigungstheorie, die inhaltlich und methodologisch von den überlieferten Einheitstheorien ebenso wie von der herrschenden additiven Vereinigungstheorie scharf zu unterscheiden ist. Das bedarf zum Schluß einer knapp resümierenden Erläuterung:

1. Die Einheitstheorien, ob sie nun auf die Schuld, die General- oder Spezialprävention abstellen, sind notwendig falsch, weil dort, wo das Verhältnis des einzelnen zur Gemeinschaft und zum Staat in Rede steht, die strikte Durchführung eines einzigen Ordnungsprinzips zwangsläufig Unfreiheit und Willkür im Gefolge hat. Wir kennen das von den Staatsverfassungen her: Die unbeschränkte Volksherrschaft führt ebenso wie die Herrschaft eines einzelnen, einer Klasse oder Partei stets gleichermaßen zur Diktatur. Das gilt ebenso im Wirtschaftsleben: Ein schrankenloser Liberalismus bringt, wie geschichtliche Beispiele zeigen, die Ausbeutung und Unterdrückung der Mehrheit durch eine herrschende Minderheit unweigerlich mit sich; und bei einer konsequenten Planwirtschaft, die man als das Gegenteil zu betrachten geneigt sein könnte, ist es ganz genau so. Modellreinheit[33], das ist eine für jegliche soziale Problematik grundlegende Einsicht, befriedigt zwar schablonisierende Doktrinäre, wird aber der Komplexität der Phänomene nirgends gerecht. Wohin sie bei den Straftheorien führt, haben wir zu An-

---

32 Zum Gedanken der „Mitverantwortung" vgl. bes. auch *Noll,* Die ethische Begründung der Strafe, 1962.

33 Vgl. dazu aus staatstheoretischer Sicht *E. R. Huber,* Nationalstaat und Verfassungsstaat, 1965, S. 249, 269 und passim.

fang gesehen: Einseitige Abschreckung, die schrankenlose, auf soziale Anpassung abzielende Behandlung und die einem metaphysischen Gebot gehorchende umfassende Schuldvergeltung machen alle drei das Strafrecht aus einer schützenden und aufbauenden Kraft zu einem gesinnungsversklavenden Werkzeug der Unterdrückung; und zwar um so mehr, je radikaler man den jeweiligen Ansatz praktiziert. Die Geschichte der Strafjustiz illustriert das mit aller wünschenswerten Deutlichkeit.

2. Eine additive, d. h. die einzelnen Gesichtspunkte durch bloße Summierung häufende Vereinigungstheorie ändert daran nichts. Im Gegenteil: Indem sie es gestattet, bald diesen, bald jenen Gesichtspunkt in den Vordergrund zu schieben und an Stelle *einer* schon zu weit gehenden Eingriffsbefugnis deren drei einzusetzen, perfektioniert sie nur das Reglementierungssystem. Gott sei dank wird diese Lehre im Augenblick weder praktiziert noch im Ernst vertreten. Wenn man sich heute auf sie beruft, ist das mehr eine verlegene Bezeugung pragmatischer Standpunktlosigkeit und theoretischer Unberatenheit. Aber daß diese Theorie entweder nichtssagend und überflüssig oder, wenn sie beim Wort genommen wird, äußerst gefährlich ist, sollte man sich doch einmal klar gemacht haben.

3. Eine dialektische Vereinigungstheorie, wie sie hier vertreten wird, will demgegenüber die verschiedenen Strafzwecke aus der einlinigen Übersteigerung dadurch in sozialkonstruktive Bahnen lenken, daß sie die einzelnen Ansätze durch ein Verfahren gegenseitiger Beschränkung ins Gleichgewicht bringt. Auch hier können wir an die politische Ordnung des Staates erinnern. Die besten Verfassungen sind diejenigen, die durch Gewaltenteilung und ein verzweigtes System sonstiger Machtkontrollen allen Standpunkten zu ihrem Recht und dem einzelnen zu einem Höchstmaß an individueller Freiheit verhelfen. Die beste Wirtschaftsverfassung ist die Verbindung liberal- und sozialstaatlicher Prinzipien. Und Entsprechendes gilt für das Strafrecht, das auf einem Teilgebiet ebenso der Gemeinschaftsordnung dient: Der generalpräventive Gedanke wird durch das Subsidiaritäts- und das Schuldprinzip ebenso wie durch das Gebot persönlichkeitsachtender und -entfaltender Spezialprävention auf sein legitimes Maß reduziert. Die Schuld allein rechtfertigt die Strafe nicht, sondern gestattet Sanktionen nur im Rahmen dessen, was aus generalpräventiven Gründen unerläßlich ist und die spezialpräventive Ausgestaltung des Vollzuges nicht hindert. Und der Besserungsgedanke wird, wie wir gesehen haben, in derselben Weise durch die Gesamtheit der anderen Prinzipien vor den Gefahren persönlichkeitsvergewaltigender Zwangsanpassung bewahrt.

Man kann eine solche Auffassung insofern dialektisch nennen, als sie die Gegensätzlichkeit der verschiedenen Standpunkte betont und zu einer Synthese zu bringen versucht. Ein derartiges Verfahren ist kein konstruktives Schema, sondern wird durch die Natur der Sache vorgezeichnet. Denn die soziale Realität verlangt gebieterisch, daß die Gemeinschaft vor der Aggression des einzelnen, daß aber auch der einzelne vor dem überharten Druck der Gesellschaft geschützt werde. Und der Täter selbst ist einerseits ein schwacher, der sozialtherapeutischen Einwirkung dringend bedürftiger Mensch, muß andererseits aber auch als der Idee eines freien und verantwortlichen Menschen entsprechend gedacht werden; denn eine Rechtsordnung, die zu klein vom Menschen denkt, endet in Unfreiheit und Bevormundung. Diese doppelte Polarität zwischen Individuum und Gesamtheit, aber auch zwischen der Idee und der empirischen Erscheinung des Menschen bildet das Spannungsfeld *jeder* sozialen Problematik, die auch durch einen Ausschnitt, wie ihn das Strafrecht enthält, jeweils in ihrer Gänze repräsentiert wird. Eine Strafrechtstheorie, die nicht in der Abstraktion oder vereinzelten Vorschlägen steckenbleiben, sondern der Sache gerecht werden will, muß diese aller gesellschaftlichen Existenz inhärenten Gegensätze anerkennen, um sie — dem dialektischen Prinzip entsprechend — auf höherer Ebene überwinden zu können. Das heißt: Sie muß eine Ordnung schaffen, die zeigt, daß in Wahrheit ein Strafrecht das Rechtsbewußtsein der Allgemeinheit im generalpräventiven Sinne nur stärken kann, wenn es zugleich die Individualität des ihm Unterworfenen wahrt, daß das, was die Gesellschaft für den Straffälligen tut, letzten Endes auch für ihr Wohl das dienlichste ist und daß man der sozialen Untauglichkeit des Kriminellen in einer für ihn und die Gemeinschaft gleichermaßen fruchtbaren Weise nur aufhelfen kann, wenn man bei aller Berücksichtigung seiner Schwäche und Behandlungsbedürftigkeit das Bild der verantwortlichen Persönlichkeit, auf die hin er angelegt ist, nicht aus den Augen verliert. Eine solche, hier nur in den Zielen und einigen Grundlinien skizzenhaft hingeworfene Konzeption in den Details auszuführen und in die Praxis umzusetzen, ist eine Aufgabe, die zu großen Teilen noch vor uns liegt.

Nachbemerkung: Die vorstehende Abhandlung ist geschrieben worden, um Studenten eine Einführung in die Gesamtproblematik staatlichen Strafens zu geben; sie weist deshalb in den Fußnoten die Literatur nach, die mir für eine vertiefte Befassung mit der Materie besonders wichtig zu sein scheint. Die von mir vorgetragene Grundkonzeption der „dialektischen Vereinigungstheorie" hat wenig Widerspruch gefunden (vgl. dazu die Stellungnahmen in den strafrechtlichen Lehrbüchern und Kommentaren); dagegen ist ihre besondere Ausgestaltung derart, daß die „Schuld" nur die Grenze, nicht den Grund der staatlichen Strafe bilde, umstritten geblieben. Die ausführlichste Auseinandersetzung liefert *Arthur Kaufmann* in: „Dogmatische und kriminalpolitische Aspekte des Schuldgedankens im Strafrecht" (JZ 1967, 553—560). Kaufmann wendet ein, daß die

Schuld, indem sie die Strafhöhe begrenze, als notwendige Bedingung der Strafe diese gleichzeitig auch begründe. Das ist logisch richtig. Ich meinte aber: Während allein das Maß der Schuld die Strafe begrenzt, kann die Schuld allein nicht die Strafe begründen. Schuldhaftes Verhalten rechtfertigt strafrechtliche Sanktionen nur dann und nur insoweit, wie diese aus spezial- oder generalpräventiven Gründen geboten sind. In dieser Form, der auch Arthur Kaufmann zustimmt, ist der Gedanke von den Verfassern des Alternativentwurfs gemeinsam entwickelt und in § 59 Abs. 2 AE niedergelegt worden: „Das durch die Tatschuld bestimmte Maß ist nur insoweit auszuschöpfen, wie es die Wiedereingliederung des Täters in die Rechtsgemeinschaft oder der Schutz der Rechtsgüter erfordert". Der Richter muß mit seiner Strafe unter dem Maß der Schuld bleiben, soweit die spezial- und generalpräventiven Erfordernisse dies gestatten. Ob diese Forderung kriminalpolitisch begrüßenswert oder als „Aushöhlung des Schuldgedankens" abzulehnen sei, ist bis heute Gegenstand lebhafter Kontroversen. Die Diskussion wurde durch die Vorträge und die Aussprache der Strafrechtslehrertagung in Münster 1967 (ZStW, Bd. 80, 1968, S. 1—135) auf breiter Front eröffnet. Ich habe sie im nachfolgenden Aufsatz über „Franz von Liszt und die kriminalpolitische Konzeption des Alternativentwurfs" aufzunehmen und fortzuführen versucht. Das erste Gesetz zur Reform des Strafrechts vom 25. 6. 1969 hat im neuen § 13 Abs. 1 StGB einen unklaren Kompromiß geschaffen, indem es einerseits „die Schuld des Täters" zur „Grundlage für die Zumessung der Strafe" erklärt (Satz 1), andererseits aber auch „die Wirkungen, die von der Strafe für das künftige Leben des Täters in der Gesellschaft zu erwarten sind" (Satz 2) und die „Verteidigung der Rechtsordnung" (§§ 14 Abs. 1, 23 Abs. 3) zu berücksichtigen aufgibt. Zur Auseinandersetzung mit der straftheoretischen Konzeption der Lehrbücher von *Baumann, Jescheck, Schmidhäuser* und *Stratenwerth* kann ich auf meine Rezensionen in ZStW, Bd. 80, 1968, S. 694 ff.; Bd. 82, 1970, S. 675 ff.; Bd. 83, 1971, S. 369 ff.; Bd. 84, 1972, Heft 4, verweisen. Den Standpunkt der hier abgelehnten Vergeltungstheorie vertritt mit besonderer Klarheit jetzt wieder *Maurach* in der jüngsten Auflage unseres umfangreichsten Lehrbuches zum Allgemeinen Teil (4. Aufl., 1971): „Die vornehmste Eigenschaft der Vergeltungsstrafe ist ... ihre zweckgelöste Majestät, wie sie in Kants Forderung, im Falle einer freiwilligen Auflösung der menschlichen Gesellschaft auch noch den letzten Mörder seiner Strafe zuzuführen, ihren Ausdruck findet" (a. a. O. S. 77). Danach „darf die Strafe, auch bei fehlendem oder nur schwachem Präventionsbedürfnis (z. B. bei besonders günstiger sozialer Prognose des Täters) nicht hinter dem Maß zurückbleiben, welches durch das Bedürfnis nach gerechter Vergeltung der in der Tat offenbarten Schuld bestimmt wird" (a. a. O. S. 81).

Aus der Literatur der letzten Jahre, die sich mit den im vorstehenden Aufsatz behandelten Fragen beschäftigt, nenne ich (ohne Anspruch auf Vollständigkeit) zur weiteren Lektüre noch:

Baumann, Was erwarten wir von der Strafrechtsreform?, in: Weitere Streitschriften zur Strafrechtsreform, 1969, S. 9 ff.

Hoerster, Zur Generalprävention als dem Zweck staatlichen Strafens, in: GA 1970, S. 272—281;

ders., Determinismus und rationales Strafen, in: ARSP 1971, S. 77—88.

Schmidhäuser, Vom Sinn der Strafe, 2. neubearbeitete und erweiterte Aufl., 1971 (zur 1. Aufl., 1963, vgl. meine Rezension in ZStW, Bd. 77, 1965, S. 70 ff.).

Eine gute Einführung für Anfänger liefert die Zeitschrift „Recht und Gesellschaft (Zeitschrift für Rechtskunde)" im Maiheft 1972, das unter dem Leitthema „Die Strafe" Beiträge von *Herzberg*, *Christ*, *Hoerster*, *Schoreit* und *Luetjohann* zusammenfaßt.

Franz von Liszt und die kriminalpolitische Konzeption des Alternativentwurfs*

I. Der Alternativentwurf als Fortsetzung der Lisztschen Reformtradition

Die Reform unseres Strafrechts, von der es den Anschein hat, daß sie jetzt endlich gelingen könnte, ist in ihrer letzten Phase durch den Alternativentwurf (AE)[1] nicht unerheblich beeinflußt worden[2]: Die Durchsetzung der Einheitsstrafe, die Einführung der sozialtherapeutischen Anstalt, die weitere Zurückdrängung der kurzfristigen Freiheitsstrafe, die Eliminierung des Schuldvorbehalts bei der Umwandlung von Freiheits- in Geldstrafe, die Erstreckung der Aussetzungsmöglichkeit auf Strafen bis zu zwei Jahren — um nur einige Hauptpunkte zu nennen — sind erst bei der zweiten Lesung im Sonderausschuß (SA) aus dem AE übernommen worden und in die neuen Strafrechtsreformgesetze eingegangen; und auch bei der ersten SA-Lesung des Allgemeinen Teils haben Gedanken, die dem Alternativentwurf zugrunde liegen, schon vor dessen Veröffentlichung auf den Regierungsentwurf eingewirkt[3]. Über die Gesamttendenz des AE und mit ihm der neueren Reformbewegung läßt sich sagen, daß sie durch ein immer stärkeres Hervortreten der Spezialprävention auf Kosten des Schuldausgleichsgedankens und der Generalprävention

---

* ZStW Bd. 81, 1969, S. 613 ff.

[1] Alternativentwurf eines Strafgesetzbuches, Allgemeiner Teil, 1966, 2., erw. Aufl. 1969. Vom Besonderen Teil liegen bisher vor: Politisches Strafrecht, 1968; Sexualdelikte; Straftaten gegen Ehe, Familie und Personenstand; Straftaten gegen den religiösen Frieden und die Totenruhe, 1968.

[2] Das hat Bundesjustizminister *Heinemann* wiederholt betont; zuletzt auf dem 47. Dtsch. Juristentag 1968 in Nürnberg, vgl. Sitzungsberichte, Teil II/H der Verhandlungen, Eröffnungssitzung, S. 19. Auch *Güde*, der Vorsitzende des Sonderausschusses für die Strafrechtsreform, sagt: „Der AE ist von entscheidender Bedeutung", in: Strafvollzug in Deutschland, Fischer-Bücherei Nr. 841, 1967, S. 57.

[3] Und zwar durch den Aufsatz des AE-Mitautors Hans *Schultz* in JZ 1966, S. 113 ff., der nach dem Zeugnis von *Jescheck* (ZStW, Bd. 80, 1968, S. 55, Anm. 5) „erheblichen Einfluß gehabt hat"; die dort von *Schultz* entwickelten Gedanken sind auch in den AE eingegangen.

ausgezeichnet ist[4]. Damit drängt sich von selbst die Frage auf, ob Franz *von Liszt*, der unser größter Kriminalpolitiker und doch in der Nachkriegszeit in die Gruft nur noch historischen Gedenkens verbannt war[5], nun — 50 Jahre nach seinem Tode — einen späten Sieg feiern kann, ob also die Reform, deren wissenschaftlichen Beginn man auf *Liszts* „Marburger Programm"[6] datieren muß, nach bald hundertjährigen verschlungenen Umwegen das ihr von *Liszt* vorgezeichnete Ziel doch noch erreicht hat. Vor 30 Jahren, als *Liszt* „unauferstehlich tot" schien, fragte *Radbruch* ahnungsvoll[7]: „Aber wird dieser unruhige Geist es ertragen, still im Grabe zu liegen unter der Grabplatte des historischen Ruhms, mit der man ihn sorglich zugedeckt hat? Wird er nicht eines Tages unversehens wieder auferstehen und in lebendiger Wirksamkeit unter uns wandeln?"

Wenn wir die Antwort zunächst noch vorsichtig in der Schwebe lassen, so ist doch eines sicher: Der AE steht in einer historischen Linie, die auf Franz *von Liszt* zurückführt. Es war ein bewegender Augenblick, als Eberhard *Schmidt*, dem *Liszt* sein Werk einst übergeben hatte, auf der Strafrechtslehrertagung in Münster (1967) sich zur kriminalpolitischen Konzeption des AE bekannte und so über 50 Jahre hinweg die Brücke zur *Liszt*schen Schule und zu den Anfängen seiner eigenen kriminalpolitischen Wirksamkeit schlug[8]. Und Gustav *Radbruch*, der *Liszt* seinen „unvergeßlichen Lehrer und Meister"[9] nannte, von dem er bekannte, daß er sein strafrechtliches Denken wie kein anderer bestimmt habe[10] — *Radbruch* hat, wie mehrfach[11] dargestellt worden ist, mit seinem Strafgesetzentwurf

---

[4] Vgl. *Eb. Schmidt*, NJW 1967, S. 1929.

[5] *Eb. Schmidt*, einer der letzten lebenden Schüler *Liszts*, hat auf diesen beklagenswerten Umstand ebenso unermüdlich wie zunächst vergeblich hingewiesen; vgl. zuletzt NJW 1967, S. 1931 mit weiteren Nachweisen in Anm. 23.

[6] ZStW, Bd. 3, 1882, S. 1 ff.; später in: Strafrechtliche Aufsätze und Vorträge, Bd. I, 1905, S. 126 ff.

[7] Elegantiae iuris criminalis, 2. Aufl., 1950, S. 232.

[8] Vgl. auch seinen Aufsatz in NJW 1967, S. 1929 ff., wo es heißt: „Der kriminalpolitische Gehalt des AE erweckt lebhafte Erinnerungen an die Geschlossenheit und den Schwung der Reformbemühungen in den auf das Ende des 1. Weltkrieges folgenden Jahren."

[9] Elegantiae iuris criminalis, Vorwort zur 1. Aufl., 1938.

[10] So in seiner Selbstbiographie „Der innere Weg", 2. Aufl., 1961, S. 54.

[11] Durch Arthur *Kaufmann* und *Baumann* in der Gedächtnisschrift für Gustav Radbruch, 1968, S. 324 ff., 337 ff.

1922 auf den AE nachhaltig gewirkt und so den Geist, der seine schöpferische Kraft inspirierte, in die Reformbewegung der jüngsten Zeit eingebracht.

Solche Querverbindungen gibt es noch mehr[12]. Hinter diesen historischen Vermittlungen aber ist es unverkennbar *Liszts* eigene Gestalt, deren prägender Einfluß die Verfasser des AE beflügelt hat. Das gilt zunächst jenseits aller einzelnen Übereinstimmungen und Abweichungen für sein wissenschaftliches Temperament und den Stil seines Arbeitens. Sich der gesellschaftspolitischen Aufgabe des Gelehrten zu stellen, die Kriminalpolitik als vordringlichen Gegenstand wissenschaftlicher Betätigung neu zu etablieren, die fachliche Diskussion über die Grenzen des eigenen Landes auszuweiten[13] und in gemeinsamer Arbeit fruchtbar zu machen, die „gesamte Strafrechtswissenschaft" einschließlich des Strafvollzuges zu einer auf unmittelbare legislatorische Verwirklichung abzielenden Konzeption zusammenzufassen — alle diese Bemühungen der Verfasser des Alternativentwurfs folgen den nie verlöschenden Spuren *Liszt*scher Wirksamkeit. Eine solche mehr oder minder bewußte Nachfolge, die als Vergegenwärtigung und zeitgerechte Transposition des Vorbildhaften das eigene Tun in einen leitenden Traditionszusammenhang stellt, im Heutigen das Vergangene wiedererkennt und aus seinen überdauernden Impulsen das Künftige legitimiert, hat eine schaffens-

---

[12] Gesetzgebungshistorisch buchenswert ist, daß die Anfänge der Strafrechtsreform in der Nachkriegszeit im Zeichen der „modernen Schule" standen. Thomas *Dehler*, der damals Justizminister war, hat nicht nur die erste Veröffentlichung des Entwurfs Radbruch veranlaßt (1952), sondern auch *Eb. Schmidt* mit der Leitung der Reformarbeiten betrauen wollen (vgl. *Eb. Schmidt* in NJW 1967, S. 1931). Als einige Mitverfasser des AE fünfzehn Jahre später (am 20. Juni 1967) der FDP-Bundestagsfraktion die kriminalpolitische Konzeption des Alternativentwurfs vortrugen (vgl. dazu meinen Beitrag in: Programm für ein neues Strafgesetzbuch, Fischer-Taschenbuch Nr. 952, 1968, S. 75 ff.), war es wiederum *Dehler*, der in einem vermächtnishaften Schlußwort aussprach, daß die Strafrechtsreform sich leider ganz anders entwickelt habe, als es ihm ursprünglich vorschwebte, daß es nun aber an der Zeit sei, den Regierungsentwurf aufzugeben und den Alternativentwurf zur Grundlage des neuen Strafgesetzbuches zu machen. Sein Votum hat dazu geführt, daß die FDP den AE im Bundestag als Gesetzgebungsvorlage einbrachte. Die Linie, die über *Liszt* und *Radbruch* zum Alternativentwurf führt, tritt hier auch im gesetzgebungspolitischen Bereich klar hervor.

[13] Über den Zusammenhang des AE mit der (ihrerseits von *Liszt* wesentlich beeinflußten) internationalen Reformbewegung treffend *Jescheck*, ZStW, Bd. 80, 1968, S. 54.

fördernde Kraft, deren Bedeutung für den Prozeß wissenschaftlicher Produktion man nicht unterschätzen sollte.

Wenden wir von hier aus den Blick auf die Sachaussagen des *Liszt*schen Programms und des Alternativentwurfs, so fallen freilich neben den Gemeinsamkeiten auch erhebliche Unterschiede ins Auge. Gewiß war *Liszt* ein leidenschaftlicher Gegner der kurzfristigen Freiheitsstrafe; aber er wollte sie doch nur bis zur Dauer von sechs Wochen abschaffen[14] und nicht, wie der AE, bis zu sechs Monaten. Die Einheitsstrafe gar, deren Einführung eine der wichtigsten Forderungen des AE bildet, hielt *Liszt* für „gänzlich verkehrt"[15]; ja, er wollte den entehrenden Charakter der Zuchthausstrafe ausdrücklich beibehalten[16]. Die Sicherungsverwahrung, deren möglichst weitgehende Zurückdrängung der AE sich zum Ziel gesetzt hat, nimmt eine zentrale Stellung in der Konzeption *Liszts* ein[17]. Die unbestimmte Strafe, die der AE verpönt, hat *Liszt* zeitlebens befürwortet[18]. Kurz: Nutzen und Nachteile der einzelnen strafrechtlichen Sanktionen werden keineswegs einheitlich beurteilt. Aber das Verhältnis beider Konzeptionen zueinander läßt sich durch einen Übereinstimmungen und Abweichungen lediglich registrierenden Vergleich einzelner Regelungen von vornherein nicht klären. Denn auch bei gleichen Zielen kann man die Frage, welche Mittel zu ihrer Erreichung am geeignetsten seien, verschieden beantworten; bei einem zeitlichen Abstand von 50 bis 100 Jahren sind solche Divergenzen fast selbstverständlich. Es wird also darauf ankommen, die kriminalpolitischen Intentionen *Liszts* noch einmal von den Grundlagen her zu durchdenken und am heutigen Stande der Diskussion zu messen. Erst bei einer solchen Sichtung des „Lebendigen und Toten in Liszts Reformprogramm" wird sich zeigen, was er der Gegenwart noch geben kann. Wenn dabei die folgende Darstellung, wie es dem Thema unserer Untersuchung entspricht, immer nur auf die Aussagen *Liszts* zurückgreift, so darf das freilich nicht zu dem Mißverständnis verleiten, als hätten die Verfasser des AE ihre Vorschläge unmittelbar aus den Arbeiten *Liszts* gewonnen. Das ist fast nirgends der Fall gewesen. Vielmehr sind die Vorschläge des AE aus der deutschen und internationalen Reform-

---

[14] Kriminalpolitische Aufgaben, Aufsätze und Vorträge (A. u. V.), Bd. I, S. 382, 391; ferner: Die Reform der Freiheitsstrafe, A. u. V. I, S. 514 ff.

[15] Kriminalpolitische Aufgaben, A. u. V. I, S. 398.

[16] A. a. O., S. 402.

[17] Vgl. nur: Der Zweckgedanke im Strafrecht, A. u. V. I, S. 166 ff.

[18] Kriminalpolitische Aufgaben, A. u. V. I, S. 333 ff.; Die Reform der Freiheitsstrafe, A. u. V. I, S. 531 ff.

diskussion der jüngsten Gegenwart hervorgegangen. Gerade deshalb ist es aber lohnend zu untersuchen, inwieweit diese weitverzweigten Bemühungen im kriminalpolitischen Programm *Liszts* ihren gemeinsamen Ursprung haben.

II. Liszts Strafzwecklehre und das kriminalpolitische Programm des AE

1. Die Ausschaltung des Vergeltungsgedankens

Ausgangspunkt jedes kriminalpolitischen Programms ist die Frage nach Funktion und Rechtfertigung der staatlichen Strafgewalt. *Liszt* nimmt diesen „Rechtstitel" einerseits „aus der Notwendigkeit der Strafe für die Aufrechterhaltung der Rechtsordnung und damit für die Sicherheit der Gesellschaft; andererseits aus der, wenn auch beschränkten, Eignung der Strafe für die Erreichung dieses Ziels"[19]. Die Stoßrichtung dieser Formulierung gegen die „klassische Schule" wird gleich darauf deutlich, wenn es heißt[20]: „War die ausreichende Rechtfertigung der staatlichen Strafgewalt mit der Notwendigkeit der Strafe für die Aufrechterhaltung der Rechtsordnung und mit ihrer Eignung für die Erreichung dieses Ziels mit einer allen Zweifel ausschließenden Sicherheit gegeben, so entfiel damit jeder Anlaß, die Strafe auf ein metaphysisches Prinzip zurückzuführen. .. Als Aufgabe der Strafe erschien die der Eigenart des Verbrechers angepaßte Einwirkung auf ihn. So trat der Gedanke der Spezialprävention in den Vordergrund, ohne daß der der Generalprävention beseitigt werden sollte; und der Vergeltungsstrafe wurde die Schutzstrafe oder Zweckstrafe gegenübergestellt."

Damit ist der Standpunkt bezogen, auf dem auch der Alternativentwurf steht. Wenn Strafen und Maßregeln nach der programmatischen Richtlinie des § 2 I AE „dem Schutz der Rechtsgüter und der Wiedereingliederung des Täters in die Rechtsgemeinschaft" dienen, so sind damit Spezial- und Generalprävention als die beiden einzigen Zwecke staatlichen Strafens gekennzeichnet[21]. Der vergel-

---

[19] Lehrbuch des Deutschen Strafrechts, 21./22. Aufl., 1919, S. 6; nach dieser letzten von *Liszt* selbst noch betreuten Ausgabe wird auch im folgenden zitiert.

[20] Lehrbuch, S. 21.

[21] Dabei hat der Terminus „Schutz der Rechtsgüter" mehrfache Bedeutung. Er umschreibt einerseits die Aufgabe der Strafe überhaupt, daß sie nämlich nicht „als Vergeltung begriffsnotwendige Folge des Verbrechens", sondern

tende Schuldausgleich, der noch im E 1962 unter den Aufgaben der Strafe an erster Stelle genannt wird[22], ist also mit Vorbedacht als

---

vielmehr „als Form des Rechtsgüterschutzes zweckbewußte Schöpfung und zielbewußte Funktion der staatlichen Gesellschaft ist" (*Liszt*, Der Zweckgedanke im Strafrecht, A. u. V. I, S. 126); insofern ist auch die Resozialisierung eine Form des Rechtsgüterschutzes. Andererseits umfaßt diese Wendung im engeren Sinne die Generalprävention mit ihren beiden Aspekten der „Warnung der Rechtsgenossen" und der „Bewährung der Rechtsordnung" sowie die spezialpräventive Abschreckung und Sicherung; insofern soll die Dichotomie „Schutz der Rechtsgüter" und „Wiedereingliederung des Täters" also ausdrücken, daß die Strafe unmittelbar und gleichrangig sowohl die Gesellschaft schützen wie dem Täter helfen soll. Der Umstand, daß dieser letzte Zweck mittelbar auch wieder der Gesellschaft zugutekommt, charakterisiert eben jene Dialektik (vgl. dazu *Roxin*, JuS 1966, S. 377 ff. = oben, S. 27 ff.), die in der Doppelbedeutung des Rechtsgüterschutzbegriffes beschlossen liegt.

Müller-Dietz, der mit der Zielsetzung des AE einverstanden ist, kritisiert die Fassung des § 2 I und möchte stattdessen korrekter sagen: „Strafen dienen dem Schutz der Rechtsgüter durch Warnung der Allgemeinheit, Bewährung des Rechts oder Eingliederung des Täters in die Rechtsgemeinschaft" (Strafbegriff und Strafrechtspflege, 1968, S. 124). Aber das trifft nicht ganz die dem AE zugrundeliegende Intention. Denn die spezialpräventive Sicherungs- und Warnfunktion der Strafe bleibt hier ebenso unberücksichtigt wie der Gedanke, daß der Täter auch um seiner selbst willen und nicht nur zu Nutz und Frommen der Gesellschaft zu einem Leben in Freiheit ertüchtigt werden soll. (Zutreffend *Gallas*, ZStW, Bd. 80, 1968, 8/9, der mit seinem eigenen Gesetzgebungsvorschlag insoweit der Fassung des AE folgt: „Gegen die Koordinierung von Rechtsschutz und Resozialisierung bestehen keine logischen Bedenken, da die Wiedereingliederung des Täters nicht nur im Interesse der Gesellschaft, sondern auch um des Täters selbst willen angestrebt wird.").

Müller-Dietz beanstandet auch das Wörtchen „und", das in § 2 I AE zwischen Rechtsgüterschutz und Wiedereingliederung steht. Er meint, es müßten „die verschiedenen Straffunktionen alternativ und nicht kumulativ in die Strafzweckbestimmung eingeordnet werden, weil nicht immer alle Strafzwecke gleichmäßig verfolgt werden" (Strafbegriff und Strafrechtspflege, S. 123). Dem ist entgegenzuhalten, daß zwar Strafen bisweilen in der Tat nur um des Schutzes der Rechtsgüter willen (und nicht auch aus Gründen der Resozialisierung) verhängt werden müssen, daß aber die Partikel „und", wenn sie bei *abstrakten* Zweckbestimmungen verwendet wird, sprachlogisch die alleinige Verwirklichung des einen oder des anderen Zweckes im *konkreten* Fall nicht ausschließt.

Darüber, daß mit dem Ausdruck „Schutz der Rechtsgüter" drittens einer Pönalisierung bloßer Moralwidrigkeiten abgeschworen werden soll, vgl. im Text unter II, 4.

[22] Begründung, S. 96.

möglicher Strafgrund ausgeschaltet worden[23]. Vielmehr sichert das Strafrecht, wie die Begründung des AE ausführt[24], die „Bewährung der dem Menschen notwendigen Friedensordnung des Rechts ... Strafe zu verhängen ist kein metaphysischer Vorgang, sondern eine bittere Notwendigkeit in einer Gemeinschaft unvollkommener Wesen, wie sie die Menschen nun einmal sind". Wer könnte hier nicht fast bis in die Wortwahl die Stimme *Liszts* hindurchhören?

2. *Der Vorrang der Spezial- vor der Generalprävention*

Der AE verwirklicht die Konzeption *Liszts* aber nicht nur darin, daß er die Vergeltungs- durch die Zweckstrafe ersetzt. Er folgt ihm vor allem auch, indem er unter den beiden verbleibenden Strafzwekken die Spezialprävention der Generalprävention überordnet[25]. Deshalb nennt § 59 II AE unter den für die Strafzumessung maßgeblichen Gesichtspunkten die „Wiedereingliederung des Täters" ausdrücklich *vor* dem „Schutz der Rechtsgüter"[26]. Es ist also irrig, wenn in der Kritik gelegentlich das Fehlen einer solchen Rangfolge bemängelt worden ist[27]. Im übrigen lassen sich aus dem Gesetzeszusammenhang auch konkrete Richtlinien für die Abwägung der beiden im Einzelfall divergierenden Strafzwecke gewinnen: Bei der Strafaussetzung zur Bewährung (§ 40 I), der bedingten Entlassung (§ 48 II), dem Ersatz der Freiheits- durch Geldstrafe (§ 50), der Zulässigkeit gemeinnütziger Arbeit (§ 52) und der Verwarnung unter Strafvorbehalt (§ 57 I) hängt die Gewährung dieser Vergünstigungen aus-

---

[23] Darüber herrscht unter den Verfassern des AE volle Einigkeit. Arthur *Kaufmann* hat in seinem Göttinger Vortrag (JZ 1967, S. 553 ff.) der Schuldvergeltung ausdrücklich den Abschied gegeben (a. a. O., S. 556 f.: Die „Sühne" wird hier im Sinne einer den einzelnen und die Gemeinschaft versöhnenden Resozialisierung verstanden).

[24] AE, S. 29. Hier wie im folgenden wird nach der 1. Aufl., 1966, zitiert.

[25] Vgl. AE, Begründung S. 71. Danach wurden „die spezialpräventiven Gesichtspunkte den generalpräventiven durchweg vorgezogen".

[26] In der Begründung (AE, S. 109) heißt es dazu: „Im übrigen weicht die in § 59 Abs.2 bei der Einzelbestrafung gewählte Reihenfolge der Gesichtspunkte nicht zufällig von § 2 Abs. 1 ab." Dabei steckt in dem Wort „Einzelbestrafung" der Grund, warum § 2 I AE den Schutz der Rechtsgüter zuerst nennt: Wo es um die vom Einzelfall gelöste, abstrakte Strafzweckbestimmung geht, stellt sich der Schutz der Rechtsgüter gleichzeitig als ein den Resozialisierungszweck mitumfassender Oberbegriff dar, der deshalb dort an den Anfang gehört. Vgl. dazu auch oben Anm. 21.

[27] Vgl. Lackner, JZ 1967, S. 515/16; *Gallas*, ZStW, Bd. 80, 1968, S. 5, wo aber die vorrangige Nennung der Spezialprävention immerhin erwähnt wird.

schließlich von der Beurteilung der spezialpräventiven Frage ab, ob der Täter sich künftig straffrei verhalten wird[28]; generalpräventive Gesichtspunkte können hier also niemals entscheidend sein. Daraus kann man entnehmen, daß im Bereich der durch diese Bestimmungen erfaßten kleineren und mittleren Kriminalität — das heißt beim größten Teil aller Straftaten überhaupt — die Spezialprävention insoweit den absoluten Vorrang beansprucht, als sie den Vollzug einer Freiheitsstrafe ausschließt[29].

Nur bei Kapitalverbrechen, insbesondere bei den Delikten gegen das Leben, gewinnen die generalpräventiven Bedürfnisse im Bereiche der Freiheitsstrafe in sorgfältig umgrenzter Weise die Oberhand (vgl. §§ 36 II[30]; 70 III, 1 AE). Im Strafvollzug wiederum soll überhaupt nur der Resozialisierungszweck verfolgt werden (§ 37 I AE)[31]. Daraus erklären sich der Wegfall der Zuchthausstrafe und der Ehrenfolgen sowie die Richtlinien in den §§ 37 ff. AE[32].

Die Beziehung der beiden Strafzwecke zueinander ist also nicht nur so weitgehend geklärt, wie es gesetzgeberisch überhaupt möglich erscheint; der AE folgt auch haargenau der Anregung *Liszts*[33],

---

28 Der Begriff „Strafzweck" in §§ 50, 52 AE ist allein auf die Resozialisierungsformel des § 40 I zu beziehen; vgl. die Begründung zu § 50 (AE, S. 97: „Wegfall des generalpräventiven Gedankens") und § 52 (AE, S. 99, Abs. 6: „Das Erfordernis, daß dadurch der Strafzweck erreicht werden kann, entspricht der Regelung in § 50 AE und nimmt auf § 40 Abs. 1 AE Bezug").

29 Das generalpräventive Element wird hier auf Geldstrafe, gemeinnützige Arbeit und Fahrverbot zurückgedrängt. Auch bei diesen Strafen steht im übrigen die spezialpräventive Zielsetzung durchaus im Vordergrund.

30 Die lebenslängliche Freiheitsstrafe läßt sich nur generalpräventiv rechtfertigen. Immerhin ist auch hier — anders als im E 1962 — ein spezialpräventives Korrektiv eingebaut (§ 48 II, III AE).

31 Der fehlende Hinweis auf den Rechtsgüterschutz in § 37 I AE ist nicht etwa, wie Arthur *Kaufmann*, JZ 1967, S. 555, Anm. 15, irrtümlich annimmt, ein Redaktionsversehen. Die 2. Aufl. des AE hat die Fassung der Erstauflage zu Recht unverändert übernommen. Darüber, daß ein Resozialisierungsstrafvollzug auch bei Tätern schwerster Delikte (etwa NS-Gewaltverbrechen) sinnvoll und notwendig ist, vgl. die treffenden Ausführungen, die Eb. *Schmidt*, NJW 1967, S. 1934, im Anschluß an Walter *Herrmann* macht.

32 Eine wesentliche Akzentverschiebung gegenüber den Vorstellungen *Liszts*, die sich gerade in der Einstellung zur Zuchthausstrafe und zum Vollzuge widerspiegelt, liegt allerdings darin, daß der AE die Spezialprävention ganz überwiegend durch Resozialisierung erstrebt, während *Liszt* hier mehr auf Sicherung und Unschädlichmachung abstellt. Darauf wird (unten IV) noch eingehend zurückzukommen sein.

33 Lehrbuch, S. 24.

daß der Gesetzgeber sich entschließen möge, „von dem einen der beiden Grundgedanken auszugehen, diesen aber nicht bis in seine letzten Folgesätze durchzuführen, sondern daneben auch den aus dem anderen Grundgedanken sich ergebenden Folgerungen Rechnung zu tragen".

3. Die Prinzipien der Subsidiarität und Effektivität als Rechtfertigungsvoraussetzungen der Strafe

Die Strafzwecklehre *Liszts*, wie sie oben durch wenige programmatische Lehrbuchsätze umrissen wurde, enthält aber noch ein sehr wesentliches Charakteristikum, das in den Merkmalen der „Notwendigkeit" und „Eignung" steckt: Wo andere sozialpolitische Maßnahmen oder eigene, freiwillige Leistungen des Täters einen ausreichenden Rechtsgüterschutz gewährleisten können, darf — mangels *Notwendigkeit* — nicht bestraft werden; und auch wenn mildere Möglichkeiten nicht zur Verfügung stehen, ist auf die Strafe — mangels *Eignung* — zu verzichten, wo sie kriminalpolitisch wirkungslos oder gar schädlich ist. Diese Postulate entsprechen den Prinzipien der Subsidiarität und Effektivität der staatlichen Strafe, die auch zu den Grundlagen des Alternativentwurfs gehören. Sie sind zwar in die Richtlinie des § 2 I AE nicht im Wortlaut aufgenommen worden, lassen sich aber aus dem Grundgedanken der Zweckstrafe unmittelbar ableiten; außerdem liegen sie zahlreichen Einzelregelungen des AE zugrunde.

Das *Subsidiaritätsprinzip* wirkt sich im Allgemeinen Teil in einem weitgehenden Rückgriff auf strafersetzende Eigenleistungen des Täters aus (vgl. etwa §§ 41 III, 42 IV, 47 II, 50, 52 AE)[34]. Aber auch etwa die Straffreistellung des geringfügig fahrlässigen Verhaltens (§ 16 II AE) gehört in diesen Zusammenhang und findet ihr unmittelbares Vorbild bei *Liszt*[35], der meinte, es werde sich bei genauer Betrachtung „fast überall" ergeben, „daß gegen fahrlässige Eingriffe in fremde Rechtsgüter die zivilrechtliche Ersatzpflicht in ihrer heutigen Regelung durch das bürgerliche Gesetzbuch und die Zivilprozeßordnung ausreicht".

Im Besonderen Teil ist das Subsidiaritätsprinzip ein maßgebendes Kriterium bei der Reduzierung der Tatbestände. Für das politische Strafrecht hat schon frühzeitig *Eb. Schmidt*[36] auf die Bedeutung des

[34] Vgl. dazu Arthur *Kaufmann*, JZ 1967, S. 557/58. Zum ganzen auch *Roxin*, JuS 1966, S. 382 f. = oben, S. 13 f., wo der Subsidiaritätsgedanke unmittelbar aus dem Strafzweck abgeleitet wird.

[35] A. u. V. II, S. 392.

[36] Franz v. Liszt und die heutige Problematik des Strafrechts, in: Festschrift für J. von Gierke, 1950, S. 223.

*Liszt*schen Notwendigkeitsmaßstabes hingewiesen, der dem Staat verbiete, „Freiheitsbeschränkungen aufzuerlegen um irgendwelcher macht- oder staatspolitischer Zwecke willen, die ihm seine Staatsraison nahelegen könnte“. Die Verfasser des AE haben mit ihren Vorschlägen zum Staatsschutzrecht diesen Grundsatz konsequent durchzuhalten versucht. Auch die Begründung des Abschnitts über Sexualdelikte im AE beginnt nicht von ungefähr mit dem Satz[37]: „Entsprechend seiner Tendenz, das Strafrecht als äußerstes Mittel der Sozialpolitik zu verstehen, beschränkt der AE die im 2. Abschnitt des E 1962 unter Strafe gestellten Tatbestände so weit, daß er auf ihre Zusammenfassung unter der strafrechtlich farblosen Bezeichnung ‚Straftaten gegen die Sittenordnung‘ verzichten kann.“

Wenn wir bei *Liszt*[38] lesen: „Ungleich tieferdringend und ungleich sicherer als die Strafe und jede ihr verwandte Maßregel wirkt die Sozialpolitik als Mittel zur Bekämpfung des Verbrechens ...“, so verstehen sich die Verfasser des AE ohne Frage als seine Testamentsvollstrecker. Sobald der Besondere Teil des AE fertiggestellt ist, wird sich in vollem Umfange zeigen, welch gewaltige Arbeit hier noch vor dem Gesetzgeber liegt: Die „Flucht in das Strafrecht“ bedeutet oft genur ein Ausweichen der Gesellschaft vor ihren sozialpolitischen Gestaltungsaufgaben. Sie darauf hinzuweisen und die Grenzen der eigenen Wirkungsmöglichkeit selbstkritisch abzustecken, ist die Pflicht auch der Strafrechtswissenschaft.

Dies alles gilt ebenso für das nah verwandte *Effektivitätsprinzip.* Die Abschaffung der kurzfristigen Freiheitsstrafe beispielsweise ist unabhängig von der Frage nach anderen wirksamen Sanktionen jedenfalls deshalb unausweichlich, weil ein Freiheitsentzug dieser Art anerkanntermaßen zur Verbrechensbekämpfung ungeeignet und daher durch die Strafzwecklehre *Liszts* wie des Alternativentwurfs nicht zu rechtfertigen ist. Aber auch für den Besonderen Teil hat das Effektivitätsprinzip große Bedeutung. Leerlaufende Bestimmungen (wie etwa die Strafdrohung gegen den Ehebruch) sind zum Schutze auch schützenswerter Rechtsgüter (wie der Ehe) schlechterdings nicht geeignet. Ein derartiges Verhalten um eines staatlichen „Bekenntnisses“ zur Ehe willen dennoch zu bestrafen, lehnt der AE in konsequenter Verfolgung des *Liszt*schen Ausgangspunktes[39] ab. Auch sonst erge-

---

37 Begründung, S. 9.

38 Lehrbuch, S. 12.

39 Bemerkenswert ist, daß auch *Liszt* (Lehrbuch, S. 378) meint, der Bestrafung des Ehebruchs stünden schwere Bedenken entgegen.

ben sich aus dem Effektivitätsprinzip weitreichende Folgerungen, die z. B. für die Regelung der Abtreibung im AE ganz neue Konzeptionen erzwingen werden.

4. Die Begrenzung der Strafe auf den Rechtsgüterschutz

Schließlich soll die Verwendung des Rechtsgutsbegriffes in der Strafzweckdefinition des AE noch einen weiteren kriminalpolitischen Programmsatz ausdrücken: die These nämlich, daß nicht die moralische Verwerflichkeit eines Verhaltens, sondern allein seine Qualität als Störungsfaktor für die äußere Friedensordnung — deren gewährleistende Elemente als Rechtsgüter bezeichnet werden — staatliche Strafe nach sich ziehen darf[40]. Daraus folgt die bekannte Reformforderung, daß außerhalb der Öffentlichkeit unter erwachsenen Personen sich abspielende, in niemandes Rechte eingreifende Handlungen (einfache Homosexualität, Sodomie, Kuppelei usw.) nicht in die Regelungssphäre des Strafgesetzgebers fallen[41]. Das ist altes aufklärerisches Gedankengut, wie es schon der große *Hommel*, einer unserer bedeutendsten Kriminalpolitiker des 18. Jahrhunderts, treffend formuliert hat[42]: „Allein der selbst denkende Jurist und Staatskundige muß durchaus durch moralische Plauderei und betäubende Wörter sich nicht irre machen lassen, die Größe des Verbrechens in etwas anderem als einzig und allein in dem Schaden zu suchen, welcher daraus der Gesellschaft erwächst ... Unsere Regel ist diese: Je trauriger der Erfolg ist, den eine Tat dem gemeinen Wesen verursacht, desto straffälliger ist sie. Hat sie aber keinen nachteiligen Erfolg im gemeinen Wesen, so ist sie gleichgültig, allerwenigstens kein Gegen-

---

40 Richtig gesehen bei *Gallas,* ZStW, Bd. 80, 1968, S. 8; *Nowakowski,* Österreichische Richterzeitung 1967, S. 172.

41 Außerdem ergibt sich daraus die Perhorreszierung eines Gesinnungsstrafrechts, dem beispielsweise unsere bis zum Sommer 1968 geltenden Staatsschutzvorschriften in der extensiven Interpretation, die die Rechtsprechung ihnen gegeben hatte, bedenklich nahe kamen. Auch die Ausscheidung bagatellarischen Ordnungsunrechtes gehört in den Zusammenhang dieses Rechtsgutsbegriffes. Dagegen soll die Verweisung auf den Rechtsgutsbegriff im AE nicht etwa, wie es *Gallas* (ZStW, Bd. 80, 1968, S. 8) erwägt, eine Absage an das „personale Unrecht" bedeuten. Nur eine Bestrafung von „Handlungsunwerten", deren Verwirklichung keine Rechtsgüter beeinträchtigt, widerspricht der Konzeption des AE.

42 „Hommelische Vorrede" zu „Des Herrn Marquis von Beccaria unsterbliches Werk von Verbrechen und Strafen", 1778; Neuausgabe Ost-Berlin 1966, S. 15.

stand der bürgerlichen Strafgesetze." Oder, noch präziser[43]: „Missetat oder Unrecht ist nur dasjenige, wodurch ich entweder meinem einzelnen Nächsten oder ... dem gemeinen Wesen etwas unmittelbar entziehe." Nichts anderes ist gemeint, wenn der AE nur „Rechtsgüter" und nicht die Sittlichkeit als solche zum Schutzobjekt des Strafrechts erklärt[44]. Natürlich ist der Rechtsgutsbegriff kein Zauberhut, mit Hilfe dessen im Wege der Subsumtion und Ableitung das pönalisierbare vom straflos zu lassenden Verhalten ohne weiteres trennbar wäre[45]; er ist nur eine Bezeichnung dessen, was *von den Aufgaben des Strafrechts her* als allein schützbar angesehen werden darf. Aus der Festlegung der Strafzwecke muß sich also ergeben, was als Rechtsgut in Betracht kommt[46]; eben daraus versteht sich in der „allge-

---

43 *Hommels* Anmerkungen zum Text Beccarias, S. 49 der Neuausgabe. *Hommel* schaltet hier durch das Kriterium der „Unmittelbarkeit" sehr scharfsichtig die nur gemutmaßten „Fernwirkungen" durch sich selbst nicht schädlicher Handlungen, die noch heute immer wieder ins Feld geführt werden (vgl. dazu nur die AE-Begründung zur Straffreistellung der einfachen Homosexualität, Sexualdelikte usw., S. 33), als Legitimierungsgründe für eine Pönalisierung aus.

44 Der Terminus „Rechtsgut" entstammt zwar bekanntlich erst dem 19. Jahrhundert. Doch kann nicht zweifelhaft sein, „daß von den freiheitlichen Gedanken der Aufklärung eine direkte Linie zum Begriff des Rechtsgutes führte" (*Sina*, Die Dogmengeschichte des strafrechtlichen Begriffs „Rechtsgut", 1962, S. 89). *Sina* erwähnt den im Text zitierten *Hommel* im übrigen nicht.

In der Nachkriegszeit hat zuerst wieder Herbert *Jäger*, Strafgesetzgebung und Rechtsgüterschutz bei Sittlichkeitsdelikten, 1957, die liberale Funktion des Rechtsgutsbegriffes zur Geltung gebracht; an ihn habe ich in „Täterschaft und Tatherrschaft", S. 412 ff., ausdrücklich angeknüpft. Merkwürdigerweise hat *Sina*, der in seiner dogmengeschichtlichen Darstellung eingehende Betrachtungen zum Rechtsgutsbegriff in der Nachkriegszeit vermißt (a. a. O. S. 96), das *Jäger*'sche Buch gänzlich übersehen, so wie andererseits *Jäger* keine Verbindung mit den kriminalpolitischen Forderungen der Aufklärung hergestellt hat. Hier bleibt also noch manches zu erarbeiten.

45 Das Mißverständnis, als ob dies versucht würde, ist in der jüngsten Diskussion wiederholt aufgetreten. Vgl. etwa *Hanack*, ZStW, Bd. 77, 1965, S. 405; Gutachten A zum 47. Deutschen Juristentag, 1968, S. 31 ff., der sich in der Sache dann aber doch an *Jäger* und an meine Darlegungen anschließt; ferner *Bockelmann*, ZStW, Bd. 74, 1962, S. 311 ff. und neuestens Radbruch-Gedächtnisschrift, 1968, S. 257, Anm. 22.

46 Vgl. dazu meinen Aufsatz in JuS 1966, S. 377 ff. (= oben S. 12 f.), wo das Rechtsgut ausdrücklich im Sinne einer „aus dem Zweck des Strafrechts abgeleiteten Begriffsbestimmung" gedeutet wird.

meinen Richtlinie"[47] des § 2 AE der dezidiert „liberale Gehalt" des Wortes „Rechtsgut", den *Sina*[48] einen „der wichtigsten Aspekte des Rechtsgutsbegriffes überhaupt" genannt hat. Seine Konkretisierung bei Ausformung der Tatbestände des Besonderen Teils demonstrieren die beiden dazu bisher erschienenen Bände des AE in exemplarischer Weise.

Aus diesem Zusammenhang mit der Strafzwecklehre erklärt es sich, daß die Thematik eines solchen materiellen Rechtsgutsbegriffes bei *Liszt* schon in den Eingangssätzen des Marburger Programms bedeutungsschwer aufklingt: „Ob die Strafe als Vergeltung begriffsnotwendige Folge des Verbrechens oder ob sie als Form des Rechtsgüterschutzes zweckbewußte Schöpfung und zielbewußte Funktion der staatlichen Gesellschaft ist", das ist für *Liszt* kein müßiger Schulenstreit; in der Beantwortung dieser Frage liegt für ihn „vielmehr die *Umgrenzung der vom Staate mit Strafe zu bedrohenden Handlungen* ..."[49]. Anders kann es auch nicht sein. Denn da bloße Moralwidrigkeiten die „Sicherheit der Gesellschaft" nicht bedrohen, die Strafe folgeweise zu ihrer Bekämpfung weder „notwendig" noch „geeignet" ist, müssen sie auch für *Liszt* als „Rechtsgüter" von vornherein ausscheiden. Er dringt damit über die Deutung des Rechtsgutes als einer bloßen ratio legis zu einem materiellen Verständnis des Rechtsgutsbegriffes[50] vor, das der Konzeption des AE sehr nahesteht, wie denn ja auch *Liszt* sich wiederholt zur Gedankenwelt der Aufklärung ausdrücklich bekannt hat[51].

So nimmt es nicht wunder, daß *Liszt* bei Behandlung der Sittlichkeitsdelikte klarstellt[52], die „geschlechtliche Sittlichkeit sei kein um

---

47 So die Begründung zu § 2 AE, S. 29.

48 Die Dogmengeschichte des strafrechtlichen Begriffes „Rechtsgut", S. 89 ff.

49 A. u. V. I, S. 126; die Sperrung im Text stammt von *Liszt*.

50 Vgl. dazu *Sina*, a. a. O. S. 53, demzufolge *Liszt* mit der Bestimmung des Rechtsgutes „als Lebensbeziehungen, die zur Aufrechterhaltung der staatlichen Ordnung notwendig sind, ... zu einem weitgehend materiellen Rechtsgutsbegriff (gelangte), indem er den Inhalt aus den vorpositiven Fakten einer um ihre Erhaltung besorgten Staats- und Gesellschaftsordnung bezog". Im einzelnen bedürfte die komplizierte Rechtsgutsproblematik einer vertieften Behandlung, die hier nicht gegeben werden kann.

51 Vgl. nur etwa A. u. V. II, S. 61: „Ich halte an jener Überlieferung des Zeitalters der Aufklärung grundsätzlich fest." Freilich beziehen sich diese Worte nicht auf den *Liszt*schen Rechtsgutsbegriff, sondern auf die liberale Komponente seiner kriminalpolitischen Arbeit überhaupt.

52 Lehrbuch, S. 374.

ihrer selbst willen geschütztes Rechtsgut der Gesamtheit"; vielmehr werde dem außerehelichen Geschlechtsleben vom Staat Aufmerksamkeit nur gewidmet, „soweit es in den Rechtskreis *einzelner* verletzend eingreift". Tadelnd stellt er fest, der Gesetzgeber sei mehrfach über diesen Standpunkt hinausgegangen[53]; es sei „insbesondere die Behandlung sowohl der widernatürlichen Unzucht als auch der Kuppelei in dem RStGB sehr wenig befriedigend"[54], und auf dieser „falschen Bahn" sei die lex Heinze vom 25. Juni 1900 noch weiter gegangen. Es kann danach kein Zweifel sein, wie *Liszt* die auf dieser „falschen Bahn" rüstig fortschreitende Ausdehnung der Sittlichkeitsdelikte im E 1962 beurteilt hätte. Erst der Alternativentwurf, dessen Zugrundelegung bei der weiteren Beratung zur Reform des Sexualstrafrechts der Juristentag 1968 dem Gesetzgeber empfohlen hat[55], hat der kriminalpolitischen Linie *Liszts* in diesem Bereich wieder zum Durchbruch verholfen.

5. Liszt und der AE als gemeinsame Opponenten gegen den Regierungsentwurf

Zusammenfassend läßt sich also die nicht nur programmatisch ausgesprochene, sondern bei der Ausgestaltung des Gesetzes bis in die Einzelheiten durchgehaltene Strafzwecklehre des AE durch folgende Stichworte kennzeichnen: die Ausschaltung des Vergeltungsgedankens (1), den Vorrang der Spezial- vor der Generalprävention (2), die Prinzipien der Subsidiarität und Effektivität als Rechtfertigungsvoraussetzungen der Strafe (3) und die Begrenzung der Strafgewalt auf die Funktion des Rechtsgüterschutzes (4). Dabei handelt es sich nicht um unzusammenhängende Postulate, sondern um Konkretisierungen des *einen* Leitgedankens der Zweckstrafe, um Folgerungen, die sich, wie ich deutlich zu machen versucht habe, mindestens im Ansatz sämtlich schon bei *Liszt* aufweisen lassen. *Liszt*s heute wieder unvermindert wirksame Aktualität könnte durch nichts schlagender bewiesen werden als durch die Ausstrahlungskraft, die seine in Gesetzesform gegossene Konzeption seit der Veröffentlichung des AE bewiesen hat. Freilich: Eine spezifische Nähe des AE zu *Liszt* würde sich daraus nicht herleiten lassen, wenn die geschilderten Grundgedanken im Laufe der Jahrzehnte zu kriminalpolitischen Gemeinplätzen geworden wären, die jeder denkbaren Reform die Basis geben müßten.

---

[53] Lehrbuch, S. 347, Anm. 1.

[54] Lehrbuch, S. 350; vgl. auch S. 369, wo er für die Streichung der Strafvorschrift gegen die einfache Homosexualität eintritt.

[55] Sitzungsbericht K zum 47. Deutschen Juristentag, S. 178.

So verhält es sich jedoch nicht. Vielmehr liegt der *Alternativ*charakter des hier zu *Liszt* in Beziehung gesetzten Entwurfs gerade darin begründet, daß der E 1962 in allen Punkten anders entschieden hat[56].

a) Das beginnt mit der Dominanz des schuldausgleichenden Vergeltungsgedankens im Regierungsentwurf. Für ihn ist die Strafe „im wesentlichen auf den Ausgleich der Schuld beschränkt“[57]. Dabei wird die Vergeltung nicht etwa in den Dienst der Generalprävention gestellt und auf diese Weise dem Prinzip einer (freilich repressiven) Zweckstrafe untergeordnet[58]; vielmehr soll sie um ihrer selbst willen eine Sanktion auch dann rechtfertigen können, wenn „die Aufgabe der Strafe, Straftaten entgegenzuwirken“, das nicht erfordern würde[59]. Das ist die Strafverhängung als „metaphysischer Vorgang“, von der die Begründung zu § 2 AE spricht. Als *Eb. Schmidt* im Jahre 1957 Franz *v. Liszt* in der „Deutschen Biographie“ würdigte[60], sprach er[61] im Zusammenhang mit der Strafrechtsreform von der „seltsamen Restauration des Vergeltungsgedankens“ und meinte, daß allein die Rückbesinnung auf *Liszt* hier eine Wende bringen könne: „Entweder wird das, was dieser Geist uns ... für eine Strafrechtsreform rechtsstaatlich-sozialen Gepräges gewiesen hat, in einer herzhaften kriminalpolitischen Neuorientierung ... verwirklicht, oder die deutsche Strafrechtspflege wird in der stickigen Luft trüben Vergel-

---

56 Ungeachtet dessen, daß auch das Maßregelsystem des E 1962 schon mancherlei spezialpräventive Neuerungen enthält. Die Veränderungen, die der SA dem Regierungsentwurf hat angedeihen lassen und die in das vom Bundestag am 9. Mai verabschiedete zweite Gesetz zur Reform des Strafrechts eingegangen sind, haben mittlerweile die kriminalpolitischen Gegensätze zwischen ihm und dem AE zwar nicht beseitigt, aber immerhin gemildert. Gleichwohl wird die historische Situation, die den AE und die Rückwendung zu *Liszt* hervorgerufen hat, nur durch eine kontrastierende Gegenüberstellung, wie sie der folgende Text gibt, voll verständlich.

57 Begründung, S. 94; vgl. auch Begründung S. 96/97.

58 So will z. B. *Gallas*, ZStW, Bd. 80, 1968, S. 4 „den starren Vergeltungsgedanken alter Observanz“ relativieren.

59 Vgl. etwa §§ 53 I, 72 I E 1962. Ich habe die praktischen Auswirkungen des Vergeltungsgedankens in meinem Aufsatz „Strafzweck und Strafrechtsreform“ (in: Programm für ein neues Strafgesetzbuch, Fischer-Taschenbuch, Nr. 952, 1968, S. 75 ff.) im einzelnen dargelegt. Darauf darf ich hier verweisen.

60 Die Großen Deutschen. Deutsche Biographie, Fünfter Band, 1957, S. 407 ff.

61 A. a. O. S. 413/14.

tungsdenkens rückständig und erfolglos bleiben." Der AE hat dieser Mahnung gedacht, und er war damit nicht ganz erfolglos: Der Sonderausschuß für die Strafrechtsreform hat in zweiter Lesung wenigstens in einigen Fällen (§§ 47, 56, 57 2. StrRG) unter dem Eindruck der Kritik die Schuldvergeltung gegenüber dem Präventionszweck der Strafe völlig ausgeschaltet[62].

b) Man kann auch nicht davon sprechen, daß — wenn man von der Vergeltung einmal absieht — die Spezialprävention im Regierungsentwurf wenigstens vor der Allgemeinabschreckung rangiere. Während der AE in zahlreichen Fällen primär spezialpräventive Belange berücksichtigt (vgl. dazu oben II, 2), erklärt der E 1962[63]: „Den Widerstreit der Strafzwecke im Einzelfall zu lösen, ist eine Aufgabe der Strafzumessung, die ihrem Wesen nach der Rechtsprechung zukommt." Diese Selbstabdankung des Gesetzgebers vor seiner kriminalpolitischen Aufgabe ist deshalb so bedauerlich, weil eine spezialpräventive Strafrechtspflege dadurch dem natürlich sehr uneinheitlich ausgeübten Ermessen der Praxis ausgeliefert wird, weil die heterogenen Zielsetzungen der verschiedenen Gerichte dem Rechtsfrieden und der Wirkung der Strafe abträglich sein müssen und weil vor allem in generalpräventiver Verkleidung die Vergeltung triumphierend ihren Wiedereinzug in die Gerichtssäle halten könnte. Auch die Fassung, die der Entwurf in der zweiten Lesung des Sonderausschusses erhalten hat, ist dieser Kritik ausgesetzt: Selbst im Bereiche der kleineren Kriminalität müssen danach spezialpräventiv wünschenswerte Maßnahmen (Vermeidung von Freiheitsstrafen unter sechs Monaten, Strafaussetzung zur Bewährung[64], Verwarnung unter Strafvorbehalt) unterbleiben, wenn die fast beliebiger Deutung zugängliche „Verteidigung" der Rechtsordnung das nach Meinung des Richters erfordert (§§ 47 I, 56 III, 59 I 2. StrRG)[65]. *Liszt* und der AE harren also in diesem Punkte noch heute der Durchsetzung.

c) Auch die Prinzipien der Subsidiarität und Effektivität liegen dem Entwurf 1962 nicht durchgehend zugrunde. Sein Besonderer Teil ist im wesentlichen eine Kodifikation der Rechtsprechung, die im Laufe der Jahrzehnte — nicht ohne Mithilfe durch die Wissenschaft

---

[62] Auf einem anderen Blatt steht es, daß die Gesamtkonzeption des Regierungsentwurfes dadurch noch uneinheitlicher wird.

[63] Begründung, S. 204.

[64] Soweit es sich um sechs Monate übersteigende Freiheitsstrafen handelt, § 56 2. StrRG.

[65] Anders jetzt der neue § 57 für die Aussetzung des Strafrestes.

— in weiten Bereichen immer extensiver judiziert hat. Die Beispiele, die schon oben (II, 3) für die abweichende Regelung des AE angeführt worden sind und die sich durch andere Vorschriften, die seit Jahren einen bevorzugten Gegenstand der öffentlichen Kritik bilden, leicht ergänzen ließen, bedürfen hier keiner Detailerörterung. Sie sind nur Symptome für das dahinterstehende Grundgebrechen, daß nämlich wissenschaftliche Kriterien für die Abgrenzung strafbedürftigen und straflosen Verhaltens weder angewendet noch auch nur gesucht worden sind[66]. Das gilt auch für die Vorschriften des Allgemeinen Teils, deren Auswirkungen eine Überprüfung an den Maßstäben der Strafzwecklehre niemals erfahren haben[67]. Demgegenüber versucht der AE — soweit ich sehe, erstmals — die Möglichkeit einer Strafeinschränkung unter dem Gesichtspunkt der Strafbedürftigkeit bei jeder einzelnen Vorschrift zum Gegenstand selbständiger Überlegungen zu machen. Das alles entspricht den Grundsätzen des *Liszt*schen Programms, das sich auch insoweit als Alternative zum Regierungsentwurf darstellt.

d) Bei der Beschränkung des Strafrechts auf den Rechtsgüterschutz schließlich nimmt der E 1962 ebenfalls die Gegenposition zu *Liszt* und zum Alternativentwurf ein. Es heißt dort ausdrücklich[68]: „Der Standpunkt, daß eine Strafdrohung nur da berechtigt sei, wo der Schutz eines bestimmten Rechtsgutes in Frage stehe, ist weder in der strafrechtlichen Dogmatik allgemein anerkannt, noch ist er bisher für die Gesetzgebung auf dem Gebiet des Strafrechts ausschließliche Richtschnur gewesen. Zwar dienen die strafrechtlichen Normen weitaus überwiegend dem Rechtsgüterschutz; das schließt

---

[66] Es ist das Verdienst Herbert *Jägers,* das zuerst aufgewiesen und wesentliche Grundlagen für eine rationale Gesetzgebungslehre geschaffen zu haben; vgl. „Der Normanspruch des Staates" (mit Karl S. *Bader*), in: Psychopathologie der Sexualität, hgg. von Giese, 1959, S. 163 ff.; „Motive des neuen Strafrechts", im Sammelband „Strafrechtspflege und Strafrechtsreform" des Bundeskriminalamts, 1961; „Strafrechtspolitik und Wissenschaft", in: Sexualität und Verbrechen, Fischer-Bücherei, Nr. 518/19, S. 273 ff. Vgl. weiter im selben Taschenbuch, S. 27 ff., *Klug* über „Rechtsphilosophische und rechtspolitische Probleme des Sexualstrafrechts". Zur Strafbeschränkung bei Sittlichkeitsdelikten sagt im Hinblick auf den Regierungsentwurf *Hanack* im Gutachten A zum 47. Deutschen Juristentag: „Eine irgendwie geartete Konzeption gegenüber dieser Kardinalfrage, ein Bemühen um einheitliche Kriterien, ist überhaupt nicht erkennbar."

[67] In ZStW, Bd. 76, 1964, S. 582 ff. habe ich das am Beispiel der Irrtumsregelung im E 1962 zu demonstrieren versucht.

[68] Begründung, S. 376.

aber nicht aus, bestimmte Fälle ethisch besonders verwerflichen und nach der allgemeinen Überzeugung schändlichen Verhaltens auch dann mit Strafe zu bedrohen, wenn durch die einzelne Tat kein unmittelbar bestimmbares Rechtsgut verletzt wird." Man muß den Rechtsgutsbegriff des AE auf dem Hintergrund dieses Programmsatzes sehen, um seine Bedeutung richtig zu interpretieren.

e) Die kurze Gegenüberstellung mit dem Regierungsentwurf, im Widerspruch zu dem der AE geschaffen wurde, ist auch zum Verständnis der heutigen Situation *Liszt*schen Strafrechtsdenkens notwendig. Sie legt zugleich die Frage nahe, ob das Resümee, das *Jescheck*, eines der *Liszt* und der internationalen Reformbewegung am nächsten stehenden Mitglieder der großen Strafrechtskommission, bei einem Vergleich beider Entwürfe gezogen hat, nicht doch einer Revision bedarf. *Jescheck* schreibt[69]: „Der AE enthält eine Reihe von wichtigen Anregungen ..., aber von einer Überlegenheit seiner kriminalpolitischen Konzeption, die einen radikalen Frontwechsel des Gesetzgebers rechtfertigen würde, habe ich mich nicht überzeugen können." *Jescheck* sieht also selbst die kriminalpolitische Position des AE als eine Alternative an, die einen radikalen „Frontwechsel" verlangt. Ein solcher Umschwung bahnt sich heute an. Sollte es nicht doch eher so sein, daß die Durchschlagskraft, die der AE seit seinem Erscheinen bewiesen hat, weniger auf diesen oder jenen Einzelheiten, als vielmehr auf der Geschlossenheit und Vorzugswürdigkeit seiner Gesamtkonzeption beruht? Und sollte nicht der werbende Einfluß, den er unvermindert entfaltet, der bezwingenden Macht des wiedererweckten *Liszt*schen Geistes zuzuschreiben sein?

III. Schuld, Strafen und Maßnahmen bei Liszt und im Alternativentwurf

1. Schuld, Willensfreiheit und Strafe

Liszt war Determinist und hat sich ein über das andere Mal gegen alle diejenigen gewendet, „welche das Dogma der Willensfreiheit zur Grundlage des Strafrechts machen wollen"[70]. Die „Schuld" hatte für ihn nichts mit der Freiheit des Andershandelnkönnens zu tun[71], sondern war „gleichbedeutend mit der Verantwortlichkeit für den

---

[69] ZStW, Bd. 80, 1968, S. 87.

[70] Die Zukunft des Strafrechts, A. u. V. II, S. 4; vgl. im selben Band z. B. noch S. 39, 47, 85.

[71] Vgl. A. u. V. II, S. 47.

Erfolg“[72]. Verantwortlichkeit aber bedeutete nach seiner Lehre „nicht mehr als die Tatsache, daß wir den geistesgesunden Verbrecher für seine Tat ... zur Verantwortung ziehen“[73], und die danach für die Schuld immerhin erforderliche geistige Gesundheit (= Zurechnungsfähigkeit) verstand er als „normale Bestimmbarkeit durch Motive“[74]. „Wer in anormaler Weise, d. h. anders als der normale Durchschnittsmensch, auf Motive reagiert, der ist nicht zurechnungsfähig und kann daher nicht bestraft werden“[75]. Die praktische Funktion dieser Lehren lag für *Liszt* in der Rechtfertigung der Zweckstrafe. „Mit dem Begriff der Schuld (scil. im herkömmlichen Sinne) fällt aber auch der Begriff der Vergeltung ... Die Vergeltung setzt voraus, daß der Täter auch anders hätte handeln können. Ohne Wahlfreiheit weder Schuld noch Vergeltung. Für den folgerichtigen Determinismus bleibt einzig und allein die Zweckstrafe übrig ... Die Vergeltung auf deterministischer Grundlage ist nicht nur eine Versündigung des Herzens, sondern auch eine Verirrung des Verstandes“[76]. *Liszt* war andererseits nicht der Ansicht, daß die strafrechtlichen Auswirkungen seiner Lehre für Indeterministen unannehmbar seien, sondern er meinte: „Für die strafrechtliche Zurechnungsfähigkeit muß eine Fassung gefunden werden, die weder der Sieg noch die Niederlage der indeterministischen Weltanschauung zu berühren vermag“[77], und er stellte fest, „daß alle die praktischen Folgerungen, zu welchen wir vom deterministischen Standpunkt aus gelangen, auch von überzeugungstreuen und folgerichtigen Indeterministen gezogen worden sind“[78].

Der Alternativentwurf enthält sich so dezidierter Aussagen zum Schuldbegriff; denn ein Gesetzestext kann sich nicht nach Art einer wissenschaftlichen Abhandlung äußern. Der AE trifft sich aber, wenn ich recht sehe, mit *Liszt* darin, daß er ein Bekenntnis zur Willens-

---

72 A. u. V. II, S. 48.

73 A. u. V. II, S. 45.

74 A. u. V. II, S. 43, 85, 219 und öfter.

75 A. u. V. II, S. 48; ebenso im selben Bande S. 86.

76 A. u. V. II, S. 43/44. Daß neben der Zurechnungsfähigkeit noch die „Zurechenbarkeit des Erfolges“ in Gestalt von Vorsatz oder Fahrlässigkeit erforderlich ist, verstand sich natürlich auch für *Liszt* von selbst; vgl. A. u. V. II, S. 48.

77 A. u. V. II, S. 218.

78 A. u. V. II, S. 86/87.

freiheit im indeterministischen Sinne nicht voraussetzt[79]. Auch für ein am Schuldprinzip und damit an der Zweispurigkeit festhaltendes Strafrecht besteht dazu keine Notwendigkeit. Denn der materielle Inhalt der Schuldfähigkeit läßt sich in einer der gerichtlichen Feststellung zugänglichen Weise ohnehin nur durch empirische Merkmale umschreiben, die vom Streit um die Willensfreiheit unabhängig sind[80]. Wir sind auch über die Formulierung *Liszts* nicht wesentlich hinausgekommen. Denn wenn *Bockelmann* jetzt[81] — richtigerweise, wie ich glaube[82] — die Intaktheit oder Zerstörtheit der „Sinngesetzlichkeit" menschlichen Handelns zum entscheidenden Kriterium erhebt und darauf abstellt, daß der in dieser Hinsicht Normale sich durch die Imperative der Rechtsprechung in der Regel motivieren lasse, während beim Gestörten eine solche Erwartung nicht begründet sei, so ist das nur eine Verfeinerung des *Liszt*schen Gedankens. Ob man sich diese „normale Motivierbarkeit" als auf der Fähigkeit zu freien Willensentschlüssen beruhend oder als ihrerseits determiniert vorstellt, ist für die gerichtliche Ermittlung ihres Bestehens unerheblich[83]. In entsprechender Weise impliziert auch die Ermittlung des

---

[79] Daß das Freiheitsproblem unter den einzelnen Verfassern des AE verschieden beurteilt wird, läßt sich aus ihren Veröffentlichungen leicht belegen. Aber diese Frage ist, soweit sie überhaupt lösbar sein sollte, durch einen gesetzgeberischen Machtanspruch jedenfalls nicht zu entscheiden. Darum muß ein Gesetz sich auf Prämissen beschränken, die für die Vertreter beider Standpunkte gleichermaßen akzeptabel sind.

[80] Den Versuch, das Vorliegen der Willensfreiheit in einem konkreten Fall unmittelbar feststellen zu wollen, nennt *Bockelmann* nicht zu Unrecht „baren Unsinn" (ZStW, Bd. 75, 1963, S. 380); vgl. jetzt auch *Welzel*, Festschrift für Engisch, 1969, S. 101.

[81] Willensfreiheit und Zurechnungsfähigkeit, in: ZStW, Bd. 75, 1963, S. 372 ff., 377.

[82] Auch Arthur *Kaufmann* sagt von indeterministischer Grundlage aus (JZ 1967, S. 560): „Ob sich ein Mensch in einer bestimmten Situation frei entschieden hat, können wir nur durch einen Vergleich ermitteln, indem wir sein Verhalten mit dem erfahrungsgemäßen Verhalten solcher Menschen konfrontieren, die sich in der gleichen, d. h. ganz ähnlichen inneren und äußeren Situation befanden."

[83] Ebenso *Bockelmann* a. a. O., S. 584 und jüngst *Haddenbrock*, JZ 1969, S. 121 ff. Auf Einzelheiten einzugehen, ist in diesem Zusammenhang nicht möglich. Die wichtigste neuere Monographie liefert *Engisch*: Die Lehre von der Willensfreiheit in der strafrechtsphilosophischen Doktrin der Gegenwart, 1963, 2. Aufl. 1965. Die fesselnde Arbeit von *Danner*: „Gibt es einen freien Willen?", 1967, zeigt, daß die Begriffe Gewissen, Verantwortung und Schuld auch in deterministischer Sicht ihre Gültigkeit behalten.

Vorsatzes, der Fahrlässigkeit oder der Schuldausschließungsgründe keine Stellungnahme zur theoretischen Problematik der Willensfreiheit.

Etwas anderes ist es freilich, daß der Alternativentwurf davon ausgeht, der im geschilderten Sinne zurechnungsfähige Mensch sei auf dem Felde seiner privaten und gesellschaftlichen Betätigung als eine zu freiem und verantwortlichem Verhalten fähige Person zu behandeln[84]. Das entspricht nicht nur den Forderungen des Grundgesetzes und dem menschlichen Freiheitsbewußtsein als einer unbestreitbaren psychischen und sozialen Realität; es wird überhaupt keine Rechtsordnung, welche die Menschenwürde und den Gleichheitsgrundsatz anerkennt, anders beschaffen sein können. Doch ist das eine normative Entscheidung, d. h. ein gesellschaftspolitisches Regelungsprinzip, das von der erkenntnistheoretischen und naturwissenschaftlichen Begründbarkeit des Indeterminismus gänzlich unabhängig ist. Eine solche rechtliche Freiheitsprämisse ist kriminalpolitisch durchaus unanfechtbar, soweit sie die Entfaltungsmöglichkeiten des einzelnen ohne Schaden für die Gesamtheit verbessert. Fragwürdig kann sie erst werden, sobald aus ihr zum *Nachteil* der gesellschaftlichen Freiheit des Staatsbürgers Folgerungen gezogen werden, die richtigerweise nur aus den unumgänglichen Erfordernissen gesellschaftlichen Zusammenlebens hergeleitet werden dürften.

Hier liegt der entscheidende Einwand gegen das Prinzip der Schuldvergeltung, das eben deshalb vom AE in Übereinstimmung mit *Liszt* völlig beseitigt worden ist. An den beiden Stellen, wo der AE von der „Schuld" spricht[85], hat dieser Begriff eine ausschließlich freiheitsfördernde, die staatliche Strafgewalt einschränkende Funktion; er dient aber nirgends als Grundlage für einen Schuldausgleich repressiven Zwecken. Nur auf diese Weise bleibt es außerdem möglich, das Problem der Willensfreiheit auszuklammern. Denn eine von präventiven Zwecken gelöste Vergeltung ist — darin hatte *Liszt* durchaus recht — ohne Bekenntnis zum Indeterminismus schlechthin

[84] Entsprechend schreibt *Liszt*: „Nach welchen Grundsätzen ist die Revision des Strafgesetzbuches in Aussicht zu nehmen?", in A. u. V. II, S. 370: „Für den Strafgesetzgeber genügt es völlig, daß von indeterministischer wie von deterministischer Seite die Verantwortlichkeit anerkannt wird; ob und wie diese von dem einen oder dem anderen Standpunkte aus wissenschaftlich begründet werden kann, das kümmert den Gesetzgeber nicht."

[85] „Die Strafe darf das Maß der Tatschuld nicht überschreiten", heißt es in § 2 II, und § 59 I, 1 sagt: „Die Tatschuld bestimmt das Höchstmaß der Strafe."

sinnlos. Im Begriff der Vergeltung schlägt das Postulat gesellschaftlicher Freiheit in die Statuierung metaphysischer Freiheit um und verkehrt sich gleichzeitig in seltsamer Paradoxie zu einem Mittel gesellschaftlicher Freiheitseinschränkung. Eben diese Konsequenz vermeidet der AE. Er legt damit, wie es *Liszt* vorschwebte, ein Fundament, auf dem Deterministen wie Indeterministen gleichzeitig bauen können.

2. *Schuld und Strafzumessung*

Die Strafzumessung zeigt das Spannungsfeld von Kriminalpolitik und Schuldprinzip in einem besonders wichtigen Ausschnitt. *Liszt* erklärte kategorisch[86]: „Für die Strafzumessung verlangen wir ... die Herrschaft kriminalpolitischer Erwägungen." Er zog damit unbeirrt die Konsequenz aus dem Prinzip der Zweckstrafe: Ihr Maß sollte allein durch präventive Gesichtspunkte bestimmt und durch keine Schulderwägungen nach oben oder unten begrenzt werden. Der AE folgt dem insofern, als er eine schuldinadäquate Strafmilderung ausdrücklich gestattet: „Das durch die Tatschuld bestimmte Maß ist nur insoweit auszuschöpfen, wie es die Wiedereingliederung des Täters in die Rechtsgemeinschaft erfordert" (§ 59 II).

Diese an *Liszt* anschließende Regelung hat in der wissenschaftlichen Kritik mehrfach Widerspruch gefunden. *Gallas* hat „stärkste Bedenken" gegen sie angemeldet, weil darin ein „Freibrief zur Strafmilderung" liege, „der in seinen Wirkungen unberechenbar" sei[87]. Aber die Wirkungen sollen doch gerade nach kriminalpolitischen Gesichtspunkten sehr nüchtern berechnet werden! Und die Ausstellung jenes „Freibriefes" dürfte nur dann Tadel verdienen, wenn man einen Wert an sich darin sähe, daß die Strafe dem Schuldmaß auch gegen eine bessere kriminalpolitische Einsicht entspreche. Von einer solchen Annahme ist aber *Gallas* weit entfernt. Er selbst hält die Gesellschaft für „verpflichtet, darüber zu wachen, daß nicht, wo nicht zwingende Gründe des Rechtsschutzes es erfordern, die Behandlung des Täters nach Verdienst mit der Gefahr seiner Desozialisierung erkauft wird"[88]. Er meint nur: „Das bedeutet indessen nicht, daß in solchen Fällen die Strafe nicht mehr nach der Schuld, sondern nach ihrem Präventionseffekt bemessen wird; es wird vielmehr, um spezial-

---

[86] A. u. V. II, S. 71.

[87] ZStW, Bd. 80, 1968, S. 4/5; ebenso S. 6: „Freibrief zu einer vom Schuldgedanken nicht mehr kontrollierten Strafmilderung."

[88] Hier und im folgenden: a. a. O., S. 4.

präventiv schädliche Folgen zu vermeiden, auf die an sich verdiente Strafe zum Teil verzichtet." Ich muß gestehen, daß ich weder den Unterschied der beiden im Ergebnis übereinstimmenden Verfahrensweisen recht erkennen noch sehen kann, wieso § 59 II AE der von *Gallas* empfohlenen Methode untreu wird[89]. Freilich glaubt *Gallas*, es werde, „um die Gefahr einer allmählichen Aushöhlung des Strafgedankens zu vermeiden, grundsätzlich dem Gesetzgeber vorbehalten bleiben müssen, Modalitäten und Voraussetzungen eines Verzichts auf die Strafe oder ihre volle Härte festzulegen und zu institutionalisieren — wie dies etwa in Gestalt der Strafaussetzung zur Bewährung, der Verwarnung unter Strafvorbehalt, der Umwandlung der Freiheits- in eine Geldstrafe oder des Absehens von Strafe bereits geschehen oder geplant ist". Aber dabei wird übersehen, daß alle diese Regelungen den *Richter* zur Bevorzugung der Spezialprävention im Rahmen des generalpräventiv Möglichen in genau derselben Weise anhalten, wie dies § 59 II AE auch tut! Es wäre kriminalpolitisch schwer verständlich, wenn bei der Verhängung der Sanktionen ausgerechnet die Strafzumessung von der im übrigen vorgezeichneten Linie völlig abweichen würde.

Ähnlich steht es mit den kritischen Einwendungen *Jeschecks*. Zwar will auch *Jescheck* eine Unterschreitung der durch das Schuldmaß bestimmten Strafobergrenze aus spezialpräventiven Gründen zulassen; doch müsse „die Strafe auch immer von der Tatschuld her vertretbar sein"[90]. Als Beispiele nennt er die auch von *Gallas* aufgezählten Möglichkeiten, den Täter mit der Freiheitsstrafe zu verschonen, „obwohl er sie an sich verdient hätte". Wenn aber *Jescheck* so-

---

[89] *Gallas* meint, nach dem AE habe der Richter „nicht etwa von der schuldangemessenen Strafe auszugehen und diese zu mildern, wenn sie in ihrem vollen Ausmaß zu spezialpräventiv schädlichen Folgen für den Täter zu führen droht und der Milderung nicht zwingende Erwägungen der Generalprävention entgegenstehen; er hat sich vielmehr unmittelbar die Frage zu stellen, welche Strafgröße einerseits zur Resozialisierung des Täters, andererseits zur Erreichung des generalpräventiven Strafziels erforderlich ist. Damit ist das Prinzip der Schuldstrafe ... aufgegeben." Aber dieses Prinzip wird — richtigerweise! — auch durch den Vorschlag von *Gallas* nicht mehr gewahrt; und außerdem nötigt der Wortlaut des § 59 II AE („das ... Maß ist nur insoweit auszuschöpfen") sehr wohl zu einer Feststellung der nach präventiven Gesichtspunkten gegebenenfalls zu mildernden Schuldstrafe, entspricht also durchaus den Forderungen von *Gallas*. Auch *Lackner* hat den AE in diesem Sinne gedeutet, bezweifelt aber gerade die Praktikabilität eines solchen Vorgehens (JZ 1968, S. 516).

[90] ZStW, Bd. 80, 1968, S. 60.

gar einen völligen Verzicht auf den Vollzug einer „verdienten" Strafe „von der Tatschuld her" für vertretbar hält, dann scheint es mir nicht folgerichtig, die spezialpräventiv motivierte Milderungsmöglichkeit des § 59 II AE, die doch weniger weit geht, für „höchst problematisch" zu erklären.

Freilich bemängeln *Lackner*[91], *Gallas*[92] und *Jescheck*[93] außerdem, daß die Generalprävention als Untergrenze der Strafe kein Maßprinzip abgeben könne, weil über die zur Allgemeinabschreckung erforderliche Strafhöhe zu wenig bekannt sei. Aber wenn das richtig wäre, dürfte man die zahlreichen Regelungen des geltenden Rechtes und des Regierungsentwurfes, die (meist sogar überflüssigerweise) unter dem generalpräventiven Vorbehalt stehen, ebenfalls nicht akzeptieren. Vor allem aber gibt es, wenn man über die sozialpsychologischen Auswirkungen der Strafhöhe endlich einmal Klarheit gewinnen will, kein besseres Mittel, als in der Praxis zu erproben, ob spezialpräventive Milderungen zu einem Ansteigen der Deliktskurve führen. Eben dies wird durch § 59 II AE ermöglicht, während ein starres Festhalten an der Schuldäquivalenz uns über den bescheidenen Stand unserer Kenntnisse von den generalpräventiven Wirkungsmechanismen niemals hinausbringen wird. Im übrigen sprechen alle bisherigen Erfahrungen — wenigstens im Bereich der kleineren und mittleren Kriminalität — gegen die Annahme, daß die Gewährung spezialpräventiv erwünschter Milderungen durch generalpräventive Nachteile erkauft werden müßte[94].

Den Versuch des Alternativentwurfs, die *Liszt*sche Zweckstrafe auch bei Bestimmung der Strafuntergrenze zu verwirklichen, wird man daher getrost wagen dürfen. Eine Abweichung des AE vom *Liszt*schen Vorbilde liegt freilich darin, daß er das Schuldmaß zur Bestimmung der Strafobergrenze verwendet, in diesem Punkte also den präventiven Bedürfnissen, die durchaus eine längere Strafdauer indizieren können, eine Absage erteilt. Soweit darin eine Akzentverlagerung zu erblicken ist, wird darauf bei Erörterung der rechts- und sozialstaatlichen Komponenten *Liszt*scher Kriminalpolitik (unten IV) noch zurückzukommen sein. Hier genügt der Hinweis, daß darin jedenfalls nicht, wie man auf den ersten Blick annehmen könnte, eine de-

---

91 JZ 1967, S. 515/16.

92 ZStW, Bd. 80, 1968, S. 5.

93 ZStW, Bd. 80, 1968, S. 61.

94 Ein wenig anders mag es sich bei der Verkehrskriminalität verhalten. Aber gerade hier versprechen Geldstrafen und Fahrverbot viel nachhaltigere Erfolge als die nutzlose und kostspielige Freiheitsstrafe.

zidierte Gegenposition zu *Liszt* bezogen wird. Denn daß es rechtsstaatlich unübersteigbare Schranken der Kriminalpolitik gebe, war ein *Liszt*scher Fundamentalsatz. Für seine Konkretisierung im einzelnen fehlt aber zwischen *Liszt* und dem AE deshalb die rechte Vergleichsbasis, weil Maßnahmen mit schuldunabhängigen, am Resozialisierungszweck orientierten Einwirkungsmöglichkeiten damals noch nicht existierten. Wer mehrfach rückfällig wird und durch schuldadäquate Freiheitsstrafen nicht zu resozialisieren ist, wird ja nach dem AE (§ 69 III) einer sozialtherapeutischen Behandlung unterzogen, die dem spezialpräventiv Wünschbaren ohne Beschränkung durch das Schuldmaß im höchsten erreichbaren Grade Rechnung trägt. Insofern hält sich also auch diese Konzeption im Rahmen der Lisztschen Grundgedanken.

3. *Strafen und Maßnahmen*

Die Zweispurigkeit von Strafen und Maßnahmen wird durch den Gedanken der Zweckstrafe problematisch. Denn wenn die Strafe nicht primär den vergeltenden Schuldausgleich, sondern stattdessen ausschließlich präventive Ziele verfolgt, kann sie von den Maßnahmen, die denselben Zwecken dienen, mit Hilfe eines solchen Kriteriums jedenfalls nicht mehr abgegrenzt werden. Bei *Liszt* finden wir denn auch nur eine zweckunabhängige Unterscheidung nach dem schon erwähnten Merkmal der „normalen Bestimmbarkeit durch Motive". Er sagt[95]: „Nur der Zurechnungsfähige, also der normale Durchschnittsmensch, wird gestraft; dem abnorm auf Motive Reagierenden gegenüber, mag er geistig noch nicht reif oder geistig nicht gesund sein oder sonst in einem anormalen Zustande sich befinden — treten andere Schutzmaßregeln in Anwendung." Aber grundsätzliche Bedeutung hatten die „altehrwürdigen Etiketten"[96] für ihn nicht. Er meinte, es solle ihm „auf den Namen nicht ankommen, den man dem Kinde geben will"; und in seinen „progressivsten" Äußerungen, die der bekannte Vortrag über „Die strafrechtliche Zurechnungsfähigkeit" (1896) wiedergibt, hat er „die begriffliche Scheidewand zwischen Verbrechen und Wahnsinn" und damit den Begriff der Strafe überhaupt fallen lassen[97].

Auch der AE verfährt in der Eliminierung des Vergeltungsgedankens konsequent, indem er den kriminalpolitischen Zweck von Strafen und Maßnahmen einheitlich bestimmt. Beide dienen „dem

[95] A. u. V. II, S. 85/86.

[96] Hier und im folgenden A. u. V. II, S. 72.

[97] A. u. V. II, S. 229.

Schutz der Rechtsgüter und der Wiedereingliederung des Täters" gleichermaßen (§ 2 I)[98]. Das ist im Verein mit dem Vikariierungsgebot des § 77 ein entschiedener Schritt in Richtung auf die Einspurigkeit, der aber durchaus sachentsprechend ist. Der Strafvollzug und die Einweisung in eine sozialtherapeutische Anstalt etwa unterscheiden sich im Resozialisierungsziel nicht im geringsten. Das klarzustellen sollte der Gesetzgeber sich nicht scheuen. Zwar beanstandet *Jescheck* „die betonte Gleichstellung der Zwecke von Strafe und Maßregel in § 2 I, wo in auffallender Weise der Hinweis darauf fehlt, daß die Strafe einen sozialethischen Unwertakzent trägt, den die Maßregel nicht hat"[99]. Aber darin liegt wohl ein Mißverständnis. Denn den „sozialethischen Unwertakzent" trägt doch die Tat und nicht die Strafe. An diesem Mißbilligungsurteil ändert sich nichts dadurch, daß neben oder anstelle der Strafe eine Maßregel der Besserung und Sicherung verhängt wird, die ja keineswegs nur Geisteskranke betrifft[100]. Sollte jedoch die Äußerung *Jeschecks* so gemeint sein, daß der Strafverbüßung anders als dem Maßnahmenvollzug ein diskriminierender Effekt beigelegt werden müsse, so wäre dem zu widersprechen. Denn darin läge ein Rückfall in das Vergeltungsdenken, der die Erreichung des Resozialisierungsziels ohne Grund beeinträchtigen würde. Abgesehen davon: Wenn wirklich die Sanktion und nicht die Tat das Unwertprädikat trüge, müßte eine Maßnahme wie die sozialtherapeutische Anstalt, die ja in der Regel gerade gegen die schwerer Kriminellen verhängt wird, diesen „Akzent" in mindestens demselben Grade tragen. Hier kann also der Unterschied nicht liegen.

Somit bleibt es dabei: Die der Prävention dienende Sanktionierung sozial unerträglichen Verhaltens nennen wir Strafe, soweit sie durch das Schuldprinzip, Maßnahme, soweit sie durch das Prinzip der Verhältnismäßigkeit begrenzt wird. Der Unterschied liegt also nur in der Art der Begrenzung und damit auf einer etwas abweichenden Schwerpunktverteilung bei der Abwägung der liberalen und sozialen Komponenten des Rechtsfolgesystems. Damit stehen wir vor einem zentralen Thema auch der *Liszt*schen Kriminalpolitik, dem wir uns im abschließenden Teil der Untersuchung zuzuwenden haben.

---

98 Sehr ähnlich insoweit *Gallas*, ZStW, Bd. 80, 1968, S. 9.

99 ZStW, Bd. 80, 1968, S. 59.

100 Deshalb ist auch das oben geschilderte, an die Zurechnungsfähigkeit anknüpfende Unterscheidungsmerkmal *Liszts* heute nicht mehr zutreffend. Die sozialtherapeutische Anstalt wäre danach eine Art von „unbestimmter Strafe."

IV. Rechts- und sozialstaatliche Zielsetzungen bei Liszt und im Alternativentwurf

1. Die Problemstellung Liszts und der Lösungsversuch des AE

Das Strafrecht dient der Begrenzung staatlicher Eingriffsmacht und der Verbrechensbekämpfung zugleich. Es sichert also den einzelnen vor unbeschränkter Repression durch den Staat, ebenso aber die Gesellschaft und ihre Mitglieder vor den Übergriffen des einzelnen. Diese beiden Komponenten — die rechtsstaatliche, die individuelle Freiheit schützende, und die sozialstaatliche, das gesellschaftliche Interesse auch auf Kosten der Freiheit des einzelnen wahrende — tragen, wenn man sie zum Gegenstand gedanklicher Abstraktion macht, antinomische Züge. Wer sie, wie es die Natur der Sache erfordert, in *eine* kriminalpolitische Konzeption verschmelzen will, muß die Kraft zur Integration gegenläufiger Tendenzen haben und auf die geradlinige Durchführung nur eines einzigen begrifflichen Ansatzes verzichten. Es ist ein bleibendes Verdienst *Liszts,* der Versuchung zur Einseitigkeit, der so viele kleinere Geister erlegen sind, standgehalten zu haben: Er sah die Doppelaufgabe des Strafrechts klarer als viele seiner Nachfolger. Er erkannte, daß die ausschließliche Verfolgung des von ihm so machtvoll zur Geltung gebrachten Zweckgedankens im Strafrecht die Abdankung des Juristen zugunsten des „sozialen Hygienikers"[101] nach sich ziehen müßte; und obwohl er erwog, daß auf diese Weise „ohne all den Formel-Krimskrams der klassischen Kriminalisten ... im Einzelfall die Entscheidung gefällt werden" könne, „die der Gesamtheit frommt", erteilte er solchen Bemühungen eine klare Absage in Sätzen, die klassischen Rang haben und heute jedem Juristen geläufig sind: „Nach meiner Meinung ist, so paradox es klingen mag, das Strafgesetzbuch die magna charta des Verbrechers. Es schützt ... nicht die Gesamtheit, sondern den gegen diese sich auflehnenden einzelnen. Es verbrieft ihm das Recht, nur unter den gesetzlichen Voraussetzungen und nur innerhalb der gesetzlichen Grenzen ... bestraft zu werden ... Das Strafrecht ist die unübersteigbare Schranke der Kriminalpolitik."

Es handelt sich hier trotz der zugespitzten Form nicht um beiläufige Aperçus, sondern um ein kriminalpolitisches Credo, das *Liszt* nicht müde geworden ist zu wiederholen[102]. Er stellte diese Lehre

---

101 Hier und im folgenden A. u. V. II, S. 80.

102 Vgl. dazu etwa A. u. V. II, S. 59—62, S. 102. So wenig die Kriminalsoziologie bisher den ihr gebührenden Platz errungen hat, so sehr mehren sich doch die Anzeichen, daß die Warnung *Liszts* vor einer gänzlichen Ab-

„in den großen Zusammenhang der politischen Entwicklung“[103], die er im Sinne einer (heute unvermindert notwendigen) Synthese aufklärerisch-liberaler und sozialistischer Strömungen interpretierte: „Ich halte an jener Überlieferung des Zeitalters der Aufklärung grundsätzlich fest[104]. Und soweit die Zukunft sich weissagen läßt, behaupte ich, daß auch die Umgestaltung der Gesetzgebung an ihnen festhalten wird. Die Strafgewalt auch des sozialistischen Staates wird gesetzlich begrenzt bleiben nach Voraussetzung und Inhalt ... Das glaube ich, das hoffe ich im Interesse der persönlichen Freiheit, die ich nicht schutzlos der ‚sozialen Hygiene‘ preisgeben mag; das habe ich auch stets auf die Gefahr hin und mit dem Erfolge öffentlich gefordert, von den Stimmführern beider Heerlager des Eklektizismus geziehen zu werden“[105].

Diese Überzeugung bildet auch die Grundlage des Alternativentwurfs. Freilich: Der Notwendigkeit eines Ausgleichs zwischen den rechtsstaatlichen und präventiven Aufgaben des Strafrechts wird sich heute kein Strafgesetzentwurf verschließen können, der einige Aussicht auf Verwirklichung haben will. Die Besonderheit des AE liegt aber darin, daß er dieses Ziel auf andere Weise verfolgt, als es bisher und auch im E 1962 geschehen ist. Es wird nämlich nicht dadurch ein Kompromiß gesucht, daß teils an den rechtsstaatlichen, teils an den präventiven Erfordernissen Abstriche vorgenommen werden, so daß sich schließlich eine „gemäßigte“ mittlere Linie ergibt. Das Neuartige des AE liegt vielmehr darin, daß er beide Tendenzen, anstatt sie abzuschwächen, auf die Spitze treibt: Der AE ist gleichzeitig extrem rechtsstaatlich und extrem spezialpräventiv orientiert und geht in beiden Richtungen weit über den E 1962 hinaus. Er verwirklicht einerseits die Zweckstrafe unter gänzlicher Lösung vom Vergeltungsgedan-

---

dankung der Jurisprudenz zugunsten der Soziologie eines Tages aktuell werden könnte: „Ausdrücklich möchte ich es zur Vermeidung von Mißverständnissen aussprechen: Ich halte die Behauptung für einen folgenschweren Irrtum, daß die Kriminalsoziologie berufen sei, an die Stelle des Strafrechts zu treten. Solange wir bestrebt sind, die Freiheit des einzelnen Staatsbürgers vor der schrankenlosen Willkür der Staatsgewalt zu schützen, solange wir an dem Satz nullum crimen, nulla poena sine lege festhalten, ebenso lange wird auch die strenge Kunst einer nach festen wissenschaftlichen Grundsätzen operierenden Gesetzesauslegung ihre hochpolitische Bedeutung behalten.“ (A. u. V. II, S. 434).

[103] A. u. V. II, S. 80.

[104] A. u. V. II, S. 61; der Satz ist von *Liszt* gesperrt gedruckt.

[105] A. u. V. II, S. 62.

ken, legt die Grundsätze eines reinen Resozialisierungsstrafvollzuges fest und schafft mit der sozialtherapeutischen Anstalt ein neues und schuldunabhängiges Medium heilender Behandlung und sozialisierender Lernprozesse. Er begrenzt aber andererseits die Strafe streng durch das Prinzip der Tatschuld, hat Maßnahmen wie das Arbeitshaus und die Sicherungsaufsicht gerade deshalb abgeschafft, weil sie die staatliche Eingriffsgewalt in rechtsstaatlich unerträglicher Weise überdehnen und hat auch die Maßregeln programmatisch unter den Proportionalitätsvorbehalt gestellt. Nichts davon findet sich im E 1962 (während der Sonderausschuß jetzt weitgehend dem AE folgt). Der AE versucht aber nicht nur die aufklärerisch-liberalen und die sozialstaatlich-präventiven Traditionsströme je für sich zu verstärken, sondern sie auch auf ein gemeinsames Ziel hin zu vereinen und dadurch die beiden Grundmotive der Lisztschen Konzeption unverkürzt zu verwirklichen. Mit Recht sagt *Güde*[106]: „In der unbefangenen Verschränkung von Grundgedanken, die bisher als schwer vereinbar angesehen wurden, liegen die eigene Prägung des AE und sein Neuland." Der AE schlägt hier einen Weg ein, den in der konkreten Ausgestaltung weder *Liszt* noch der Regierungsentwurf gegangen sind. Warum er nach Meinung seiner Verfasser zum Ziele führt, bedarf erläuternder Auseinandersetzung.

2. *Der Lisztsche Dualismus von Strafrecht und Kriminalpolitik*

Liszt versuchte, der von ihm beschriebenen Antinomie dadurch Herr zu werden, daß er seine Wissenschaft in „zwei Reiche" zerlegte: Die Voraussetzungen der Strafbarkeit sollten nach liberal-rechtsstaatlichen Grundsätzen bestimmt werden, ganz so, wie es die klassische Schule von jeher vertrat. Wenn aber die Strafbarkeit nach „juristischer Methode" ermittelt war, sollte die Sanktion allein nach den sozialen Bedürfnissen bemessen werden[107]. *Liszt* faßte diese beiden Tendenzen in den Begriffen des „Strafrechts" und der „Kriminalpolitik", die er als Gegensätze sah. Nur so ist der oben zitierte Satz vom Strafrecht als der „unübersteigbaren Schranke der Kriminalpolitik" zu verstehen. Das Strafrecht ist der absolute Herrscher über das Ob, die Kriminalpolitik die alleinige Regentin über das Wie der Strafe.

---

[106] Kriminalpolitische Zielsetzung in der Strafrechts- und Strafvollzugsreform, in: Strafvollzug in Deutschland, Fischer-Taschenbuch Nr. 841, 1967, S. 57.

[107] Vgl. dazu im einzelnen etwa A. u. V. II, S. 71.

Diese Trennung der Sphären besticht durch ihre Einfachheit; aber sie löst das Problem nicht. „Ich muß zugeben", sagte *Liszt,* indem er sich auf den Standpunkt der Zweckstrafe stellte, „daß es vielleicht in der Konsequenz unserer Anschauung wäre, nur auf die Gesinnung Rücksicht zu nehmen und nicht erst die Tat abzuwarten; wie ja auch der Hausarzt nicht wartet, bis ein Leiden zum Ausbruche kommt, sondern demselben vorzubeugen trachtet"[108]; aber um der Freiheit des einzelnen willen zog er diese Konsequenz dann doch nicht und gab in der Strafrechtsdogmatik sogar den objektiven, tatbezogenen vor den subjektiven, täterbezogenen Kriterien den Vorzug[109]. Folgt man andererseits dem Standpunkt des Verfechters rechtsstaatlicher Garantien gegenüber dem obrigkeitlichen „Leviathan"[110], dann befriedigt es nicht, daß dieses so hoch bewertete Freiheitsinteresse mit dem Schuldurteil plötzlich erlöschen und durch das alleinige Kriterium sozialer Nützlichkeit ersetzt werden soll. Denn der von *Liszt* beschworene „Leviathan" entfaltet seine ganze Macht erst nach dem Schuldspruch und bedarf — wenn überhaupt — der Zügelung jetzt in demselben Maße wie vorher. Dem hat sich auch *Liszt* nicht ganz verschlossen, wenn es um die gesetzliche Ausgestaltung seiner Vorschläge ging. Das von ihm befürwortete „unbestimmte Strafurteil", bei dem sich die Dauer der Strafe nicht nach der Tat, sondern allein „nach der Erreichung oder Nichterreichung des im Einzelfalle verfolgten Strafzweckes, also nach der Wirkung des Strafvollzuges"[111] richten sollte, entspricht zwar in der Konzeption durchaus seiner Maxime, daß mit dem Einsetzen des Strafvollzuges „die Funktion des Strafrechts zu Ende"[112] sei; aber die Entscheidung über die Erreichung des Strafzweckes wollte er durchaus „mit denselben Bürgschaften umkleidet" sehen wie den Schuldspruch — weil sie „für die Freiheit des einzelnen" ebenso wichtig sei wie dieser! Ein solcher Widerspruch zeigt, daß *Liszt* selbst an seiner Zweiteilung kein Genüge fand, so daß die Verfasser des AE in seinem Geiste handeln, wenn sie die *Liszt*sche Antinomie in einer über ihn hinausführenden Weise aufzulösen trachten.

---

[108] A. u. V. II, S. 16.

[109] Vgl. dazu etwa *Radbruch,* Franz v. Liszt — Anlage und Umwelt, in: Elegantiae iuris criminalis, 2. Aufl., 1950, S. 231/2 und *Eb. Schmidt,* Einführung in die Geschichte der deutschen Strafrechtspflege, 3. Aufl., 1965, S. 381 ff.

[110] A. u. V. II, S. 80.

[111] Hier und im folgenden A. u. V. II, S. 92.

[112] A. u. V. II, S. 70.

Die Verfasser des AE stimmen allerdings mit *Liszt* durchaus darin überein, daß die zu seiner Zeit vorherrschende (und noch im E 1962 wirksame) Tendenz, die Domänen von „Strafrecht“ und „Kriminalpolitik“ (im Sinne der *Liszt*schen Terminologie) auf die „Strafen“ und „Maßnahmen“ zu verteilen, ebensowenig weiterführt. „Das ist ja die liebenswürdigste Seite in dem Verhalten unserer Gegner“, meint ironisch *Liszt*[113], „daß sie zufrieden sind, wenn die altehrwürdigen Etiketten geschont werden. In der ‚Bestrafung‘ des Gewohnheitsverbrechers darf das ‚Gleichmaß zwischen Schuld und Sühne‘ nicht überschritten werden; aber gegen lebenslange oder doch sehr langwierige ‚Sicherheitsmaßregeln‘ nach verbüßter Strafe haben die Gegner nichts einzuwenden. Zwei Jahre Gefängnis gegen den unverbesserlichen Landstreicher gestattet die ‚vergeltende‘ Gerechtigkeit nicht; aber fünf Jahre des wesentlich empfindlicheren Arbeitshauses würden uns die Gegner wohl zugestehen. Laßt es uns also Sicherungsmaßregel und Arbeitshaus nennen; laßt uns nehmen, was wir bekommen können.“ *Liszt* hat hier im Jahre 1893 fast genau die Regelung als „lächerlichen Widersinn“ gekennzeichnet, die sich noch 70 Jahre später im E 1962 wiederfindet. Er wollte freilich diese mit Recht kritisierte Art von Zweispurigkeit seiner Zweckstrafe zunutze machen. Was aber gegen seine Lösung einzuwenden war, gilt gegen eine Deklarierung als Maßregel entsprechend. Wenn man mit dem Rechtsstaatsprinzip ernst machen will, darf man es weder auf das Ob der Strafe reduzieren noch durch rein begriffliche Konstruktionen umgehen. „Ein Schuldstrafrecht wird unglaubwürdig, wenn es langdauernde Einsperrungen durch die bloße Etikettierung als ‚Maßnahme‘ beliebig aus den rechtsstaatlichen Schranken löst, um deretwillen das Schuldprinzip allein der Bewahrung wert ist“[114].

3. *Der Standpunkt des Alternativentwurfs*

a) Die Grundposition des AE wurde schon oben umrissen: Rechts- und sozialstaatliche Forderungen, Freiheitswahrung und Prävention, sollen nicht, wie es bisher meist versucht wurde, bestimmten Stadien der Strafrechtsverwirklichung oder bestimmt gearteten Sanktionen einseitig zugeteilt, sondern immer gleichzeitig verwirklicht werden. Die Annahme, daß ein solches Verfahren möglich und kriminalpolitisch fruchtbar sei, gründet sich auf folgende Überlegungen:

---

113 A. u. V. II, S. 72.

114 *Roxin*, in: Programm für ein neues Strafgesetzbuch, Fischer-Taschenbuch Nr. 952, 1968, S. 90. Näher zu dieser Problematik *Grünwald*, ZStW, Bd. 76, 1964, S. 633 ff.

Wenn man den Delinquenten bald als ein mündiges, voller Personautonomie teilhaftiges und obrigkeitlich bevormundender Behandlung sich zu Recht erwehrendes Mitglied der Gesellschaft, bald als ein zur Selbstbehauptung unfähiges, sozialisierenden Lernprozessen und sichernden Vorkehrungen zu unterwerfendes Objekt staatlicher Fürsorge ansieht, wenn man also, um es schlagwortartig zuzuspitzen, der Kriminalpolitik wechselnd hier ein idealistisches und dort ein realistisches Menschenbild zugrundelegt, dann ist das (hegelianisch gesprochen) eine abstrakte Betrachtungsweise, welche die beiden erst zusammen die conditio humana ausmachenden Seiten desselben Phänomens fälschlich voneinander isoliert und je für sich verabsolutiert. So, wie man volkstümlich sagt, man müsse „im Verbrecher den Menschen sehen", kommt es darauf an, über der empirischen Erscheinung des kümmerlichen Asozialen den gleichberechtigten Staatsbürger nicht zu vergessen, der er doch ebenfalls ist und den wir zur Wahrung seiner ihm in dieser Rolle zustehenden Rechte und zur Erfüllung seiner Pflichten gerade in den Stand setzen wollen[115]. Die Notwendigkeit, im Straffälligen trotz seiner sozialen Unzulänglichkeit den auf die freie Entfaltung seiner Persönlichkeit angelegten Menschen zu respektieren, besteht vor wie nach dem Urteilsspruch und gilt in einer durch die Bezogenheit auf das wechselnde Maß der Antisozialität modifizierten Form für Strafen und Maßnahmen gemeinsam. Kriminalpolitisch bedeutet das: Der Gefangene soll keine Ehrenstrafen erleiden; er soll lernen, in beruflicher Arbeit seinen gesellschaftlichen Platz zu finden wie andere, freie Menschen, und er soll dafür entlohnt werden wie diese (§ 39 I, II AE). Er ist dabei stets „auf seine Selbstverantwortung anzusprechen" (§ 37 II, 1 AE) und soll eben deshalb nicht über das Maß seiner Verantwortlichkeit hinaus zur Rechenschaft gezogen werden (§ 2 II AE).

Im Lichte dieser Betrachtungsweise ist die strafbegrenzende Funktion des Schuldprinzips keine bloß rechtsstaatliche, sondern auch eine spezialpräventiv-kriminalpolitische Forderung[116]. Das gilt nicht nur wegen der geschilderten Verknüpfung von Selbstverantwortung und Schuldmaß. Wir verteidigen auch mit Hilfe des Schuldprinzips die

---

115 Ich habe diese Gedankengänge in einer auf die strafrechtstheoretische Problematik zielenden Wendung in JuS 1966, S. 384 (= oben S. 27 ff.), näher entwickelt und darf auf diese Darlegungen hier verweisen.

116 Über die kriminalpolitische Funktion des Schuldprinzips vgl. auch Arthur *Kaufmann*, JZ 1967, S. 556 ff.

Resozialisierung gegen die Generalprävention[117]. Denn Urteile, die um der Allgemeinabschreckung willen das Maß der individuellen Verantwortlichkeit überschreiten, sind gegenüber dem Betroffenen ungerecht und können deshalb leicht desozialisierende Wirkungen haben. Schließlich folgt die Begrenzung der Strafe auf das Schuldmaß nach der Konzeption des AE auch aus dem Notwendigkeitsprinzip[118]: Wir müssen, wenn nicht eine günstige Prognose sogar eine geringere Sanktion als ausreichend erscheinen läßt, zunächst davon ausgehen, daß eine Vollzugsdauer genügt, die dem Ausmaß und der Schwere der Verfehlungen (also der Schuld) entspricht. Diese Orientierung an der „Tat" — deshalb spricht der AE ausdrücklich von der *Tat*schuld im Gegensatz zur Charakter- und Lebensführungsschuld — braucht erst dann zugunsten einer tatgelösten, auf die Persönlichkeit des Täters und die Behandlungsdauer abstellenden Therapie aufgegeben zu werden, wenn sicher ist, daß der Täter anders auf den Weg der Legalität nicht zurückgeführt werden kann. Das ist bei seelischen Krankheiten und tiefgreifenden Persönlichkeitsstörungen, aber auch dann der Fall, wenn frühere Strafverbüßungen von längerer Dauer den Rückfall nicht verhindert haben und auch für die Zukunft keine Besserung versprechen.

Der Resozialisierung solcher Täter dient die sozialtherapeutische Anstalt des AE. Sie soll das leisten, was bei *Liszt*, wenn solche Behandlungsmethoden damals bekannt gewesen wären, die unbestimmte Strafe günstigstenfalls hätte tun können. Aber auch die sozial-

---

117 Man sollte dem nicht, wie es oft geschieht, entgegenhalten, daß dies unmöglich sei. Gewiß waren sich auch die Verfasser des Alternativentwurfs „darüber klar, daß eine exakte Quantifizierung der Tatschuld nicht möglich ist" (Begründung zu § 2 AE S. 29). Abschreckungsurteile, die geringfügige Delikte mit weit überhöhten Strafen ahnden, sind aber trotzdem sehr wohl als solche erkennbar und durch die strafbegrenzende Funktion des Schuldprinzips zu verhindern. Das Prinzip des „überwiegenden öffentlichen Interesses", das die Befürworter eines einspurigen Maßnahmenrechtes immer wieder an die Stelle des Schuldprinzips setzen wollen, leistet gegenüber generalpräventiver Strafzumessung überhaupt nichts, weil Abschreckungsurteile gerade im Namen des öffentlichen Interesses verhängt zu werden pflegen.

118 Insofern haben auch andere klassische Postulate des Rechtsstaates keineswegs nur eine „strafrechtliche", sondern auch eine „kriminalpolitische" Funktion im Sinne *Liszts*: Die Tatbestandsbestimmtheit etwa dient nicht nur der Sicherung des einzelnen, sondern sie soll auch gewährleisten, daß nur Verhaltensweisen sanktioniert werden, bei denen die Notwendigkeit dazu durch ein gesetzliches Verfahren auf das gründlichste geprüft worden ist.

therapeutische Anstalt ist weit entfernt, auf rechtsstaatliche Sicherungen zu verzichten oder den Delinquenten gegen seinen Willen zum Behandlungsobjekt zu degradieren. Im Gegenteil: Die Sozialtherapie ist nicht nur zeitlich begrenzt (auf vier bzw. acht Jahre), sondern in ihrem Funktionieren auch weitgehend von der Zustimmung und freiwilligen Mitwirkung des Täters abhängig. So heißt es ausdrücklich: „Erstmals zu Strafe verurteilte Täter dürfen dieser Maßregel nicht gegen ihren Willen unterworfen werden" (§ 69 II, 1 AE), und: „Ärztliche Eingriffe und psychiatrische Behandlung sind als sozialtherapeutische Maßnahmen nur mit Zustimmung des Eingewiesenen zulässig" (§ 69 VII AE). Außerdem wird bei allen Maßnahmen „auf die aktive Mitwirkung des Eingewiesenen abgestellt" (§ 69 VI, 2 AE). Da alle psychiatrischen, psychologischen und pädagogischen Hilfen nur durch die freiwillige Mitarbeit des Eingewiesenen fruchtbar werden können, bilden Resozialisierung und Freiheitswahrung demnach nicht mehr Gegensätze, sondern Ziele, die einander wechselseitig fördern: Die Resozialisierung soll die Entfaltung der Persönlichkeit des Delinquenten ermöglichen und ihn aus den Verstrickungen seiner sozialen Fehlleistungen befreien, so wie umgekehrt die Wahrung der Entschlußfreiheit des Eingewiesenen und sein eigener Beitrag zur therapeutischen Arbeit die Resozialisierungsbemühungen überhaupt erst fruchtbar werden lassen.

Was hier gezeigt wurde, ließe sich auch anhand anderer Regelungen des AE, wie etwa der Ausgestaltung der Auflagen und Weisungen (§§ 41, 42), im einzelnen darlegen. Doch kommt es hier nur auf den Grundgedanken an, daß Resozialisierung und rechtsstaatlich-liberaler Freiheitsschutz einander nicht im Wege stehen, sondern bedingen. Ein klassisches Vergeltungsstrafrecht ist nicht nur resozialisierungsfeindlich, sondern infolge seiner repressiven Struktur auch der individuellen Freiheit und ihrer Entfaltung abträglich; und ein reines, rechtsstaatlich ungesichertes Maßnahmenrecht vergewaltigt nicht nur den ihm Unterworfenen, sondern kann durch seine Methode schrankenloser Zwangsanpassung auch einer demokratischen und freiheitlichen Gesellschaft nicht nützen. Die Dialektik von Individuum und Gesellschaft, die in den rechts- und sozialstaatlichen Komponenten des Strafrechts wirksam ist, läßt sich überhaupt nur durch eine beide Pole menschlicher Existenz unverzerrt bewährende Synthese aufheben. Ein „Rechtsstaat", der den einzelnen sich selbst (oder einer abstrakten Vergeltung) überläßt, anstatt dem Bedürftigen zu helfen, führt zur Ausstoßung und Unterdrückung des Schwachen; und ein „Sozialstaat", der die Freiheit des einzelnen mißachtet, benutzt das Strafrecht in sehr ähnlicher Weise zu manipulierender Gängelung anstatt zu fördernder Persönlichkeitsentwicklung. Die grundgesetzliche Formel vom „sozialen Rechtsstaat" bedeutet also nicht eine Zusammenleimung heterogener Prinzipien. Sie bezeichnet vielmehr zwei Seiten eines richtigerweise nicht trennbaren Ganzen. In dem Versuch, diese Erkenntnis im Bereiche des Strafrechts gesetzgeberisch möglichst rein zu verwirklichen, liegt für mein Verständnis die Zeitgemäßheit und die eigentliche „Botschaft" des AE beschlossen[119]. Gewiß ist diese Konzeption ein Entwurf in die Zukunft; aber es handelt sich dabei nicht um wirklichkeitsferne Phantasterei, sondern um eine „konkrete" Utopie im Sinne Ernst *Blochs*, die das Bestehende im Hinblick auf eine heute schon mögliche bessere Wirklichkeit überschreitet[120].

b) Wenn wir von hier aus den Blick noch einmal auf die Konzeption *Liszts* werfen, dann läßt sich der Grund, warum der AE hier einen neuen, bei *Liszt* noch nicht vorgezeichneten Weg einschlagen mußte, sehr leicht aufzeigen. Der Antagonismus von Persönlichkeitsschutz und Spezialprävention läßt sich nämlich in der geschilderten Weise nur aufheben, wenn man das Präventionsziel im Wege der Resozialisierung und die Resozialisierung nicht durch dressierende Anpassung, sondern durch Persönlichkeitsentwicklung erreichen will. *Liszt* glaubte aber nicht, daß dies möglich sei; und er konnte es wohl auch nach dem damaligen Stande der Erkenntnis nicht annehmen. Er zweifelte überhaupt an der Resozialisierungsfähigkeit Erwachsener und hat seine Vorschläge für einen Erziehungsstrafvollzug im wesentlichen auf Jugendliche beschränkt. So heißt es in seinem Juristentagsgutachten von 1902, in dem er seine Grundsätze für die Revision des Strafgesetzbuches aufstellte[121]: „Wir verlangen in erster Linie die erziehende Behandlung des Besserungsfähigen; und da die erziehende Umgestaltung des Charakters durch körperliche und geistige Ausbildung wie durch Gewöhnung an regelmäßige Lebensweise, insbesondere an regelmäßige Arbeit, nur bis zu einem gewissen Lebensalter überhaupt möglich ist, können wir wohl sagen: die erziehende Behandlung der Jugendlichen." Über die erwachsenen Hangtäter mein-

---

119 Man vergleiche dazu auch den programmatischen Schlußabschnitt meines Aufsatzes in JuS 1966, S. 387 (= oben S. 27 ff.).

120 Ein Mitverfasser des AE, Werner *Maihofer*, hat Legitimität und Notwendigkeit eines so verstandenen utopischen Denkens im Bereiche der Rechtsphilosophie in seinen neueren Arbeiten mit besonderem Nachdruck hervorgehoben; zuletzt im Sammelband „Ideologie und Recht", 1969, S. 22 ff., 135 ff.

121 A. u. V. II, S. 397.

te er dagegen[122]: „An eine Besserung der asozialen Elemente ist nicht mehr zu denken." Von diesem Standpunkt aus kann die Spezialprävention gegenüber habituellen Delinquenten natürlich nur in ihrer „Unschädlichmachung" bestehen, die denn auch seit dem Marburger Programm bei *Liszt* eine erhebliche und nicht sehr glückliche Rolle spielt[123]: „Sie besteht in ‚Strafknechtschaft' mit strengstem Arbeitszwang und möglichster Ausnutzung der Arbeitskraft; als Disziplinarstrafe wäre die Prügelstrafe kaum zu entbehren; obligatorischer und dauernder Verlust der bürgerlichen Ehrenrechte müßte den unbedingt entehrenden Charakter der Strafe scharf kennzeichnen"[124]. Aus dieser Wurzel stammt auch *Liszts* Plädoyer für das Zuchthaus, dessen Unterscheidung vom Gefängnis er „wieder belebt und so weit als irgend möglich durchgeführt" wissen wollte[125], und zwar vor allem durch die „Festhaltung des entehrenden Charakters der ersteren"[126].

Diese und ähnliche Details des *Liszt*schen Programms entstammen der bis heute fortwirkenden, in unvermindert populären Vorurteilen befangenen und durch sozialdarwinistische Anschauungen zusätzlich genährten Vorstellung einer „Kampfsituation" zwischen der Gesellschaft und ihren Verbrechern, die keine Ansatzpunkte für eine Milderung des schroffen Antagonismus von gesellschaftlicher Notwendigkeit und individueller Freiheit bietet. Daß sie im Alternativentwurf kein Echo finden konnte, ist klar. Schon im Jahre 1879, also vor dem Marburger Programm, schrieb ein aus langer Haft entlassener Zuchthäusler, der nachmals literarisch sehr bekannt geworden ist: „Dem gewöhnlichen Mann mangelt die Bildung, die sich zu der menschlichen Anschauung erhebt, daß das Vergehen die äußere Folge einer inneren moralischen Krankheit ist, an der der Ver-

---

122 A. u. V. II, S. 401.

123 A. u. V. I, S. 170.

124 Noch viel schrecklicher ist, was *Radbruch* in seinen Elegantiae iuris criminalis, S. 229, aus einem Briefe *Liszts* an *Dochow* vom 21. 11. 1880 mitteilt, wo für die „Gewohnheitsverbrecher" eine Behandlung „mit militärischer Strenge ohne viel Federlesen und so billig wie möglich, wenn auch die Kerle zugrundegehen" empfohlen wird. „Nahrung, Luft, Bewegung usw. nach rationalen Grundsätzen" zuzumessen, wird dort „Mißbrauch der Steuerzahler" genannt. Das ist fast ein Modell für grundgesetzwidrige KZ-Praktiken und zeigt, wohin der Gedanke einer rechtsstaatlich ungesicherten Zweckstrafe führen kann.

125 A. u. V. I, S. 399.

126 A. u. V. I, S. 402.

brecher selbst zuweilen die geringere Schuld trägt, die ihn aber auch im schlimmsten Falle nicht aus der Reihe der menschlichen Wesen scheidet und eher Mitleid als Verachtung erwecken sollte." Die hier beschworene Anschauung des „gewöhnlichen Mannes", die der gesellschaftlichen Reintegration auch des entlassenen Strafgefangenen so verhängnisvoll im Wege steht und die fast jeder mit den Einflüssen seiner Umwelt in sich aufnimmt, hat ihren Schatten auch über manche Vorschläge des jungen *Liszt* geworfen. Sie sollten heute, obwohl sich Zuchthaus und Ehrenstrafen bis in den E 1962 hinein erhalten haben, endgültig der Vergangenheit angehören.

Für die zukünftige Bedeutung *Liszts* wichtiger ist der Umstand, daß er sich von dem archaischen und repressiven Rigorismus seiner jüngeren Jahre verhältnismäßig früh gelöst hat. „Wer hat heute noch den Mut, die Mitschuld der Gesellschaft zu leugnen?" heißt es bei ihm schon im Jahre 1893[127]. „Es ist nicht unser ‚Verdienst', daß wir nicht längst schon vor den Strafrichter gekommen sind; und es ist nicht seine (scil. des Verbrechers) ‚Schuld', daß ihn die Verhältnisse auf die Bahn des Verbrechens getrieben haben"[128]. Es klingt wie ein Widerruf früherer Anschauungen, wenn *Liszt* im Lehrbuch[129] unter Berufung auf die „Kollektivschuld der Gesellschaft" schreibt: „Aber auch die Erkenntnis, daß das Verbrechen in den gesellschaftlichen Verhältnissen seine tiefe Wurzel hat, wird vor Übertreibungen des Zweckgedankens schützen." Diese Einsicht in die Interdependenz individuellen Schicksals und gesellschaftlicher Verhältnisse birgt den Keim für jene Verschmelzung rechts- und sozialstaatlicher Tendenzen, die ich oben als die Konzeption des AE geschildert habe. „Ihr laßt den Armen schuldig werden, dann überlaßt ihr ihn der Pein" — das ist die Kriminalpolitik der Unschädlichmachung, die den Straffälligen als Feind der Gesellschaft durch Ausstoßung bekämpft. Im selben Augenblick aber, da die Verantwortung der Gesellschaft für das, was aus ihren Mitgliedern geworden ist, anerkannt wird — und das ist keine Sache philanthropischer Verschwärmtheit, sondern eine sehr nüchterne sozialwissenschaftliche Einsicht —, muß die Gesellschaft auch ihre Pflicht akzeptieren, an ihm das wiedergutzumachen, was sie an ihm verdorben hat, d. h. ihn nicht zu „bekämpfen" und zu desozialisieren, sondern ihn als zu sich gehörig anzunehmen und ihm zu helfen, das zu werden, was aus ihm unter günstigeren Bedingungen auch ohne Strafvollzug hätte werden können. Es ist deshalb kein Zufall, daß der Versuch Peter

[127] A. u. V. II, S. 66.

[128] A. u. V. II, S. 45. [129] S. 19.

Nolls, „die Strafe ethisch am Gedanken der Mitverantwortung zu orientieren“[130], in die Grundkonzeption des von ihm mitverfaßten Alternativentwurfs eingegangen ist. Eine einseitige Entlastung des Straftäters bedeutet das deshalb nicht, weil die Resozialisierung ja gerade darauf abzielt, ihn die Sorge für sich und das Gemeinwohl übernehmen zu lehren. „So, wie *er* die Verantwortung für das Wohlergehen der Rechtsgemeinschaft mitträgt, darf *sie* die Verantwortung für sein Schicksal nicht von sich tun“[131]. Im Ansatz findet sich das, wie gesagt, schon im Mitschuld-Gedanken *Liszt*s, der denn auch in seinem bekannten Vortrag über die Zurechnungsfähigkeit (1896) den „Unverbesserlichen“, mit dem er ehedem nicht viel „Federlesen“ hatte machen wollen, dem Geiste „wohlwollender Milde, fürsorgender Pflege“ anempfahl und anders als früher meinte: „Aber das Brandmal werden wir ihm nicht mehr auf die Stirne brennen“[132].

Auch für den Willen zur Resozialisierung des als unverbesserlich Angesehenen könnten wir uns (entgegen seiner eigenen Skepsis) auf *Liszt* selbst berufen. Er sah seine gefährlichsten Gegner nicht in den Anhängern der klassischen Schule, „sondern in den radikalen Naturalisten, die an die Möglichkeit der Erziehung des Menschen nicht glauben“[133], und erklärte in seinem Vortrag über „Die Zukunft des Strafrechts“ (1892)[134]: „Die Kriminalpolitik, so wie wir sie verstehen, ist bedingt durch den Glauben an die Verbesserungsfähigkeit des Menschen, des einzelnen, wie der Gesellschaft.“ Das hellere Licht der Aufklärung, zu dem er sich ausdrücklich bekannte[135], überstrahlte hier die dunkleren, kulturpessimistischen Töne, die dem Ende des 19. Jahrhunderts eigen waren.

Gewiß: *Liszt* hat das nicht alles mehr in kriminalpolitische Vorschläge umsetzen können; teils, weil ein wirksamer (bis heute kaum praktizierter) Resozialisierungsstrafvollzug oder gar sozialtherapeutische Anstalten damals am Horizont praktischer Möglichkeiten noch

---

130 Die ethische Begründung der Strafe, 1962, S. 14 ff.; zum „Mitschuld“-Gedanken jüngst eindrucksvoll auch *Naegeli*, Die Gesellschaft und die Kriminellen, in: Verbrechen — Schuld oder Schicksal?, hrsg. von Bitter, 1969, S. 40 ff.

131 *Roxin*, JuS 1966, S. 386 (= oben S. 27).

132 A. u. V. II, S. 229.

133 A. u. V. II, S. 11/12.

134 A. u. V. II, S. 22.

135 Und zwar in unmittelbarem Zusammenhang mit der eben zitierten Stelle, A. u. V. II, S. 23/24.

nicht aufgedämmert waren[136]; teils aber auch, weil der Widerstand seiner Zeit ihn zur Zurückhaltung nötigte[137]. Um so wichtiger ist es, sein Werk dort fortzusetzen, wo *Liszt* es abbrechen mußte. Das versucht der AE. Er lebt aus dem reformerischen Geiste *Liszt*s, der, wenn nicht alles trügt, in der Zukunft noch fruchtbarere Wirkungen hervorbringen wird, als es ihm zu seinen Lebzeiten und in den ersten 50 Jahren nach seinem Tode vergönnt war.

Nachbemerkung:

Die wichtigste Ergänzungslektüre zur vorstehenden Arbeit, der Alternativentwurf mit Begründung, ist in Anm. 1 nachgewiesen. Über Franz *v. Liszt* und seine Bedeutung für die Gegenwart unterrichtet umfassend Heft 3 des 81. Bandes der ZStW (1969), das unter dem Titel „Franz von Liszt zum Gedächtnis. Zur 50. Wiederkehr seines Todestages am 21. Juni 1919" auch als selbständige Festschrift erschienen ist (285 Seiten); in diesem Band ist die hier wieder vorgelegte Abhandlung zuerst gedruckt worden. Zur Auseinandersetzung um den AE und seine Stellung in der Geschichte der Reformbewegung sind ferner heranzuziehen: *Arthur Kaufmann,* Der Alternativ-Entwurf eines Strafgesetzbuches und das Erbe Radbruchs, sowie *Baumann,* Konsequenzen einer Reformarbeit — Nicht aufgenommene Vorschläge für die Strafrechtsreform, beide in: Gedächtnisschrift für Gustav Radbruch, 1968, S. 324 ff., 337 ff. Die Autoren des AE haben ihre Vorstellungen in zwei Sammelbänden, die als Taschenbücher erschienen sind, im einzelnen entwickelt: „Programm für ein neues Strafgesetzbuch" (Fischer-Taschenbuch 952), 1966, und „Mißlingt die Strafrechtsreform?" (Luchterhand-Texte 12), 1969. Des weiteren liefern drei Bücher von *Jürgen Baumann* Diskussionsmaterial zum Thema: Kleine Streitschriften zur Strafrechtsreform, 1965; Beschränkung des Lebensstandards anstatt kurzfristiger Frei-

---

[136] „Und nicht was wir gewußt, sondern wie wir gewollt haben, sichert uns die Anerkennung der Gegenwart und der Zukunft", schreibt *Liszt* in selbstkritischer Bescheidenheit (A. u. V. II, S. 24).

[137] So meinte *Radbruch* (Drei Strafrechtslehrbücher des 19. Jahrhunderts, in: Festschrift für E. H. Rosenfeld, 1949, S. 18) von dem erwähnten Vortrag über die Zurechnungsfähigkeit, er sei „lange Zeit ein Stein im Wege der strafrechtlichen Reformbewegung gewesen. Darin mag es seinen Grund haben, daß *Liszt* die Gedanken dieses Vortrages, ohne sie gerade zu verleugnen, doch auch nicht weiter verfolgt hat, obgleich es wohl sein könnte, daß der Vortrag von 1896 zwar wenig Diplomatie zeigte, aber um so mehr Wahrheitsgehalt besaß."

heitsstrafe, 1968; Weitere Streitschriften zur Strafrechtsreform, 1969. Von den Autoren des AE sind weiter zu nennen: *Stratenwerth-Schulz,* Leitprinzipien und kriminalpolitische Aspekte der Strafrechtsreform, 1970, sowie *Noll,* Neue Wege und alte Widerstände in der deutschen Strafrechtsreform, in: Schweiz. Zeitschr. f. Strafrecht, Bd. 86, 1970, S. 1 ff.

Die kritischen Auseinandersetzungen mit den kriminalpolitischen Vorschlägen des AE sind schon in den oben abgedruckten Liszt-Aufsatz eingearbeitet worden. Unter ihnen ragen hervor die Arbeiten von *Gallas* (vgl. Anm. 21, 27, 40, 41, 58, 87 ff., 92, 98), *Jescheck* (vgl. Anm. 3, 13, 69, 90, 93, 99), *Lackner* (vgl. Anm. 27, 89, 91), *Nowakowski* (vgl. Anm. 40) und *Eb. Schmidt* (vgl. Anm. 4, 8, 31), die zur selbständigen Lektüre empfohlen seien! Wichtig auch *Grünwald,* Das Rechtsfolgensystem des Alternativ-Entwurfs, in: ZStW, Bd. 80, 1968, S. 89 ff., und *Müller-Dietz,* Strafbegriff und Strafrechtspflege, 1968. Natürlich bieten diese wenigen Hinweise nur eine schwache Auswahl aus dem uferlosen Schrifttum zur Reformdiskussion der letzten 10 Jahre; der Student wird gleichwohl auch unter der hier angegebenen Literatur noch eine weitere Spezialauswahl treffen müssen.

Zur Kritik der finalen Handlungslehre*

Erster Teil

Über die Leistungsfähigkeit des strafrechtlichen Handlungsbegriffs

I. Unter dem Banner des Handlungsbegriffs ist die Strafrechtsdogmatik in fremde Rechtsbereiche eingedrungen. Was dem Strafrechtler, wenn er heute zivilrechtliche Kommentare und Lehrbücher in die Hand nimmt, am meisten auffällt, ist der Umstand, daß sie alle sich mit der strafrechtlichen Handlungslehre und ihren Konsequenzen zustimmend oder ablehnend oft bis in die Details auseinandersetzen.

Früher war das anders. Von einem Einfluß der Strafrechtsdogmatik auf die anderen Rechtsgebiete konnte nicht die Rede sein. Und, was speziell den Handlungsbegriff anlangt: Sogar in der Strafrechtsdogmatik selbst hat er keine bedeutende Rolle gespielt.

Angesichts dieser Situation drängen sich drei Fragen auf, die eng miteinander zusammenhängen und die zu beantworten ich im folgenden versuchen will:

1. Warum konnte der strafrechtliche Handlungsbegriff früher keinen wesentlichen Einfluß gewinnen?

2. Welche Gründe haben ihm zu seiner gegenwärtigen zentralen Stellung und zu seiner Ausstrahlungskraft auch auf andere Rechtsgebiete verholfen?

3. Wie sollen wir uns zu dieser Entwicklung stellen? Ist der strafrechtliche Handlungsbegriff bei der Lösung konkreter straf- oder gar zivilrechtlicher Probleme fruchtbar zu machen? Oder ist er unergiebig? Oder kann er gar zu falschen Ergebnissen führen? Das ist der Problemkreis, der durch den Terminus der „Leistungsfähigkeit“ des Handlungsbegriffes umschrieben werden soll.

---

* ZStW Bd. 74, 1962, S. 515 ff. — Der erste Teil dieser Abhandlung gibt einen Vortrag wieder, den ich vor der rechtswissenschaftlichen Fakultät der Universität Hamburg gehalten habe. Daraus erklären sich der Aufbau der Darstellung und ihre über den speziell strafrechtlichen Bereich hinausgreifenden Bemerkungen.

II. Am einfachsten ist die erste Frage zu lösen. Wenn wir wissen wollen, warum der Handlungsbegriff jahrzehntelang die Strafrechtsdogmatik nur in geringerem Maße beschäftigt hat, müssen wir uns die Funktion klarmachen, die er erfüllen sollte. Seit *Radbruchs* heute noch berühmter Abhandlung aus dem Jahre 1903[1] bestand diese Funktion darin, daß er die für sämtliche Erscheinungsformen deliktischen Verhaltens gleichermaßen gültigen Merkmale zusammenfassen sollte. Man suchte für die gesamte Verbrechenslehre einen Oberbegriff, „von dem als dem ‚genus proximum' alle ‚differentiae specificae' deduktiv ausgehen müssen"[2]. Noch heute wird in der Herausbildung eines solchen systematischen Oberbegriffs weithin die wesentlichste Aufgabe der Handlungslehre gesehen[3].

Über einen Handlungsbegriff dieser Art läßt sich im Hinblick auf unser Thema zweierlei aussagen: Er kann 1. außerhalb des Strafrechts überhaupt nichts leisten, und er hat 2. auch im Bereich des Strafrechts keine praktische und nur geringe theoretische Bedeutung.

1. Eine Handlungsdefinition, die als Systemoberbegriff dienen soll, muß notwendig spezifisch strafrechtlicher, gesetzesgebundener Natur sein. Der Umstand, daß „naturalistische", „kausale", „soziale" Handlungsbegriffe in mannigfachen Variationen aufgetreten sind, ändert nichts daran, daß sie alle aus dem positiven Recht abgeleitet sind[4]. Das kann nicht anders sein: Denn ein solcher Begriff wird durch Abstraktion aus den verschiedenartigen Erscheinungsformen strafbaren Verhaltens gewonnen und bleibt daher an sie gebunden. Wenn der Gesetzgeber etwa die fahrlässigen Taten aus dem Kriminalstrafrecht herausnehmen würde, müßte sich der Handlungsbegriff sogleich ändern.

Daraus folgt zwangsläufig, daß ein solcher Begriff außerhalb des Strafrechts unverwendbar ist. Denn das öffentliche Recht und das bürgerliche Recht können Rechtsfolgen an Verhaltensweisen knüpfen, die strafrechtlich von vornherein irrelevant sind und in den hier geltenden Handlungsbegriff nicht eingehen. Vielmehr wäre es eine jeweils selbständige Aufgabe der einzelnen Rechtsdisziplinen, durch eine Ana-

---

1 Der Handlungsbegriff in seiner Bedeutung für das Strafrechtssystem.

2 *Maihofer*, Der Handlungsbegriff im Verbrechenssystem, 1953, S. 7.

3 Auch die neuesten Arbeiten über den Handlungsbegriff von *Jescheck* und *Maihofer* in der Festschrift für Eb. *Schmidt*, 1961, S. 139 ff., 156 ff. gehen davon aus.

4 Anders insoweit *Niese*, JZ 1956, S. 457, der diese Handlungsbegriffe für vorrechtlich hält.

lyse des ihnen zugehörigen Rechtsstoffes im Wege fortschreitender Abstraktion einen alle Erscheinungsformen rechtlich relevanten Verhaltens erfassenden Oberbegriff herauszubilden. Sieht man die Dinge so, dann ist es eigentlich selbstverständlich, daß sich bürgerliches und öffentliches Recht generationenlang nicht um den strafrechtlichen Handlungsbegriff gekümmert haben.

2. Neben die lediglich strafrechtsinterne Funktion all dieser Handlungsbegriffe tritt ein zweites Charakteristikum, das sie in eine untergeordnete Rolle gedrängt hat: ihre praktische Bedeutungslosigkeit auch für das Strafrecht. Man kann beliebige Definitionen nehmen. Ob man die Handlung als „gewillkürte Körperbewegung", als „Verursachung von Außenweltveränderungen", als „sozialerhebliches Verhalten" oder sonstwie kennzeichnet — wenn man fragt, was sich für das Strafrecht aus diesen Begriffen praktisch ergibt, so muß die Antwort immer lauten: nichts. Man kann aus ihnen nichts ableiten, was man nicht vorher schon gewußt hat. Wie sollte es auch anders sein? Das Produkt eines Abstraktionsvorganges kann nie mehr enthalten als sein Substrat.

Der gesuchte Systemoberbegriff hat also im Grunde nur architektonisch-ästhetischen Wert. Wenn man ihn — wie *Radbruch*[5] es in seinen späteren Arbeiten getan hat — aus der Verbrechenslehre einfach wegstreicht, so hat das auf die Lösung der strafrechtlichen Sachprobleme keinerlei Einfluß. Aus dieser praktischen Unergiebigkeit erklärt es sich, daß der Handlungsbegriff auch im Strafrecht lange Zeit keineswegs als Zentralproblem gegolten hat. Diese Einschätzung war durchaus richtig. Denn was praktisch ohne Bedeutung ist, sollte auch für die Wissenschaft keine entscheidende Frage sein.

Das gilt ebenso für alle heutigen Bemühungen dieser Art. Welche von den zahlreichen Handlungsdefinitionen als Systemoberbegriff geeignet sein könnte, braucht uns deshalb nicht weiter zu beschäftigen[5a]. „Leistungsfähig" im Sinne unseres Themas sind sie alle nicht. Dabei soll keineswegs bestritten werden, daß es sehr viel richtiger ist, die Gemeinsamkeiten der strafbaren Handlungen in ihrer sozialen Bedeutung als in physiologischen Vorgängen wie „Sinnesreizungen" und „Muskelinnervationen" zu sehen. Aber das sind Interpretationsweisen, die sich ohne den Handlungsbegriff genau so gut zur Geltung bringen ließen.

---

[5] Vgl. *Frank*-Festgabe, Bd. I, S. 161/62.

[5a] Die Bedeutung dieser Frage für eine Gesamtkonzeption des Strafrechtssystems soll damit nicht geschmälert werden. Doch bedarf dieser Themenkreis einer selbständigen Behandlung.

III. Damit ist die erste Frage beantwortet. Und für die Lösung der zweiten haben wir immerhin den Ausgangspunkt. Denn es ist klar, daß eine andere Einschätzung des Handlungsbegriffes, wie sie sich in der Folgezeit weitgehend durchgesetzt hat, von den Grundlagen der geschilderten Konzeption her nicht zu erwarten war. Es ist deshalb wichtig zu erkennen, daß die neu auftretende Lehre — die sogenannte „finale" — die nun schon seit 20 Jahren die Diskussion beherrscht, einen radikal abweichenden Ansatz aufweist, der sie gegenüber allen anderen Handlungstheorien in einen diametralen Gegensatz bringt. Gerade in den beiden für die mangelnde Leistungsfähigkeit der überlieferten Handlungsbegriffe entscheidenden Punkten — ihrer Gebundenheit an das Strafgesetz und ihrer praktischen Unergiebigkeit — will nämlich die finale Handlungslehre eine Antithese bieten.

1. Der finale Handlungsbegriff, also die Definition der Handlung als „Ausübung der Zwecktätigkeit", als eine vom Ziel her gelenkte planvolle Überdetermination von Kausalverläufen, ist keine Abstraktion aus den gesetzlich normierten Straftatbeständen. Er ist also nicht an das positive Gesetz gebunden, sondern er tritt mit dem Anspruch auf, das ontologisch vorgegebene, in den Strukturen des Seins unverrückbar festgelegte Wesen der Handlung zu erfassen. Ja, noch mehr: Anstatt den Handlungsbegriff an das Gesetz zu binden, will umgekehrt diese Lehre den Gesetzgeber, sofern er menschliche Handlungen regelt, an ihren vorrechtlichen Handlungsbegriff binden. Ein berühmtes Wort variierend, könnte man bei dieser Zielsetzung geradezu von einer „kopernikanischen Wendung" der Dogmatik sprechen.

Hören wir einmal *Welzel* mit einem grundlegenden Zitat[6]: „Der Gesetzgeber ist nicht etwa nur an die Gesetze der physischen Natur gebunden, sondern muß auch bestimmte sachlogische Strukturen im Objekt seiner Regelung beachten, widrigenfalls seine Regelung notwendig falsch wird. So ist vor allem die ontologische Struktur der Handlung jeder Bewertung und Regelung vorgegeben ... Die Struktur der menschlichen Zwecktätigkeit und die Funktion des Vorsatzes in ihr kann auch der Gesetzgeber nicht ändern, sondern muß, wenn er sie normieren will, in seiner Regelung an sie anknüpfen, widrigenfalls er das Regelungsobjekt verfehlt."

Aus diesem Gedankengang ergibt sich zwangläufig, daß ein solcher Handlungsbegriff — in direktem Gegensatz zu den vorher erörterten Bemühungen — nicht nur für das Strafrecht, sondern für alle Rechtsgebiete gleichermaßen gültig sein muß. Diese Folgerung ist

[6] Naturrecht und materiale Gerechtigkeit, 2. Aufl., S. 197.

denn auch von straf- und zivilrechtlichen Anhängern der finalistischen Theorie ausdrücklich gezogen worden[7].

Es ist verständlich, daß der Erfolg und die Ausbreitung der Handlungslehre in den letzten zwei Jahrzehnten zu einem guten Teil schon aus diesem Ansatz zu erklären sind. Wenn einer Wissenschaft, die mit dem berühmten Ausspruch *v. Kirchmanns* über die „drei berichtigenden Worte des Gesetzgebers" nie ganz fertig geworden ist, plötzlich „ewige Wahrheiten" angeboten werden — diese Formulierung stammt von *Welzel*[8] —, dann wäre es geradezu verwunderlich, wenn nicht Vertreter aller Rechtsgebiete diese Gabe dankbar entgegennähmen.

2. Dennoch wäre der Handlungsbegriff zu seiner heutigen Bedeutung nicht gekommen, wenn seine behauptete vorjuristische Allgemeingültigkeit nur eine Sache theoretischer Erkenntnis wäre und keine praktischen Konsequenzen hätte. Aber auch in diesem zweiten Punkt verhält es sich gerade umgekehrt wie bei den abstrahierenden, gesetzesgebundenen Handlungsbegriffen. Während sich aus ihnen für die Praxis nichts folgern läßt, ist aus der vorgegebenen Finalität der Handlung fast ein ganzes System mit zahlreichen, auch für das Zivilrecht bedeutsamen Problemlösungen abgeleitet worden.

a) Die Schuldtheorie beispielsweise, derzufolge das fehlende Unrechtsbewußtsein den Vorsatz unberührt läßt, hat ihre Grundlage im Handlungsbegriff. Die Handlung besteht in der Steuerung des Kausalverlaufs auf den vom Willen antizipierten und erstrebten Erfolg; und in eben dieser Lenkung besteht auch das der Disposition des Gesetzgebers nicht unterliegende Wesen des Vorsatzes, der also mit der Finalität identisch ist. Die Rechtswidrigkeit betrifft nur die Frage, wie der Gesetzgeber die vorsätzliche Handlung bewertet. Er kann sie billigen oder mißbilligen, an ihrer Vorsätzlichkeit aber nichts ändern. Erst recht können dann natürlich die Vorstellungen, die der Täter sich über die rechtliche Bewertung seiner Handlungen macht, auf den Vorsatz — also die Art der Kausalsteuerung — keinen Einfluß haben. Sie können allenfalls seine Schuld, also die Vorwerfbarkeit der Vorsatztat, mindern oder ausschließen. Dementsprechend beruft sich *Welzel*[8a] ausdrücklich darauf, daß „die Lösung des

---

[7] Vgl. nur *Wiethölter*, Der Rechtfertigungsgrund des verkehrsrichtigen Verhaltens, 1960, S. 60; *Niese*, JZ 1956, S. 457.

[8] Naturrecht und materiale Gerechtigkeit, S. 198.

[8a] „Naturrecht und Rechtspositivismus"; jetzt wieder abgedruckt im Sammelwerk „Naturrecht oder Rechtspositivismus", hgg. von *Maihofer*, 1962,

Verbotsirrtums i. S. der sog. Vorsatztheorie auf einem Verfehlen der kategorialen Struktur der Handlung beruht".

Wenn also § 823 Abs. 2 BGB sich an Strafrechtsnormen anschließt, die in aller Regel nur die vorsätzliche Tat erfassen, wenn die Aufrechnung und die Zurückbehaltung gegenüber Ansprüchen aus vorsätzlicher unerlaubter Handlung ausgeschlossen sind (§§ 393, 273 Abs. 2 BGB), dann ist der Zivilrichter nach dieser Lehre unabhängig vom Zweck der Einzelnorm kraft der seinsgesetzlichen Beschaffenheit von Handlung und Vorsatz gezwungen[9], nicht erst den dolus malus, sondern schon die Kenntnis der Tatumstände für die Annahme einer vorsätzlichen Schädigung ausreichen zu lassen.

b) Der Handlungsbegriff trägt aber auch die sog. strenge Schuldtheorie, wonach nicht einmal die irrtümliche Annahme rechtfertigender Umstände — also etwa die Putativnotwehr — den Vorsatz ausschließt. An der Steuerung des Kausalverlaufs kann ja ein solcher Irrtum nichts ändern. Wenn jemand einen vermeintlichen Räuber notgedrungen erschießt, dann ist seine Kugel genau dort eingeschlagen, wo sie einschlagen sollte, ihr Verlauf ist bis ins einzelne vom Schützen gelenkt worden. Hier nur bestenfalls eine fahrlässige Tötung anzunehmen, wie es die h. L. tut, scheint mit den ontologischen Gegebenheiten nicht vereinbar zu sein. *Maurach*[10] hält ihr denn auch entgegen, sie müsse „sich mit der Grundstruktur des fahrlässigen Deliktes in Widerspruch setzen, dessen charakteristisches Merkmal in der Abweichung des tatsächlichen Kausalverlaufs von dem final steuernden Willen des Täters" liege. Das gilt in der Tat für alle Fälle der Annahme unrechtsausschließender Umstände gleichermaßen. Eine „Abweichung des Kausalverlaufs" ist nirgends auffindbar.

c) Weiter ist, wenn man dieser Lehre folgt, eine Teilnahme an unvorsätzlicher Haupttat nach dem Wesen der Handlung oder — wie *Stratenwerth* in seiner bekannten Arbeit sagt — nach der „Natur der Sache"[11] ausgeschlossen. Warum? Eine Teilnahme setzt eine Tat voraus, an der man teilnimmt. Wenn nun dem unmittelbar Ausführenden der Vorsatz fehlt, dann hat er im Rechtssinne nicht einmal gehandelt. Wenn aber keine Handlung da ist, an der man teilnehmen könnte, dann muß jede Teilnahme ausgeschlossen sein.

S. 322—338 (336); außerdem in Festschrift für *Niedermeyer*, 1953, S. 279 bis 294.

9 Diesen Zwangscharakter heben auch für das bürgerliche Recht ausdrücklich hervor *Wiethölter* a. a. O. S. 62 Anm. 211; *Niese*, JZ 1956, S. 461.

10 A. T., 2. Aufl., § 37 I, E, 2, b, S. 372.

11 Das rechtstheoretische Problem der „Natur der Sache", 1957.

Das hat große praktische Bedeutung und kann auch für das Zivilrecht interessant werden. Man nehme den Fall, der vor einigen Jahren das OLG Stuttgart beschäftigt hat[12]: Ein Außenstehender veranlaßt den Fahrer eines Wagens, der einen Unfall verursacht hat, durch die Täuschung, es sei alles in Ordnung und kein Schaden entstanden, zur Weiterfahrt. Hier kann der getäuschte Fahrer mangels Vorsatzes nicht wegen Fahrerflucht zur Verantwortung gezogen werden. Wenn nun der Dritte, der ihn vom Tatort weggelockt und dadurch möglicherweise den zivilrechtlichen Ersatzanspruch des Geschädigten gegen den Fahrer vereitelt hat, als Teilnehmer an unvorsätzlicher Tat nach § 142 StGB erfaßt werden könnte, würde er über § 823 Abs. 2 BGB auch seinerseits dem Geschädigten haften, während andernfalls eine Schutzgesetzverletzung fehlen würde und als letzter Ausweg höchstens § 826 BGB bliebe, dessen Voraussetzungen wohl nicht einmal erfüllt wären.

d) Bei den fahrlässigen Straftaten führt der geschilderte Handlungsbegriff zu der Folgerung, daß die bloße Erfolgsverursachung weder rechtswidrig noch tatbestandsmäßig sein kann, weil sie nicht die Voraussetzungen einer Handlung erfüllt, die doch auch hier vorliegen muß. Vielmehr kann das Unrechtsurteil nur an die fehlerhafte finale Steuerung anknüpfen, so daß bei einwandfreiem Verhalten ungeachtet aller etwa eingetretenen Schäden schon die Tatbestandsmäßigkeit entfällt.

e) Und noch ein letztes Beispiel: Es gibt nach der neuesten finalistischen Lehre kraft des Wesens der Handlung keine vorsätzlichen Unterlassungstaten[13]. Warum nicht? Die Handlung besteht in der Steuerung des Kausalverlaufs. Der Unterlassende ist für den Erfolg nicht kausal; also kann er auch keine Ursachenkette steuern und weder final noch vorsätzlich handeln. Daraus folgen wieder zahlreiche weitere Thesen: Da jede Teilnahme, wie wir schon sahen, nach dieser Lehre sachlogisch eine vorsätzliche Haupttat voraussetzt, der Unterlassende aber mangels einer überzudeterminierenden Kausalität weder vorsätzlich noch überhaupt handelt, ist jede Teilnahme am Unterlassungsdelikt undenkbar. In dieser Art kann man noch viele andere Folgerungen ziehen.

Doch genug! Auch ohne daß wir uns mit diesem Handlungsbegriff länger beschäftigen und seine zivilrechtlichen Konsequenzen im

---

[12] Vgl. JZ 1959, S. 579, wo das Gericht freilich irrigerweise einen Verbotsirrtum annimmt.

[13] Dazu namentlich Armin *Kaufmann*, Die Dogmatik der Unterlassungsdelikte, 1959.

einzelnen weiter illustrieren — dazu bedürfte es einer bisher noch nicht vorliegenden Sonderabhandlung — wird hinreichend deutlich geworden sein, daß seine praktischen Auswirkungen beträchtlich sind. Es gibt beinahe kein Thema der Strafrechtsdogmatik, das nicht in irgendeiner Weise eine Auseinandersetzung mit ihm erforderlich machte[14], und in den anderen Rechtsgebieten ist seine weitere Ausbreitung ebenso möglich.

Auch unsere zweite Frage, warum die Handlungslehre heute im Gegensatz zu früher so große Beachtung findet, ist damit beantwortet. Wenn ein Begriff, der ehedem nichts leistete, plötzlich eine Wandlung durchmacht, kraft deren er beinahe alles zu leisten scheint, dann muß sich auch seine Einschätzung ändern.

IV. Hier schließt sich nun die dritte Frage an: Hat der Handlungsbegriff wirklich die Bedeutung, die ihm von den Finalisten zugesprochen wird? Die Einwände, die sich gegen die Konzeption vorbringen lassen, können in zweifache Richtung gehen. Sie können sich 1. gegen die Eignung eines solchen Handlungsbegriffes als systematisches Grundelement, 2. aber auch gegen seine ontologisch fundierte Allgemeingültigkeit und die daraus abgeleiteten Problemlösungen wenden.

1. So wird immer wieder vorgetragen, der finale Handlungsbegriff könne diese oder jene deliktische Erscheinung, etwa die Vergeßlichkeitsdelikte, die Affekttaten oder auch den bedingten Vorsatz, nicht erfassen. Das ist zu einem guten Teil richtig. Es gilt in noch weitergehendem Maße im Zivilrecht. Ob Begriffe wie die der „Willenserklärung" oder der „Erfüllung" mit einer solchen Handlungskonzeption zu bewältigen sind, ist mehr als zweifelhaft. Aber daraus folgt zunächst nur, daß diese Erscheinungen nicht als „Handlungen" im vorgegebenen Sinne des Begriffs verstanden werden dürfen. Unangetastet von diesen Einwänden bleiben die Konsequenzen der Handlungslehre jedenfalls dort, wo ein finales Verhalten im Sinne dieser Lehre vorliegt, wie es überwiegend im Strafrecht und immerhin auch im Zivilrecht bei den angedeuteten Konstellationen der Fall ist.

Freilich zeigt dieser Gesichtspunkt eines sehr deutlich: Als systematisches Grundelement kommt ein ontologischer Handlungsbegriff von vornherein nicht in Frage. Aber die Erfüllung dieser Funktion kann man von ihm nur erwarten, wenn man ihn mit den vorher erörterten, gesetzesgebundenen, abstrahierenden Handlungsbegriffen in

---

[14] Vgl. *Maurach*, A. T., 2. Aufl., § 16 I A, S. 129.

eine Reihe stellt. Deshalb beruht die Kritik, die von dieser Position her geführt wird, im Grunde auf einem Mißverständnis, das allerdings die Anhänger der finalen Handlungslehre vielfach genährt haben[15].

2. Wie steht es aber nun mit Sachaussagen wie der, daß der Vorsatz das Unrechtsbewußtsein um des Wesens der Handlung willen nicht umfassen könne oder daß die Teilnahme seinsnotwendig eine vorsätzliche Haupttat erfordere? Hier steckt — gerade auch für die außerstrafrechtlichen Konsequenzen des Handlungsbegriffes — der Kern der Problematik, der von der Frage, ob ein solcher Begriff überall paßt, ganz unabhängig ist.

An diesem für die praktische Ergiebigkeit der Handlungslehre entscheidenden Punkt scheint mir die bisherige Diskussion festgefahren zu sein. Der Behauptung einer vorgegebenen, unverrückbaren Sachlogik, in deren Bereich, wie *Welzel* meint, „die bleibenden Ergebnisse des Naturrechts" zu finden seien[16], wird meist die Antithese entgegengesetzt, daß der Gesetzgeber in seinen Begriffsbildungen und Regelungen völlig frei sei. So sagt man etwa, der finale Handlungsbegriff sei wohl ontologisch oder philosophisch richtig — in diesem Sinne äußert sich z. B. *Larenz*[17], aber der rechtliche Handlungsbegriff sei ein anderer. Oder man schiebt die Frage nach dem vorrechtlichen Wesen des Vorsatzes oder der Teilnahme beiseite und sagt, daß jedenfalls niemand den Gesetzgeber hindere, den Vorsatz im Rechtssinne nur als dolus malus zu verstehen oder eine Teilnahme an unvorsätzlicher Haupttat zuzulassen.

Das mag alles wahr sein. Nur wird oft übersehen, daß dieser Gegenstandpunkt zunächst nicht mehr als eine These ohne Begründung darstellt. Wenn es nämlich wirklich ein der Rechtsordnung vorgelagertes Wesen der Handlung, des Vorsatzes, der Teilnahme gibt, dann ist nur schwer der Schluß abzuweisen, daß der Gesetzgeber, wenn er sich an sie nicht hält, andere Dinge behandelt als er zu regeln glaubt. Wenn ein Baumeister die Gesetze der Statik nicht beachtet,

---

[15] So heißt es bei *Maurach,* A. T., 2. Aufl., § 16 I A 1, S. 127, der finale Handlungsbegriff sei „die gemeinsame Grundlage sämtlicher Erscheinungsformen des Deliktes". *Welzel,* Lehrb., 7. Aufl., § 7 II, S. 26/27 bezeichnet „das menschliche Verhalten" als Oberbegriff für Handeln und Unterlassen; dabei stehe für die Normen des Strafrechts die Handlung „weitaus im Vordergrund".

[16] Naturrecht und materiale Gerechtigkeit, S. 197.

[17] Schuldrecht, II. Band, 5. Aufl., 1962, S. 352.

wird das Haus einstürzen. Warum sollte nicht eine Rechtsregelung, die vorgegebene Sachgesetze mißachtet, falsch sein?

Ich glaube, man muß, wenn man der Leistungsfähigkeit des Handlungsbegriffes auf den Grund gehen will, früher einsetzen. Man sollte also nicht erst die Gebundenheit des Rechts an ontologische Vorgegebenheiten abstreiten, sondern die angeführten Seinsgesetzlichkeiten selbst etwas näher betrachten. Das soll im folgenden geschehen.

V. Da ist es zunächst richtig, daß die Fähigkeit des Menschen, das Kausalgesetz in seinen Dienst zu nehmen und durch die Überdetermination von materiellen Geschehensabläufen vorgefaßte Zwecke zu verwirklichen, eine anthropologische Grundkategorie darstellt. Ohne dieses Vermögen der Umweltgestaltung könnte man von einer menschlichen Daseinsweise nicht mehr sprechen.

Wenn die finalistische Theorie den auf diese Weise handelnden Menschen in das Zentrum der Tatbestands- und Unrechtslehre rückt, wird sie den strafrechtlichen Gegebenheiten gerecht. Denn bloße, vom Subjekt des Täters und seiner spezifischen Verhaltensweise abstrahierende Kausalverläufe sind analytische Kunstprodukte, die im Leben nicht vorkommen und deshalb für die strafrechtliche Zurechnung nur sehr beschränkten Erkenntniswert besitzen. Manche Teile der Verbrechenslehre, wie die Versuchsproblematik oder die Abgrenzung von Täterschaft und Teilnahme, lassen sich vom Objektiv-Kausalen her gar nicht richtig verständlich machen. Hier liegen die wesentlichen Verdienste des Finalismus.

Aber dabei geht es um die Auffassung des Unrechts und nicht um einen den Tatbeständen noch vorgelagerten Handlungsbegriff. Und vor allem: Wenn man personale Elemente als tatbestandliches Substrat der Versuchs- und Täterlehre anerkennt, folgen daraus noch keinerlei ontologisch festgelegte Ergebnisse. Es ist das also etwas wesentlich anderes, als wenn man aus einem vorrechtlichen Handlungsbegriff ganz konkrete, mit dem Range „ewiger Wahrheiten" ausgestattete Problemlösungen ableitet. Und hier, bei dem ontologischen Fundament mit seinen praktischen Konsequenzen, wollen wir mit unserer Kritik einsetzen.

„Die Finalstruktur ruht auf der Kausalität auf; die erste ontische Kategorie ist ohne die zweite nicht denkbar", sagt Armin *Kaufmann*[18], und auf diese unlösliche Verbindung pflegt man allgemein die Vorgegebenheit und Unverrückbarkeit von Handlung und Vor-

[18] Die Dogmatik der Unterlassungsdelikte, S. 67.

satz zu stützen. Man nimmt also für die Finalität eine ähnliche Eindeutigkeit wie für die Kausalität in Anspruch. Dabei denkt man etwa an die Tötungsdelikte und an den Lauf der Kugel, die vom Täter auf das Ziel hingelenkt wird. So klar und unbestreitbar wie die Kausalität scheint hier die Finalität seinsstrukturell festgelegt zu sein. „Finalität ist ein ebenso ontologischer Begriff wie die Kausalität", sagt denn auch *Welzel*[18a].

Und doch liegt in dieser Annahme, wenn ich recht sehe, der entscheidende Fehler der ganzen Konzeption. Ich behaupte nämlich: Es gibt wohl ein Kausalgesetz, dem kein Gesetzgeber der Welt etwas hinzufügen oder abnehmen kann, aber es gibt keine vorgegebene Finalstruktur. Was final ist, hängt allein von den Zwecksetzungen der Rechtsordnung ab. Wenn das richtig ist, wie ich gleich darzulegen versuchen werde, kann es natürlich auch kein vorgegebenes Wesen der Handlung, des Vorsatzes, der Teilnahme geben, und die daraus abgeleiteten Konsequenzen verlieren ihren seinsgesetzlichen Rang.

Warum soll nun das Wesen der Finalität nicht ontisch festgelegt sein? Ich antworte: Weil die Rechtserscheinungen keine bloßen Kausalverläufe sind und weil deshalb deren Steuerung ein Geschehen noch nicht zur Handlung im Sinne dieser Lehre machen kann. Bei rein naturwissenschaftlicher Betrachtung wäre es freilich so. Es gibt ein altes Beispiel, das meist angeführt wird, um den naturalistischen Handlungsbegriff ad absurdum zu führen: die Definition der Beleidigung als Erregung von Schallwellen und als Verursachung von Sinnesreizungen im Gehör des Betroffenen[19]. Das ist gewiß lächerlich: Aber wenn ich nun die Beleidigungshandlung kennzeichnen wollte als eine auf Trommelfellerschütterungen abzielende finale Überdetermination von Schallwellen — wäre das weniger lächerlich? Hält man so etwas für unsinnig — und auch jeder Finalist wird das tun — dann muß man zugeben, daß in den Rechtserscheinungen soziale Bedeutungsgehalte stecken, die sich nicht als Lenkung von Kausalfaktoren begreifen lassen.

Man denke sich noch ein simples Beispiel: Jemand nimmt eine Sache weg, die er auf Grund irriger rechtlicher Erwägungen für seine eigene hält. Der kausale Ablauf ist hier durchaus gesteuert: Der Täter hat zielsicher die Sache ergriffen, die er haben wollte, und der äußere Vorgang entspricht bis ins einzelne seiner Planung. Hat er nun final gehandelt? Man könnte den Begriff so verstehen. Dann

---

18a Um die finale Handlungslehre, S. 7.

19 Vgl. dazu nur *Radbruch*, Frank-Festgabe I, S. 161.

wäre seine Struktur ontisch vorgegeben. Aber dann wäre von einer Identität mit dem Vorsatz nicht mehr die Rede, und man könnte auch nichts aus ihm ableiten.

Der Handlungsbegriff, um dessen Leistungsfähigkeit es uns hier geht, ist jedenfalls ganz anders beschaffen. Er will — wenn ich so sagen darf — die Sinndimension mit einschließen. Der Täter, der den beleidigenden Charakter seiner Worte, die Fremdheit der Sache, die Unzüchtigkeit seines Verhaltens nicht erfaßt, handelt nicht vorsätzlich und nicht final; er handelt im strafrechtlichen Sinne überhaupt nicht mehr. Ob das nun richtig ist oder nicht, stehe dahin: Jedenfalls setzt die Finalität, so wie sie von ihren Anhängern als handlungskonstituierend verstanden wird und wie sie auch allein rechtlich fruchtbar zu machen ist, neben der Steuerung der Kausalfaktoren die Sinnerfassung voraus.

Damit aber verliert der Handlungsbegriff seine Vorgegebenheit. Wenn wir wissen wollen, ob jemand final gehandelt hat, brauchen wir nicht nur zu fragen — was vorrechtlich feststellbar wäre —: „Hat er die Kausalfaktoren gesteuert?", sondern wir müssen außerdem zusehen, ob er den Sinn der Sachgegebenheiten verstanden hat, wobei die rechtlich relevanten Bedeutungselemente allein vom Gesetzgeber ausgewählt werden. Jemand, der das äußere Geschehen vollen Umfanges determiniert hat, hat demnach nicht gehandelt, wenn ihm ein vom Gesetzgeber in den Tatbestand verarbeiteter Sinnfaktor nicht klar geworden ist.

Für die Ableitungen aus einem solchen Handlungsbegriff folgt aus dieser Einsicht Entscheidendes: Wenn man einmal angefangen hat, Sinnelemente in den Finalitätsbegriff aufzunehmen, gibt es nicht mehr den Schatten eines Argumentes dafür, daß der Vorsatz kraft ontologischer Vorgegebenheit auf die Kenntnis der Tatumstände beschränkt ist. Es ist dann nicht länger einzusehen, warum die Tatbestandsfassungen, die als Produkte des Gesetzgebers den sozialen Sinn des Geschehens oft nur sehr unvollkommen zum Ausdruck bringen, seinsnotwendig die Grenze von finalem und nichtfinalem Verhalten, von Handlung und Nichthandlung bezeichnen sollen.

Man nehme ein von *Welzel* selbst[20] verwendetes Beispiel: Wenn jemand einen Weg überquert, ohne das Schild „Durchgang verboten!" gesehen zu haben, warum soll es dann eine von keinem Gesetzgeber der Welt zu ändernde ewige Wahrheit sein, daß er den etwa bestehenden Übertretungstatbestand vorsätzlich verwirklicht hat? Gewiß

[20] Lehrb., 7. Aufl., S. 158.

mag der Mann jeden seiner Schritte gesteuert haben, aber das tut ein anderer Spaziergänger auch. Was diesem Verhalten unter rechtlichen Aspekten seine Bedeutung verleiht, ist allein das Verbot. Was stünde also der Annahme entgegen, final in diesem Falle nur das Handeln in Verbotskenntnis zu nennen, da der Verhaltenssinn erst durch das Verbot konstituiert wird und die Finalität sich nicht auf die Steuerung des äußeren Ablaufs beschränkt, sondern die Sinndimension einschließt?

Aus alledem ergibt sich mit m. E. zwingender Kraft der folgende weitere Gedankengang: Wenn der Gesetzgeber ein Verhalten pönalisiert, dann kann er für die Verwirkung der Strafe beim Täter eine größere oder geringere Kenntnis des Handlungssinnes verlangen. Er kann das Bewußtsein der Strafbarkeit oder nur des formellen Verbotenseins fordern; er kann sich auf die Kenntnis der materiellen Rechtswidrigkeit, also der Sozialschädlichkeit, beschränken; er kann auch die Vorstellung der äußeren Tatumstände einschließlich ihres normativen Gehaltes ausreichen lassen oder sogar nur den bloßen error facti berücksichtigen. Es steht bei ihm, wieviel vom Sinn des Geschehens in das Bewußtsein des Täters eingegangen sein muß. *Keine dieser Abstufungen aber entspricht einem vorgegebenen Wesen der Finalität.* Man kann höchstens — auf die Grade sinnhaften Verstehens abstellend — von größerer oder geringerer Finalität sprechen; eine Vorstellung, die natürlich für jeden Anhänger dieser Handlungslehre unannehmbar sein muß.

Wenn dem aber so ist, dann kann man auch keinen ontologischen, vom Willen des Gesetzgebers unabhängigen Vorsatzbegriff bilden. Vielmehr ist es allein sinnvoll, denjenigen Grad von Bedeutungskenntnis als Vorsatz zu bezeichnen, der vom Gesetzgeber für die Verwirkung der Strafe — bzw. der höheren Strafe — mindestens vorausgesetzt wird. Dieser Grad kann durchaus verschieden sein. Es ist also fehlerhaft anzunehmen, daß der Vorsatz bei jedem Tatbestand und in allen Rechtsbereichen nach demselben Schema bestimmt werden müßte. Vielmehr ist es sehr wohl möglich und keinesfalls gegen das „Wesen" des Vorsatzes oder der Handlung verstoßend, etwa im Bereich des Ordnungsstrafrechts nur das Handeln in Verbotskenntnis als vorsätzlich anzusehen, im Kriminalstrafrecht dagegen die Kenntnis der Tatumstände oder der sozialethischen Wertwidrigkeit genügen zu lassen[21]. Das ganze ist eine Sinn- und Wertungsfrage und

[21] Vgl. dazu namentlich die Aufsätze von *Lange* in JZ 1956, S. 73 ff., 519 ff.; 1957, 233 ff.

kann allein durch teleologische Erwägungen, die an der Art des jeweiligen Regelungsstoffes orientiert sind, gelöst werden, nicht aber durch Folgerungen aus dem ontologischen Wesen oder Begriff von irgendetwas.

VI. Ich resümiere: Wenn man einen ontologischen Handlungsbegriff so faßt, daß er nur die Steuerung eines materiellen, wertfreien Geschehensablaufes umgreift, dann leistet er nichts. Er ist mit dem Vorsatz nicht identisch, gibt für die Irrtumslehre nichts her, und auch sonst kann man aus ihm nichts ableiten. Nimmt man aber die Sinndimension in den Handlungsbegriff hinein, dann verliert er seine Vorgegebenheit, wird ein rechtlich-normatives Gebilde par exellence und leistet ebenfalls nichts mehr: Man kann dann die Lehren von Vorsatz und Teilnahme ebenso gut — wohl sogar besser — unter völliger Lösung vom Handlungsbegriff aus den ihnen eigenen Sinngehalten entwickeln. Daraus folgt:

1. Es gibt keinen auch nur logisch möglichen Handlungsbegriff, aus dem die Schuldtheorie zwingend folgte. Es gibt auch sonst keine aus einer wie immer gewonnenen Formel deduzierbare, abstrakt-allgemeingültige, von den Besonderheiten der Regelungsmaterie unabhängige Irrtumslehre. Das gilt gerade auch im Zivilrecht: Wenn man in § 826 BGB wegen der ausgeprägten sozialethischen Wertwidrigkeit der Handlung für den Vorsatz auf das Unrechtsbewußtsein verzichtet, weil sein Fehlen eine Art von Rechtsfeindschaft bezeugt, die man nicht prämiieren soll, so braucht es deshalb in § 393 BGB (wo die Aufrechnung gegen eine Forderung aus vorsätzlicher unerlaubter Handlung verboten wird) nicht ebenso zu sein. Vielmehr kann hier wie überall der Inhalt des Vorsatzes nur aus den Eigenheiten der entsprechenden Lebenserscheinung in Verbindung mit dem Sinn und Zweck der sie regelnden rechtlichen Norm erarbeitet werden.

2. Erst recht ist natürlich die strenge Schuldtheorie durch keinen denkbaren Handlungsbegriff zu begründen oder zu stützen. Denken wir an die Putativnotwehr, an die irrtümlich angenommene Einwilligung oder an die Züchtigung eines fremden Kindes, das der Vater in der Dunkelheit mit seinem eigenen verwechselt hat! Wenn *Maurach* in diesen drei Fällen bei Vermeidbarkeit des Irrtums die Notwendigkeit einer Vorsatz- anstatt der m. E. gebotenen Fahrlässigkeitsbestrafung daraus herleitet, daß die Struktur der fahrlässigen Handlung in der Abweichung des Kausalverlaufs vom final steuernden Willen des Täters liege, hier aber mangels einer solchen Abweichung Vorsatz gegeben sei, so liegt klar zu Tage, daß der Vorsatz dabei als reine Überdetermination materieller Kausalfaktoren

unter Ausschluß der Sinnelemente verstanden wird[22]. Eine solche Vorsatzdefinition entspricht aber nicht einmal dem finalen Handlungsbegriff in der überlieferten Form; sie würde unserer oben erwähnten Kennzeichnung der Beleidigung als Schallwellensteuerung entsprechen und ist sicher nicht richtig. Es würde viel näher liegen, in solchen Fällen, wo dem Täter der rechtliche Sinngehalt seines Tuns sogar infolge eines Sachverhaltsirrtums verborgen bleibt, die Finalität abzulehnen[23].

3. Was schließlich die Teilnahme betrifft, so setzt sie sicherlich eine Handlung voraus, an der teilgenommen wird. Das folgt nicht aus dem Wesen der Handlung, sondern aus dem Bedeutungsgehalt des Teilnahmebegriffs. Welcher Art das Verhalten des Täters sein muß, läßt sich jedoch ebenfalls nicht aus dem Wesen der Handlung herleiten, weil der Handlungsbegriff, selbst wenn man ihn final versteht, einen ontologisch vorgegebenen Inhalt nicht hat. Die Erfordernisse, die an die Qualität der Haupttat zu stellen sind, kann man vielmehr nur aus dem Zweck der Teilnahmevorschriften und aus den Besonderheiten der jeweiligen Deliktstatbestände ermitteln. Wie das im einzelnen zu geschehen hat, kann hier nicht dargelegt werden.

Man möge nur eines bedenken: Wenn man den Strafgrund der Teilnahme nicht in der Korrumpierung des Täters, sondern — wie es der herrschenden Meinung entspricht — in der Rechtsgüterverletzung erblickt, so ist die Verantwortung des Außenstehenden dafür bei unvorsätzlicher Haupttat größer als bei vorsätzlicher. Es hängt dann nur noch von dem für den betreffenden Tatbestand geltenden Täterbegriff ab, ob hier eine Teilnahme oder eine mittelbare Täterschaft in Frage kommt.

4. Bei Beurteilung der fahrlässigen Handlung halte ich den Gedanken, der gegenwärtig am meisten Interesse findet, die Anknüpfung des Unrechts an das Täterverhalten anstatt an den Erfolg, für richtig. Denn im Strafrecht geht es ausschließlich um die Bewertung menschlichen Verhaltens, und mit der Mißbilligung einer bloßen Ursächlichkeit ist hier wenig gewonnen. Wenn die Tatbestände dem einzelnen sagen sollen, was er tun darf und lassen muß, dann ist es widersprüchlich, ein Verhalten, das den Sorgfaltsanforderungen gerecht wird, trotzdem als normwidrig zu betrachten.

---

[22] Vgl. zu diesem Punkt treffend auch *Engisch*, ZStW Bd. 70, S. 609.

[23] Wie es *Schaffstein*, MDR 1951, S. 196—200, ganz richtig getan hat, ohne damit freilich bei den orthodoxen Finalisten Gegenliebe zu finden.

Aber auch hier ist es so: Eine vorgegebene ontologische Struktur entscheidet keineswegs über den Charakter der fahrlässigen Handlung. Die Fahrlässigkeit hängt nicht von der Finalität, sondern vom Verstoß gegen rechtliche Sorgfaltsgebote ab, ist also ein durch und durch normatives Merkmal. Die Finalität — worin immer sie bestehen mag — ist dafür gleichgültig und kann auch ganz fehlen. Der berühmte einschlafende Weichenwärter handelt in keinem Sinne final, aber er verhält sich doch fahrlässig, und auch bei ihm gründet sich die Rechtswidrigkeit auf die Verletzung der gesetzlichen Obhutspflichten und nicht auf den Erfolg.

Im Zivilrecht kann allerdings, so meine ich, im Gegensatz zum Strafrecht auch ein bloßer Erfolg eine Unrechtsmaterie erfüllen. Bei der verbotenen Eigenmacht etwa geht es ja nicht um die Mißbilligung eines Tuns, sondern um die Ordnungsmäßigkeit von Besitzzuständen. Es gibt außerhalb des Strafrechts, wenn ich das richtig sehe, nicht nur eine Verhaltensordnung, sondern auch eine Zustandsordnung, deren Beeinträchtigung Rechtsansprüche auslösen kann, auch wenn das Verhalten, das die Zustandsänderung bewirkt hat, objektiv nicht zu beanstanden war. Im Strafrecht kann eine solche Zustandsordnung höchstens für die Notwehr Bedeutung gewinnen; nämlich für die Frage der Rechtswidrigkeit des Angriffs, die einer weiteren Untersuchung bedürfte; im Zivilrecht und im öffentlichen Recht — etwa im Polizeirecht — scheint es mir eine wesentlich größere Rolle zu spielen. Wie das aber im einzelnen auch sein mag: Ein ontologischer Handlungsbegriff kann keine dieser Fragen beantworten.

5. Endlich noch die Unterlassungen: Wenn es keine vorsätzlichen Unterlassungen geben soll, weil es an einer zu steuernden Kausalität des Unterlassenden fehlt, dann ist das nur schlüssig, sofern die Lenkung der materiellen Faktoren, in der sich zweifelsfrei Handlung, Finalität und Vorsatz nicht erschöpfen, doch wenigstens neben der jeweils erforderlichen Sinnerfassung ein unerläßlicher Bestandteil des Vorsatzes ist.

Aber ist das richtig? Wenn ich jemanden mit meiner Pistole erschieße, dann begründet der Druck auf den Abzugshahn, also der materielle Vorgang als solcher, doch nur die Kausalität. Der Vorsatz steckt nicht in meinem Finger, sondern in meinem Kopf: Er besteht in der Vorausberechnung und Sinnerfassung eben dieses Geschehens, und darin allein. Beides ist aber auch beim Unterlassenden möglich. Wenn ich ein Kind, das in die Badewanne gefallen ist, willentlich ertrinken lasse, obwohl ich weiß, daß ich es von Rechts wegen vor dem Tode bewahren müßte, dann habe ich den Erfolg vorausberechnet und seine soziale und rechtliche Bedeutung in jedem nur denkbaren Sinne verstanden. Der Vorsatz ist hier genau so beschaffen wie bei den Begehungstaten. Nur sein Gegenstand ist ein anderer. Wenn Armin *Kaufmann* und *Welzel* die Kausalität in den Vorsatz hineinziehen, so liegt das wieder nur an ihrem Handlungsbegriff, der bei den Unterlassungen in der Tat nicht paßt, aus dem sich aber, wie gesagt, für den Vorsatz nichts ableiten läßt.

VII. Auch diese zweite, finalistische Konzeption leistet demnach als Handlungslehre nichts. Das liegt aber nicht etwa an ihrer fehlerhaften Formulierung, sondern es hat einen anderen Grund, über den ich abschließend noch zwei Worte sagen möchte. Ich meine nämlich, daß überhaupt keine Handlungslehre und darüber hinaus auch kein anderer in vergleichbarer Weise ontologisch fundierter Begriff ein System tragen kann, aus dem sich praktische Ergebnisse ableiten lassen.

Solche Versuche sind deshalb prinzipiell aussichtslos, weil man mit Begriffen, die den rechtlichen Bedeutungsgehalten vorgelagert sind, um eben dieses Umstandes willen keine rechtlichen Probleme bewältigen kann. Das ist ganz natürlich, so wenig es vielfach beherzigt wird: Was in einem Begriff nicht darinsteckt, kann man aus ihm auch nicht herausholen. Die Geschichte des Kausalbegriffs in der Rechtswissenschaft legt dafür beredtes Zeugnis ab. In Wahrheit geht es nirgends um die Kausalität, sondern immer um die Zurechnung. Die Antwort auf die Zurechnungsfrage aber ist nicht vorgegeben, und sie steht nicht am Anfang, sondern am Ende des rechtlichen Arbeitsprozesses.

Wenn man aus einem vermeintlich ontologischen Begriff wirklich einmal praktische Ergebnisse gewinnen kann, so liegt das daran, daß man unbemerkt die Rechtsinhalte in ihn hineinprojiziert hat, die man später wieder aus ihm ableitet. So verhält es sich mit dem erörterten Handlungsbegriff, der die normativen Elemente der Tatumstände in sich aufnimmt und dann als seinsgesetzlich zugrundelegt, was deren beschränkter Sinngehalt hergibt[24].

---

[24] Was *Welzel* selbst für das „axiologische Kerngebiet" der Naturrechtslehre so schlagend demonstriert hat, daß nämlich ihre meisten Vertreter die Wertüberzeugungen, die sie zuvor unbemerkt in den Begriff des Naturgemäßen hineingelegt haben, hinterher wieder aus ihm herausholen (vgl. Naturrecht und materiale Gerechtigkeit, S. 182 und passim), das tut er mit seiner Lehre im „ontologischen Randgebiet", wo er „die bleibenden Ergebnisse des Naturrechts" vermutet (a. a. O. S. 197), also ebenfalls. Die geschil-

Im einen wie im anderen Fall halte ich ein solches Verfahren für unfruchtbar und sogar für gefährlich, weil man dabei den konkreten Sachverhalt aus den Augen verliert und zu Problemlösungen kommt, die als Ableitungen aus unergiebigen oder ungesicherten Begriffen nur zufällig richtig sein können. Dieser methodische Fehlansatz ist es, der unbeschadet aller Diskussionen über konkrete Einzelergebnisse einen vorgeblich ontologischen, quasi-naturrechtlichen Handlungsbegriff für das Strafrecht wie für alle Rechtsgebiete untauglich macht.

Zweiter Teil

Finalität, Tatbestand und Schuld

VIII. Mit dem bisherigen Ergebnis unserer Erörterungen ist die letzte der drei Fragen, von denen wir oben ausgegangen sind, freilich erst zur Hälfte beantwortet. Denn wenn die Ableitungen aus dem Handlungsbegriff die geschilderten Lehrmeinungen nicht tragen, so brauchen sie doch deswegen noch nicht falsch zu sein. Wenn wir wissen wollen, ob, in welchen Punkten und aus welchen Gründen diese Lösungen sachlich unrichtig sind und inwieweit das etwa auf den Handlungsbegriff zurückzuführen ist, müssen wir ihn aus der bisher bewahrten Isolierung herausheben und in seiner Beziehung zu den hier maßgebenden Grundsätzen der Tatbestands- und Schuldlehre betrachten.

Denn natürlich kann man solche Probleme nicht allein mit Hilfe des (dazu in Wirklichkeit ungeeigneten) Handlungsbegriffes klären, und auch die finalistische Lehre tut das nicht. Ihre Vertreter haben sich vielmehr seit eh und je bemüht, ihre Lehrsätze auch durch rechtsethische Erwägungen über das Wesen von Unrecht und Schuld abzustützen. Es ist deshalb nötig zu prüfen, welchen Einfluß die das System überall durchwirkende Handlungslehre auf die finalistische Konzeption von Tatbestand, Unrecht und Schuld ausübt, und wie demgegenüber eine von solchen vermeintlichen Bindungen befreite Ausformung der strafrechtlichen Grundkategorien beschaffen sein müßte. Wenn man dann die Ergebnisse miteinander vergleicht, läßt sich erkennen, ob und wo der Handlungsbegriff zu Fehlern führt.

---

derten Beispiele zeigen zudem, daß wir es hier mit der Wiederkehr eines aus dem axiologischen in den ontologischen Bereich verschobenen rationalistisch-deduktiven Naturrechts innerhalb der Strafrechtsdogmatik zu tun haben. Das Thema berührt damit, wie hier nur eben angedeutet werden kann, die Grundprinzipien der dogmatischen und systematischen Arbeit im Strafrecht schlechthin.

Nach diesem Plan wollen wir im folgenden vorgehen. Es ist dabei zunächst im Anschluß an unsere früheren Darlegungen die systembildende Struktur des Finalitätsbegriffes noch etwas näher zu erörtern (IX); sodann sind seine Auswirkungen in der Tatbestands- (X-XIII) und Schuldlehre (XIV-XVI) darzulegen und kritisch zu durchleuchten. Da der Themenkreis zu umfangreich ist, als daß er sich auf engem Raum auch nur annähernd erschöpfend behandeln ließe, müssen wir uns auf einen skizzenhaften Abriß der Problematik beschränken und uns bei den praktischen Schlußfolgerungen mit Hinweisen auf die Irrtumslehre begnügen[25].

IX. Wenn wir untersuchen wollen, welchen Einfluß die Lehre von der finalen Handlung auf die Tatbestands- und Schuldkonzeption ihrer Vertreter hat, so müssen wir uns zunächst daran erinnern, daß es die Finalität als einheitlich strukturierten Begriff nicht gibt und ihrer Natur nach auch nicht geben kann. Vielmehr lassen sich je nachdem, wieviel Sinnelemente man aufnimmt, verschiedene Finalitätsbegriffe bilden, die alle diesen Namen mit gleichem Recht tragen, die aber bei konsequenter Handhabung zu durchaus abweichenden dogmatischen Folgerungen nötigen. Dieser Gesichtspunkt ist bisher, da im Rahmen der finalen Handlungslehre immer gerade die seinsstrukturelle Unveränderlichkeit ihres Ausgangspunktes betont wird, nie ganz klar geworden. Er bildet aber den Schlüssel zum Verständnis der gleich näher zu begründenden Tatsache, daß in der finalen Handlungslehre unter derselben Bezeichnung verschiedene, einander sogar zuwiderlaufende Ansätze stecken, die erst in ihrem Wechselspiel mit seinen zum Teil unaufhebbaren Antagonismen das spannungsreiche Gefüge der gegenwärtigen finalistischen Dogmatik geschaffen haben. So läßt sich z. B. feststellen, daß die vorrechtlich-axiomatische Sachlogik, mit der wir uns bisher auseinandergesetzt haben, nicht von Anfang an und nicht allein das Bild des „finalen" Denkens bestimmt hat. Das bedarf kurzer Erläuterung:

1. Der strafrechtliche Anknüpfungspunkt für die Lehre *Welzels* war der Kampf gegen den kausalen Handlungsbegriff. Das Bemühen um seine Überwindung ließ sich jedoch nicht auf den erst später in den Vordergrund tretenden Gedanken stützen, das Strafrechtssystem müsse auf ein „von jeder Beziehung zum Recht" unabhängi-

---

[25] Zu einigen hier einschlägigen Problemen der Teilnahmelehre und der Unterlassungsdogmatik habe ich mich in meiner noch nicht veröffentlichten Habilitationsschrift über „Täterschaft und Tatherrschaft" näher geäußert (— die nunmehr in 2. Auflage, 1967, vorliegt —).

ges „gegenständliches Strukturgesetz des Seins“[26] gegründet werden; denn diesen Voraussetzungen wurde die Kategorie der Kausalität in vollem Umfang gerecht. Man mußte vielmehr gerade umgekehrt verfahren und der sinnfreien, abstrakten, naturwissenschaftlich-zergliedernden Kausalität den Begriff einer werthaften, konkreten, die rechtlich-sozialen Bedeutungsgehalte ausdrückenden finalen Handlung entgegensetzen. Dazu war die Finalität durchaus tauglich, wenn man sie mit dem Vorsatz identifizierte und als konstituierenden Faktor der Tatbestandshandlung verstand. Denn es ist klar, daß eine vorsätzliche Tötung als tatbestandliches Geschehen dem Bedeutungsgehalt des Totschlages näher kommt als das Abstellen auf den bloßen Kausalprozeß.

In diesen Bahnen bewegte sich denn auch zunächst *Welzels* Argumentation. In seinen „Studien zum System des Strafrechts“ heißt es[27]: „Alle strafrechtlichen Tatbestandsbegriffe, auch die sog. deskriptiven wie ‚töten‘, ‚verletzen‘, ‚beschädigen‘ u. a., sind keine kausalen Begriffe kausaler Rechtsgutsverletzungen, sondern soziale Beziehungs- und Bedeutungsbegriffe, d. h. Begriffe, deren Sinngehalt sich aus ihrer Funktion im sozialen Ganzen ergibt ...“ Es sei ein „grundsätzlicher Fehlansatz“ der herkömmlichen Lehre, „daß sie die Tatbestandshandlung auf kausale Verursachungsfälle reduziert hat und die rechtlich-soziale Bedeutungswelt daher erst mit der Frage der Rechtswidrigkeit hat beginnen lassen“.

Wenn man diesen Gedankengang weiterdachte, mußte man auf die Erkenntnis stoßen, daß mit der Finalität, soweit man sie allein als Überdetermination von Kausalfaktoren verstand, der soziale Sinngehalt tatbestandlichen Tuns auch erst unvollkommen zu begreifen war. Denn eine derart aufgefaßte finale Tötung (um bei diesem Beispiel zu bleiben) kann durchaus des Unwertakzentes entbehren. So sagt *Welzel* denn auch folgerichtig[28]: „Handlung (auch als finale Handlung) ist immer noch eine Abstraktion wie ‚Verursachung‘, wenn sie nicht als sozial bedeutsames Phänomen, als Handlung im sozialen Lebensraum, erfaßt wird.“ Auf diese Weise wurde er mit einer gewissen Zwangsläufigkeit auf das von ihm erstmals entwickelte Prinzip der „sozialen Adäquanz“ geführt, das als Tatbestands-

---

[26] Formulierungen aus: Aktuelle Strafrechtsprobleme, S. 5; Um die finale Handlungslehre, S. 7.

[27] ZStW, Bd. 58, 1939, S. 528.

[28] a. a. O. S. 516.

ausschließungsgrund große Bedeutung erlangen mußte[29]. Tötungen im Kriege waren danach „unzweifelhaft"[30] keine Tatbestandshandlungen im Sinne des § 212 StGB; der Gedanke, „daß das Heer im Kampf um Leben und Tod lauter strafrechtliche Tatbestände ... verwirkliche", erschien ihm damals „zu absurd, zu papieren konstruiert, als daß er richtig sein könnte"[31]. Ebenso sollten Hinrichtungen als Akte der Strafvollstreckung keine tatbestandsmäßigen Tötungen sein[32].

Wenn in dieser Weise die soziale Adäquanz das Vorliegen einer Tatbestandshandlung hinderte, dann mußte sie ebenso zur Verneinung des Vorsatzes und der Finalität führen. Das alles war, soweit man die Finalität als Element des sozialen Bedeutungsgehaltes interpretierte, durchaus schlüssig. Freilich ließen sich daraus noch keine axiomatisch fundierten Lösungen deduzieren. Denn wenn Finalität und Vorsatz sich darstellen als ein Begreifen und Gestalten der sinnhaften „Welt des sozialen Daseins, die die Welt des Rechts ist"[33], dann ist es nicht gut möglich — wie *Welzel* später ausführte — schon in dem Augenblick, „als der erste Mensch einen Stein als Werkzeug benutzte", aus diesem zeit- und umweltentrückten prähistorischen Vorgang „die ganze finale Handlungslehre" zu entwickeln[34]. Die „geschichtlich-soziale Ordnungswelt"[35] wandelt sich immerfort, und wenn man das Strafrecht auf sie gründet, können seine Begriffe auch erst von ihr Inhalt und Funktion erlangen. Infolgedessen war in jenen Anfängen von unveränderlichen Seinsstrukturen, von „ewigen Wahrheiten" und daraus abzuleitenden systematischen Grundentscheidungen noch nicht die Rede.

2. Dazu bedurfte es eines anderen Ansatzes. Er ist bei *Welzel* erst in der Folgezeit zu voller Klarheit entwickelt worden, und zwar vornehmlich im Zusammenhang mit seinen rechtsphilosophischen Bemühungen um das Naturrechtsproblem. Es ergab sich ihm dort, daß „alle Versuche ... überzeitlich-allgemeingültige Inhalte der Sozial-

---

29 Vgl. zu den Anfängen dieser Lehre bei *Welzel* näher *Schaffstein*, ZStW, Bd. 72, S. 369 ff.

30 ZStW a. a. O. S. 529.

31 a. a. O. S. 527.

32 a. a. O. S. 529 Anm. 55.

33 a. a. O. S. 530.

34 Aktuelle Strafrechtsprobleme, S. 5.

35 a. a. O. S. 529.

ethik und des Rechts aufzufinden"[36], zum Scheitern verurteilt seien, und daß ihre Ausgestaltung von „empirischen, zeitlichen Bedingungen" abhänge. Um nun angesichts der „Kontingenz der geschichtlichen Gehalte"[37] nicht einem schrankenlosen Rechtspositivismus zu verfallen, griff er auf die seither lebhaft erörterten „sachlogischen Strukturen" zurück[38], die dem Gesetzgeber „eine bestimmtgeartete Regelung vorzeichnen"[39], „das bleibende Objekt der Rechtswissenschaft"[40] bilden und den Weg „zu einem legitimen Naturrecht"[41] eröffnen sollen.

Der Begriff der Finalität übernahm nun in *Welzel*s System auch die zweite Aufgabe, als „gegenständliches Strukturgesetz des Seins"[42] die „ewigen Wahrheiten der sachlogischen Sphäre"[43] zu repräsentieren. Erst jetzt werden die schon oben geschilderten Konsequenzen gezogen. „Finalität ist ein ebenso ontologischer Begriff wie die Kausalität", hieß es nun[44]. Die „ontologische Struktur der Handlung" ist „jeder Bewertung und Regelung vorgegeben"[45]. Wird sie mißachtet, so ist das Ergebnis „notwendig falsch"[45]; hält man sich dagegen an sie, so kommt man zu bestimmten Lösungen von seinsgesetzlichem Wahrheitsrang, zu denen namentlich auch die Stellung des Vorsatzes im Rahmen der Handlung[45] und mit ihr die durch die Schuldtheorie vorgezeichneten Konsequenzen für die Irrtumslehre[46] gehören. Diese „nicht im axiologischen Kerngebiet, sondern im ontologischen Randgebiet" liegenden „bleibenden Ergebnisse des Naturrechts"[47] sind bereits im einzelnen dargestellt worden.

Der strafrechtliche Handlungsbegriff erfüllt demnach neben der antikausalen auch eine antipositivistische Funktion, oder, affirmativ ausgedrückt: Er stellt das Tatbestandsgeschehen in die sinnhafte Ord-

---

[36] Naturrecht oder Rechtspositivismus (Sammelband), S. 330 f.

[37] Naturrecht und materiale Gerechtigkeit, 2. Aufl., S. 195.

[38] Vgl. namentlich „Naturrecht und materiale Gerechtigkeit", S. 197 f.; Naturrecht oder Rechtspositivismus, S. 336 f.

[39] Naturrecht oder Rechtspositivismus, S. 334.

[40] Naturrecht und materiale Gerechtigkeit, S. 198.

[41] Naturrecht und Rechtspositivismus, S. 337.

[42] Um die finale Handlungslehre, S. 7.

[43] Naturrecht und materiale Gerechtigkeit, S. 198.

[44] Um die finale Handlungslehre, S. 7.

[45] Naturrecht und materiale Gerechtigeit, S. 197.

[46] Naturrecht oder Rechtspositivismus, S. 336.

[47] Naturrecht und materiale Gerechtigkeit, S. 197.

nung des Soziallebens hinein und verkörpert gleichzeitig ein unwandelbares, naturrechtliches, sachlogisches Strukturgesetz, das bestimmte Regelungen vorschreibt und an das die Begriffsbildung gebunden ist. Diese beiden Aufgaben stehen aber in einem unverkennbaren Spannungsverhältnis zueinander: Denn die soziale Ordnungswelt entwickelt sich im Fluß der Geschichte und bedarf vor allem auch der schöpferischen Gestaltung des Gesetzgebers, während die Seinsgesetze ewig sind, dem Zugriff der Rechtsordnung entzogen bleiben und sich deshalb mit allen ihren Konsequenzen am Verhalten des Steinzeitmenschen ebensogut demonstrieren lassen wie an der Sozialwelt der Gegenwart.

Der Antagonismus, der hier im Ansatz der finalen Handlungslehre steckt, ist ihren Vertretern selbst nie recht bewußt geworden. Er ist auch in der dogmatischen Diskussion bisher nicht deutlich hervorgetreten. Es läßt sich aber dartun, daß er die systematische Ausformung dieser Lehre notwendig tiefgreifend beeinflussen mußte und daß die Schwierigkeiten, mit denen die finalistische Theorie in den vergangenen 15 Jahren gekämpft hat, ihren Ursprung letzten Endes in diesen gegenläufigen Tendenzen des vermeintlich einheitlichen Handlungsbegriffes haben. Das wird zunächst in seiner Bedeutung für die finalistische Tatbestandsauffassung zu zeigen sein.

X. In demselben Augenblick, da man Vorsatz und Unrechtsbewußtsein voneinander trennte, mußte der Inhalt des Tatbestandes für den nun zum Unrecht zählenden Vorsatz entscheidende Bedeutung gewinnen. Denn für den Vorsatz ist jetzt nur noch die Kenntnis der dem Tatbestand zugrundeliegenden Umstände erforderlich; deshalb hängt alles davon ab, nach welchen Kriterien die Zugehörigkeit eines Merkmals zum Tatbestand beurteilt wird. Dabei mußten die oben aufgewiesenen gegenläufigen Tendenzen der finalen Handlungslehre zu unmittelbar praktischen Auswirkungen führen.

1. Geht man davon aus — wie es der ursprünglichen, um die Überwindung der wertfreien Kausalität bemühten Intention der finalen Handlungslehre entsprach — daß der Tatbestand die Geschehnisse im sozialen Lebensraum mit all ihren Sinnbezügen zu umschreiben habe, so war es eine unabweisbare Folgerung, daß der Vorsatz sich nicht in der finalen Bewirkung „kausaler Rechtsgüterverletzungen“ erschöpfen konnte, sondern eben diese „Funktion“ eines Verhaltens „im sozialen Ganzen“ erfassen mußte.

Dieser Forderung hätte vom Standpunkt der finalistischen Lehre aus allein ein Tatbestand entsprochen, der alle für das Unrecht bestimmenden sachlichen Umstände — positive und negative, geschriebene und ungeschriebene — gleichermaßen in sich aufnahm[48]. Insbesondere müßten die Rechtfertigungsumstände die Tatbestandserfüllung ausschließen; denn für die von *Welzel* berufene „sinnhafte, bedeutungshaltige Welt" des sozialen Lebens[49], in die jede Tatbestandshandlung eingebettet werden sollte, ist es natürlich ein fundamentaler Unterschied, ob eine Beeinträchtigung der Körperintegrität sich als mutwillige Mißhandlung, als die erforderliche Abwehr eines rechtswidrigen Angriffs oder als elterliche Erziehungsmaßnahme darstellt. Vorsätzliches Handeln wäre von diesem Ausgangspunkt her nur anzunehmen gewesen bei einem Täter, „der die gesamte Situation, in und aus der heraus er handelte, als Lebensvorgang übersah und durchschaute, der ‚im Bilde war', der ‚sah, was gespielt wurde'"[50]. Kurz: man hätte die eingeschränkte Schuldtheorie als notwendige Konsequenz der finalen Handlungslehre anerkennen müssen.

Einzelne ihrer Vertreter, wie *v. Weber*[51] und *Schaffstein*[52], haben diesen Weg ganz folgerichtig beschritten. *Welzel* selbst ist nie so weit gegangen. Aber die Annahme eines Tatbestandsausschlusses bei manchen der herkömmlichen Rechtfertigungsgründe (wie Kriegs- und Vollstreckungshandlungen) und überhaupt die Einführung der sozialen Adäquanz „als immanentes Prinzip der Tatbestandsbildung"[53] und das Postulat einer auf die „sinnhafte Ordnung des Ganzen"[49] bezogenen Betrachtung tatbestandlichen Geschehens wiesen doch unverkennbar in diese Richtung.

2. Es ist bekannt, daß *Welzel*, anstatt die von ihm anfangs eingeschlagene Linie weiterzuverfolgen, sehr bald auf einen beinahe entgegengesetzten Kurs umgeschwenkt ist und daß ihm die orthodoxen Finalisten darin gefolgt sind. Woran liegt das? Die immer schärfere Herausarbeitung der strengen Schuldtheorie[54] und die zu-

---

[48] Zu diesem „Gesamttatbestand" vgl. meine „Offenen Tatbestände", S. 173 ff.

[49] ZStW, Bd. 58, S. 529.

[50] *Lange*, JZ 1953, S. 15.

[51] JZ 1951, S. 260 ff.; Festschrift für Mezger, S. 183 ff.

[52] MDR 1951, S. 196 ff.

[53] ZStW, Bd. 58, S. 529.

[54] Noch im Jahre 1947 hatte *Welzel* für den Fall der vermeidbaren Putativnotwehr angenommen, daß de lega lata „der Täter analog § 59 wegen Fahrlässigkeit strafbar" sei (Lehrb., 1. Aufl., S. 48); anders damals schon sein Vorschlag de lege ferenda, a. a. O. S. 81.

nehmende Formalisierung des Tatbestandes fallen in die Zeit, da der finale Handlungsbegriff aus seiner „sozialen" Rolle mehr und mehr in die sachlogisch-übergeschichtliche Sphäre hineinglitt. Und in der Tat besteht hier ein Zusammenhang, der die im Finalitätsbegriff angelegte theoretische Zwiespältigkeit praktisch hervortreten läßt.

Wenn nämlich die finale Handlung, deren Verwirklichung den Tatbestand prägt, ein „ebenso ontologischer Begriff wie die Kausalität" ist und als ewiges „Strukturgesetz des Sein" schon seit der Schöpfung des ersten Menschen unverrückbar festliegt — und zwar mitsamt den daraus entwickelten Folgerungen — dann mußte der Tatbestand aus der geschichtlich-sozialen Ordnungswelt so weit wie möglich gelöst und auf eine begrifflich-abstrakte, dafür aber kategorial exakte und zeitenthobene „Überdetermination von Kausalverläufen" reduziert werden. Die finale Handlungslehre hat dieses Ziel, wie oben gezeigt wurde, genau so wenig erreicht wie sie den anderen, sozialwerthaften Aspekt des Finalitätsbegriffs in seinen Konsequenzen rein durchgeführt hat. Das war schon deshalb nicht möglich, weil die beiden Ansätze — deren keiner je ausdrücklich aufgegeben worden ist — sich gegenseitig behindern mußten. Doch hat sich die bei der Handlungslehre dargelegte Akzentverschiebung auch bei der Tatbestandsauffassung (und folglich bei den Irrtumsfragen) nachhaltig ausgewirkt.

a) Zunächst entwickelte sich die anfangs sehr im Hintergrund stehende strenge Schuldtheorie zu einem Kernstück der finalistischen Doktrin. *Welzel* und seine Anhänger haben sich für ihre Anerkennung so oft und lebhaft eingesetzt wie sonst für keine ihrer Lehrmeinungen. Wenn wir hier von den unzählbar vielfältigen Argumenten pro und contra[55] einmal absehen und diese Theorie allein im Hinblick auf unsere Fragestellung betrachten, dann fällt ins Auge, daß sie (— so wenig sie mit einem auf die sozialen Bedeutungsgehalte der Tatbestandshandlung abstellenden, werthaft-ganzheitlichen Ansatz zu vereinbaren ist —) dem Prinzip einer ungeschichtlich-ontologischen Finalitätsstruktur genau entspricht. Denn eine Tatbestandshandlung im Sinne der Totschlagsbestimmung nimmt nun schon jeder vor, der völlig wertfrei zu verstehende Kausalfaktoren so lenkt, daß sie die Tötung eines Menschen bewirken. Die konkrete Lebenssituation mit allen ihren sinnhaften Bezügen, für die — um bei un-

[55] Vgl. dazu vom Standpunkt der finalen Handlungslehre aus zuletzt die umfassende Arbeit von *Hirsch* über „Die Lehre von den negativen Tatbestandsmerkmalen", 1960.

serem Beispiel zu bleiben — eine Tötung im Kriege, die Hinrichtung eines Mörders, die erforderliche Abwehr eines Raubüberfalls und schließlich ein brutaler Totschlag als qualitativ unterschiedliche Verhaltensweisen auseinandertreten, bleibt außerhalb des Tatbestandes und geht deshalb auch in den Vorsatz nicht mehr ein.

Das gilt für sämtliche — den sozialen Sinngehalt des Vorganges naturgemäß entscheidend verwandelnde — Rechtfertigungsumstände; und es paßt in allen Fällen mit einem seinskategorialen, wertfreien Finalitätsbegriff genau zusammen. Denn was die Steuerung der Kausalfaktoren anlangt, in der sich ja die seinsstrukturelle Qualität des Finalen erschöpft, so besteht zwischen rechtswidrigem und gerechtfertigtem Verhalten nirgends eine Differenz. Für einen „unabhängig von jeder Beziehung zum Recht" entwickelten, das Tatbestandsgeschehen bestimmenden Handlungsbegriff ist beides notwendig dasselbe. Insofern hat das schon oben erwähnte[56], gerade auf diesen Gesichtspunkt abstellende Argument *Maurachs* durchaus seine Berechtigung.

b) Aus der Wendung zum ontologischen Finalitätsbegriff ergibt sich ferner, daß die soziale Adäquanz, die zuvor als „Prinzip der Tatbestandsbildung" die Handlung überhaupt erst in den „sozialen Lebensraum" hineingestellt hatte, als tatbestandsausschließendes Merkmal schnell wieder verschwinden und sich in einen Rechtfertigungsgrund verwandeln mußte. Es war ja nun nicht mehr so, daß der „Sinngehalt" der Tatbestandshandlung „aus ihrer Funktion im sozialen Ganzen" entnommen werden mußte. Im Gegenteil: Die Handlung war aus diesen Zusammenhängen gerade herauszulösen. *Schaffstein* hat völlig recht, wenn er in der systematischen Umstellung der sozialen Adäquanz „eine teilweise Preisgabe des methodischen Ausgangspunkts, nämlich der Auffassung der ‚Welt des Rechts' als einer ‚sinnhaften, bedeutungshaltigen Welt'", erblickt[57]. Die Unvereinbarkeit der beiden oben herausgearbeiteten Tendenzen des Finalitätsbegriffes wird hier besonders deutlich. Denn unleugbar ist die Vernachlässigung des einen Aspekts nur die unentrinnbare Konsequenz des anderen. Für den Vorsatz ergab sich daraus jedenfalls, daß auch ein völlig sozialadäquater Vorstellungsinhalt an seinem Vorliegen nichts ändern konnte.

c) Auf derselben Linie einer Entnormativierung des Tatbestandes lag auch die seit 1952 von *Welzel* in mehreren Aufsätzen entwickelte

[56] S. 77, 85.

[57] ZStW, Bd. 72, S. 371.

„Lehre von den offenen Tatbeständen“[58]. Sie beruhte auf dem Gedanken, daß gewisse Umstände rechtlich-normativer Art, die man bisher überwiegend als Tatbestandsmerkmale betrachtet hatte, systematisch der Rechtswidrigkeit zuzuweisen seien, so daß als Tatbestand ein Gebilde übrig blieb, dem nicht einmal mehr die sonst grundsätzlich aufrechterhaltene unrechtsindizierende Funktion zukam. Auf Einzelheiten dieser in ihrer sachlichen Ausgestaltung sehr oft wechselnden Lehre kommt es hier nicht an. Symptomatisch ist aber, daß die Tatbestandshandlung, wenn sie ein völlig wertneutrales, nicht einmal mehr typischerweise unrechtmäßiges Verhalten umschreibt, sich immer deutlicher auf eine sinnfreie Kausaldetermination einengt und daß infolgedessen der Vorsatz sich von der Beziehung auf die Rechts- und Sozialwelt zusehends weiter ablöst.

d) Schließlich ist noch darauf hinzuweisen, daß die alte Lehre des Grafen *Dohna*[59], der sein Verbrechenssystem auf die scharfe Trennung von „Objekt der Wertung“ und „Wertung des Objekts“ gegründet hatte, mit einem von der sozialen Bedeutungswelt sich mehr und mehr abwendenden ontologischen Finalitätsbegriff trefflich korrespondierte. Denn wenn Vorsatz und Tatbestand nur den Gegenstand der Rechtswidrigkeits- und Schuldbewertung darstellen, dann ist dieses „Objekt“ von den Elementen sozialer Wertwidrigkeit tunlichst zu reinigen; sonst würde ja das, was „logisch klar und einwandfrei“[60] zu trennen ist, wieder zusammenfließen. Da nun die Tatbestandshandlung, wenn man sie „auf das (geschichtlich bestimmte) soziale Ganze bezieht“[61], den Stempel des gesellschaftlichen Unwerturteils schon an sich trägt, war es auch von diesem Gesichtspunkt her nur konsequent, Vorsatz und Tatbestand nach Möglichkeit auf die sachlogisch festgelegte, strukturell unveränderliche Kausallenkung zu beschränken.

Man hat demgegenüber vielfach eingewendet, daß doch auch die sachlichen Voraussetzungen der Rechtfertigungsgründe nur das Objekt der rechtlichen Bewertung seien[62] und daß demnach diese Differenzierung eher gegen als für die strenge Schuldtheorie spreche, zu

---

58 Vgl. dazu mit genauen Einzelnachweisen meine Abhandlung über „Offene Tatbestände und Rechtspflichtmerkmale“, 1959, 2. Aufl. 1970.

59 Vgl. „Der Aufbau der Verbrechenslehre“, 4. Aufl., 1950.

60 Um die finale Handlungslehre, S. 25.

61 ZStW, Bd. 58, S. 530.

62 Vgl. nur etwa Arthur *Kaufmann*, JZ 1954, S. 656; meine „Offenen Tatbestände“, S. 95 f.

deren Stützung sie dienen sollte[63]. Das ist auch, wenn man die Rechtfertigungsumstände isoliert betrachtet, richtig; besinnt man sich aber darauf, daß ein alle unrechtsbestimmenden, positiven und negativen Merkmale zusammenfassender Gesamttatbestand notwendig ein Unrechtstatbestand — also kein „bezüglich der Rechtswidrigkeit wertfreies"[64] Gebilde mehr — ist, dann entspricht es doch der Logik der oben aufgezeichneten Entwicklung, wenn das „Objekt der Wertung" von den Rechtfertigungsumständen (und auch von den Merkmalen sozialer Inadäquanz) strikt getrennt wurde.

Lange hat als erster[65] darauf hingewiesen, daß ein wertfreier Tatbestand die unausweichliche systematische Konsequenz einer Trennung von „Objekt der Wertung" und „Wertung des Objekts" sein mußte. Das entspricht dem oben Dargelegten. Nur meine ich, daß diese Differenzierung nicht der letzte Grund für die Wandlung ist, die Tatbestand und Vorsatz im finalistischen System durchgemacht haben. Vielmehr ist die *Dohna*sche Terminologie, von der in den Anfängen der finalen Handlungslehre nicht die Rede war[66], ihrerseits erst später übernommen worden, weil sie mit der Akzentverlagerung im Verständnis des Finalitätsbegriffs so ausgezeichnet harmonierte.

Die „teilweise Preisgabe des methodischen Ausgangspunktes", die *Schaffstein* in der systematischen Umstellung der sozialen Adäquanz erkannt hat, die sich aber auch sonst an zahlreichen Einzelphänomenen als eine von den sachlogischen Strukturgesetzen ausgehende zusammenhängende Entwicklung der finalen Handlungslehre aufweisen läßt, tritt hier sogar noch in einer weitergreifenden Beziehung hervor. Denn für *Dohna* als einen der profiliertesten Vertreter des Neukantianismus in der Rechtsphilosophie[67] war die Unterscheidung zwischen einem Reich des wertfreien Seins (dem strafrechtssystematischen Objekt der Wertung) und der darauf erst zu beziehenden Sphäre menschlicher Bewertung eine Konsequenz seiner philosophischen Grundeinstellung. *Welzel* dagegen war gerade dieser Leh-

---

63 Auch *Hirsch*, Die Lehre von den negativen Tatbestandsmerkmalen, S. 242 ff., akzeptiert jetzt dieses Gegenargument.

64 Vgl. *Welzel*, JZ 1953, S. 120, Anm. 4a.

65 Vgl. ZStW, Bd. 63, 1951, S. 471 f., 474; JZ 1953, S. 13.

66 Noch in der 1. Aufl. des *Welzel*schen Lehrbuchs (1947) kann ich sie nicht entdecken; und mit den „Studien zum System des Strafrechts" wäre sie keinesfalls zu vereinbaren gewesen.

67 Vgl. nur die Neuausgabe seiner „Kernprobleme der Rechtsphilosophie", Wissenschaftliche Buchgesellschaft, 1959.

re in einem seiner frühesten Werke[68] mit Nachdruck entgegengetreten und hatte die soziale Sinn- und Wertwelt als unlöslichen Bestandteil des Seins darzutun versucht — ein Standpunkt, der sich ja auch in seiner Tatbestandsauffassung zunächst deutlich genug widergespiegelt hatte. Die spätere Abwendung von der „Kontingenz der geschichtlichen Gehalte" und der Versuch, dem Strafrechtssystem eine der Axiologie ausdrücklich entgegengesetzte[69] ontologische — und das heißt jetzt: wertfrei gedachte — Grundlage zu geben, mußte aber auf die Trennung von Sein und Wert zurückführen und eine Synthese von sachlogischem Apriorismus und Neukantianismus ermöglichen, die es gestattet, die dogmatische Entwicklung der finalen Handlungslehre auch als rechtsphilosophische Umorientierung zu begreifen[70].

XI. Wenn man die vorstehend an einigen charakteristischen Lehrstücken dargestellte „zweite Phase" der finalen Handlungslehre als für ihren heutigen Stand maßgeblich ansehen wollte, so wäre das

---

[68] Naturalismus und Wertphilosophie im Strafrecht, 1935.

[69] Vgl. Naturrecht und materiale Gerechtigkeit, S. 197.

[70] Unter diesem Blickwinkel wird es verständlich, wenn *Bindokat* (JZ 1953, S. 72) von der finalistischen Irrtumslehre sagt, hier beeinflußten „der Neukantianismus und die Wertphilosophie der südwestdeutschen Schule über ihr Grab hinaus unser Strafrecht". Man kann dem freilich insofern widersprechen, als *Welzel* gewiß nicht vom Neukantianismus her zu seiner Irrtumslehre gekommen ist. Die (sicherlich ungewollte und ungewünschte) Wiederannäherung an diese philosophische Richtung ergab sich nur aus der Parallelität der *Dohna*schen Systematik mit den Ergebnissen seiner axiomatisch-finalistischen Sachlogik. Wenn aber *Welzel* zu *Bindokats* Äußerung meint: „Ich habe mich gewundert, daß gerade mir dieser Vorwurf gemacht wird. Denn ich habe ein ganzes Buch gegen die südwestdeutsche Wertphilosophie geschrieben" (Aktuelle Strafrechtsprobleme, S. 12), dann kann man sich doch andererseits auch wieder wundern, daß er trotz dieses Buches seinen Ausgangspunkt später so weit verlassen hat, daß man ihn (nicht ohne eine gewisse Berechtigung) als Parteigänger des Neukantianismus ansehen konnte.

Man vergleiche zum Ganzen auch Arthur *Kaufmann*, Das Schuldprinzip, S. 180, der von „weitgehenden Konzessionen an den Neukantianismus" spricht und meint, Beifall verdiene „die frühere Auffassung *Welzels*, nicht seine heutige". Wenn *Kaufmann* diese Entwicklung als eine „Wendung von der Ontologie weg" bezeichnet, so widerspricht das dem im Text Gesagten nicht. Denn *Kaufmann* versteht hier unter „Ontologie" die ursprüngliche Lehre *Welzels*, wonach „die Werte tief im Ontischen wurzeln", nicht aber die Theorie von den sachlogischen Strukturen, die nach seiner Meinung (a. a. O. S. 37) „nichts mit wirklicher Ontologie zu tun" haben.

freilich zu einseitig. Denn der frühere, die soziale Bedeutungswelt betonende Ansatz ist niemals ausdrücklich aufgegeben worden. Und in der Tat wird das gegenwärtige Bild der finalen Handlungslehre gerade durch das Ineinanderwirken der beiden prinzipiell widerstreitenden Tendenzen bestimmt. Die ständigen Wandlungen, die sie in den letzten Jahren durchgemacht hat, beruhten im wesentlichen auf den immer erneuten Versuchen, im Bereiche der Tatbestandslehre die sachlogische Begriffswelt und die soziale Wertwelt zur Deckung zu bringen. Daß diese Aufgabe nicht ohne einen beide Aspekte zum Teil verwischenden und ihr antinomisches Verhältnis doch nicht aufhebenden Kompromiß zu lösen sein konnte, läßt sich unseren früheren Erörterungen schon entnehmen. Prüft man, wie die sozialethischen Bedeutungsgehalte in der finalistischen Dogmatik gegenwärtig zum Ausdruck kommen, so läßt sich eine dreifache Abstufung feststellen:

1. Die ursprüngliche, auf die Überwindung der wertfreien Kausalbetrachtung zielende Intention hat sich voll erhalten bei der Beurteilung der normativen Tatbestandsmerkmale. So heißt es über die Tatumstände noch heute[71], ihr Sein sei „nicht die sinnfreie Realität der Naturwissenschaft, sondern die von Sinnbezügen durchzogene, bedeutungshaltige Welt des sozialen Lebens".

2. Was den Tatbestand als ganzen betrifft, so ist eine Aussage, wie sie über die einzelnen Tatumstände gefällt wird, angesichts der strengen Schuldtheorie natürlich nicht mehr möglich. Da aber nach dieser Lehre in der Regel immerhin eine Rechtsgüterverletzung (die Tötung eines Menschen, die Beschädigung einer Sache usw.) auch dann bewußt verwirklicht wird, wenn der Handelnde an das Vorliegen rechtfertigender Umstände glaubt, so mußte man versuchen, in diesem Fragment des sozialen Gesamtsinns der Handlung den neuen Anknüpfungspunkt für eine wertende Betrachtung zu finden. So sagte *Welzel* nun zunächst, die Funktion der Tatbestände bestehe darin, „diejenige Handlungen zu umschreiben, die aus den Ordnungen des sozialen Lebens in unerträglicher Weise herausfallen und ... nur in extremen Situationen gerechtfertigt werden können"[72].

Es stellte sich freilich bald heraus, daß auch diese Charakterisierung auf den Tatbestand der strengen Schuldtheorie oft nicht paßte. Bei *Hirsch*[73] fällt deshalb das tatbestandsmäßige Verhalten nicht

---

[71] Lehrbuch, 7. Aufl., S. 68; vgl. auch „Aktuelle Strafrechtsprobleme", S. 11/12; JZ 1953, S. 119; meine „Offenen Tatbestände", S. 47—50.

[72] Das neue Bild, 1. Aufl., S. 52.

[73] Die Lehre von den negativen Tatbestandsmerkmalen, S. 280, 308.

mehr „in unerträglicher Weise", sondern nur „mit einiger Erheblichkeit" oder „nicht unwesentlich" aus der sozialen Ordnung heraus. *Welzel* selbst ist inzwischen noch vorsichtiger geworden. Für ihn schneidet jetzt die Tatbestandsmäßigkeit „aus der Fülle der menschlichen Handlungsvollzüge diejenigen heraus, die strafrechtlich relevant sind, und zwar relevant in dem besonderen Sinn, daß sie notwendig entweder rechtswidrig oder rechtmäßig, niemals bloß ‚wertneutral' sind"[74]. Da man nicht recht erkennt, durch welche inhaltlichen Kriterien das etwas vage Merkmal der „Relevanz" ausgefüllt wird, hat sich hier die Bindung an die Wertsphäre schon ziemlich weitgehend gelockert.

3. Vollends geht die Anknüpfung an die sozialethische Wertwidrigkeit verloren bei den sozialadäquaten Verhaltensweisen und den offenen Tatbeständen. Da hier die Tatbestandshandlung sich schon definitionsgemäß völlig innerhalb der Ordnungen des Gemeinschaftslebens bewegt und das Unrecht in keiner Weise indiziert, ist es auch den Finalisten nicht gelungen, diese Kategorien durch irgendwelche Wertgesichtspunkte zu rechtfertigen. Sie verdanken ihr Dasein also lediglich der systematisch-begrifflichen Konsequenz.

XII. Es ist klar, daß diese Abstufung, die von der sozialen Gesamtbedeutung über die soziale Relevanz bis zur sozialen „Wertneutralität" führt, widersprüchlich ist. Denn wenn die einzelnen Tatbestandsmerkmale den vollen sozialen Bedeutungsgehalt erfassen (Stufe 1), ist nicht recht verständlich, warum sich dieser Gehalt beim Tatbestand, der doch die Summe seiner Merkmale darstellt, zur sozialen Relevanz verflüchtigt (Stufe 2) oder gar ganz verschwindet (Stufe 3). Abgesehen davon kann man aber auch praktisch die eine „Wertstufe" jeweils durch die beiden anderen widerlegen. Das gilt besonders für die im Mittelpunkt der Diskussion stehende strenge Schuldtheorie, die doch den objektiven Tatbestand und das personale Unrecht inhaltlich bestimmen soll.

1. Es läßt sich dartun, daß die normativen Merkmale, soweit sie den sozialen Gesamtsinn eines Geschehens ausdrücken, diese Irrtumstheorie zum Scheitern bringen. Ein Arzt, der zu einer objektiv schamverletzenden Untersuchung durch die irrige Annahme von Umständen motiviert wird, die sein Verhalten medizinisch rechtfertigen würden, handelt nicht mehr „unzüchtig". Wer in Putativnotwehr einen anderen tötet, hat eo ipso keine „niedrigen Beweggründe" im

---

[74] Lehrbuch, 7. Aufl., S. 50.

Sinne des Mordtatbestandes. Ganz allgemein ist festzustellen: Wer durch den Glauben an Rechtfertigungsumstände zu seiner Tat bestimmt wird, dem fehlen die „Verwerflichkeit", „Gewissenlosigkeit", „Roheit", „Böswilligkeit" usw., von denen das Gesetz die Strafe häufig abhängig macht. Ich habe das an anderem Orte[75] ausführlicher dargelegt. Hier genügt die Erkenntnis, warum dieser Widerspruch unvermeidlich ist: Wenn ein Merkmal des Straftatbestandes die soziale Wertwidrigkeit des Verhaltens deutlich macht, muß eine Irrtumslehre, für die das tatbestandsmäßige Verhalten möglicherweise geradezu „positiv werthaft"[76] erscheint, zwangsläufig mit dem Gesetz und ihren eigenen Voraussetzungen in Konflikt geraten.

2. Ebenso kann man die strenge Schuldtheorie von der anderen Seite her — also durch die Lehren von der Sozialadäquanz und von den offenen Tatbeständen — ad absurdum führen. Denn in diesen Fällen fehlt ja dem Tatbestand die „rechtliche Relevanz", die doch das Wesen dieser besonderen „Wertungsstufe" ausmachen und deren Kenntnis die Anwendung der Vorsatzstrafe legitimieren soll. Das ist schon wiederholt vorgetragen worden[77].

Welzel hat denn auch den praktischen Anwendungsbereich der Sozialadäquanz immer mehr zusammenschrumpfen lassen[78] und die Lehre von den offenen Tatbeständen neuerdings[79] in einer Weise modifiziert, die mit ihrer ursprünglichen Bedeutung nur noch wenig gemein hat. Sein Schüler *Hirsch* ist noch radikaler vorgegangen: Er hat die „offenen Tatbestände"[80] und jetzt auch den Begriff der Sozialadäquanz[81] aus dem finalistischen System weggestrichen und durch die These, daß jede Tatbestandserfüllung ein aus den Ordnungen des sozialen Lebens „mit einiger Erheblichkeit" herausfallendes Verhalten darstelle, den Widerspruch zwischen unseren Stufen „zwei" und „drei" zu tilgen versucht.

Aber mit der (weitgehend billigenswerten) Eliminierung dieser Begriffe ist das Sachproblem noch nicht gelöst. Wenn der Vater dem

---

75 MSchrKrim 1961 (*Tesar*-Festschrift), S. 211 ff.

76 *Welzel*, ZStW, Bd. 67, 1955, S. 211, Anm. 30.

77 Zuerst von *Lange*, JZ 1953, S. 13; ausführlicher meine „Offenen Tatbestände", S. 97 ff., 127, 167 ff.; *Hirsch*, Negative Tatbestandsmerkmale, S. 281 ff.

78 Vgl. dazu *Schaffstein*, ZStW, Bd. 72, S. 372 ff.

79 Lehrbuch, 7. Aufl., S. 76.

80 Negative Tatbestandsmerkmale, S. 281 f.

81 Vgl. ZStW, Bd. 74, S. 78 ff.

ungezogenen Sohn eine Tracht Prügel verabreicht[82], wenn ein Kriminalbeamter einen Verbrecher verhaftet[83] oder einen verkehrswidrig fahrenden Autofahrer zum Anhalten zwingt[84], wenn der Gerichtsvollzieher sich pflichtgemäß Eintritt in eine Wohnung verschafft[83], wenn jemand einen fahrenden Schnellzug, in den er irrtümlich eingestiegen ist, nicht auf freier Strecke nach Belieben verlassen kann[85], wenn sich „bei einer Prügelei der Geschlagene des Angreifers durch Zurückschlagen erwehrt"[86], dann sind das für *Hirsch* allemal Handlungen, von denen er unter Verzicht auf das Prinzip der Sozialadäquanz meint, daß sie aus den sozialen Ordnungen erheblich herausfallen.

Erkennt man jedoch die soziale Ordnung als einen Zustand, der bei den mannigfachen Konflikten des Lebens ständiger Sicherung und Verteidigung bedarf, so wird man dem schwerlich zustimmen können. Denn wenn Gerichtsvollzieher und Polizisten pflichtgemäß tätig werden, so bewahren sie doch gerade die soziale Ordnung anstatt sie zu durchbrechen! Erst wenn sie *nicht* eingriffen, würde die Ordnung des menschlichen Zusammenlebens nachhaltig gestört werden und auf die Dauer der Anarchie anheimfallen. Wenn der Schuldner zur Zahlung und der betrunkene Kraftfahrer zum Anhalten gezwungen werden müssen, so sind sie es, deren Tun den sozialen Ordnungen widerspricht (auch wenn es nicht tatbestandsmäßig ist), während das Verhalten der staatlichen „Ordnungshüter" nach dem finalistischen System zwar tatbestandsmäßig ist, den das menschliche Zusammenleben regelnden Normen aber in jeder Hinsicht gerecht wird. Und sollte das den Eltern von alters her zustehende Züchtigungsrecht tatsächlich den sozialen Ordnungen nicht unerheblich zuwiderlaufen? Hält sich der Umstand, daß Schnellzüge nur an Bahnhöfen halten, wirklich nicht innerhalb der normalen Regeln des Gemeinschaftslebens?

Man sieht: Der Widerspruch zwischen der Tatbestandsmäßigkeit sozialadäquaten Verhaltens und der auf die soziale Inadäquanz abstellenden Tatbestandskonzeption der strengen Schuldtheorie läßt sich wohl terminologisch, aber nicht der Sache nach überbrücken.

---

82 ZStW, Bd. 74, S. 114.

83 A. a. O. S. 115.

84 A. a. O. S. 121, Anm. 139.

85 A. a. O. S. 115 ff.

86 *Schaffstein*, ZStW, Bd. 72, S. 394.

XIII. Die hier in der Unrechtslehre auftretenden Aporien können überhaupt nicht durch einzelne „Verbesserungen“ behoben werden. Es war vielmehr gerade der Sinn der vorhergehenden Ausführungen zu zeigen, daß jene inneren Widersprüchlichkeiten im oben geschilderten „doppelten“ Ansatz des finalen Gedankens notwendig angelegt sind. Sobald man den Akzent mehr auf die sozialethische Wertwidrigkeit der Tatbestandshandlung legt, geraten die vorrechtlich-ontologische Struktur des Vorsatzbegriffs, die Trennung von „Objekt der Wertung“ und „Wertung des Objekts“ und damit die qualitative Differenzierung von Finalität und Unrechtsbewußtsein in Gefahr. Wenn man aber, um diesen Schwierigkeiten zu begegnen, die Tatbestandshandlung möglichst wertfrei gestaltet, verliert man den Anschluß an die soziale Bedeutungswelt. Man muß dann auch bei völlig wertneutralem Vorstellungsinhalt eine vorsätzliche Tat annehmen, was einer rechtsethischen Beurteilung der Handlung eindeutig widerspricht.

Die finalistische Tatbestandslehre muß, wenn man an ihren Ausgangspunkten festhält, notwendig zwischen diesen beiden Polen hin- und herpendeln. Sie ist denn auch in beinahe jeder Auflage des *Welzel*schen Lehrbuchs umgeformt worden, ohne sich doch aus dem Banne der widerstreitenden Grundprinzipien lösen zu können. Daß dabei die strenge Schuldtheorie im Prinzip immer erhalten geblieben ist, verdankt sie wohl dem Umstand, daß sie eine Art von Kompromiß ermöglicht: Sie gestattet es, die Tatbestandshandlung als kategorial festgelegte Überdetermination von Kausalfaktoren aufzufassen und ermöglicht es andererseits, die Vorsatzstrafe damit zu rechtfertigen, daß der Handelnde immerhin den sozialen Ausnahmecharakter — wenn auch nicht den negativen Erfolg — seines Verhaltens gekannt habe.

Andererseits zeigt diese Lehre aber auch alle Nachteile eines Kompromisses; denn in Wahrheit wird sie keinem denkbaren Finalitätsbegriff gerecht. Sie versucht — wie ich einmal sagen möchte — den „ontologischen“ und den „sozialen“ Finalitätsbegriff zusammenzuzwingen und verfehlt schließlich beide. Denn „ontologisch“ im Sinne einer unverrückbaren, den Gesetzgeber bindenden Seinsstruktur ist der Finalitätsbegriff der strengen Schuldtheorie, wie oben nachgewiesen wurde, keineswegs. Und den sozialen Handlungssinn erfaßt er ebensowenig, wie es ja auch bei einer Lehre, welche die soziale Adäquanz und die für die gesellschaftliche Bewertung maßgebenden Rechtfertigungssituationen mit Vorbedacht aus dem Finalitätsbegriff eliminiert, nicht anders sein kann.

Gibt es nun aus diesen Schwierigkeiten einen Ausweg? Die Anlage dieser räumlich beschränkten Abhandlung verbietet es, die Problematik des personalen Unrechts und des Tatbestandes ihrem vollen Umfange nach aufzugreifen. Eine Auseinandersetzung mit der jetzt wieder im Vordringen begriffenen „klassischen", weitgehend objektiv orientierten Unrechtslehre soll hier also nicht stattfinden[87]. Es erscheint auch wenig sinnvoll, die finalistische Lehre, deren wirkungsmächtige Ansätze aus unserer Dogmatik nicht mehr wegzudenken sind, generell zu „bekämpfen". Im Gegenteil: Fruchtbar ist es allein, das einseitige Pro und Contra, das die Verständigung so oft erschwert, durch eine kritische Revision ihrer Grundbegriffe zu ersetzen, die keiner Lehre erspart bleibt (am wenigsten der klassischen), und die es in Zukunft ermöglichen wird, aus unserer gegenwärtigen dogmatischen Zersplitterung wieder auf einen gemeinsamen Boden zurückzufinden[88]. An dieser Stelle können nur kurz die Folgerungen angedeutet werden, die sich aus unserer vorstehenden Analyse für Tatbestand und Unrecht gewissermaßen ablesen lassen. Dann wird man sagen müssen:

1. Der Begriff einer ontologischen, „unabhängig von aller Beziehung zum Recht" gebildeten und doch das Strafrechtssystem tragenden, inhaltserfüllten finalen Handlung ist aufzugeben, weil es ihn nicht gibt und nicht geben kann. Man kann mit der Finalität nicht hinter den Tatbestand zurückgehen[89]. Denn wenn man von den Tatumständen absieht, läßt sich höchstens sagen, daß Handlungen im Sinne der Begehungsdelikte auf irgendein Ziel gerichtet sein müssen. Da das auch von der kausalen und sozialen Handlungslehre nicht bestritten wird, könnte hier die Möglichkeit zu einer Einigung der widerstreitenden Parteien liegen[90].

Sicher ist jedenfalls: Unabhängig von der Welt der sozialen Werte und der rechtlichen Normen läßt sich von keiner Verhaltensweise aussagen, ob sie final ist oder nicht. Denn welche Sinnelemente in diesen Begriff eingehen müssen, ist rechtsapriorisch nicht bestimmbar.

---

87 Es ist dies ein Thema, das einer gesonderten Behandlung bedürfte.

88 Beispielgebend wirken hier die Arbeiten von *Gallas* über den „gegenwärtigen Stand der Lehre vom Verbrechen" (ZStW, Bd. 67, S. 1 ff.) und über die „moderne Entwicklung der Begriffe Täterschaft und Teilnahme" (vgl. Materialien zur Strafrechtsreform, Bd. 1, und ZStW, Bd. 69, Sonderheft).

89 Vgl. dazu auch *Gallas*, ZStW, Bd. 67, S. 7.

90 Vgl. dazu treffend Eb. *Schmidt*, JZ 1956, S. 190, der meint, es ließe sich „zwischen der finalen und der sozialen Handlungslehre ein ganz passabler Frieden schließen".

2. Infolgedessen muß es zu Fehlern führen, wenn aus einem vermeintlich vorjuristischen Handlungsbegriff Folgerungen für die Struktur des objektiven und subjektiven Tatbestandes gezogen werden. Es ist oben gezeigt worden, daß durch das Eindringen der ontologisch-naturrechtlichen Gedankengänge in den ursprünglich sozial verstandenen Finalitätsbegriff die Tatbestandslehre in unlösbare Widersprüche geraten ist.

3. Richtigerweise ist das Verhältnis von Handlung, Finalität und Tatbestand gegenüber dem von den orthodoxen Finalisten gehandhabten Verfahren umzukehren: Nicht eine vorrechtliche, den Gesetzgeber bindende Handlungsstruktur ist es, die den Inhalt von Finalität und Tatbestand bestimmt. Vielmehr bestimmt im Gegenteil der aus rechtlichen Werterwägungen geborene, an den sozialen Bedeutungsgehalten orientierte Tatbestand, welches Verhalten im Rechtssinne final ist und welche Umstände in den subjektiven Tatbestand aufzunehmen sind.

4. Die finale *Handlungs*lehre ist also, wenn man am finalen Ansatz festhalten will, durch eine finale *Tatbestands*lehre zu ersetzen. Das darf nicht in dem Sinne mißverstanden werden, als ob es sich nur um eine terminologische und systematische Modifikation handelte. Vielmehr ist der Begriff der Finalität selbst ein anderer. Er ist normativer Art und seinem Sinngehalt nach nur durch eine Interpretation der Einzeltatbestände zu erschließen. Insbesondere entfallen sämtliche Ableitungen aus dem Handlungsbegriff, die dem Gesetzgeber bestimmte Regelungen seinsgesetzlich vorzeichnen sollen.

5. Der Tatbestand, der nunmehr an Stelle der Seinsstrukturen den Finalitätsbegriff ausfüllt, kann nur so beschaffen sein, daß er sämtliche sozialen Sinnbezüge der Handlung, soweit sie für das Unrecht maßgebend sind, vollständig umfaßt. Auch wenn man aus didaktischen Gründen positive Leitbild- und negative Gegentatbestände hintereinander staffelt, müssen dogmatisch doch beide in der höheren Einheit eines unrechtskonstituierenden Gesamttatbestandes aufgehen[91]. Denn die Welt des Rechts ist die Welt des sozialen Lebens[92] und nicht ein Schauplatz bloßer kausaler (oder auch im wertfreien Sinne verstandener finaler) Rechtsgüterverletzungen. Der soziale Sinn eines Tatbestandsgeschehens aber wird unweigerlich zerstört,

---

[91] Vgl. dazu schon *Radbruch*, Frank-Festgabe I, S. 164—166; *Engisch*, Der Unrechtstatbestand im Strafrecht, Festschr. zum hundertjährigen Bestehen des Deutschen Juristentages, Bd. I, 409.

[92] Vgl. darüber grundsätzlich *Engisch*, Vom Weltbild des Juristen, 1950.

wenn man den rechtfertigenden Umständen keinen Einfluß darauf einräumt. Für den sozialen Bedeutungsgehalt einer „Körperverletzung" etwa ist es entscheidend, ob es sich um eine elterliche Züchtigung oder eine tätliche Beleidigung handelt. Sieht man davon wegen der Gleichheit des sinnlich erfaßbaren Tatbildes ab, so bleibt man in Wahrheit beim deskriptiv-kausalen Ansatz stehen, den man doch überwinden möchte[93].

6. Abgesehen von dieser grundsätzlichen Erwägung soll auf die zahlreichen dogmatischen Argumente, die sich für diese Konzeption geltend machen lassen, jetzt nicht eingegangen werden[94]. Was aber die Finalität anlangt, um deren Sinn und Funktion es uns hier geht, so muß man erkennen, daß auch dieser Begriff nur dann widerspruchsfrei verwendbar ist, wenn man die Tatbestandsfinalität auf alle unrechtskonstituierenden Umstände erstreckt. Denn wenn eine ontologische Finalität im Sinne der orthodoxen Finalisten nicht existiert, so läßt sich dieser Begriff allein noch halten, wenn man ihn so versteht, daß sich seine Bedeutung aus der Funktion der Tatbestandshandlung „im sozialen Ganzen"[95] ergibt. Man muß also dahin zurückkehren, wo *Welzel* ursprünglich angefangen war, bevor ihn die „Wende zur Ontologie" von dieser Bahn ablenkte. Diese später namentlich von *Schaffstein* und Hellmuth *von Weber* fortgeführte sozial-finale Tatbestandsauffassung ist die allein legitime; denn, um es noch einmal zu sagen: der abstrahierende Leitbildtatbestand der strengen Schuldtheorie entspricht weder einer intendierten ontologischen noch der sozialen Bedeutungskomponente des finalistischen Ansatzes, und seine unaufhebbaren Antinomien machen ihn auch praktisch unverwendbar.

Schlagwortartig zusammengefaßt: So, wie die finale *Handlungs*lehre in eine finale *Tatbestands*lehre zu verwandeln ist, muß der *ontologische* Finalitätsbegriff durch einen *rechtlich-sozialen* Finalitätsbegriff ersetzt werden.

XIV. Soweit die Tatbestandslehre, die sich gleichzeitig als Unrechtslehre darstellt. Wie steht es nun mit den Auswirkungen des finalen Handlungsbegriffs in der Schuldlehre? Wenn man Finalität und Vorsatz identifiziert und beide als Probleme der Handlungs-

[93] Insoweit abweichend *Gallas*, ZStW, Bd. 67, 1955, S. 27 f.; dazu treffend *Schaffstein*, ZStW, Bd. 72, S. 389.

[94] Vgl. dazu ausführlich meine „Offenen Tatbestände", S. 173 ff.

[95] *Welzel*, ZStW, Bd. 58, 1939, S. 528.

und Tatbestandslehre ansieht, liegt die Annahme nahe, daß diese Elemente im Schuldaufbau keinen selbständigen Platz mehr haben. Schuld ist dann einheitlich die „Vorwerfbarkeit", und zwischen Vorsatz und Fahrlässigkeit ergeben sich hinsichtlich der Schuld keine prinzipiellen Unterschiede. *Welzel* hatte denn auch ursprünglich Vorsatz und Fahrlässigkeit als besondere Schuldformen nicht anerkannt[96], und viele Vertreter der finalen Handlungslehre sind ihm darin gefolgt.

Gegen diese von *Mezger*[97] so genannte „Einheitsschuldtheorie" hat man seit jeher den Vorwurf einer „Verarmung und sachwidrigen Nivellierung"[97] des Schuldbegriffes erhoben. Doch hat schon *Lange* bemerkt[98]: „Daß der final gefaßte Handlungsbegriff hierzu (scil. zu einer Entfernung des Vorsatzes aus dem Schuldbereich) nötige, ist nicht ersichtlich. Denn es handelt sich hier nicht um reale Aufbauelemente, die an bestimmter Stelle des Systems verbraucht würden, sondern um verschiedene Aspekte ein und desselben psychischen Sachverhalts." *Welzel* ist dem jetzt gefolgt und sagt[99]: „Dadurch, daß der Finalismus den Unterschied zwischen Vorsatz und Vorsatzmangel in den Tatbestand vorverlegt und ihn dann schon für das Unrecht erheblich sein läßt, ‚nivelliert' er ihn doch nicht für die Schuld, sondern vertieft ihn auch für diese! Denn die in einer tieferen Stufe des Verbrechensbegriffs angelegte Verbrechensdifferenz kehrt in der höheren Stufe — nur noch fundamentaler — wieder!"

Von diesem Stand der Diskussion müssen wir ausgehen. Da ist zunächst eines völlig richtig: Wenn man, wie es ja auch hier befürwortet wird, subjektive Elemente in den Tatbestand einbezieht und ihrem Vorhandensein oder Fehlen für das Unrecht maßgebende Bedeutung beimißt, so hindert das nicht die Prüfung, ob sich diese Unterschiede außer für das Unrecht gleichzeitig auch noch für die Vorwerfbarkeit des unrechtmäßigen Verhaltens als erheblich erweisen. Insoweit ist es also durchaus legitim, wenn *Welzel* jetzt über die finale Handlungslehre sagt[99]: „... innerhalb der Schuld differenziert sie ebenfalls die Vorwerfbarkeit danach, ob diese sich auf eine vorsätzliche oder eine unvorsätzliche Tatbestandsverwirklichung bezieht." Aber die Schwierigkeit liegt in einem anderen Punkt. Denn wenn man einen vorrechtlichen Handlungsbegriff zur Grundlage des

---

96 Vgl. Lehrbuch, 1. Aufl., 1947, S. 81, V.

97 LK, 7. Aufl., § 59, a, c, S. 456/57.

98 *Kohlrausch-Lange*, 42./43. Aufl., § 59 II, S. 217.

99 Lehrbuch, 7. Aufl., S. 149.

Vorsatzes macht und diesen später in die Schuld übernimmt, so tritt der Vorsatz dort in der Gestalt auf, die er in der Handlungs- und Tatbestandslehre empfangen hat. Gesichtspunkte der Schuld wirken sich also auf die Ausgestaltung und den Inhalt des Vorsatzbegriffes nicht im geringsten aus! Wenn man diese Konsequenz zieht, wie es die finale Handlungslehre tut, dann hat die Frage, ob man den Vorsatz systematisch nur zu Handlung und Tatbestand oder auch noch zur Schuld zählt, praktisch keine Bedeutung mehr. Denn darüber, ob der größere oder geringere bzw. überhaupt irgendein Strafrahmen heranzuziehen sei, ist außerhalb der Schuld längst entschieden worden, so daß in jedem Falle nur noch zu prüfen ist, ob die ganz ohne Rücksicht auf die Schuldhöhe als vorsätzlich oder fahrlässig qualifizierte Handlung vermeidbar war oder nicht.

Das Problem, ob der Schuldgehalt eines Tuns die Verhängung der Vorsatzstrafe rechtfertigt, kann sich also für die finale Handlungslehre im Grunde gar nicht stellen. Das zeigt sich bei ihrer praktischen Durchführung auch auf Schritt und Tritt. Im Falle der „offenen" Tatbestände beispielsweise, die das Unrecht nicht einmal indizieren und völlig indifferente Verhaltensweisen beschreiben sollen[100], muß der Handelnde, wenn sein rechtsgüterverletzendes Tun vermeidbar war, wegen vorsätzlicher Schuld bestraft werden, obwohl der Inhalt seiner Vorstellungen nach *Welzels* eigenen Prämissen auf etwas strafrechtlich Irrelevantes gerichtet war. Dasselbe gilt bei der sozialen Adäquanz, die ebenfalls die Tatbestandserfüllung unberührt läßt. Hier wie dort dient allein die „Vermeidbarkeit" zur Begründung der höheren Schuldform, und irgendein Umstand, der den gegen den Täter zu erhebenden Vorwurf von dem der Fahrlässigkeit — die doch auch Vermeidbarkeit erfordert — abheben könnte, ist nicht ersichtlich.

Insofern trifft also *Mezgers* Vorwurf einer nivellierenden Einheitsschuld durchaus das Richtige, und zwar unabhängig davon, ob man diesen farblosen „Vorsatz" allein zum Tatbestand oder auch zur Schuld rechnet. Im übrigen ist auch nie der Versuch gemacht worden, die Verhängung der Vorsatzstrafe in diesen Fällen durch spezifische Schuldgesichtspunkte zu stützen. Es handelt sich dabei eben, wie *Welzel* selbst einmal sagt[101], nur um eine „konsequente Anwen-

---

100 In der 7. Aufl. seines Lehrbuches, S. 75, 151, hat *Welzel* — wohl unter dem Einfluß der daran geübten Kritik — diese Lehre zwar nicht aufgegeben, aber doch nur noch verkürzt und wenig deutlich dargestellt. Er zitiert seine früheren Arbeiten zum Thema aber weiterhin ohne Einschränkung.

101 ZStW, Bd. 67, 1955, S. 225.

dung" seiner Dogmatik — und das heißt, wie oben gezeigt wurde: seiner ontologischen Handlungslehre, die hier im Schuldbereich überaus weittragende Wirkungen entfaltet.

Nun mag man sagen, hier gehe es um Randerscheinungen, deren Beurteilung selbst unter den orthodoxen Finalisten umstritten sei. Aber wie steht es denn mit der strengen Schuldtheorie, dem Kernstück der finalistischen Irrtumslehre? Sie wird, wenn man die konstruktiven Gesichtspunkte beiseite läßt, von ihren Anhängern bekanntlich mit der Erwägung begründet, daß, wer sich anschicke, den „bezüglich der Rechtswidrigkeit wertfreien" Tatbestand zu erfüllen, aus dem Bewußtsein der rechtlichen Relevanz seines Tuns die Veranlassung zu besonderer Aufmerksamkeit schöpfen müsse, deren Vernachlässigung die Vorsatzstrafe rechtfertige. Es sieht demnach so aus, als seien es Schuldüberlegungen, die bei dieser Theorie Pate gestanden hätten.

Aber der Schein trügt. Denn so, wie der Vorsatzbegriff konzipiert ist, wird er inhaltlich durch die ontologische Handlungslehre determiniert. Er kann also gar keine Schuldgesichtspunkte in sich aufnehmen; als bloßes Objekt der Wertung soll er es auch nicht einmal. Das hat früher schon[102] *Lang-Hinrichsen* mit den Worten ausgesprochen: „Es ist zwar richtig, daß die Anhänger der finalen Handlungslehre die Ergebnisse auch vom Boden wertender Betrachtung aus zu rechtfertigen suchen. Das Bedeutsame ist aber, daß diese keine konstitutive Bedeutung mehr hat. Die Ergebnisse sind durch die Handlung und deren ontologische Strukturgesetze bereits festgelegt. Sie müßten nach den aufgestellten Prämissen ohne Rücksicht auf das Resultat einer Wertung Geltung haben, da sie dem Recht logisch vorgegeben seien. Die Entscheidung jenes Schuldproblems ist somit heteronom bestimmt." Wenn also *Welzel* die Prinzipien seiner Irrtumslehre als ein „Grundgesetz der sittlichen Welt"[103] bezeichnet und in einen „großen rechtsphilosophischen Zusammenhang" hineinzustellen versucht, „der die für Ethik und Recht gleichermaßen gültigen Wertprinzipien menschlichen Handelns"[104] umfassen und seine Lösungen als Ergebnis verantwortungsethischer Grundsätze dartun soll, dann ist doch nicht zu leugnen, daß es sich hier allemal nur um „nachgeschobene" Begründungen handeln kann, die neben dem ontologischen Ansatz der finalen Handlungslehre gewissermaßen „in der Luft hängen".

---

[102] JR 1952, S. 189.

[103] JZ 1952, S. 341.

[104] Aktuelle Strafrechtsprobleme, S. 15.

Das alles würde nun freilich nicht schaden, wenn die durch die Handlungslehre präjudizierte Abgrenzung von Vorsatz und Fahrlässigkeit wirklich die maßgebende Schulddifferenz zum Ausdruck brächte — so sehr auch die hier stillschweigend vorausgesetzte Kongruenz von vorrechtlicher Seinsstruktur und rechtlicher Wertwelt, wenn sie mehr als ein Zufall sein soll, theoretischer Aufhellung bedürfte. Aber in Wahrheit ist es nicht so, wie die Vertreter der strengen Schuldtheorie meinen. Es ist hier nicht der Ort, die zahlreichen Argumente, die unter dem Gesichtspunkt gerechter Bestrafung gegen diese Lehre vorgetragen worden sind, zu wiederholen oder zu ergänzen[105]. Es ist jedoch sicherlich keine Verirrung des Wertempfindens, daß die strenge Schuldtheorie außerhalb der orthodox finalistischen Schule von der bei weitem überwiegenden Meinung stets als unbillig empfunden worden ist. Wenn jemand, der irrtümlich die sachlichen Voraussetzungen eines Rechtfertigungsgrundes annimmt, seinen Intentionen nach auch bei objektiver Bewertung — wie *Welzel* selber sagt[106] — nicht einmal nur wertneutral, sondern sogar „positiv werthaft" handelt, dann wird es einem unbefangenen Betrachter schwerlich plausibel zu machen sein, warum ein Mensch, der so wertvolle Ziele anstrebt, allein deshalb als vorsätzlicher Verbrecher dastehen soll, weil er sich über den Sachverhalt getäuscht hat (was doch jedem von uns passieren kann). Daß hier allenfalls ein Sorgfaltsmangel vorliegt, der nicht der höchsten Schuldstufe zuzuweisen ist, sondern qualitativ dem typischen Fahrlässigkeitsvorwurf entspricht, ist nahezu evident. Wenn die Finalisten hier trotzdem anders entscheiden, so zeigt das deutlich, daß es eben nicht Gesichtspunkte der Schuld, sondern die vermeintlich zwangläufigen dogmatischen Konsequenzen ihres Handlungsbegriffes sind, die sich in der Irrtumslehre auswirken.

Daß die theoretische und praktische Bedeutung der „ontologischen" Handlungsstruktur für die finalistische Schuldlehre hier nicht überschätzt wird und daß Werterwägungen bei der Bemessung der Vorsatzstrafe für sie letzten Endes keine Rolle spielen, wird denn auch trotz mancher gegenteiliger Äußerungen von den Anhängern der strengen Schuldtheorie im Grunde nicht bestritten. So sagt *Hirsch*, der die letzte und umfassendste Darstellung dieser Theorie vom finalistischen Standpunkt aus vorgelegt hat, zu den Argumenten, die

---

[105] Hinsichtlich des eigenen Standpunktes muß ich auf meine „Offenen Tatbestände", S. 111 ff., und auf den Aufsatz in der *Tesar*-Festschrift, MSchrKrim 1961, S. 211 ff., verweisen.

[106] ZStW, Bd. 67, 1955, S. 211, Anm. 30.

unter dem Gesichtspunkt der gerechten Strafe gegen sie vorgebracht worden sind[107]: „Man wehrt sich dagegen, beim Irrtum über die Voraussetzungen eines Rechtfertigungsgrundes ... ‚vorsätzliche Schuld' zu bejahen. Dabei wird außer acht gelassen, daß mit der Anerkennung der Schuldtheorie der Vorsatz allein als psychischer Befund zu sehen ist. Dieser natürliche Vorsatzbegriff ist die Grundlage der heutigen Irrtumslehre. Für reine Vorwerfbarkeitsgesichtspunkte ist im Vorsatz kein Platz." Das Vorliegen des Vorsatzes, der meist über die Strafbarkeit, zumindest aber über die Abgrenzung vom Fahrlässigkeitsstrafrahmen entscheidet, hängt also nicht von Vorwerfbarkeitsgesichtspunkten ab!

XV. Und hier soll nun mit der Kritik nicht länger hinter dem Berge gehalten werden. Denn nicht nur lassen sich — wie im ersten Teil der Arbeit nachgewiesen wurde — aus dem vermeintlich ontologischen Handlungsbegriff keine Lösungen für die Irrtumsprobleme ableiten; diese Ableitungen führen auch (wie in der Unrechtslehre) nach den Maßstäben des Schuldprinzips zu falschen Ergebnissen. Ganz im Gegensatz zur oben behandelten Auffassung ist nämlich zu behaupten, daß Begriff und Inhalt des Vorsatzes nach Vorwerfbarkeitsgesichtspunkten zu beurteilen sind.

Das wirkt auf den ersten Blick überraschend, wenn man davon ausgeht, daß der Vorsatz ein Element schon des subjektiven Tatbestandes sei. Denn wenn danach die Bedürfnisse der Tatbestandslehre über seine Ausgestaltung entscheiden, ist nicht ohne weiteres einzusehen, wieso nun plötzlich Vorwerfbarkeitsgesichtspunkte für den Inhalt des Vorsatzes bedeutsam sein sollen. Wenn es trotzdem so ist, kann das nur darauf beruhen, daß die für das Unrecht bestimmenden Kriterien sich gleichzeitig als tragfähiges Fundament der Schuldlehre darstellen. Das bedarf näherer Begründung, die aber jetzt noch zurückgestellt werden muß. Denn es soll zunächst nur kurz gezeigt werden, was sich ganz unabhängig von der Ausgestaltung der Unrechtslehre und ihren systematischen Konsequenzen aus reinen Schulderwägungen über das Verhältnis von Vorsatz und Fahrlässigkeit ergibt.

Hier läßt sich ein entscheidender Gesichtspunkt schon dem Gesetz entnehmen. Denn es ist ein unanfechtbarer Grundsatz des geltenden und auch unseres künftigen Rechts, daß Strafe und Schuld einander entsprechen sollen. Da nun fahrlässige Taten in aller Regel

---

107 Die Lehre von den negativen Tatbestandsmerkmalen, S. 345.

weit geringere Strafrahmen aufweisen als vorsätzliche und in den meisten Fällen sogar völlig straflos bleiben, muß das angesichts des korrespondierenden Verhältnisses von Schuld und Strafe *notwendig* auf einer Schulddifferenz beider Verhaltensweisen beruhen. Eine andere Erklärung für die Strafabstufung als die, daß mit den Begriffen Vorsatz und Fahrlässigkeit zwei verschiedene Schuldformen bezeichnet werden sollen, von denen der Vorsatz die höhere und die Fahrlässigkeit die geringere darstellt, ist nicht möglich.

Daraus folgt zwingend, daß eine Lehre, wonach die Verurteilung aus dem Vorsatz- oder Fahrlässigkeitstatbestand nicht von Vorwerfbarkeitsgesichtspunkten abhängt, dem Schuldprinzip widerstreitet. Daß dies bei der strengen Schuldtheorie der Fall ist, wurde oben schon dargelegt: Sie ist in Wirklichkeit weder eine „Schuld"theorie noch gar „eine strenge", sondern vielmehr die Konsequenz einer schuldindifferenten Handlungskonzeption. Diese Tatsache läßt sich auch dadurch nicht aus der Welt schaffen, daß *Welzel* betont, seine Lehre differenziere „die Vorwerfbarkeit danach, ob diese sich auf eine vorsätzliche oder unvorsätzliche Tatbestandsverwirklichung bezieht". Denn eine solche Differenzierung der Vorwerfbarkeit hat ja nur dann Sinn, wenn sie durch den Schuldgehalt, der sich im vorsätzlichen und fahrlässigen Tun ausprägt, gerechtfertigt wird. Wenn dagegen Vorwerfbarkeitsgesichtspunkte im Vorsatz „keinen Platz" haben, dann kann es dem Schuldprinzip nicht entsprechen, wenn die von Schulderwägungen unabhängige Grenze zwischen Vorsatz und Fahrlässigkeit gleichwohl zu einer Differenzierung der Vorwerfbarkeit verwendet wird.

Auch den Anhängern der strengen Schuldtheorie selbst ist nicht ganz verborgen geblieben, daß ihre Irrtumslehre trotz aller Bemühungen um eine rechtsphilosophische und rechtsethische Fundierung dem Schuldcharakter des deliktischen Verhaltens nicht gerecht wird. Man sieht das z. B. daran, daß sie, um den „Gefühlsbedenken"[108] gegen eine Vorsatzbestrafung Rechnung zu tragen, den Irrtum in den Urteilstenor aufnehmen wollen[109]. Damit wird die Wertdifferenz, die dogmatisch unerfaßt bleibt, nachträglich anerkannt. Es wird, wie auch *Hirsch*[110] einräumt, „erkennbar, daß es sich nicht um eine gewöhnliche Vorsatztat gehandelt hat. Der Urteilsspruch gibt dann den Unwertgehalt des Verhaltens zutreffend wieder." Die Charakte-

---

108 *Welzel*, Lehrbuch, 7. Aufl., S. 153.

109 Vgl. *Welzel*, JZ 1955, S. 144, Anm. 21; ZStW, Bd. 67, 1955, S. 220 f.; Lehrbuch, 7. Aufl., S. 153; *Hirsch*, Negative Tatbestandsmerkmale, S. 342 f.

110 A. a. O. S. 343.

risierung einer Tat als „vorsätzlich" und „schuldhaft" und der Strafausspruch tun das also noch nicht! Die Erwähnung dieses Umstandes im Tenor wird aber den Staatsbürger, wenn er nach dem meist strafbegründenden Strafrahmen der Vorsatztat verurteilt worden ist, nicht mehr trösten können. Er sitzt dann im Gefängnis, obwohl seine Schuld nicht das Maß erreicht, das der Gesetzgeber für die höhere Schuldform und damit für die Strafbarkeit vorgesehen hat.

Das alles wird noch deutlicher, wenn *Hirsch* in diesem Zusammenhang sagt[110]: „Der sittliche Unwert der Tat wird nicht allein nach der Höhe der Strafe, sondern daneben auch nach der Art des bestraften Verhaltens beurteilt." Denn das kann doch nur heißen, daß die Strafen, zu denen die strenge Schuldtheorie nötigt, höher sind, als es dem sittlichen Unwert der Tat (also der Schuld) entspricht. Durch die hier eingestandene und in der Tat unabweisbare Konsequenz wird diese Lehre vom Schuldgrundsatz her einwandfrei widerlegt[111]. Sie ist zugleich der deutlichste Beweis für die bedenklichen Auswirkungen, zu denen die irrtümliche Annahme seinsstruktureller Gebundenheiten in unserem rechtsstaatlichen Strafrecht führen kann[112].

XVI. Wenn wir abschließend skizzenartig zusammenfassen, was sich aus dieser kritischen Betrachtung positiv für das Verhältnis von Finalität, Vorsatz und Schuld entnehmen läßt, so ergeben sich folgende Gesichtspunkte:

1. Die strenge Schuldtheorie und mit ihr die Bindung des Vorsatzes an eine rechtsapriorische Handlungsstruktur müssen aufgegeben werden. Wie schon im Bereich der Tatbestandslehre ist genau umgekehrt zu verfahren als es der orthodox finalistischen Konzeption entspricht: Nicht der „ontologische" Handlungsbegriff bestimmt, was vorsätzlich ist und der höheren Schuldstufe angehört, sondern die

---

111 Daß die strenge Schuldtheorie auch abgesehen davon schon nach positivem Recht in vielen Fällen praktisch gar nicht durchführbar ist, habe ich an anderer Stelle nachzuweisen versucht; vgl. MSchrKrim 1961 (*Tesar*-Festschrift) S. 211 ff. Freilich ist dies auch vom Schuldprinzip her kein Zufall; denn wenn die strenge Schuldtheorie bei Tatbeständen mit gesinnungs- und absichtshaltigen Merkmalen von vornherein scheitert (vgl. dazu auch oben S. 102 f., sub 1.), so beweist dies gerade, daß sie den hier in die Tatbeschreibungen aufgenommenen Schuldanforderungen des Gesetzgebers nicht gerecht wird.

112 Das möge auch der Gesetzgeber bedenken, wenn er beim übergesetzlichen Notstand (§ 39 Abs. 2 E 1960) eine Konzession an die strenge Schuldtheorie macht.

Maßstäbe der Schuldlehre entscheiden über die Ausformung des Vorsatzes und seine Abgrenzung gegenüber der Fahrlässigkeit. Da der Vorsatz inhaltlich in keiner denkbaren Weise final-ontologisch determinierbar ist, bleibt ja auch theoretisch gar keine andere Möglichkeit, als ihn so auszugestalten, wie es durch das Schuldprinzip ohnehin zwingend vorgeschrieben ist.

2. Unter dem Gesichtspunkt der Schuld kann der gegenüber der Fahrlässigkeit höhere Vorwurf nur den treffen, der die für das Verbot maßgebenden sachlichen und rechtlichen Voraussetzungen, soweit sie den sozialen Sinn des Verhaltens konstituieren, vollen Umfanges erfaßt hat. Wer die elementaren Regeln mitmenschlichen Zusammenlebens, mit denen es das Kriminalstrafrecht allein zu tun haben darf, bewußt mißachtet oder sich um sie nicht kümmert, nur der betätigt jenen von *Welzel* selbst in den Vordergrund gerückten „Abfall von den Grundwerten rechtlichen Handelns“[113], der einen gegenüber dem bloßen Sorgfaltsmangel entscheidend höheren Vorwurf begründet. Auch kann man nur bei solchen Verhaltensweisen von einer „Asozialität“ in jenem herausgehobenen Sinne sprechen, der eine Resozialisierung nach Maßgabe der für vorsätzlich-kriminelle Taten zur Verfügung stehenden Sanktionen unabweisbar erheischt.

3. Die theoretische Ausprägung dieser Erkenntnis ist die sog. „eingeschränkte Schuldtheorie“. Die Bezeichnung ist unglücklich, weil sie den Anschein erweckt, als käme hier der Schuldgedanke nur „eingeschränkt“ zum Ausdruck, während er doch in Wahrheit durch sie — mit dem gleich (unter 6.) zu erwähnenden Vorbehalt — rein verwirklicht wird.

Das gilt nicht nur gegenüber der strengen Schuldtheorie, bei der, wie gezeigt wurde, sogar das Verfolgen „positiv werthafter“ Ziele die höchste Schuldstufe erfüllen kann. Es gilt ebenso gegenüber den Vertretern der Vorsatztheorie, die nur das Bewußtsein der formellen Rechtswidrigkeit vorsatzbegründend wirken lassen. Denn der Korrelation von Schuld und Strafe kann man nur gerecht werden, wenn man die soziale Wertwidrigkeit anstelle des bloßen Verbotsbewußtseins zur Grundlage der Vorsatzschuld macht. Das formale Verbot nämlich ist immer dasselbe — ein Diebstahl ist ebenso rechtswidrig wie ein Mord oder eine Beleidigung; die Kenntnis der Rechtswidrigkeit könnte deshalb die unterschiedlichen Strafaussprüche nicht erklären. Sie finden ihre Rechtfertigung nur in den mannigfachen Abstufungen des sozialen Unwertgehaltes, so daß es für die Vorsatz-

---

[113] Lehrbuch, 7. Aufl., S. 2.

schuld auch nur auf die Erfassung der ihn bestimmenden deskriptiven und normativen Faktoren ankommen kann.

4. An dieser Stelle tritt nun auch der innere Zusammenhang einer solchen Schuldkonzeption mit einer Unrechtslehre hervor, die dem „sozialen" Finalitätsbegriff im subjektiven Tatbestand Raum gewährt. Denn eine von seinsstrukturellen Bindungen nicht eingeengte Finalität, wie sie die erste Phase auch der *Welzel*schen Lehre gekennzeichnet hat, soll ja gerade den sozialen Gesamtsinn des Handlungsgeschehens zur Geltung bringen und kann deshalb gleichzeitig als Grundlage des höheren Schuldvorwurfs dienen. In dieser Erkenntnis liegt die Lösung der nur scheinbar auffälligen Tatsache, daß man den Vorsatzbegriff vom Standpunkt der Unrechts- und Schuldlehre her jeweils selbständig erarbeiten und von beiden Aspekten her zum selben Ergebnis kommen kann. Diese Übereinstimmung ist nicht zufällig, sondern der notwendige Ausdruck des Umstandes, daß die höhere Schuld, durch die sich der Vorsatz von der Fahrlässigkeit unterscheidet, in jener Erfassung und bewußten Verwirklichung aller unrechtskonstituierenden Faktoren besteht, die ihrerseits erst der Tatbestandshandlung das Gepräge gibt.

Wenn man dem folgt, kann man freilich einer anderen Konsequenz nicht entgehen, die nun nichts Überraschendes mehr haben dürfte: daß man nämlich den Tatbestand auch als Schuldtypus auffassen muß[114]. Denn wenn der Schuldgehalt, der in der vorsätzlichen Deliktsverwirklichung liegt, schon im Tatbestand zur Geltung kommt, kann Gegenstand selbständiger Prüfung in der Regel nur noch die Frage sein, ob die durch das Unrecht „indizierte" Schuld aus besonderen Gründen ausgeschlossen ist. So, wie man früher den Tatbestand als „Unrechtstyp" auffaßte und im Bereich der Rechtswidrigkeit nur noch die Unrechtsausschließungsgründe erörterte, stellt sich nun das Unrecht selbst als Schuldtypus dar.

Sieht man die Dinge in diesem Lichte, dann erhält auch die Umformung, die *Welzel* der Max Weberschen Antithese von Gesinnungs- und Verantwortungsethik hat angedeihen lassen, einen tiefen und von der Schuldlehre her legitimen Sinn. Denn wer in frevelhafter Gleichgültigkeit sich um die Grundanforderungen des Gemeinschaftslebens nicht kümmert, der verdient in der Tat die Vorsatzstrafe, auch wenn ihm das Bewußtsein der formellen Rechtswidrigkeit fehlte. Es

---

114 Vgl. dazu *Gallas,* ZStW, Bd. 67, S. 29 ff. Auf Übereinstimmungen und Abweichungen im einzelnen einzugehen, ist hier nicht der Raum. Insbesondere soll die Problematik objektiver Schuldmerkmale hier unerörtert bleiben.

handelt sich hier um dasselbe Sachproblem, wie es bei der Vorsatztheorie unter dem Begriff der „Rechtsfeindschaft" auftritt. Das ganze ist aber ersichtlich eine Schuldfrage und muß in seiner Bedeutung vom ontologischen Finalitätsbegriff her, wie schon oben gezeigt wurde, unbegreiflich bleiben[115], während der soziale Finalitätsbegriff sich kraft innerer Gesetzmäßigkeit einer solchen Schuldkonzeption nahtlos einfügt.

In dieser Verzahnung von Unrecht und Schuld liegt nichts Bedenkliches, weil dem Schuldprinzip dadurch kein Abbruch geschieht. Es kommt auch keine Lehre, die den Vorsatz zum Tatbestand zählt, an dieser Folgerung vorbei. Problematisch wird eine solche Lösung erst, wenn man sich diesen Sachverhalt *nicht* bewußt macht und, wie es die finale Handlungslehre tut, mit einem schuldindifferenten Vorsatzbegriff arbeitet. Denn dann kommt es zu jener oben dargelegten Kollision mit dem Schuldprinzip, die auch dadurch nicht wieder gutzumachen ist, daß man den „ontologischen" Vorsatzbegriff später systematisch im Schuldbereich noch einmal auftreten läßt.

Überhaupt ist die Frage nach dem Vorsatz letzten Endes kein systematisches Problem. Wenn man sagt — wie es heute vielfach geschieht — daß der Vorsatz sowohl zum Unrecht als auch zur Schuld „gehöre", so wird man dem aus den oben genannten Gründen zustimmen. Aber man braucht daraus keine zu weit gehenden systematischen Folgerungen zu ziehen: Faßt man das Unrecht als Schuldtypus auf und trägt man demgemäß den für die Vorwerfbarkeit maßgebenden Gesichtspunkten schon im subjektiven Tatbestand bei der Bestimmung des Vorsatzinhaltes Rechnung, so ist es nicht nötig, den Vorsatz innerhalb der Schuld als systematischer Kategorie noch einmal einzureihen; denn es würde sich dadurch keine Änderung mehr ergeben. Anders ist es natürlich, wenn man von einem objektiven Unrechtsbegriff ausgeht oder den subjektiven Tatbestand nicht als Schuldtypus ausgestaltet: Dann ist der Vorsatz auch systematisch ein reines Schuldelement. Alle diese Lösungen sind von der Irrtumslehre und vom Schuldprinzip her gesehen „äquivalent". Es kommt also, was oft nicht klar genug erkannt wird, nicht so sehr darauf an, wo man den Vorsatz systematisch eingruppiert, als vielmehr darauf, wie man ihn inhaltlich ausgestaltet. Oder, anders formuliert: Der Vorsatz ist zwar der Sache nach, nicht aber notwendig auch systematisch ein Schuldproblem.

---

115 Deshalb ist es auch ganz verfehlt, wenn man die Ergebnisse der strengen Schuldtheorie, der doch gerade ein schuld*indifferenter* Vorsatz zugrundeliegt, durch das Verantwortungsprinzip rechtfertigen will.

5. Macht man sich diese Auffassung zu eigen, so ermöglicht die eingeschränkte Schuldtheorie einen Brückenschlag zwischen den Vertretern eines „sozialen Finalismus" und den Anhängern des klassischen Verbrechensaufbaus. Denn sie ist von der Konzeption der Handlungs- und Tatbestandslehre unabhängig und kann ebenso von denen vertreten werden, die alle subjektiven Elemente zur Schuld zählen. Überhaupt ist der Aufbau der Verbrechenslehre nach der hier vertretenen Ansicht auf die Lösung der Irrtumsfragen ohne Einfluß. Wenn man etwa aus systematischen Gründen den Tatbestand auf einen Teil der unrechtsbestimmenden Merkmale beschränken wollte, dürfte für den Vorsatz doch nichts anderes gelten als oben dargelegt wurde[116]. Die Problemstellung *kann* nicht nur, sie *muß* aus den Fesseln der Systemzwänge befreit werden, denn sie weist sich durch ihren Sachgehalt als eine unter Schuldgesichtspunkten zu behandelnde Materie aus, einerlei, welche Vorstellungen man von Handlung, Tatbestand und Unrecht haben mag[117].

Durch diese Einsicht wird gleichzeitig eine Verständigung mit den Anhängern der Vorsatztheorie ermöglicht, die den scheinbar unüberbrückbaren Gegensatz beider Auffassungen auf sein wahres Maß reduziert[118]. Denn, wie sich schon aus den Erörterungen des ersten Teils ergibt, ist es nicht zutreffend, daß die Vorsatztheorie auf einem „Verfehlen der kategorialen Struktur der Handlung beruht". Auch besteht zwischen Vorsatz und Unrechtsbewußtsein keine qualitative Differenz in dem Sinne, daß es sich in einem Fall um das „Objekt der Wertung", im anderen um die „Wertung des Objekts" handelte. Vielmehr ist der Vorsatz der eingeschränkten Schuldtheorie selbst schon durch Wertgesichtspunkte geprägt, so daß ein methodischer Gegensatz im Verhältnis zur Vorsatztheorie nicht existiert. Die Differenz liegt allein in der Frage, bei Kenntnis welcher Umstände der höhere Schuldvorwurf begründet ist; und hier sollte, da eine uneingeschränkte Vorsatztheorie selten noch vertreten und eine Einengung der Vorsatzschuld auf den reinen Gesetzesungehorsam kaum

---

116 Vgl. die insoweit zutreffende Korrektur seines Standpunktes, die *Gallas* (ZStW, Bd. 67, S. 46, Anm. 89 am Ende) erwägt. Seiner Trennung von Vorsatzbegriff und Vorsatzschuld kann ich freilich nicht folgen.

117 Vgl. demgegenüber vom final-ontologischen Standpunkt aus z. B. *Maurach*, A. T., 2. Aufl., S. 129, wonach „der Streit um Vorsatz- oder Schuldtheorie mit seinen weitreichenden Auswirkungen für Vorsatz und Fahrlässigkeit ... von der Wahl eines bestimmten Handlungsbegriffes" abhängt.

118 Vgl. dazu auch *Nowakowski*, ZStW, Bd. 65, 1953, S. 385; Arthur *Kaufmann*, JZ 1954, S. 654, Anm. 15.

noch Anhänger finden wird, eine prinzipielle Aussöhnung nicht allzu schwierig sein.

6. Schließlich ergibt sich von hier aus auch ein vom final-ontologischen Ansatz her nicht erreichbares Fundament für die namentlich von *Arthur Kaufmann* und *Lange* entwickelte Lehre, wonach im Kriminalstrafrecht die Schuldtheorie, im reinen Ordnungsstrafrecht aber die Vorsatztheorie gelten muß. Es wurde schon gezeigt, daß keine unverrückbar vorgegebene Vorsatzstruktur das verbietet[119]. Und es ist auch nicht etwa so, daß man sich um der Widerspruchslosigkeit der Begriffsbildung willen im gesamten Strafrecht nur für die eine oder die andere Theorie entscheiden dürfte. Vielmehr bringt die unterschiedliche Behandlung der Irrtümer in beiden Rechtsbereichen nur die wesensmäßigen Differenzen der Materie in dogmatisch einwandfreier Weise zum Ausdruck.

Wenn man erkennt, daß die höchste Schuldstufe die Erfassung der für das materielle Unrecht maßgebenden Faktoren voraussetzt, und wenn man sich weiter klarmacht, daß bei diesen Bestimmungen die sozialethische Wertwidrigkeit der Tatbestandshandlung zwar nicht fehlt, aber erst durch das Verbot konstituiert wird, dann *muß* die Vorsatzschuld logischerweise die Kenntnis des das materielle Unrecht begründenden Verbots erfordern. Die wahren Vorgegebenheiten des Rechts, an die eine sachgerechte Begriffsbildung gebunden ist, liegen in den sozialen Sinnbezügen. Und an ihnen gemessen, muß der Vorsatz des Nebenstrafrechts, wenn er dem des Kriminalstrafrechts qualitativ — das heißt: der relativen Schuldhöhe nach — gleichkommen will, das Bewußtsein der Rechtswidrigkeit umfassen. So gesehen haben wir also nur eine scheinbar abweichende Behandlung beider Rechtsbereiche vor uns. In Wahrheit stellt sie die Einheit des Vorsatzbegriffes wieder her, während nach der Gegenmeinung der Vorsatz im Nebenstrafrecht den Anschluß an das Schuldprinzip völlig verliert und dadurch keine sinnvolle Funktion mehr hat.

Das alles müßte, so denke ich, für eine recht verstandene finalistische Konzeption wie für die Anhäger eines „klassischen" Verbrechensaufbaus genau so richtig sein. Und wenn man es bestreitet, so dürfte es legitimerweise nur im Namen rechtlicher Sinn- und Werterwägungen geschehen. Sollte sich darüber nicht Einigkeit erzielen lassen? Und ließe sich dadurch die von *Engisch*[120] berufene Ge-

---

119 Siehe oben S. 84.

120 ZStW, Bd. 70, 1958, S. 567.

fahr, daß in diesen Fragen „Dogmatismus und Begriffsjurisprudenz die Oberhand ... bekommen“, nicht vielleicht unter Zustimmung aller Parteien bannen?

Nachbemerkung:

So sehr die finale Handlungslehre die Strafrechtsdogmatik der letzten Jahrzehnte in Deutschland und aller Welt beeinflußt hat, so sehr hat die ständige Auseinandersetzung mit ihren Kritikern bis heute ihre Entwicklung begleitet. Eine der frühesten und bis heute wichtigsten kritischen Stellungnahmen liefert *Engisch*, Der finale Handlungsbegriff, in: Probleme der Strafrechtserneuerung, Festschrift für Kohlrausch, 1944, S. 141—179 (Replik von Welzel in: Das Deutsche Strafrecht in seinen Grundzügen, 1947, S. 23 ff.). Während Engisch einen sozialen Handlungsbegriff vertritt, gibt *Mezger* in seiner Schrift „Moderne Wege der Strafrechtsdogmatik“, 1950, eine Auseinandersetzung vom Standpunkt der kausalen Handlungslehre aus. Im übrigen sind aus dem umfangreichen neueren Schrifttum zum Handlungsbegriff für ein tieferes Eindringen in die Problematik vor allem heranzuziehen:

Klug, Der Handlungsbegriff des Finalismus als methodologisches Problem, in: Festschr. f. Emge, 1960, S. 33 ff.

Maihofer, Der Handlungsbegriff im Verbrechenssystem, 1953.

ders., Der soziale Handlungsbegriff, in: Eb.-Schmidt-Festschrift, 1961, S. 156 ff.

Jescheck, Der strafrechtliche Handlungsbegriff in dogmengeschichtlicher Entwicklung, in: Eb. Schmidt-Festschrift, 1961, S. 139 ff.

Eb. Schmidt, Soziale Handlungslehre, in: Festschrift für Engisch, 1969, S. 339 ff.

E. A. Wolff, Der Handlungsbegriff in der Lehre vom Verbrechen, 1964.

ders., Das Problem der Handlung im Strafrecht, in: Gedächtnisschrift für Radbruch, 1968, S. 291 ff.

Die grundlegenden Schriften Welzels zur Handlungslehre werden in dem oben abgedruckten Aufsatz angegeben. Aus dem Umkreis der finalistischen Schule hat im übrigen besondere Bedeutung gewonnen: *Niese*, Finalität, Vorsatz und Fahrlässigkeit, 1951.

Was speziell meine „Kritik der finalen Handlungslehre“ betrifft, so ist sie in ihren methodologischen Grundlagen vor allem der Arbeit von *Gallas*, Zum gegenwärtigen Stand der Lehre vom Verbrechen (ZStW, Bd. 67, 1955, S. 1—47; auch als Sonderdruck und in Gallas'

Sammelband „Beiträge zur Verbrechenslehre", 1968, S. 19 ff. erschienen), verpflichtet. *Welzel* hat auf meine Kritik mit einer ebenfalls sehr grundsätzlich gehaltenen Streitschrift „Vom Bleibenden und vom Vergänglichen in der Strafrechtswissenschaft", 1964 (auch abgedruckt in der „Erinnerungsgabe für Max Grünhut", 1965, S. 173 ff.) geantwortet (dazu wieder kritisch Gimbernat-Ordeig, Finalität und Vorsatz, NJW 1966, S. 533). Ich selbst habe zu den einschlägigen Streitfragen noch wieder Stellung genommen in meinen nachstehend abgedruckten „Gedanken zur Problematik der Zurechnung im Strafrecht" sowie in meiner Rezension der 10. Auflage des Welzelschen Lehrbuches in ZStW, Bd. 80. 1968, S. 712 ff. Eine gründliche Diskussion der zwischen Welzel und mir strittig gewordenen Fragen findet sich bei *Arthur Kaufmann,* Die ontologische Struktur der Handlung, Skizze einer personalen Handlungslehre, in: Beiträge zur gesamten Strafrechtswissenschaft, Festschrift für Hellmuth Mayer, 1966, S. 79 ff. Die von Gallas und mir verfolgte Linie wird weitergeführt bei *von Bubnoff,* Die Entwicklung des strafrechtlichen Handlungsbegriffes von Feuerbach bis Liszt unter besonderer Berücksichtigung der Hegelschule, 1966. Ganz mit den von mir vertretenen Thesen übereinstimmend jüngst *Noll,* Der strafrechtliche Handlungsbegriff, in: Kriminologische Schriftenreihe, Band 64, 1971, S. 21 ff.

Welzel selbst versucht in jüngster Zeit im Anschluß an eine Auseinandersetzung mit *Arthur Kaufmann* (Die finale Handlungslehre und die Fahrlässigkeit, in: JuS 1967, S. 145 ff.; dazu *Welzel,* Ein unausrottbares Mißverständnis? Zur Interpretation der finalen Handlungslehre, in: NJW 1968, S. 425 ff.) seine Handlungskonzeption unter Distanzierung vom Finalitätsbegriff als eine „kybernetische Handlungslehre" zu interpretieren („Zur Dogmatik im Strafrecht", in: Festschrift für Maurach, 1972, S. 3 ff.). Zur weiteren Entwicklung der Problematik vgl. auch den nachfolgenden Aufsatz.

Eine umfassende, die internationale und vor allem auch die deutsche Literatur vollständig einbeziehende Darstellung der Handlungsproblematik gibt neuestens Marinucci, Il reato com 'azione', Milano, 1971.

Gedanken zur Problematik der Zurechnung im Strafrecht*)

Richard *Honig* hat vor nunmehr 40 Jahren in seiner Abhandlung über „Kausalität und objektive Zurechnung"[1] für die Grundlegung des Strafrechtssystems eine Reihe von richtungweisenden Gedanken entwickelt, die bis heute nicht voll ausgeschöpft sind. Ihnen ein wenig nachzugehen und ihre fortdauernde Fruchtbarkeit im Lichte der Gegenwart zu überprüfen, scheint mir ein lohnendes Unterfangen.

1. *Honigs* Ausgangspunkt ist der alte Streit zwischen Äquivalenz- und Adäquanztheorie, aber er hebt die Diskussion sogleich auf eine andere Ebene, indem er feststellt, „daß es in der Rechtswissenschaft nicht allein auf die Feststellung des Kausalzusammenhanges an sich ankommen kann, daß vielmehr die Klarstellung einer bestimmten, den Anforderungen der Rechtsordnung entsprechenden Eigenart des Zusammenhanges zwischen Handlung und Erfolg zur Erörterung steht"[2]. Das heißt: Die eigentliche juristische Grundfrage liegt nicht in der Ermittlung irgendwelcher Gegebenheiten, sondern in der Festsetzung der Maßstäbe, nach denen wir bestimmte Erfolge einer Person zurechnen wollen. Der Blickwechsel von der Kausalität zur Zurechnung, der hier vollzogen wird, läßt somit schon in der Handlungslehre das Schwergewicht vom ontischen in den normativen Bereich verlagert erscheinen: Ob man einen Erfolg einem Menschen als sein Werk zurechnen kann, ist danach von allem Anfang an eine Frage der Beurteilungskriterien, denen wir die empirischen Daten unterwerfen. Stellt man, wie *Honig* dies tut, in das Zentrum jeder strafrechtlichen Erörterung „das Zurechnungsurteil in seiner spezifischen und vom Kausalurteil grundsätzlich verschiedenen Eigenart"[3], so impliziert das also die auch heute noch sehr umstrittene These von der Normativität des strafrechtlichen Handlungsbegriffes.

---

*) Festschrift für Richard M. *Honig*, Göttingen 1970, S. 133 ff.

[1] Festgabe für Reinhard von Frank zum 70. Geburtstag, Beiträge zur Strafrechtswissenschaft, Band I, 1930, S. 174—201.

[2] a. a. O., S. 175.

[3] a. a. O., S. 181.

2. Von diesem Ausgangspunkt her liegt das Fundamentalproblem der Verbrechenslehre naturgemäß nicht in der Auffindung einer ontologischen Handlungsstruktur oder eines allen strafrechtlich relevanten Verhaltensformen gemeinsamen deskriptiven Merkmals, das dann den „Grundstein" des Verbrechensgebäudes bilden könnte, sondern vielmehr in der Aufstellung eines inhaltlich konkretisierbaren allgemeinen Zurechnungsmaßstabes. Die Untersuchungen, die *Honig* dazu anstellt, führen ihn im Anschluß an *Larenz*[4] „zu dem Ergebnis, daß das für den Erfolg kausale menschliche Verhalten rechtserheblich nur dann ist, wenn es im Hinblick auf die Bewirkung bzw. Vermeidung des Erfolges als zweckhaft gesetzt gedacht werden kann. Erst mit der zur Kausalität hinzutretenden objektiven Zweckhaftigkeit ist demnach die Grundlage für die juristische Bedeutsamkeit des menschlichen Verhaltens gegeben"[5]. Oder, in der kürzesten Formulierung[6]: „Zurechenbar ist ... derjenige Erfolg, welcher als zweckhaft gesetzt gedacht werden kann."

Mit Hilfe dieses Merkmals der objektiven Zweckhaftigkeit gelingt es Honig, irregulär-unbeherrschbare Kausalverläufe, auch wenn sie sich wunschgemäß ereignen, als von vornherein nicht zurechenbar darzutun, ebenso wie danach eine menschliche Untätigkeit bei fehlender Handlungsmöglichkeit nicht als Unterlassen beurteilt werden kann: Auch wenn die Äquivalenztheorie einen logischen Bedingungszusammenhang ausweist, fehlt es an einer Handlung oder Unterlassung, weil der Erfolg in der konkreten Situation wegen der mangelnden Steuerbarkeit des Kausalverlaufes objektiv nicht als Gegenstand möglicher Zwecksetzung erscheinen konnte.

3. Diese Lösung hat ihre historischen Wurzeln bekanntlich in der Hegelschen Zurechnungslehre, läßt sich aber, wie Honig[7] zutreffend bemerkt, vom Standpunkt der ihm naheliegenden neukantianischen Methodologie mit derselben Folgerichtigkeit entwickeln. Er verzichtet jedoch bewußt auf eine derartige Fundierung seiner Lehre, um „den Begriff der objektiven Zurechnung unabhängig von jeder philosophischen Einstellung aus den allgemein anerkannten Grundsätzen der allgemeinen Rechtslehre abzuleiten"[8]. Diese Grundsätze er-

---

[4] Hegels Zurechnungslehre und der Begriff der objektiven Zurechnung, 1926.

[5] a. a. O., S. 188

[6] a. a. O., S. 184.

[7] a. a. O., S. 181.

[8] a. a. O., S. 181/82.

geben sich für ihn aus der Einsicht, daß das Recht seine verhaltensregulierende Aufgabe durch Verbote und Gebote erfüllt, die sich an den menschlichen Willen wenden, „weil nur dieser durch sie beeinflußt werden kann". Ge- und Verbote können aber sinnvollerweise nur solches Verhalten fordern, „welches zu beobachten ihm möglich ist. Infolgedessen können Gebote die Bewirkung eines dem Gesetzgeber erwünschten, Verbote die Vermeidung eines dem Gesetzgeber unerwünschten Erfolges nur insoweit fordern, als deren Bewirkung bzw. Vermeidung dem in der vom Gesetzgeber vorausgesetzen Situation möglich ist, den er also voraussehen und dann auch bewirken bzw. vermeiden konnte"[9].

4. Die Herbeiführung eines unvorhersehbaren und deshalb nicht als zweckhaft gesetzt denkbaren Todeserfolges ist demnach keine Tötungshandlung. Das ist eine sehr bemerkenswerte These. Sie schließt nicht nur eine objektiv-personale Unrechtslehre ein, wie sie sich bei den Fahrlässigkeitsdelikten erst Jahrzehnte später durchgesetzt hat. Sie enthält vor allem auch eine Absage an den Versuch, einen inhaltserfüllten und gleichwohl vortatbestandlichen Handlungsbegriff zur Grundlage des Strafrechtssystems zu machen. „Nach meiner Auffassung", heißt es bei Honig, „enthält die Frage nach der Tatbestandsmäßigkeit nicht eine Haftungsbeschränkung, sondern sie schafft überhaupt erst das Beurteilungsobjekt und damit die Grundlage der Haftung. Sie ist das Fundament, nicht aber das Korrektiv des Handlungsbegriffes. Ist die Willensbetätigung nicht tatbestandsmäßig, dann ist überhaupt keine Handlung im strafrechtlich interessierenden Sinne gegeben", und in einer Anmerkung dazu vermerkt er: „Bereits an diesem Punkte hat m. E. die normative Betrachtungsweise anstatt der naturalistischen das Wort"[10].

Für den, der die Handlungsdiskussion der letzten Jahre und Jahrzehnte verfolgt hat, sind das immer noch kühne Worte. Wenn man aber die Aufgabe strafrechtsdogmatischer Arbeit in der Zurechnung von Erfolgen sieht und deren Zurechnung von einem Verstoß gegen die Forderungen der Norm abhängig macht, ist die Konsequenz unausweichlich, daß ein mit den Pflichtanforderungen des Tatbestandes im Einklang stehendes Verhalten objektiv nicht die Herbeiführung des Tatbestandserfolges bezwecken kann. Tritt der Tatbestandserfolg trotzdem ein, so handelt es sich nicht um ein Werk des Täters, sondern um Zufall.

---

[9] a. a. O., S. 187/88.

[10] a. a. O., S. 195 mit Anm. 3.

5. Der Zurechnungsmaßstab selbst bedarf aber noch genauerer Analyse. Das Kriterium der „Beherrschbarkeit durch den menschlichen Willen“, das der objektiven Zweckhaftigkeit zugrunde liegt, ist bei näherem Hinsehen nur scheinbar an der Faktizität des Könnens orientiert. Wenn man nämlich in dem bekannten Schulbeispiel, das auch Honig verwertet, die Frage stellt, ob „der Tod des vom Blitz getroffenen Neffen darauf zurückgeführt werden kann, daß A seinen Neffen, den er beerben will, während eines Gewitters auf eine mit hohen Bäumen bepflanzte Anhöhe schickt“[11], so ergibt sich die verneinende Antwort jedenfalls nicht daraus, daß es dem A unmöglich wäre, von einem so merkwürdigen Verhalten Abstand zu nehmen. Die Rechtsordnung könnte auch ein solches Experiment mit den Naturgewalten sicherlich verbieten. Wenn sie es nicht tut, so liegt der Grund allein darin, daß dieses Verhalten kein meßbares Risiko einer Rechtsgüterverletzung (hier: einer Todesherbeiführung durch Blitzschlag) schafft; es ist ungefährlich und dem Gesetzgeber darum gleichgültig. Deshalb will auch Honig anders entscheiden, wenn zu beobachten gewesen wäre, „daß die Gewitter zu dieser Jahreszeit über die Anhöhe zogen und dort einschlugen“ — weil nämlich in diesem Falle „mit weiteren Wiederholungen zu rechnen“ war. Die objektive Bezweckbarkeit eines Schaden stiftenden Kausalverlaufes hängt also davon ab, ob das Verhalten der in Frage stehenden Person ein rechtlich relevantes Risiko tatbestandlicher Rechtsgüterverletzung schuf oder nicht; im ersten Fall hat der A unseres Schulbeispiels eine Tötungshandlung begangen, im zweiten nicht.

6. Diese Rückführung der objektiven Bezweckbarkeit auf das Risikoprinzip ermöglicht eine Auffächerung unseres Maßstabes, die es gestatten könnte, für die Erfolgsdelikte eine vom Kausaldogma völlig gelöste allgemeine Zurechnungslehre zu erarbeiten. Einige Andeutungen darüber seien hier gestattet:

a) *Die Risikoverringerung*

Wenn man den Fall bildet, daß der A einen Stein, den er in bedrohlicher Weise auf den Kopf des B zufliegen sieht, zwar nicht unschädlich machen, aber doch auf eine weniger gefährdete Körperpartie ablenken kann[12], so wird man das den Schaden mindernde Verhalten des A schwerlich als eine — sei es auch durch übergesetzlichen Notstand gerechtfertigte — Körperverletzungshandlung ansehen dür-

---

[11] a. a. O., S. 186.

[12] Ähnliche Beispiele bei E. A. Wolff, Kausalität von Tun und Unterlassen, 1965, S. 17 und 23.

fen. Ob man dieses wohl nicht umstrittene Ergebnis (Ablehnung der Körperverletzung) mit Hilfe der Äquivalenz-, Adäquanz- oder einer anderen Kausaltheorie begründen kann, ist recht zweifelhaft[13]. Jedenfalls bedeutet das Tun des A für das geschützte Rechtsgut eine Risikoverringerung und kann ihm deshalb als Tatbestandshandlung nicht zugerechnet werden. Als im Hinblick auf eine Beeinträchtigung der Körperintegrität zweckhaft gesetzt kann objektiv nicht gedacht werden, was die Verletzungs-Chance reduziert. Das gilt für alle Fälle der Abmilderung schadenbringender Ereignisse. Auch wer eine Ermordung vergeblich zu verhindern trachtet und sie schließlich nur verzögern kann, hat keine Tötungshandlung begangen, obwohl sein Verhalten die konkrete Gestalt des Erfolges beeinflußt hat und deshalb im Sinne der Äquivalenztheorie wohl als kausal angesehen werden müßte.

b) *Schaffung oder Nichtschaffung eines rechtlich relevanten Risikos*

Hierhin gehört der schon erwähnte Gewitter-Fall und mit ihm der gesamte Einzugsbereich der sog. Adäquanztheorie, von der ja heute weitgehend anerkannt ist, daß es sich nicht um eine Kausaltheorie, sondern um eine Zurechnungslehre handelt. Sie besagt im Grunde nichts anderes, als daß ein Erfolg nicht zurechenbar ist, wenn die Handlung des Täters kein rechtlich relevantes Risiko einer Rechtsgüterverletzung geschaffen hatte. Wenn *Engisch*[14] als Ergebnis seiner eindringlichen Untersuchungen als adäquate Ursache eines Erfolges eine Verhaltensweise bezeichnet, die „den Erfolg als nicht unwahrscheinliche Folge erwarten läßt" und wenn er weiter sagt, die adäquaten Verhaltensweisen seien „die in Richtung auf den Erfolg gefährlichen Handlungen und Unterlassungen", die inadäquaten dagegen, die „nur zufällig den Erfolg nach sich ziehen", seien „die in Richtung auf den Erfolg (relativ) ungefährlichen Handlungen und Unterlassungen", so wird dieser Zusammenhang ganz deutlich. Die Einzelheiten der Urteilsbasis und des erforderlichen „Tendenzgrades" brauchen uns hier nicht zu interessieren. Festhaltenswert ist aber immerhin, daß der dem Adäquanzurteil zugrundeliegende Maßstab als Zurechnungsregel die im Strafrecht nur scheinbar „geltende" Äquivalenztheorie in Wirklichkeit längst aus dem Felde geschlagen hat. Im Bereich der Fahrlässigkeitsdelikte leistet das Kriterium der

[13] Vgl. dazu E. A. *Wolff* a. a. O. und *Jescheck*, Lehrbuch des Strafrechts, Allgemeiner Teil, 1969, S. 189.

[14] Die Kausalität als Merkmal der strafrechtlichen Tatbestände, 1931, S. 41 ff. (46/47).

objektiven Vorhersehbarkeit den Dienst, bei Verhaltensweisen, die kein rechtlich relevantes Risiko einer Erfolgsherbeiführung in sich tragen, eine Zurechnung zufällig eintretender Rechtsgutsverletzungen zu verhindern, und mit den Vorsatztaten steht es bei aller Vielfalt der aufgesuchten Begründungen nicht anders: Niemand wird eine Tötungshandlung annehmen, wenn die Empfehlung einer Flugreise wunschgemäß zum Absturz und zum Tode des Erbonkels führt. Wer aber hier den Vorsatz leugnet, müßte erkennen, daß überhaupt kein rechtlich relevantes Risiko geschaffen worden und deshalb schon objektiv eine Erfolgszurechnung nicht möglich war. Das Fehlen des Vorsatzes ist dann ein Sekundärphänomen.

Nach denselben Gesichtspunkten löst sich auch die Problematik der sog. „Kausalabweichungen". Wenn der vom Auto Angefahrene auf dem Transport ins Krankenhaus einem Verkehrsunfall zum Opfer fällt, so ist dieser Tod dem Erstverursacher unabhängig von seinen Wünschen und Vorstellungen weder als vorsätzliche noch als fahrlässige Tötungshandlung zurechenbar, weil die Herbeiführung einer Autofahrt kein rechtlich erhebliches Risiko birgt; so läßt sich eine Tötung objektiv nicht bezwecken. Stirbt dagegen der von der Brücke mit Tötungsabsicht ins Wasser Gestürzte erwartungswidrig schon durch einen Aufprall am Brückenpfeiler, so ändert das an der Bejahung einer vorsätzlichen vollendeten Tötungshandlung nichts, weil die gewählte Ausführungsart das Risiko eines solchen Ablaufs von vornherein in sich trug.

Es sind aber nicht allein die überraschenden Kausalverläufe, an denen sich unser Zurechnungskriterium bewährt. So mag beispielsweise die seit v. *Buri* und *Traeger* erörterte Frage, ob jemand, der den Inhalt eines Wassertroges in die aus dem Damm hervorbrechenden Fluten auslaufen läßt, dadurch eine „Überschwemmung" i. S. des § 313 StGB verursacht, von den Prämissen der Äquivalenztheorie her den auf ihre Beantwortung gewendeten gelehrten Scharfsinn rechtfertigen. Vom hier bezogenen Standpunkt aus ist jedenfalls ohne weiteres klar, daß dieses Verhalten nicht als Überschwemmungshandlung zugerechnet werden kann, weil die hinzugefügte Wassermenge den bestehenden Zustand weder qualitativ noch quantitativ in rechtlich relevanter Weise verändert hat. Ein selbständiger Bewertung zugängliches Risiko ist hier nicht geschaffen worden; auf solche Weise ist die Herbeiführung einer Überschwemmung objektiv nicht bezweckbar.

Wie verhältnismäßig einfach sich unlösbare und seit Jahrzehnten umstrittene „Kausalprobleme" mit Hilfe des Risikogedankens klären lassen, zeigt auch der in der Festschrift für Honig (S. 169 ff.)

abgedruckte Beitrag meines verehrten Freundes und Kollegen *Schaffstein.* Die Kontroverse um die Kausalität der Beihilfe enthüllt sich danach als Scheinproblem, und die Hilfskonstruktion der psychischen Beihilfe wird weithin entbehrlich, sobald man sich auf das allgemeine Zurechnungsprinzip risikoschaffender Chancenerhöhung besinnt, das bei der nicht wie die Täterschaft durch spezifische Zurechnungskriterien qualifizierten Beihilfe natürlicherweise unmittelbare Geltung beansprucht. Neben den von *Schaffstein* im übrigen noch benannten Anwendungsbereichen wäre außerdem auf die Abgrenzung von Vorbereitungshandlungen und Versuch bei unechten Unterlassungsdelikten hinzuweisen, die nach neuerer Erkenntnis so vorzunehmen ist, daß das Versuchsstadium in dem Augenblick erreicht wird, da ein weiteres Zuwarten das Risiko des Erfolgseintritts erhöht. Das alles harrt im einzelnen noch einer umfassenderen, die Zusammenhänge durchsichtig machenden und den Maßstab konkretisierenden Ausarbeitung, die hier nicht gegeben werden kann. Doch es mag immerhin deutlich geworden sein, daß die Äquivalenztheorie, der im Strafrecht soviel Beifall gezollt wird, eine methodologisch wenig glückliche Erfindung ist. Schon die ihr nachgerühmte Eindeutigkeit der Ergebnisse ist manchen Zweifeln ausgesetzt. Vor allem aber kann sie, wie schon unsere wenigen Beispiele zeigen, die der Zurechnung im Strafrecht sich stellenden Sachfragen nicht beantworten. Sie bedarf ungezählter „Korrektive", deren mühevolle Begründung den durch die Bedingungstheorie erzielten Vereinfachungsgewinn mehr als aufhebt. Zudem schafft sie neue Probleme, die bei Anwendung sachorientierter Zurechnungsmaßstäbe von vornherein nicht auftreten. Der normative Ansatz *Honigs* ist deshalb wohl doch zukunftsträchtiger als das naturalistische Kausaldogma, das bis heute scheinbar das Feld behauptet.

c) *Steigerung oder Nichtsteigerung des erlaubten Risikos*

Wenn der Gesetzgeber, wie bei vielen Erscheinungsformen des modernen Verkehrs, beim Betriebe gefährlicher Anlagen und in anderen Fällen überwiegender sozialer Nützlichkeit, die Eingehung eines Risikos bis zu einer gewissen Grenze gestattet, so kann eine Zurechnung erst erfolgen, sobald das Verhalten des Täters eine Steigerung des erlaubten Risikos bedeutet. Ist das aber der Fall, so *muß* der Erfolg dem Handelnden zugerechnet werden, und zwar selbst dann, wenn möglicherweise der Erfolg auch bei fehlerfreiem Verhalten eingetreten wäre. Das ist die kürzeste Fassung des von mir schon vor Jahren[15] in Auseinandersetzung mit zahlreichen abweichenden Mei-

[15] In ZStW, Bd. 74, 1962, S. 411 ff. (= unten S. 147 ff.).

nungen entwickelten „Risikoerhöhungsprinzips", das, wenn man es im Lichte der hier angestellten Überlegungen betrachtet, den bisher benutzten allgemeinen Zurechnungsmaßstab nur auf höherer Stufe wiederkehren läßt. Der Gedanke hat mancherlei Zustimmung, Widerspruch und auch Versuche modifizierender Abwandlung erfahren[16]. Die Auseinandersetzung darüber kann noch nicht als abgeschlossen gelten[17], und sie soll auch an dieser Stelle nicht fortgeführt werden[18]. Hier kommt es nur darauf an zu zeigen, daß die von mir vertretene Auffassung sich in den Rahmen der skizzierten

[16] Vgl. dazu auch *Schaffstein*, Festschrift für Honig, 1970, S. 169 ff.

[17] Die jüngsten strafrechtlichen Beiträge nach der von *Schaffstein* zitierten, mir in wichtigen Punkten zustimmenden Arbeit von *Kahrs* liefern *Ulsenheimer*, JZ 1969, S. 364 ff. und *Seebald*, GA 1969, S. 193 ff. Auch im zivilrechtlichen Schrifttum (z. B. in den Habilitationsschriften von *Münzberg*, *Hanau* und *Lorenz*) wird die Frage neuerdings in sehr differenzierter Weise diskutiert.

[18] Nur zu der neuesten Abhandlung meines Kontrahenten *Ulsenheimer*, mit dem ich seit Jahren ein Streitgespräch über diese Fragen führe, sei mir eine Bemerkung erlaubt. *Ulsenheimer* bringt jetzt nur noch Bedenken „vom Boden des Gefahrbegriffs, wie er in der Literatur allgemein vertreten wird", gegen mich vor; er hält es für unrichtig, daß ich bei meinem ex ante zu fällenden Gefahrenurteil die wirklichen, oft erst ex post erkennbaren Sachverhaltsumstände zugrunde legen will (a. a. O., S. 366/67). Damit wird aber nicht die Unrichtigkeit meiner Auffassung bewiesen, sondern allenfalls dargetan, daß die verbreitete Adäquanzformel hier insofern einer Modifizierung bedarf, als der Sachverhalt, wie er sich ex post darstellt, die durch die Überschreitung des erlaubten Risikos begründete Vermutung einer Gefahrerhöhung widerlegen kann. Gerade neuere Forschungen haben überzeugend dargetan, daß ein konkretes Gefahrurteil nicht ohne die Einbeziehung erst ex post erkennbarer Sachverhaltsumstände gefällt werden kann. So zeigt Spendel in seiner sehr eindrucksvollen „Neubegründung der objektiven Versuchstheorie" (Studien zur Strafrechtswissenschaft, Festschrift für Stock, 1966, S. 89 ff.), die ebenfalls auf den Zurechnungsmaßstab der Risikoschaffung (Gefährdung) zurückgreifft (vgl. dazu auch *Schaffstein* in seinem Beitrag, S. 170/71), „daß sich eine ex-ante-Betrachtung ... — wie für den handelnden Täter so auch für den urteilenden Richter — nur auf die in die Zukunft weisende, eine bestimmte objektive Tendenz zur Rechtsgutsverletzung aufweisende *Handlung*, nicht aber auf die gegenwärtigen, unabhängig vom Täter bestehenden anderen Tatumstände, insbesondere das Tatobjekt beziehen darf" (a. a. O. S. 105/106). Zu einem sehr ähnlichen Ergebnis kommt *Schwander*, Die Gefährdung als Tatbestandsmerkmal im Schweiz. StGB, in SchwZStr. 1951, S. 440 ff. (450, 453). *Ulsenheimer* müßte also meinen Begriff der Risikosteigerung an der Richtigkeit oder Verfehltheit der mit ihm gewonnenen Problemlösung anstatt an einer in anderen Zusammenhängen entwickelten und keineswegs allgemein gültigen Gefährdungsauffassung messen.

übergreifenden Zurechnungslehre bruchlos einfügt. Wenn etwa — in dem bekannten Ziegenhaarfall — ein Fabrikant vorschriftswidrigerweise undesinfiziertes Material zur Verarbeitung ausgibt und daraufhin vier Arbeiterinnen sich mit Milzbrandbazillen infizieren und sterben[19], so ist dieser Tod dem Arbeitgeber auch dann zurechenbar, wenn die vorgeschriebene Desinfektion für eine Abtötung der Bazillen keine absolute Gewähr geboten hätte. Denn zwar muß der Gesetzgeber das bei Einhaltung aller Vorschriften noch bestehenbleibende Risiko allein tragen; ist es zu hoch, so wäre es seine Sache, die Verwendung fremdländischer Ziegenhaare zur Pinselherstellung überhaupt zu verbieten. Wenn aber jemand durch Außerachtlassung aller Sicherheitsvorkehrungen ein diese Toleranzgrenze wesentlich überschreitendes Risiko schafft, so ist kein Grund ersichtlich, warum er von den Folgen seines Tuns nur deshalb entlastet werden sollte, weil ein gewisses, wesentlich reduziertes Risiko auch bei sachgemäßem Verhalten bestehengeblieben wäre. Die in der Rechtsprechung und im Schrifttum wohl immer noch überwiegende Meinung, die das vertritt, sieht sich der absurden Folgerung ausgesetzt, daß bei allen Handlungen, die auch bei ordnungsgemäßer Vornahme ein — wenngleich erlaubtes — Risiko bergen, jegliche Sorgfalt gefahrlos außer acht gelassen werden dürfte. Der Handelnde könnte ja gewiß sein, daß noch so schlimme Folgen seiner Leichtfertigkeit ihm nicht zugerechnet würden, weil sich die Möglichkeit nicht ausschließen läßt, daß der Schaden auch bei rechtmäßigem Alternativverhalten eingetreten wäre. Demgegenüber ist daran festzuhalten, daß eine Zurechnung des Erfolges erst dann ausscheiden darf, wenn das Verhalten des Täters keine Steigerung des erlaubten Risikos mit sich gebracht hat, wenn sich also etwa in unserem Beispielsfall ergibt, daß die vorgeschriebenen Desinfektionsmittel auf Bazillen der hier eingeschleppten Art keine Wirkung ausüben. Denn bei solcher Konstellation hat der Arbeitgeber durch sein vorschriftswidriges Verhalten die Lage im Verhältnis zu dem gesetzlich tolerierten Zustand nicht verschlechtern können, so daß eine Zurechnung des Erfolges zum Prinzip des versari in re illicita zurückführen müßte.

Auch das Zurechnungskriterium der Risikosteigerung ist nur eine — allerdings besonders akutelle und umstrittene — Verbesonderung des Gedankens der objektiven Bezweckbarkeit. Wenn, um auf unser letztes Beispiel zurückzukommen, die vorgeschriebene Desinfektion sich als völlig nutzlos herausstellt, dann ist durch deren Versäumung eine Erfolgsherbeiführung objektiv nicht bezweckbar, so daß auch

[19] RGSt. 63, 211.

der, der dabei subjektiv eine Tötung im Schilde führt, allenfalls wegen eines untauglichen Mordversuches — sofern man diesen für strafbar hält — zur Verantwortung gezogen werden kann. Völlig anders ist es aber, wenn etwa ein operierender Arzt auf alle Sterilisierungsmaßnahmen verzichtet und der Patient daraufhin an einer Wundinfektion stirbt: Auf diese Weise ist eine Tötung sehr wohl als zweckhaft gesetzt zu denken, und ein so handelnder Arzt wäre — je nachdem — wegen vorsätzlicher oder fahrlässiger Tötung zu bestrafen, und zwar unabhängig davon, daß manchmal auch bei Einhaltung aller Sicherungsmaßregeln noch Wundinfektionen auftreten. Wenn also *Oehler*[19a] zur Lösung derartiger Fälle unmittelbar auf den Gedanken der objektiven Bezweckbarkeit zurückgreift, so ist das ein durchaus zulässiges Verfahren. Das Risikoerhöhungsprinzip liefert nur das inhaltliche Kriterium, von dem die objektive Bezweckbarkeit bei diesen Konstellationen abhängt.

d) *Der Schutzbereich der Norm als Zurechnungsmaßstab*

Die Lehre vom Schutzbereich der Norm als haftungsbegrenzendes Kriterium ist im Zivilrecht entwickelt worden und findet erst jetzt in der Strafrechtsdogmatik zögernd Eingang[20]; einer sich aus dem Banne des Kausaldogmas nur mühsam lösenden Überlieferung muß es natürlich schwerfallen, einen ontisch ganz unfaßbaren, rein normativen Gesichtspunkt systematisch zu integrieren oder auch nur wahrzunehmen. Deshalb wundert es nicht, daß, soweit die Schutzbereichslehre im Strafrecht Berücksichtigung findet, einheitliche Vorstellungen über deren Bedeutung und Inhalt bisher nicht haben erzielt werden können. Mir scheint es zweckmäßig, diesen Topos nicht als synonym mit dem der objektiven Bezweckbarkeit zu behandeln. Natürlich könnte man sagen, daß risikoverringernde oder inadäquate oder das erlaubte Risiko nicht steigernde Handlungen den Erfolg als außerhalb des Schutzbereichs der Norm liegend und daher nicht zurechenbar erscheinen ließen; aber damit wäre für eine schon bekannte Sache nur ein anderer Name gefunden. Eine spezifische Funktion kann der Gedanke des Schutzbereichs nur gewinnen, wenn man ihn

---

19a Die erlaubte Gefahrsetzung und die Fahrlässigkeit, in: Festschrift für Eb. Schmidt, 1961, S. 232 ff.

20 Vgl. aber *Gimbernat-Ordeig*, Die innere und äußere Problematik der inadäquaten Handlungen in der deutschen Strafrechtsdogmatik, Diss. Hamburg 1962; *Ulsenheimer*, Das Verhältnis zwischen Pflichtwidrigkeit und Erfolg bei den Fahrlässigkeitsdelikten, 1965; *Rudolphi*, Vorhersehbarkeit und Schutzzweck der Norm in der strafrechtlichen Fahrlässigkeitslehre, in: JuS 1969, S. 549 ff.

für Fälle reserviert, die durch die bisher genannten Gesichtspunkte nicht erfaßt werden, für Sachverhalte also, bei denen der Erfolg als Auswirkung einer nirgends gestatteten Risikosetzung eintritt, gleichwohl aber nicht zugerechnet wird, weil der Gesetzgeber den Handelnden dafür nicht verantwortlich machen will. Wie das gemeint ist, sollen zwei Beispiele verdeutlichen, die *Jescheck*[21] in diesem Zusammenhang anführt. Er nennt zunächst den Fall, daß „ein Kraftfahrer, dessen Fahrerlaubnis abgelaufen ist oder der verbotswidrig Alkohol transportiert, einen Fußgänger überfährt", als Exempel für einen „offensichtlich" fehlenden „Zusammenhang zwischen dem Erfolg und dem Schutzzweck der jeweils verletzten Norm". Hier bedarf es aber einer solchen Erklärung nicht; denn bei einem die Verkehrsregeln einhaltenden Kraftfahrer schaffen derartige Verbotsverstöße von vornherein kein Verletzungsrisiko. Daß das versari in re illicita allein keine ausreichende Haftungsgrundlage abgibt, ist ja auch im Strafrecht eine seit langem geläufige Erkenntnis. Anders liegt es aber im nächsten Beispiel *Jeschecks*: „Fahren zwei Radfahrer bei Dunkelheit ohne Licht hintereinander und stößt ein entgegenkommender Radfahrer mit dem ersten zusammen, so ist der zweite Radfahrer für den Unfall nicht verantwortlich, weil die für ihn bestehende Beleuchtungspflicht nicht den Sinn hat, daß *andere* Fahrzeuge beleuchtet werden (RG 63, 392, 294)." Hier ist es in der Tat so, daß das vorschriftswidrig lichtlose Fahren des zweiten Rades die Unfallgefahr auch für das vorausfahrende Rad wesentlich und voraussehbarerweise erhöhte. Aber der Schutzbereich des Beleuchtungsgebotes erstreckt sich eben nur auf die vom eigenen Rade ausgehenden Unfallrisiken[22].

Noch heikler wird die Problematik bei den Folgewirkungen von *Verbots*verstößen. Man nehme an, daß der A einen Fußgänger fahrlässig zu Tode fährt und daß dessen Mutter, als sie die Todesnachricht empfängt, weinend zusammenbricht und einen Nervenschock erleidet! Soll der A hier wegen fahrlässiger Körperverletzung, begangen an der Mutter des Unfallopfers, bestraft werden? Man kann die Frage gewiß so oder anders beantworten. Daß fahrlässige Tötungen die Gefahr solcher Sekundärerfolge schaffen, wird man aber nicht bestreiten können; an der Vorhersehbarkeit der Schädigung mangelt es also nicht. Für die Lösung kommt es allein darauf an, ob

---

21 Lehrbuch des Strafrechts, Allgemeiner Teil 1969, S. 387.

22 Vgl. zu diesem viel diskutierten Fall auch *Exner*, Frank-Festschrift, Bd. I 1930, S. 585 ff.; *Roxin*, Täterschaft und Tatherrschaft, 2. Aufl. 1967, S. 532 f.

man den Schutzzweck der einschlägigen Vorschriften auf die Verhinderung unmittelbar rechtsgüterverletzender Folgen begrenzen oder auf die Vermeidung dadurch erst ausgelöster Zweitschäden ausdehnen will. Die Rechtsprechung scheint stillschweigend von der engeren Annahme auszugehen; denn die Strafgerichte haben bisher wohl in solchen Fällen niemals verurteilt. Aber es fehlt überhaupt noch das Problembewußtsein. Die zivilrechtliche Doktrin andererseits, die eine Haftung für adäquat verursachte mittelbare Schäden gerade auch in Fällen der vorliegenden Art oft bejaht hat, kann dem Strafrechtler nicht sehr viel weiterhelfen; denn es ist etwas anderes, ob der A unseres Beispiels für den Krankenhausaufenthalt der Mutter des Toten finanziell aufkommen oder ob er dafür auch noch zusätzlich bestraft werden soll. Für das Strafrecht scheint mir eine Beschränkung des Schutzbereichs der Norm auf die unmittelbaren Schäden kriminalpolitisch richtig; aber darüber wird noch weiter diskutiert werden müssen.

Nur die Bestimmung des Schutzbereiches der den Verletzungstatbeständen zugrunde liegenden Normen wird ferner dort die Lösung bringen können, wo Beeinträchtigungen von Leib und Leben nicht aus zurechenbaren Erstschädigungen, sondern aus dem Versuche ihrer Abwendung entstehen. Alle Jahre wieder erleben wir den Fall, daß eine unachtsame Aufsichtsperson badende Kinder in Lebensgefahr geraten läßt und daß beim Versuch ihrer Rettung unbeteiligte Dritte den Tod finden. Ich habe noch nie gehört, daß eine solche Aufsichtsperson wegen fahrlässiger Tötung der Retter bestraft worden wäre. Und doch müßte das vom Standpunkt unserer überlieferten Fahrlässigkeitslehre aus ohne weiteres geschehen; denn vorhersehbar sind derartige Geschehensabläufe durchaus. Wenn es bei *Schönke-Schröder*[23] heißt: „Die Vorhersehbarkeit wird nicht dadurch ausgeschlossen, daß sich der Verletzte freiwillig in die vom Täter geschaffene Gefahr begeben hat. Wer durch sein Verhalten Gefahren schafft, muß damit rechnen, daß andere zur Abwehr von Schäden tätig werden und dabei selbst zu Schaden kommen“, dann ist dem insoweit nichts hinzuzufügen. Das rechtliche Problem, das in der Frage liegt, ob man den Täter auch für die Folgen mißglückter Rettungsaktionen bestrafen soll, ist damit aber nicht, wie die herrschende Meinung glaubt, gelöst, sondern überhaupt erst in der richtigen Weise gestellt. Eine Antwort hat jüngst *Rudolphi*[24] versucht, der in Übereinstimmung mit

---

[23] Kommentar, 14. Aufl., § 59, Anm. 187.

[24] JuS 1969, S. 557.

einer im Zivilrecht von *Deutsch*[25] vertretenen Auffassung zu dem Ergebnis kommt, „daß der durch die Rettungshandlung Sich-selbst-Gefährdende dann in den Schutzbereich der strafrechtlichen Normen einzubeziehen ist, wenn eine Abwägung der einander gegenüberstehenden Rechtsgüter einschließlich des Grades ihrer Gefährdung ergibt, daß der verfolgte Rettungszweck höher zu bewerten ist als die Selbstgefährdung". Das ist sicherlich eine diskutable Lösung, die vor allem zivilrechtlich plausibel ist, weil sie dem „vernünftigen", Risiko und Rettungschance richtig abwägenden Helfer einen deliktischen Ersatzanspruch sichert, den der Unfallverursacher billigerweise tragen muß, weil der Rettungsversuch bei einer Beurteilung ex ante objektiv seinen Interessen entsprach. Aber unter dem Aspekt strafrechtlicher Zurechnung hat der Gedanke nicht dieselbe Überzeugungskraft. Denn einerseits kann es so sein, daß die Hilfeleistung gesetzlich gefordert war, sei es durch § 330 c StGB, sei es durch die Pflicht bestimmter, zu Rettungszwecken bereitgestellter Personengruppen; dann scheint es mir zweifelhaft, ob die Rechtsordnung das von ihr selbst dem Hilfsverpflichteten aufgebürdete Risiko auf den Unfallverursacher abwälzen darf. Da das Eingreifen der Hilfspersonen nicht allein durch den Unfall, sondern auch durch die Anordnung des Gesetzgebers herbeigeführt wird, müßte sonst konsequenterweise auch dieser für etwa eintretende Schäden strafrechtlich haftbar gemacht werden. Davon ist natürlich nicht die Rede. Aber die dann übrigbleibende Konstruktion einer strafrechtlichen Risikoschaffung zu Lasten Dritter ist so befremdlich, daß mir die Annahme, derartige Schäden seien von vornherein nicht in den Schutzbereich der Norm einzubeziehen, den Vorzug zu verdienen scheint. Andererseits besteht die noch näherliegende Möglichkeit, daß ein mutiger Helfer Risiken eingeht, deren Aufsichnahme Bewunderung und bei glücklichem Ausgang eine Rettungsmedaille verdient, die ihm aber von der Rechtsordnung nicht abverlangt werden. Dann ist es jedoch nur konsequent, wenn der kühne Retter die Verantwortung für sein Tun und dessen mögliche Folgen allein auf sich nimmt. Wer aus eigenem Entschluß und ohne rechtliche Verpflichtung sein Leben für andere aufs Spiel setzen will, wird in ausweglose Konflikte gestürzt, wenn er sich vor die Frage gestellt sieht, ob er es mit seinem Gewissen vereinbaren kann, daß er durch seinen ihm von niemandem abverlangten Wagemut möglicherweise Dritte (nämlich den oder die Unfallverursacher) in Kriminalstrafe stürzt. Und auch derjenige, dessen Unachtsamkeit die Gefahrenlage geschaffen hat, wird zu einem unwürdigen Kalkül

---

25 JZ 1967, S. 641 ff. (643).

gedrängt, wenn er sich überlegen muß, ob er überhaupt Hilfe herbeirufen soll, deren Mißlingen ihm möglicherweise weitere Bestrafung zuziehen kann. Es scheint mir daher richtig, den Schutzbereich der Norm auch insoweit nicht auf die Person erwachsener und verantwortlicher Hilfswilliger zu erstrecken. Es handelt sich, wenn man meine Erwägungen entsprechend den zuvor erörterten Zurechnungsmaßstäben auf eine am Risikogedanken orientierte Formel bringen will, bei beiden Sachverhaltsgruppen um Fälle der Risikoabnahme, und zwar entweder durch die gesetzlich verantwortete Hilfsanordnung oder durch den eigenverantwortlichen Entschluß des sich über die Anforderungen der Rechtsordnung hinaus in Gefahr Begebenden[26].

Man kann weitergehend *alle* Konstellationen, bei denen trotz einer durch das erlaubte Risiko nicht gedeckten Gefahrsteigerung von einer Zurechnung unerwünschter Folgen abgesehen wird, durch den Gedanken der Risikoabnahme umschreiben. Denn die Begrenzung des Schutzbereichs der Norm bedeutet für den Täter immer eine Entlastung von selbstgeschaffenen Risiken. Die gesetzgeberischen Gründe für solche strafrechtlichen Haftungsbeschränkungen können, wie schon unsere wenigen Beispiele zeigen, sehr verschiedenartig sein. Die hier in Betracht kommenden Fallgruppen vollständig zu erfassen und durch ihre Rückführung auf legislatorische Zwecksetzungen einer differenzierten Lösung zuzuführen, ist bisher nicht einmal versucht worden, da ja sogar die Fragestellung noch kaum bekannt ist[27]. Auch an dieser Stelle kann eine Aufarbeitung des umfang-

---

[26] Folgt man diesem Gedankengang, so wäre in dem vom BGH entschiedenen „Pockenfall" (BGHSt. 17,359) der Arzt, der die Kranken seiner Klinik unachtsamerweise mit Pocken infiziert hatte, nicht auch wegen fahrlässiger Körperverletzung des Klinikseelsorgers zu bestrafen gewesen, der sich in Kenntnis der Ansteckungsgefahr zu den Kranken in Quarantäne begeben hatte; ob der Geistliche zu seinem Handeln verpflichtet war oder nicht, wäre dann gleichgültig, da die Verhinderung seiner Ansteckung in jedem Fall außerhalb des Schutzbereichs der Norm gelegen hätte. Anders noch meine „Täterschaft und Tatherrschaft", S. 546 f.; abw. auch *Rudolphi*, JuS 1969, S. 556/57.

[27] Einen Anfang macht jetzt *Rudolphi*, a. a. O., der aber einerseits auch keinerlei Vollständigkeit erstrebt und andererseits unter dem Gesichtspunkt des Schutzbereichs Zurechnungsmaßstäbe mitbehandelt, die ich — wie das Risikoerhöhungsprinzip — davon trennen möchte.

reichen Stoffes nicht unternommen werden[28]. Als ein von den einzelnen Anwendungsfällen unabhängiger, zurechnungstheoretisch grundsätzlich bedeutsamer Gesichtspunkt verdient statt dessen abschließend der Umstand Erwähnung, daß mit dem „Schutzbereich der Norm" ein Maßstab bezeichnet wird, der über das *Honig*sche Kriterium der objektiven Bezweckbarkeit hinausreicht. Bei den drei erstgenannten zurechnungsausschließenden Prinzipien nämlich (Risikoverringerung, Fehlen einer rechtlich relevanten Risikoschaffung, mangelnde Steigerung des erlaubten Risikos) ist die Zurechnung zur Fahrlässigkeit wie zum Vorsatz gleichermaßen unmöglich. Handlungen, die für das geschützte Rechtsgut keine oder nur eine erlaubte Gefahr schaffen, lassen sich objektiv nicht als den Erfolg bezweckend denken, so daß vom Standpunkt der Rechtsordnung aus auch ein etwa subjektiv dahinzielender Wille irrelevant ist und keine Erfolgszurechnung begründet. Der Chirurg, dessen Patient trotz einer einwandfrei lege artis durchgeführten Operation stirbt, hat auch dann keine Tötungshandlung begangen, wenn dieser Erfolg etwa seinem Willen zur Beseitigung eines Nebenbuhlers entsprach. Der „Schutzbereich der Norm" dagegen könnte bei vorsätzlichen und bei fahrlässigen Taten sehr wohl unterschiedlich bestimmt werden: Wenn etwa — um auf die früheren Beispiele zurückzugreifen — jemand einen alten und herzkranken Vater absichtlich dadurch ins Grab bringen will, daß er dessen einzigen Sohn ermordet, oder wenn jemand mit arger List ein Kind in schwere Gefahr bringt, damit dessen Vater bei dem Versuch seiner Rettung umkomme, dann ließe sich, wenn der Plan gelingt, die Annahme einer vorsätzlichen vollendeten Tötung durchaus vertreten. Ich sage nicht, daß man so entscheiden *muß*; aber man *kann* es tun, weil die zuvor genannten teleologischen Erwägungen, die den Gesetzgeber bei fahrlässigem Handeln zu einer Risikoabnahme bewegen können, bei einer Erfolgsbezweckung nicht vorliegen. Es ist also nicht die

[28] Es sei nur der Hinweis erlaubt, daß die auch heute noch gelegentlich vertretene Lehre vom Regreßverbot (H. *Mayer, Naucke, Lampe*) sich unter teleologischen Aspekten als eine Begrenzung des Schutzbereiches der Norm darstellt: Beim Dazwischentreten eines vorsätzlich-deliktisch handelnden Dritten wird dem fahrlässigen Erstverursacher das Risiko für die Folgen der Tat des anderen abgenommen. Man wird freilich richtigerweise diese Fälle nicht einheitlich behandeln können, sondern differenzieren müssen (mannigfache Versuche dazu finden sich schon in meiner „Täterschaft und Tatherrschaft", S. 541—550); die einheitliche Zurechnung solcher Erfolge nach den Maßstäben der Äquivalenztheorie ist aber nicht weniger problematisch als ein generelles Regreßverbot.

mangelnde Bezweckbarkeit, die zur Begrenzung des Schutzbereichs einer Norm führt.

Die gleiche zurechnungslogische Besonderheit des Schutzbereichsprinzips ist es auch, die bei Anwendung dieses Maßstabes Straf- und Zivilrecht, wie schon unsere wenigen Beispiele zeigen, verschiedene Wege gehen läßt. Was überhaupt ungefährlich ist oder sich im Rahmen des erlaubten Risikos hält, wird sinnvollerweise weder unter zivil- noch unter strafrechtlichen Aspekten eine Erfolgszurechnung begründen[29]; deshalb sind die legendären Erbonkelfälle hier wie dort als Kathederbeispiele beliebt, und deshalb war es auch möglich, das im Strafrecht entwickelte Kriterium des „verkehrsrichtigen Verhaltens" als zurechnungsausschließend in das Zivilrecht zu übernehmen. Der „Schutzbereich der Norm" dagegen ist zwar als „leitende Hinsicht" in beiden Rechtsbereichen verwendbar und insoweit aus dem Gebiet des Zivilrechts in das Strafrecht übertragbar; aber seine jeweiligen Inhalte müssen der Natur der Sache nach überall dort verschieden sein, wo die divergierenden Ziele gerechten Schadensausgleichs auf der einen und kriminalpolitisch sachgemäßer Reaktion auf der anderen Seite abweichende Lösungen fordern. Es ist also unter diesem Blickwinkel ganz selbstverständlich, daß man gegebenenfalls etwas zivilrechtlich als Tötungshandlung betrachten kann, was strafrechtlich diese Bezeichnung nicht verdient. Natürlich setzt das einen normativen Handlungsbegriff voraus; was dieser

---

29 Dabei soll nicht verkannt werden, daß es methodisch möglich ist, auch das vorhin erörterte Risikoerhöhungsprinzip in seiner Tragweite für das Zivil- und Strafrecht unterschiedlich zu beurteilen (vgl. etwa *Deutsch*, JZ 1966, S. 557 f., *Münzberg*, Verhalten und Erfolg als Grundlagen der Rechtswidrigkeit und Haftung, S. 135 ff.). Das Zivilrecht hat ja durch Gesichtspunkte wie den des mitwirkenden Verschuldens und durch Beweislastregeln zur differenzierenden Korrektur von Haftungsmaßstäben mannigfache Möglichkeiten, die dem Strafrecht nicht zur Verfügung stehen. Für das Zivilrecht am einleuchtendsten erscheint mir freilich ein Gedanke, den mein verehrter Kollege *Deutsch* mir gesprächsweise als mögliche Lösung vorgetragen hat: daß nämlich wie im Strafrecht die Haftung schon durch jede Risikoerhöhung ausgelöst werden müßte, daß aber das Maß des zu leistenden Schadenersatzes je nach dem Grade der Wahrscheinlichkeit, mit welcher der Erfolg auch bei sachgerechtem Verhalten eingetreten wäre, auf einer von 1—100 reichenden Skala abgestuft werden müßte. Doch steht dem de lege lata wohl das rechtspolitisch problematische „Alles — oder — nichts — Prinzip" entgegen.

aber — im Gegensatz zu einem rein ontischen Handlungsbegriff — leisten kann, soll die vorliegende Studie wenigstens skizzenhaft deutlich machen[30].

7. Auf dem Hintergrunde des bisher Erörterten lassen sich einige zusammenfassende Aussagen über das viel besprochene strafrechtliche Handlungsproblem machen. Ich habe unlängst[31] — ohne Berufung auf *Honig*, aber wie er vom Zurechnungsprinzip ausgehend — die Handlung als „personal zurechenbares Verhalten" umschrieben, dabei aber gleichzeitig festgestellt, daß diese Formulierung nicht eine Handlungsdefinition, sondern nur ein methodisches Leitprinzip bezeichne, das der Konkretisierung durch differenzierte Zurechnungsmaßstäbe bedürfe. Will man darüber Näheres sagen, so wird man guttun, bei der Zurechnung zwischen einer Verhaltens- und einer Erfolgszurechnung zu unterscheiden. Das heißt: Damit man etwas als Handlung oder Unterlassung eines bestimmten Menschen qualifizieren kann, muß dieser sich zunächst einmal überhaupt „verhalten" haben. Daran fehlt es bei Bewegungen, die durch bloße Reflexe oder durch vis absoluta herbeigeführt worden sind, ferner auch bei einem auf vollständiger Handlungsunmöglichkeit beruhenden Nichtstun. Es sind dies die Fälle mangelnder „Willkürlichkeit", die als eine Zurechnung zur Person ausschließend im wesentlichen anerkannt sind. Sie lassen sich durch *Honigs* Kriterium der „objektiven Bezweckbarkeit" mühelos erfassen; denn man kann nicht als zweckhaft gesetzt denken, was jeder Zwecksetzung unzugänglich ist. *Honig* selbst erwähnt das zwar bei den Begehungsdelikten, wo er sich nur mit der Erfolgszurechnung befaßt, nicht eigens; aber bei den Unterlassungstaten bezeichnet er die Handlungsmöglichkeit ausdrücklich als „Haftungsgrundlage": „Denn erst die Möglichkeit gibt dem Nichttun die Bedeutung einer Unterlassung. Eine Unterlassung aber und nicht ein bloßes Nichttun ist geeignete Grundlage strafrechtlicher Haftung"[32]. Neben diese Verhaltenszurechnung tritt die Erfolgszurechnung, die für die Bestimmung des Handlungsinhalts entscheidend ist. Während etwa die Feststellung einer „gewillkürten" Körperbewegung lediglich den Schluß auf das Vorliegen einer beliebigen, inhaltlich unbestimmbaren und insoweit abstrakten „Handlung an

---

30 Insofern liefert dieser Beitrag eine Ergänzung zu meinen Ausführungen über die „Leistungsfähigkeit des strafrechtlichen Handlungsbegriffs"; in ZStW, Bd. 74, 1962, S. 515 ff. (= oben S. 72 ff.).

31 In der Gedächtnisschrift für Gustav *Radbruch*, 1968, S. 266 ff.

32 a. a. O., S. 193.

sich" gestattet, setzt die Bejahung einer konkreten „Tötungshandlung" die Zurechnung eines Todeserfolges voraus. Wir haben gesehen, daß dafür neben der Ermittlung des logischen Bedingungszusammenhanges die vier Kriterien der mangelnden Risikoverringerung, der Schaffung eines rechtlich relevanten Risikos, der Steigerung des erlaubten Risikos und des Schutzbereiches der Norm (der fehlenden Risikoabnahme) heranzuziehen sind, von denen die ersten drei als Ausprägungen des *Honig*schen Gedankens der objektiven Bezweckbarkeit erscheinen, während der vierte Maßstab einen davon unabhängigen Zurechnungsgesichtspunkt zur Geltung bringt. Für die *Täter*handlung treten dann noch spezielle Zurechnungsprinzipien — wie die Tatherrschaft oder die Verletzung einer außerstrafrechtlichen Sonderpflicht — hinzu.

Folgt man dem, so ist die „Finalität" kein notwendiges Merkmal einer inhaltlich bestimmten Handlung oder Unterlassung. Man kann also, wenn jemand aus Unachtsamkeit einen anderen zu Tode fährt, durchaus von einer „fahrlässigen Tötungshandlung" sprechen, ohne daß dies eine contradictio in adiecto wäre. Eine bloße Todesverursachung ergibt sich erst dann, wenn jemandem beispielsweise trotz Einhaltung aller Verkehrsvorschriften ein Fußgänger unter die Räder gerät: Hier liegt ein Unglück, aber keine Tötungshandlung vor. In entsprechender Weise würde man, wenn in unseren Schutzbereichsfällen ein Retter zu Tode kommt, zwar von einer Tötungsverursachung durch den Unfalltäter, aber nicht von einer Tötungshandlung sprechen dürfen. Andererseits läßt sich auch nicht sagen, daß die „Finalität" für die Handlungszurechnung schlechthin irrelevant wäre. Würde man etwa in den vorher erörterten „Retterfällen" meinem Gedanken folgen, daß der Tod des Hilfeleistenden, wenn er vom Unfallverursacher beabsichtigt ist, in den Schutzbereich der Norm einzubeziehen sei, so würde bei einer solchen Konstellation die Finalität handlungskonstituierende Bedeutung gewinnen, da bei ihrem Fehlen trotz sonst gleichen Sachverhaltes eine Tötungshandlung nicht mehr vorläge. Das hat nichts Befremdliches, wenn man sich einmal klarmacht, daß die einzelnen „Elemente" des äußeren oder inneren Geschehens (ob es sich nun um die Finalität, den Vorsatz, eine Notstandssituation oder was immer handelt) nicht gleich Bausteinen unverrückbar an eine bestimmte Stelle des Systems „gehören", sondern daß die Frage nur dahin gestellt werden darf, ob und inwieweit ein subjektives oder objektives Merkmal unter dem Gesichtspunkt der Handlungs-, Unrechts- oder Schuldzurechnung relevant ist. Dabei kann es durchaus so sein, daß z. B. ein Element wie die Finalität für die Handlungszurechnung hier bedeutsam und dort unerheblich ist, so wie andererseits etwa der Vorsatz oder eine nach § 54 StGB zu beurteilende Sachlage für Unrecht und Schuld gleichermaßen, wenn auch in anderer Weise, erheblich und somit „doppelrelevant" sein können. Eben darin liegt der prinzipielle Unterschied zwischen einem im Strafrecht immer noch vorherrschenden „stoffaufgliedernden", die Straftat aus Geschehenspartikeln zusammensetzenden und einem an Zurechnungsmaßstäben orientierten teleologischen System. Bei der letztgenannten Art der Systembildung liegt die Einheit nicht in der Identität des bei Handlung, Unrecht oder Schuld einzuordnenden stofflichen Materials, sondern in der teleologischen Zusammengehörigkeit von Zurechnungsprinzipien, die bei ihrer Entfaltung am Rechtsstoff ganz verschiedenartige Sachgegebenheiten in das Blickfeld bringen können. Ich habe das an anderer Stelle[33] schon näher dargelegt und kann hier darauf verweisen[34].

8. Auch die Frage nach der „Vortatbestandlichkeit" des Handlungsbegriffes rückt durch die geschilderte Blickwendung in eine andere Beleuchtung. Gewiß ist die Zurechnung zur Handlung mit der Zurechnung zum Tatbestande nicht schlechthin identisch. Wenn man etwa, wie es oben dargelegt wurde, unvorsätzliche und nichtfinale Tötungshandlungen für möglich hält, gibt es gleichwohl gute und durchschlagende Gründe dafür, die Zurechnung zum *Tatbestand* des Totschlages vom Vorsatz des Täters abhängig zu machen[35]. Aber das ändert nichts daran, daß Gegebenheiten, die nur durch die dem

---

33 Gedächtnisschrift für Gustav Radbruch, 1968, S. 260 ff.

34 Erwähnt sei nur noch, daß von diesem Blickwinkel aus auch das im Streit um die finale Handlungslehre viel erörterte „Versuchsargument" in eine andere Beleuchtung rückt. Der Gedanke, daß der Vorsatz oder die Finalität, wenn sie zur Feststellung eines Versuchs unentbehrlich seien, notwendig auch zur vollendeten Tat hinzugehören müßten, da sie ja aus der Handlung beim Eintritt ins Vollendungsstadium nicht wieder verschwinden könnten, ist zwingend nur bei einer an stoffliche Gegebenheiten anknüpfenden Systemaufgliederung. Geht man stattdessen davon aus, daß die Zurechnung zum Versuch den Vorsatz erfordert, so impliziert das nicht die Aussage, daß die Zurechnung zur vollendeten Tat notwendig dasselbe Merkmal zur Voraussetzung habe. Im Gegenteil: Da es keinen fahrlässigen Versuch gibt, kann der Gesetzgeber auch bei fahrlässigen Erfolgsdelikten die Handlungszurechnung nicht an den Vorsatz oder die Finalität, sondern nur an andere, oben im Text erörterte Voraussetzungen geknüpft haben. Eine ähnliche Argumentation findet sich bei *Engisch*, Rittler-Festschrift, 1957, S. 173 ff.

35 Daß mir hier eine entscheidende Einsicht des Finalismus zu liegen scheint, habe ich immer wieder betont; zuletzt in ZStW, Bd. 80, 1968, S. 716 f.

Tatbestand zugrunde liegende Norm in ihrer Relevanz bestimmt werden (Risikoschaffung, Schutzbereich usw.), auch für die Handlungszurechnung Bedeutung haben. Diese Mitkonstituierung der Handlung durch den Tatbestand, die *Honig*, wie wir anfangs sahen, schon zutreffend herausgearbeitet hat, läßt sich nicht, wie es in der Auseinandersetzung manchmal geschieht, durch den schlichten Hinweis ad absurdum führen, daß es „Handlungen" doch auch völlig außerhalb der Sphäre des Strafrechtes und seiner Tatbestände gibt. Das bestreitet niemand. Aber diese Handlungen erhalten ihre Qualität durch andere sozio-kulturelle Wertsysteme oder auch durch die Zwecksetzungen des Agierenden selbst. Uns kommt es jedoch nur auf die strafrechtlich erheblichen Qualitäten bestimmter Geschehensabläufe an, die unter dem Aspekt anderer Bezugskategorien (unter Umständen sogar, wie wir sahen, schon im Zivilrecht) eine durchaus abweichende Bedeutung erlangen können.

9. Diese Erwägungen gestatten uns abschließend ein Wort zum Begriff der Finalität, der wie kein anderer die strafrechtliche Grundlagendiskussion der letzten Jahrzehnte geprägt hat. *Welzel* glaubte mit ihm einen ontisch fixierten, dem Strafrecht unverrückbar vorgegebenen Zurechnungsmaßstab gefunden zu haben: Ein Kausalverlauf ist danach — wenn wir bei unserem einmal angeführten Beispiel bleiben dürfen — eine Tötungshandlung nur dann, wenn der Täter ihn bewußt auf dieses Ziel hingesteuert („final überdeterminiert") hat. Ein solcher Finalitätsbegriff ist, auch wenn man ihn für die Handlungszurechnung entbehren zu können glaubt, in vielfacher Weise fruchtbar. Er ist aber — entgegen der unter den Finalisten vorherrschenden Meinung — nur als normativer Begriff zu verstehen und strafrechtlich zu verwerten. Denn die Finalität baut ja nicht allein auf dem wertfreien Bedingungszusammenhang auf, sondern setzt die oben im Text entwickelten objektiven Zurechnungsmaßstäbe gleichfalls voraus. Im „Gewitterfall" liegt auch dann keine finale Tötungshandlung vor, wenn der Erbonkel tatsächlich vom Blitz erschlagen wird. *Welzel*[36] führt das darauf zurück, „daß der Täter sich eine Einwirkungsmöglichkeit auf das reale Geschehen" selbst nicht zuschreibe. Aber darauf kommt es nicht an. Wenn der Täter das Hinausschicken ins Gewitter als ein wirkungsvolles Tötungsmittel betrachtet, liegt immer noch keine finale Tötungshandlung vor, weil die *Rechtsordnung* eine so geringfügige Risikosetzung für die Zurechnung des Erfolges nicht ausreichen läßt. Andererseits ist es gewiß richtig,

[36] Lehrbuch, 10. Aufl. S. 63.

daß der aus großer Entfernung abgegebene Schuß des Mörders auch dann eine vollendete Tötung darstellt, wenn die Chance, das Opfer zu treffen, gering war. Aber auch hier ist nicht entscheidend, ob der Mörder die „geringe Chance“[37] als für eine finalitätsbegründende Kausalsteuerung ausreichend erachtet, sondern ob der *Gesetzgeber* das tut. Auch die Kausalabweichungen, die ja bei Vorsatzdelikten sämtlich zugleich Finalabweichungen sind, lassen die Finalität unberührt, wenn sie „unwesentlich“ sind: Wenn A den B erschießen will, aber den daneben stehenden C trifft, will *Welzel*, wenn eine solche Möglichkeit „im Rahmen der allgemeinen Lebenserfahrung“ lag, eine vollendete (finale) Tötung des C annehmen[38]. Das mag im Ergebnis richtig sein, beruht aber sicher nicht auf einem durch die Zwecksetzung des Täters bestimmten, ontisch unverrückbaren Finalitätsbegriff, sondern auf normativen, an der rechtlichen Gleichwertigkeit der Handlungsobjekte orientierten Erwägungen. Wann eine Abweichung „wesentlich“, die Handlung also nicht „final“ ist, kann immer nur eine Frage juristischer Beurteilung sein, wie denn ja auch der Adäquanzmaßstab, den *Welzel* — in der Sache zutreffend — allenthalben[39] der Finalität anstelle der bloßen Bedingungsäquivalenz unterlegt, nicht eine naturwissenschaftliche Kausalität, sondern ein rechtliches Zurechnungsprinzip bezeichnet, das auf diese Weise in den vermeintlich vorrechtlichen Finalitätsbegriff eingeht. Noch deutlicher zeigt sich die Normativität dieses Kriteriums bei den übrigen Zurechnungsmaßstäben: Wer sich im Rahmen des erlaubten Risikos hält, hat auch dann keine finale Tötungshandlung begangen, wenn er die eingetretene Verwirklichung des Risikos erstrebt hatte. Die wandelbare Grenze des erlaubten Risikos, die für das Recht zugleich die Grenze finaler Geschehenssteuerung bezeichnet, ist gewiß kein ontisches, sondern ein normativer Festsetzung bedürftiges Merkmal. Die Risikoverringerung ist auch bei bewußter Ablenkung des Kausalverlaufs keine finale Körperverletzungshandlung; und die Herbeiführung von Folgen, die außerhalb des Schutzbereiches der Norm liegen und nach dem Sprachgebrauch *Welzels* wohl durch seinen Begriff der Sozialadäquanz miterfaßt werden[40], ist, selbst wenn sie bezwecktermaßen eintreten, auch nach dem jüngsten Stand der *Welzel*'schen Lehre keine finale, aber sozial-

[37] *Welzel*, Lehrbuch, S. 64.

[38] Lehrbuch, S. 70.

[39] Vgl. Lehrbuch, S. 42, 43, 70, 71.

[40] Vgl. die Beispiele, Lehrbuch S. 53.

adäquate, sondern überhaupt keine Verletzungshandlung[41]. Da aber die Frage, was der Gesetzgeber in den Schutzbereich einbeziehen bzw. als sozialadäquat gelten lassen will, nur durch ein rechtliches Werturteil beantwortet werden kann, tritt die Normativität des Finalitätskriteriums auch hier sehr deutlich zutage.

Noch in mehrfacher anderer Hinsicht ist die Finalität, so wie sie im Verbrechensaufbau der Finalisten verwendet wird, normativ bestimmt; das gilt z. B. für die ontisch keineswegs vorgegebene, sondern nach Schuldgesichtspunkten vorzunehmende Trennung zwischen dolus eventualis und bewußter Fahrlässigkeit[42] und für die normativen Qualitäten der Tatumstände, deren gesteuerte Verwirklichung den Finalnexus prägt[43]. Doch soll uns das hier nicht weiter beschäftigen. Im Rahmen dieser kleinen Studie kam es mir nur darauf an zu zeigen, daß die Zurechnungsmaßstäbe, wie ich sie hier im Anschluß an *Honig* zu entwickeln versucht habe, nicht nur vom Standpunkt einer rechtlich-sozialen Handlungslehre aus, mit der sie am ehesten im Einklang stehen, Gültigkeit beanspruchen, sondern daß auch das finalistische System entgegen seinen theoretischen Prämissen

---

41 Lehrbuch, S. 54.

42 Vgl. dazu meinen Aufsatz im JuS 1964, S. 53 ff. (= unten, S. 209 ff.); vor allem in und bei Anm. 46 und 58.

43 So hat z. B. — wenn wir auch hier wieder beim Beispiel der gegen das Leben gerichteten Delikte bleiben dürfen — gerade die jüngste Diskussion gezeigt, daß Beginn und Ende des menschlichen Lebens sich biologisch gesehen nicht als Fixpunkte, sondern als zeitlich gestreckte Prozesse darstellen, daß aber die Rechtsordnung nach normativen Maßstäben bestimmen muß, wann für sie der werdende Mensch in die Existenz tritt (mit der Vereinigung von Ei- und Samenzelle, mit der Nidation oder später?) und wann der lebendige Mensch zum Leichnam wird (mit dem Herz- oder mit dem Hirntod?). Wenn man sich etwa fragt, ob der Arzt, der nach eingetretenem Hirntod des Spenders diesem ein noch schlagendes Herz aus der Brust herausoperiert, damit eine finale Tötungshandlung begeht, dann ist die Antwort nirgends ontisch vorgegeben, sondern rechtlich festzusetzen. Es geht nicht darum, ob der Gesetzgeber eine Tötungshandlung bestrafen will oder nicht, sondern schon ihr Vorliegen hängt von den Zwecksetzungen der Rechtsordnung ab. *Welzels* Antikritik an meiner These von der notwendigen Normativität aller inhaltserfüllten Handlungsbegriffe in „Vom Bleibenden und vom Vergänglichen in der Strafrechtswissenschaft“, Erinnerungsgabe für Max *Grünhut*, 1965 (auch als Separatdruck, 1964) setzt sich mit diesen und den übrigen hier im Text angeführten Gesichtspunkten, auf die es doch entscheidend ankäme, nicht näher auseinander.

ihrer nicht entraten kann. Das ist nicht nur ein Argument für die Sachrichtigkeit dieser Lösungen; es begründet auch die Hoffnung, daß die Wiederbelebung und umfassende Ausarbeitung einer allgemeinen Zurechnungslehre unsere in zahlreiche divergierende Positionen zersplitterte Dogmatik eines Tages wieder zu einem allgemein anerkannten „Bild des Strafrechtssystems" zusammenführen könnte. Einer solchen Neubesinnung auf den Zurechnungsgedanken schon vor Jahrzehnten fruchtbar fortwirkende Impulse verliehen zu haben, gehört zu den bleibenden Verdiensten Richard *Honigs*, dem diese Abhandlung in Dankbarkeit und Verehrung dargebracht sei.

Nachbemerkung:

Die weit verzweigten Diskussionen um den Handlungsbegriff haben in den letzten Jahren zu einer gewissen Resignation geführt. Die „Leistungsfähigkeit" (vgl. den Titel der oben, S. 72 ff., gedruckten Abhandlung) des Handlungsbegriffes, d. h. seine praktische Brauchbarkeit als systematischer Grundbegriff und Leitprinzip strafrechtlicher Haftung, begegnet zunehmender Skepsis (charakteristisch das Lehrbuch von *Schmidhäuser*, Strafrecht, Allgemeiner Teil, 1970, S. 145: „Es sind also alle die Bedenken berechtigt, die gegen den Handlungsbegriff oder doch gegen seine Überbewertung in jüngster Zeit erhoben worden sind"). Mehr und mehr gewinnt die Auffassung an Boden, daß es für das Strafrecht weniger wichtig ist zu ermitteln, ob und unter welchen Voraussetzungen ein menschliches Verhalten als „Handlung" zu qualifizieren ist, als vielmehr festzulegen, wann und inwieweit ein tatbestandsmäßiger Erfolg einer Person als haftungsbegründend zuzurechnen ist. Diesen Bemühungen um die Neubegründung einer strafrechtlichen Zurechnungslehre ist der hier abgedruckte Aufsatz gewidmet, der insofern meine kritischen Darlegungen zum Handlungsbegriff von der positiven Seite her ergänzen soll. Diese Bestrebungen treffen sich mit anderen Versuchen, wie sie jüngst — mit verschiedener Intensität und unabhängig voneinander — in einigen Lehrbüchern unternommen worden sind (vgl. *Jescheck*, Allgemeiner Teil, 1969, S. 187 ff., 386 ff.; *Schmidhäuser*, Allgemeiner Teil, 1970, S. 182 ff.; *Wessels*, Allgemeiner Teil, 2. Aufl., 1972, S. 38 ff.). Ob eine allgemeine Zurechnungslehre, wie sie mein Aufsatz zu skizzieren versucht, die heute der Handlungslehre zugewiesenen Aufgaben einmal wird übernehmen können, bleibt abzuwarten; die Strafrechtsdogmatik steht hier (anders als die Zivilrechtslehre) noch am Anfang. *Dreher* (StGB, 33.

Aufl. 1972, S. 12) nennt meinen oben wiedergegebenen Versuch „problematisch“, während *Noll* (Der strafrechtliche Handlungsbegriff, in: Kriminologische Schriftenreihe, Band 64, 1971, S. 21 ff.) und *Otto* (Kausaldiagnose und Erfolgszurechnung im Strafrecht, in: Festschrift für Maurach, 1972, S. 91 ff.) in der hier eingeschlagenen Richtung weiterarbeiten. Für den Studenten empfiehlt es sich, der parallelen Problematik der Zurechnung im Zivilrecht seine vergleichende Aufmerksamkeit zuzuwenden. Einen guten Überblick geben *Deutsch*, Zurechnung und Haftung im zivilen Deliktsrecht, und *Larenz*, Zum heutigen Stand der Lehre von der objektiven Zurechnung im Schadenersatzrecht, beide in: Festschrift für Richard M. Honig, 1970, S. 33 ff., 79 ff.

Eine Zurechnungslehre, wie sie im vorstehenden Aufsatz erörtert wird, müßte in den Rahmen eines teleologisch aufgebauten Strafrechtssystems eingefügt werden. Methodologische Vorüberlegungen dazu liefert mein Aufsatz „Einige Bemerkungen zum Verhältnis von Rechtsidee und Rechtsstoff in der Systematik unseres Strafrechts“, in: Gedächtnisschrift für Radbruch, 1968, S. 260 ff. Einen ersten Versuch, die Konsequenzen einer solchen Systematik für Tatbestand, Rechtswidrigkeit und Schuld sichtbar zu machen, gibt meine Schrift „Kriminalpolitik und Strafrechtssystem“, 1970.

Pflichtwidrigkeit und Erfolg bei fahrlässigen Delikten*)

I. Die Problemstellung

Es gibt eine Problemkonstellation, die seit den Anfängen der reichsgerichtlichen Rechtsprechung immer wieder aufgetreten ist, die eine Vielzahl dogmatischer Streitfragen unmittelbar berührt und über deren Behandlung bisher keine Einigkeit erzielt worden ist.

1. Ein klassisches Modellbeispiel dieser Art ist der vom Bundesgerichtshof im Jahre 1957[1] entschiedene „Radfahrerfall": Der Fahrer eines Lastwagens hatte einen Radfahrer überholen wollen und dabei den nach der Straßenverkehrsordnung gebotenen Seitenabstand nicht eingehalten. Während des Überholvorganges geriet der stark angetrunkene Radfahrer, weil er infolge einer alkoholbedingten Kurzschlußreaktion das Fahrrad nach links zog, unter die Hinterreifen des Anhängers und verunglückte tödlich. Es wurde festgestellt, daß der Unfall sich mit hoher Wahrscheinlichkeit mit dem gleichen tödlichen Ausgang auch dann ereignet haben würde, wenn der Fahrer des Lastwagens beim Überholen einen genügenden Zwischenraum eingehalten hätte.

2. Schon aus dem Jahre 1887 stammt der „Apothekerfall"[2]: Ein Apotheker hatte eine phosphorhaltige Medizin, zu deren einmaliger Auslieferung er auf Grund eines ärztlichen Rezeptes befugt war, später noch mehrere Male ohne Befragen des Arztes herausgegeben, weil die Mutter des kranken Kindes ihn darum gebeten hatte. Das Kind starb an Phosphorvergiftung. Es ließ sich ermitteln, daß der Arzt, wenn er gefragt worden wäre, die Genehmigung zur nochmaligen Verabfolgung der Medizin wohl erteilt hätte.

3. Ähnlich liegt auch der „Ziegenhaarfall"[3], mit dem das Reichsgericht sich im Jahre 1929 zu beschäftigen hatte: Der Angeklagte hatte „für seine Pinselfabrik von einer Händlerfirma chinesische Ziegenhaare bezogen und diese trotz der Mitteilung der Händlerfirma,

---

* ZStW. Bd. 74, 1962, S. 411 ff.

1 BGHSt. 11, 1—7.

2 RGSt. 15, 151—155.

3 RGSt. 63, 211—215 (211).

daß er sie desinfizieren müsse, ohne vorherige Desinfektion durch seine Arbeiter zu Pinseln verarbeiten lassen". Vier Arbeiterinnen wurden durch Milzbrandbazillen angesteckt und starben. Nach den Aussagen des Sachverständigen wären sie möglicherweise auch bei einer Desinfektion gestorben, weil die zugelassenen Desinfektionsmittel keine genügende Gewähr für eine wirkliche Keimfreiheit der Haare geboten hätten.

4. Schließlich sei noch der „Novokain-Fall" erwähnt[4], der im Schrifttum am meisten Aufmerksamkeit gefunden hat: Zum Zwecke einer Betäubung hatte der Arzt anstatt des medizinisch gebotenen Novokain für seine Spritze Kokain verwendet. Das war ein Kunstfehler, und der Patient starb auch an den Wirkungen der Spritze. Hinterher zeigte sich, daß bei der Körperbeschaffenheit des Patienten möglicherweise auch die Verwendung von Novokain, aus der dem Arzt kein Vorwurf hätte gemacht werden können, zum Tode geführt hätte.

Alle diese Sachverhalte gleichen sich darin, daß a) der Angeklagte inkorrekt gehandelt hat, daß b) eine Rechtsgüterverletzung vorliegt, daß sie aber c) bei einwandfreiem Verhalten möglicherweise, wahrscheinlich oder sogar sicher ebenfalls eingetreten wäre. Die Frage ist, ob in jedem dieser Fälle eine fahrlässige Tötung anzunehmen ist, ob überall Freispruch erfolgen muß oder ob man — je nachdem, mit welcher Wahrscheinlichkeit der Erfolg bei ordnungsmäßigem Verhalten ausgeblieben wäre — differenzierende Lösungen entwickeln kann.

Der Rechtsprechung ist es bisher nicht gelungen, klare und einheitliche Beurteilungskriterien herauszubilden. Im anfangs erwähnten Radfahrerfall hat der Bundesgerichtshof freigesprochen, weil der Lastwagenführer für den Erfolg nicht im strafrechtlichen Sinne ursächlich gewesen sei[5]. *Spendel*[6] und Arthur *Kaufmann*[7], die beide dieser Entscheidung und der ganzen Problematik in der *Eb.-Schmidt*-Festschrift eingehende Erörterungen gewidmet haben, lehnen übereinstimmend die Lösung des BGH ab, kommen aber selbst mit untereinander völlig abweichenden Begründungen zu entgegengesetzten

---

[4] Unveröffentlichte Entscheidung des RG v. 15. Okt. 1926; mitgeteilt bei *Exner*, Frank-Festausgabe I, S. 587/88; Eb. *Schmidt*, Arzt im Strafrecht, S. 200; am ausführlichsten mit weiteren Nachweisen bei *Spendel*, Die Kausalitätsformel der Bedingungstheorie für die Handlungsdelikte, S. 65 ff.

[5] A. a. O., S. 7.

[6] Eb.-*Schmidt*-Festschrift, S. 183—199.

[7] Eb.-*Schmidt*-Festschrift, S. 200—231.

Ergebnissen: *Spendel* nimmt eine fahrlässige Tötung an, Arthur *Kaufmann* will freisprechen.

Wir wollen im folgenden als feststehend zugrunde legen, daß es in unseren Fällen nicht um ein echtes Kausalproblem geht. Denn daß eine Verursachung im Sinne der Äquivalenztheorie allemal vorliegt, läßt sich nicht ernsthaft bezweifeln[8]. Wenn jemand von einem Auto überfahren wird oder an einer Spritze stirbt, sind Auto und Spritze selbstverständlich Bedingungen des Todes gewesen. Mit der Frage, ob das eine Ursächlichkeit „im strafrechtlichen Sinne" oder ein rechtlich relevanter Kausalzusammenhang ist, werden schon andere Zurechnungselemente ins Spiel gebracht, die mit der Kausalität nichts mehr zu tun haben.

Sehen wir also diese Frage als gelöst an und versuchen wir, die Fülle der bisher vorgetragenen Meinungen auf einheitliche Gesichtspunkte zurückzuführen, so bleiben im wesentlichen drei große Problemkreise übrig, innerhalb deren man die Lösung dieser Fälle gesucht hat: die Abgrenzung von Begehungs- und Unterlassungsdelikt (II), das Erfordernis eines bestimmten Zusammenhanges zwischen Pflichtwidrigkeit und Erfolg (III) und die Berücksichtigung hypothetischer Schadensursachen, die im Zivilrecht in den letzten Jahren so gründlich behandelt worden ist (IV). Diesen drei auch unabhängig von unseren Ausgangsbeispielen bedeutsamen Themen wollen wir uns zunächst zuwenden.

II. Die Unterlassungslösung

1. Nimmt man in unseren Fällen an, daß es sich um Unterlassungsdelikte handelt, so ist die Lösung sehr einfach: Wir müssen den Täter allemal freisprechen. Grundlage unserer rechtlichen Prüfung ist dann immer der Umstand, daß der Angeklagte ein rechtlich gebotenes Verhalten nicht vorgenommen hat: nämlich das Überholen in ordnungsgemäßem Abstand, die Rückfrage beim Arzt vor nochmaliger Auslieferung der Medizin, die vorgeschriebene Desinfektion der Ziegenhaare und die wissenschaftlich indizierte Verwendung von Novokain.

Da eine Unterlassung nach fast einhelliger Meinung[9] nur zugerechnet werden kann, wenn die Vornahme der gebotenen Handlung

[8] So auch schlagend *Spendel*, Eb.-*Schmidt*-Festschr., S. 185 ff.; Arthur *Kaufmann* a. a. O., S. 207 ff.

[9] Abweichende Auffassungen finden sich bei Eb. *Schmidt*, Der Arzt im Strafrecht, S. 79 ff., und bei *Hardwig*, Die Zurechnung, S. 162/63. Sie

den Erfolg mit an Sicherheit grenzender Wahrscheinlichkeit abgewendet hätte, und da in den zur Erörterung stehenden Fällen der Schaden mit größerer oder geringerer Wahrscheinlichkeit so oder so eingetreten wäre, würde in allen vier Situationen schon die Tatbestandsmäßigkeit zu verneinen sein. Die Strafbarkeit entfiele, ohne daß es weiterer rechtlicher Erwägungen bedürfte.

Überaus zweifelhaft ist freilich die Prämisse, auf der diese sehr elegante Lösung beruht: die rechtliche Würdigung der Verhaltensweisen als Unterlassungstaten. *Mezger*[10], der Wortführer der — mindestens bis vor kurzem — herrschenden Meinung, hat die Lehre aufgestellt, daß die Frage der Abgrenzung von Tun und Unterlassen „nicht nach der äußeren Gestaltung des einzelnen Falles, sondern allein danach beantwortet werden kann, wogegen der rechtliche Vorwurf sich jeweils richtet". Die Unterscheidung sei also „keine Tatsachen-, sondern eine Wertungsfrage". Dem folgt der Bundesgerichtshof, wenn er sagt[11]: „Es kann jeweils nur auf den Schwerpunkt der Vorwerfbarkeit ankommen."

Die Verwendung einer solchen Methode führt *Mezger* zu dem Ergebnis, daß im Apotheker[12]- und im Ziegenhaarfall[13] ein Unterlassungsdelikt, beim Novokain-Urteil[14] dagegen eine Begehungstat vorgelegen habe. In der Beurteilung der Radfahrer-Entscheidung des Bundesgerichtshofs schwankt er und meint schließlich[15]: „Es würde ... wohl nicht der Sachlage entsprechen, eine Unterlassungstat anzunehmen. Wenn hier auch die Nichteinhaltung eines bestimmten Abstandes vorgeworfen wird, so steht doch im Vordergrund die Tatsache, daß der Angeklagte durch sein Überfahren positiv den Tod des Radfahrers veranlaßt hat. Wir halten es deshalb für richtiger, die Frage der Kausalität unter dem Gesichtspunkt einer Begehungstat zu prüfen." Danach soll also in zwei Fällen ein Unterlassen und in zwei Fällen ein Tun vorliegen.

---

bedürfen in diesem Zusammenhang keiner näheren Erörterung, weil es sich nach der hier vertretenen Meinung ohnehin um Begehungstaten handelt.

10 StuB, Allg. Teil, 9. Aufl., S. 76.

11 BGHSt. 6, 59.

12 Vgl. Lehrb., 3. Aufl., S. XIX, 116 Anm. 21, 138.

13 StuB, Allg. Teil, 9. Aufl., S. 76; Lehrb., 3. Aufl., S. XIX, 116 Anm. 21, 138.

14 Lehrb., 3. Aufl., S. XIX.

15 JZ 1958, S. 282.

Gegen diese unterschiedliche Behandlung haben sich neuerdings *Schröder, Spendel* und Arthur *Kaufmann* gewendet. *Schröder* meint, die Frage könne zweifelhaft sein. Als Richtlinie ließe sich nur sagen, „daß das Schwergewicht in solchen Fällen meist bei der Handlung liegen" werde[16]. *Spendel* stellt die Regel auf, „daß als erstes nach der aktiven Seite eines zwei-deutigen und doppelseitigen Verhaltens zu fragen und dieses im Zweifel als aktives Tun aufzufassen" sei[17]. Fast wörtlich übereinstimmend spricht Arthur *Kaufmann* von der „Regel ..., daß ein einheitliches Verhalten, das sowohl Tätigkeits- wie auch Unterlassungselemente enthält, im Zweifel als positives Tun zu betrachten ist"[18].

Spendel und *Kaufmann* wollen auch in unseren Beispielsfällen überall Begehungstaten annehmen. Ich halte das für richtig. Doch müssen zur Klärung der grundsätzlichen Problematik zwei Zusatzfragen gestellt werden: 1. Warum soll in derartigen Fällen im Zweifel eine Begehungstat vorliegen? 2. Warum soll das nur „im Zweifel" gelten, und worin liegen hier die Zweifel?

Spendel beruft sich zur Begründung seiner Auffassung darauf, daß das Strafrecht „in erster Linie an sozialschädliches Handeln und nicht Unterlassen" anknüpfe. Vor allem durch aktives Tun greife der Mensch in das Naturgeschehen ein, durch Aktivität werde in der Regel etwas vollbracht, kaum durch Passivität. Arthur *Kaufmann* gibt zu, daß es bei solchen Fahrlässigkeitstaten oftmals naheliege, an ein Unterlassungsdelikt zu denken, und daß es sich um eine „oft gar nicht eindeutig zu beantwortende Frage"[19] handele, meint dann aber auch im Apothekerfall, den er wohl für den schwierigsten hält, daß für den sozialen Handlungssinn nicht die unterlassene Anfrage beim behandelnden Arzt, sondern die Aushändigung der Arznei im Vordergrund stehe.

Das alles soll nicht bestritten werden. Es ist aber nicht zu verkennen, daß eine eigentliche Begründung für diese neuere Auffassung fehlt. Ob das Strafrecht bei solchen Situationen in erster Linie an Handeln und nicht an Unterlassen anknüpft, wie *Spendel* meint, oder ob das „Schwergewicht" und der „soziale Handlungssinn", wie *Schröder* und *Kaufmann* sagen, auf dem positiven Tun liegen, das

---

[16] *Schönke-Schröder*, 10. Aufl., V, 3 vor § I, S. 28.

[17] Eb.-*Schmidt*-Festschrift, S. 194.

[18] Eb.-*Schmidt*-Festschrift, S. 212.

[19] A. a. O., S. 213.

ist doch gerade die Frage, die mit der Behauptung, daß es im Zweifel so sei, noch nicht hinreichend beantwortet ist.

2. Es ist deshalb folgende These aufzustellen: Die Abgrenzung von Tun und Unterlassen richtet sich nicht nach dem „Schwerpunkt" des rechtlichen Vorwurfs und nicht nach dem „sozialen Handlungssinn". Sie ist auch prinzipiell nicht „zweifelhaft". Es ist vielmehr lediglich festzustellen, ob ein positives Tun für den Erfolg kausal ist. Läßt sich das bejahen, so ist — da bei Vorsatzdelikten die Frage ohnehin nicht problematisch wird — nur noch zu ermitteln, ob dieses Tun nach allgemeinen Regeln fahrlässig ist. Ist das der Fall, so ist es ausgeschlossen, die strafrechtliche Haftung dadurch zu umgehen, daß man die Tat ihrem sozialen Handlungssinn nach als Unterlassungsdelikt versteht. Wenn dagegen das positive Tun nicht kausal oder nicht fahrlässig ist, so hat man immer noch zu prüfen, ob der Handelnde ein anderes, rechtlich gebotenes Verhalten, das den Erfolg abgewendet hätte, unterlassen hat.

Verfährt man so, dann liegt in unseren vier Beispielsfällen, da die Kausalität des positiven Tuns gegeben ist, die Problematik allein in der Prüfung der Fahrlässigkeit. Nichts hindert uns freilich zu untersuchen, ob den Angeklagten außerdem die Unterlassung einer gebotenen Handlung vorzuwerfen ist. Wenn man das aber zu Recht verneint, weil man nicht gut jemandem eine Tötung mit der Begründung zur Last legen kann, daß er es unterlassen habe, eine möglicherweise zum Tode führende Handlung vorzunehmen, dann wird dadurch die strafrechtliche Würdigung der vom Angeklagten effektiv gesetzten Todesursache keineswegs überflüssig.

Das gilt auch unabhängig von unseren Fällen: Man denke nur an die bekannte Entscheidung BGHSt. 4, 20 ff., wo die Gastwirtin einem länger bei ihr verweilenden Handelsvertreter so viel Alkohol ausgeschenkt hatte, daß er völlig fahruntüchtig wurde, bei der Weiterfahrt auf den Fußweg steuerte und eine Spaziergängerin zu Tode fuhr. Auch hier handelte es sich nicht darum, ob das Verhalten der Wirtin, das der BGH unter dem Gesichtspunkt der fahrlässigen Tötung erörtert, seinem sozialen Handlungssinn nach als Tun oder Unterlassen aufzufassen ist. Vielmehr ist ganz schlicht zu prüfen, ob die immer weitere Hingabe der Schnäpse, die für den Tod der Passantin kausal war, im Hinblick auf diesen Erfolg nach allgemeinen Haftungsgrundsätzen als fahrlässig anzusehen ist. Fällt diese Untersuchung — etwa mangels Vorhersehbarkeit — negativ aus, weil die Wirtin vielleicht annehmen durfte, daß der Gast zu Fuß nach Hause gehen werde, so ergibt sich die weitere Frage, ob sie ihn dann nicht wenigstens später am Weggehen hindern konnte und mußte. Es ist jedes Geschehenselement selbständig zu prüfen, so daß ein Abgrenzungsproblem nicht entstehen kann.

Entsprechend ist der von Eb. *Schmidt*[20] erwähnte Fliegengift-Fall zu behandeln. Hier hatte eine Hausfrau beim Saubermachen ein Gefäß mit Fliegengift auf den Boden gestellt. Ihr zweijähriges Kind hatte davon getrunken und sich schwer verletzt. *Schmidt* hält es für „ganz sinnwidrig", den Fall unter dem Gesichtspunkt einer Körperverletzung durch positives Tun zu behandeln. Das ist aber im Gegenteil durchaus angebracht[21]. Natürlich kann es hier an der Fahrlässigkeit fehlen, weil im Augenblick des Hinstellens das Kind nicht in der Nähe war oder sonst hinreichend überwacht wurde. Dann kann man immer noch eine Unterlassungstat darin sehen, daß die Mutter das Gefäß nicht später wieder weggenommen hat. Es ist aber nicht so, daß der soziale Handlungssinn die Prüfung des einen oder des anderen Gesichtspunktes von vornherein verböte[22].

Nach dem hier befolgten Verfahren ist also weder an den jeweiligen „Schwerpunkt" noch im Zweifel an das positive Tun anzuknüpfen, sondern es sind alle in Betracht kommenden Einzelzüge des Ge-

---

20 Arzt im Strafrecht, S. 79.

21 So auch zutreffend *Spendel*, Eb.-*Schmidt*-Festschrift, S. 193. Seinem Hinweis, daß mit Sicherheit ein positives Tun anzunehmen wäre, wenn die Mutter das Gefäß mit Tötungsabsicht auf den Boden gestellt hätte, und daß es deshalb bei der Fahrlässigkeit nicht anders sein könne, würde die von ihm bekämpfte Meinung freilich entgegenhalten, daß durch den dolus malus das Schwergewicht des Vorwurfs und der soziale Handlungssinn auf die Begehungskausalität verlagert würden, was vom Standpunkt dieser Lehre aus ohne Widerspruch denkbar wäre.

22 Deshalb ist auch *Baumann*, Lehrb., 2. Aufl., S. 165, nicht zuzustimmen, der bei der Abgrenzung von Begehungs- und Unterlassungstat vom Erfolg aus zurückgehen „und die nächste selbständige Ursache dieses Erfolges" aufsuchen will. „Nur dann, wenn diese Ursache ein Unterlassen ist, liegt ein unechtes Unterlassungsdelikt vor", sagt er. Dadurch würde aber in den oben zuletzt erörterten Fällen die Prüfung der Begehungskausalität von vornherein ausgeschlossen, was beim Fehlen einer Garantenstellung zu sehr unbefriedigenden Ergebnissen führen kann. Außerdem: Wenn jemand mit Tötungsvorsatz durch einen Messerstich einen anderen schwer verwundet und dann verbluten läßt, ist er wegen eines Begehungsdeliktes zu verurteilen, auch wenn die „nächste Ursache" im Sinne *Baumanns* ein Unterlassen war.

samtvorganges mit Hilfe sämtlicher denkbarer Zurechnungskriterien[23] durchzumustern[24].

3. Dafür lassen sich gegenüber der bisher vorwiegend gehandhabten Methode mehrere Gründe anführen:

a) Nirgends steht geschrieben, daß eine fahrlässige Todesverursachung — um nur das Hauptbeispiel zu nehmen — dadurch straflos werden kann, daß man den Handlungssinn und den Schwerpunkt des Vorwurfs in einem Unterlassen sieht. § 222 StGB spricht vielmehr nur von der Voraussetzung, daß jemand „durch Fahrlässigkeit den Tod eines Menschen verursacht" haben muß. Wenn man hier die Klausel hinzuliest: „es sei denn, daß der Handlungssinn in einem Unterlassen ohne Garantenstellung zu erblicken ist", verändert man willkürlich das Gesetz.

b) Vor allem kann man doch nicht wissen, wogegen der rechtliche Vorwurf sich richtet, solange man mit der Prüfung des Falles noch nicht einmal begonnen hat. Ähnliches gilt für den „Handlungssinn": Welchen rechtlichen Sinn ein Verhalten hat, ob also jemand Täter eines Begehungsdeliktes, einer Unterlassungstat oder straflos ist, das kann sich erst zeigen, nachdem man alle Zurechnungskriterien der verschiedenen Verbrechensstufen am Sachverhalt gemessen hat. Wenn man über die Frage der Begehungs- oder Unterlassungstat, von der oft die Strafbarkeit abhängt, schon vorab entscheidet, dann schiebt man der rechtlichen Untersuchung insgeheim eine zweite Fallprüfung vor und befindet über den „Schwerpunkt der Vorwerfbarkeit" mit Hilfe unkontrollierbarer Maßstäbe aus rechtlich ungeregelten Räumen.

c) Und damit stehen wir vor dem dritten Einwand, der sich gegen ein solches Verfahren erheben läßt: Es ist bisher noch niemandem gelungen anzugeben, nach welchen Gesichtspunkten der „soziale Handlungssinn" und der „Schwerpunkt der Vorwerfbarkeit" zu ermitteln sind. In unseren Ausgangsfällen z. B. beruht die Möglichkeit zur Annahme einer Unterlassungstat allein auf dem Umstand, daß jede Fahrlässigkeit eine Außerachtlassung der erforderlichen Sorgfalt vor-

---

[23] Auch *Maurach*, A. T., 2. Aufl., S. 458, lehrt, daß es auf „eine komplexe Betrachtung des Gesamtvorganges" ankomme. Aber das ist wohl nicht im Sinne unseres Textes zu verstehen, denn er stimmt dem Urteil BGHSt. 6, 59, wonach der „Schwerpunkt" der Vorwerfbarkeit entscheiden soll, ausdrücklich zu.

[24] Kann man dem Täter sowohl sein Tun wie sein Unterlassen vorwerfen, so ist das Unterlassen subsidiär.

aussetzt[25]. Mit Hilfe dieses viel erörterten „Unterlassungselementes" der Fahrlässigkeit könnte man theoretisch die fahrlässigen Begehungstaten völlig ausschalten, indem man den Handlungssinn stets auf den Sorgfaltsmangel verlegte. Dadurch wäre die Haftung für fahrlässige Taten auf Garanten eingeschränkt. Dieses merkwürdige Ergebnis wird zwar nirgends vertreten; stattdessen läßt man nur von Fall zu Fall den Verstoß gegen das Sorgfaltsgebot ausreichen, um den Schwerpunkt vom Tun auf das Unterlassen zu verschieben. Warum man es aber bald so und bald anders machen soll, ist bis heute unklar geblieben. Es gibt keinen logisch plausiblen Grund dafür, warum die Hingabe bazillenverseuchter Ziegenhaare nur als Unterlassungsdelikt, die Verabreichung einer Kokain- anstatt der gebotenen Novokainspritze aber nur als Begehungstat soll gewürdigt werden dürfen[26]. Auch *Mezgers* zögernde Ausdrucksweise bei Beurteilung der Radfahrerentscheidung („es würde wohl", „wenn auch die Nichteinhaltung eines Abstandes vorgeworfen wird, so steht doch im Vordergrund", „wir halten es deshalb für richtiger") zeigt, worum es sich allemal nur handeln kann: um ein irrationales Gefühlsurteil. Der Verstoß gegen rechtliche Sorgfaltsgebote, den jede Fahrlässigkeitstat enthält, ist qualitativen Differenzierungen, wie sie von der Gegenmeinung vorgenommen werden, nicht zugänglich. Man kann deshalb aus objektiv nicht vorhandenen Unterschieden auch keine Folgerungen ziehen, die für die Strafbarkeit oft ausschlaggebend sind.

III. Die „Zusammenhangstheorie"

1. Wenn wir es demnach in allen unseren Beispielsfällen als erwiesen ansehen, daß sie eine Untersuchung nach den Regeln des Begehungsdelikts erfordern, so fangen die Schwierigkeiten, die durch die Unterlassungslösung umgangen worden wären, freilich erst an. Denn der Umstand, daß der Erfolg bei pflichtgemäßem Verhalten möglicherweise oder höchstwahrscheinlich ebenfalls eingetreten wäre, erscheint den meisten Autoren als ein auch bei Annahme eines Begehungsdeliktes erheblicher Faktor. Wie und in welchem Umfange er zu berücksichtigen sei, ist allerdings nie abschließend geklärt worden.

---

[25] Vgl. dazu auch *Spendel*, Eb.-*Schmidt*-Festschr., S. 193; Arthur *Kaufmann*, Eb.-*Schmidt*-Festschrift, S. 212.

[26] Wie *Mezger* und Eb. *Schmidt* meinen; zu *Mezger* vgl. oben Anm. 14 und 13; zu Eb. *Schmidt* vgl. *Spendel*, Eb.-*Schmidt*-Festschr., S. 189.

Die zahlreichen, in der Formulierung und systematischen Eingruppierung voneinander abweichenden Versuche lassen sich aber doch auf einen gemeinsamen Grundgedanken zurückführen, den man als die „herrschende Lehre" bezeichnen könnte. Danach setzt die Zurechnung voraus, daß zwischen Pflichtwidrigkeit und Erfolg ein bestimmter Zusammenhang besteht, daß die Tatbestandsverwirklichung auf der Sorgfaltswidrigkeit „beruht". Wenn der Erfolg auch bei pflichtgemäßem Verhalten eingetreten wäre, soll der erforderliche haftungsbegründende Zusammenhang fehlen und Freispruch geboten sein.

Ohne Anspruch auf Vollständigkeit lassen sich leicht ein halbes Dutzend Varianten dieser Auffassung herzählen:

a) Wenn der Bundesgerichtshof in der Radfahrerentscheidung außer der von ihm sogenannten „mechanisch-naturwissenschaftlichen" Kausalität noch zusätzlich verlangt, daß gerade die Verkehrswidrigkeit, das zu knappe Überholen, für die Tatbestandserfüllung „im strafrechtlichen Sinne ursächlich"[27] gewesen sein müsse, so ist damit offensichtlich der oben geschilderte Zusammenhang gemeint, der hier nur mit der allgemeinen Kausalfrage verquickt wird. In ähnlicher Weise spricht das Bayerische Oberste Landesgericht von der Notwendigkeit einer „zweiten Prüfung des ursächlichen Zusammenhangs zwischen dem Verhalten des Angeklagten und dem Erfolg"[28]. *Schröder* verlangt eine „Kausalität zwischen Pflichtverletzung und Erfolg"[29] und *Lange* sagt, ein verkehrswidriges Verhalten sei nur ursächlich, „wenn so gut wie sicher ist, daß es bei verkehrsgerechtem Verhalten nicht zu dem Erfolg gekommen wäre"[30].

b) Eine terminologisch verbesserte Fassung dieses Gedankens findet sich neuerdings bei *Lampe*[31]. Schon *Exner* hatte die Redeweise, daß ein Erfolg nicht durch die Pflichtwidrigkeit verursacht sei, „höchst unglücklich" genannt: „denn die Pflichtwidrigkeit ist etwas Irreales und kann nicht verursachen, verursachen kann nur die Handlung; diese hat aber hier in der Tat den Erfolg verursacht"[32].

---

[27] BGHSt. 11, S. 7; übereinstimmend *Oehler*, Eb.-*Schmidt*-Festschrift, S. 237—239.

[28] NJW 1953, S. 1641; ebenso OberstLGR *Baumann*, in: Deutsches Autorecht 1955, S. 210—212 (211).

[29] *Schönke-Schröder*, 10. Aufl., § 59, X, 6, a, ß, S. 371.

[30] Kohlr.-*Lange*, 42/43. Aufl., S. 4.

[31] ZStW, Bd. 71, 1959, S. 697 ff.

[32] *Frank*-Festgabe I, S. 583/84.

Lampe spricht deshalb anstatt von einer Kausalität nur von einem „logischen Bedingungszusammenhang", der zwischen Fahrlässigkeit und Erfolg bestehen müsse. Sachlich ist damit aber nichts anderes gemeint.

c) Ähnliches gilt für *Mezger*, der in seiner letzten Stellungnahme zu unserem Fragenkreis[33] die von ihm begründete Relevanztheorie ins Spiel bringt. Es komme, meint er bei Beurteilung des Radfahrerfalles, darauf an, „ob eine bestimmte ... Ursache auch strafrechtlich als solche bedeutsam (relevant)" sei. Das sei nicht der Fall, wenn der Erfolg auch bei verkehrsgerechtem Verhalten eingetreten wäre; es fehle dann nicht erst die Fahrlässigkeit, sondern schon die tatbestandliche Relevanz. Es scheine dies eine sehr willkürliche Auslegung des § 222 StGB zu sein; sie sei es aber nicht, sondern entspreche dem Sinn dieses Paragraphen und dessen richtiger Wertung.

d) Mit dem Merkmal der Sorgfaltsverletzung löst *Welzel*[34] diese Fälle. Der Erfolg müsse die „Realisierung" der Sorgfaltsverletzung sein. Wenn der Erfolg auch bei sorgfältiger Vornahme der Handlung eingetreten wäre, fehle die vom Tatbestand vorausgesetzte „Beziehung des Erfolgseintritts gerade auf die Sorgfaltsverletzung".

e) Auch an das bei Fahrlässigkeitstaten erforderliche Kriterium der „Vermeidbarkeit" hat man angeknüpft. Schon *Exner*[35] lehrte: „vermeidbar im Sinne des Fahrlässigkeitsbegriffs ist der Erfolg nur, wenn er bei pflichtmäßigem Verhalten vermieden worden wäre". Dem folgte auch *Welzel* bis zur vorletzten Auflage seines Lehrbuches[36]. Heute kann man *Baumann*[37] als den Hauptvertreter dieser Auffassung ansehen.

f) Andere Autoren sprechen hier — je nach ihrer systematischen Grundkonzeption — von der Notwendigkeit eines „Rechtswidrigkeitszusammenhanges" (*Engisch*[38]) oder, wie *Exner*[39], von einer „Unterbrechung des Schuldzusammenhanges" für den Fall, daß der Erfolg auch bei pflichtgemäßem Verhalten eingetreten wäre. Dabei hat *Engisch* versucht, das Wesen dieses Rechtswidrigkeitszusammen-

---

33 JZ 1958, S. 282.

34 Lehrb., 7. Aufl., S. 118.

35 *Frank*-Festgabe I, S. 584.

36 Vgl. Lehrb., 6. Aufl., S. 116.

37 Vgl. nur Lehrb., 2. Aufl., S. 356/57; MDR 1957, S. 647.

38 Die Kausalität als Merkmal der strafrechtlichen Tatbestände, S. 67.

39 *Frank*-Festgabe I, S. 583.

hanges durch das Merkmal der „Gefahrverwirklichung" zu erklären. Wenn der Tatbestand auch bei sorgfaltsgemäßem Verhalten erfüllt worden wäre, habe sich die im inkorrekten Handeln schlummernde Gefahr nicht verwirklicht, meint er. Es handele sich dabei um ein Tatbestandsmerkmal, das selbständig neben der Kausalität stehe[40].

2. Es läßt sich nicht leugnen, daß alle diese Versuche auf den ersten Blick etwas Einleuchtendes haben, und es wird sich auch zeigen, daß etwas Richtiges darin steckt. Aber ebensowenig ist zu verkennen, daß diese Lehren eine stichhaltige Begründung schuldig bleiben (a) und daß auch ihre Ergebnisse bei näherem Hinsehen zu mancherlei Zweifeln Anlaß geben (b).

a) Zunächst zur Begründung: Die vielen abweichenden Formulierungen von der Kausalität, dem Bedingungscharakter, der Relevanz, der Erfolgsbeziehung, dem Rechtswidrigkeits- und Schuldzusammenhang der Sorgfaltswidrigkeit bieten nicht mehr als eine Benennung für das, was man undiskutiert als richtig ansieht: die Straflosigkeit dieser Fälle. Erst mit der Frage, warum ein solcher Zusammenhang zu verlangen ist und warum er hier fehlt, würde man zu einer Begründung genötigt, deren Mangel durch die Behauptung eines derartigen Erfordernisses verdeckt wird. Es ist doch nun einmal so, daß die Opfer alle gerade infolge der sorgfaltswidrigen Handlung (des Überholens, der Hingabe des tödlichen Medikaments, der vergifteten Ziegenhaare und der Verabreichung der falschen Spritze) gestorben sind.

Wenn *Mezger* die „Relevanz" der sorgfaltswidrigen Erfolgsherbeiführung leugnet und sich dafür auf den Sinn der Tatbestände beruft, appelliert er im Grunde nur an das Rechtsgefühl. Und auch der scheinbar so schlagkräftige Hinweis darauf, daß die „Vermeidbarkeit des Erfolges durch Innehaltung der verkehrsgemäßen Sorgfalt" gegeben sein müsse, enthält nur eine Tautologie. Auf die Frage: „Warum entfällt die Haftung, wenn der Erfolg auch bei ordnungsgemäßem Handeln eingetreten wäre?" antwortet man: „weil es nötig ist, daß der Erfolg bei richtigem Verhalten vermieden worden wäre". Die Antwort sagt also in der Behauptungsform dasselbe wie die Frage.

Einen Schritt weiter führt nur das von *Engisch* eingeführte und sonst nirgends aufgenommene Merkmal der „Gefahrverwirklichung". Wir werden darauf noch zurückkommen und wollen hier nur ins

---

[40] Kausalität, S. 67—69; MSchr. f. KrimBiologie u. StrafrRef., 1939, S. 428.

Auge fassen, was daran problematisch ist. *Engisch* entwickelt seine Lehre am Novokain-Fall und meint, wenn die Anwendung des richtigen Betäubungsmittels ebenso zum Tode geführt hätte, dürfe die „Verwirklichung der im Kokain schlummernden Gefahr den Arzt nicht im höheren Maße belasten als die Verwirklichung des im Novokain liegenden Risikos den Täter belastet hätte“[41]. Er leugnet also gar nicht, daß sich die im Kokain verborgene Gefahr verwirklicht hat. Er macht nur geltend, daß es unbillig wäre, den Arzt zu bestrafen, wenn auch Novokain zum Tode geführt hätte. Der Gedanke der Gefahrverwirklichung ist demnach nicht einmal entscheidend.

Vielmehr zeigt sich, daß seiner Lehre wie auch den vielen anderen Theorien zunächst nichts weiter zugrunde liegt als ein ziemlich unreflektiertes Evidenzerlebnis: Man empfindet es als ungerecht, wenn jemand für eine Sorgfaltswidrigkeit bestraft wird, obwohl der Erfolg auch bei sachgemäßem Verhalten eingetreten wäre. Nun pflegt das Gerechtigkeitsgefühl selten ganz in die Irre zu gehen. Aber es kann ohne weitere Begründung eine Theorie nur tragen, wenn die Formel, in der es sich niederschlägt, bei der Anwendung überall richtige Ergebnisse verbürgt. Und das ist hier nicht der Fall.

b) aa) Die erste praktische Schwierigkeit liegt in dem Umstand, daß es meistens keineswegs sicher ist, ob bei ordnungsmäßigem Verhalten der Erfolg ausgeblieben wäre. In der Regel läßt sich dafür nur eine geringere oder größere Möglichkeit angeben. Je weniger wahrscheinlich es nun ist, daß auch bei einwandfreiem Handeln der Erfolg eingetreten wäre, desto weniger will ein Freispruch dem Rechtsgefühl einleuchten. Wenn sich feststellen läßt, daß bei Einhaltung des gebotenen Abstandes, bei pflichtgemäßer Rückfrage, bei einer Desinfektion der Ziegenhaare und bei Verwendung von Novokain vermutlich — obgleich nicht mit an Sicherheit grenzender Wahrscheinlichkeit — alles gut gegangen wäre, so ist nicht einzusehen, warum man dem Täter sein verbotenes Verhalten nicht zum Vorwurf machen sollte. Oder man denke an die praktisch wichtige Konstellation, daß ein Arzt bei einer Operation infolge eines groben Kunstfehlers den Patienten zu Tode bringt. Soll er sich von aller Verantwortung durch den Hinweis entlasten können, daß bei der Schwierigkeit des Falles immerhin auch eine lege artis durchgeführte Operation möglicherweise zum Tode geführt hätte? Ich glaube nicht, daß eine solche Annahme haltbar wäre. Denn danach könnte man, da die meisten Operationen nicht ohne Risiko sind, getrost auf alle Sorgfaltsmaßnahmen

[41] Die Kausalität, S. 66/67.

überhaupt verzichten; der Einwand, daß es auch sonst hätte schief gehen können, würde sich kaum je widerlegen lassen.

Mit der hier auftretenden Problematik sind die Anhänger der „Zusammenhangstheorie" — wie ich die oben geschilderten Auffassungen einmal nennen möchte — bis heute nicht fertig geworden. Denn wenn die geforderte „Beziehung" zwischen Fahrlässigkeit und Erfolg ein haftungsbegründendes Merkmal ist, so muß sie selbstverständlich bewiesen werden, d. h. mit Sicherheit vorliegen, um eine Verurteilung zu gestatten. Auch wenn es unwahrscheinlich ist, daß der Radfahrer unter den ordnungsmäßig überholenden Lastwagen geraten wäre, muß man das doch, solange diese Möglichkeit nicht ausgeschlossen ist, im Zweifel zugunsten des Angeklagten annehmen und ihn freisprechen. Der Bundesgerichtshof, der den erörterten „Zusammenhang" sogar zur Voraussetzung der Kausalität im strafrechtlichen Sinne machen will, kommt an dieser Konsequenz keinesfalls vorbei.

Man hat freilich gelegentlich empfunden, daß die Anwendung dieser Lehre, wenn der Kausalverlauf bei ordnungsgemäßem Verhalten zweifelhaft bleibt, zu höchst unbilligen Ergebnissen führte. Das Reichsgericht hat deshalb im Novokain-Fall und in einigen anderen Entscheidungen[43] kurzerhand die Beweislast umgedreht und gesagt: „Nur dann, wenn festgestellt würde, daß ... der Tod auch bei Verwendung von Novokain sicher oder mit einer an Gewißheit grenzenden Wahrscheinlichkeit eingetreten sein würde, läge keine strafbare Handlung vor." *Exner*[43] hat das so kommentiert: „Den Sinn dieser Entscheidung könnte man kurz in die Worte fassen: der Täter ist schuldig zu sprechen, wenn seine Unschuld nicht genügend sichergestellt ist. Das ist unhaltbar." Vom Standpunkt der Zusammenhangstheorie aus ist diese Kritik noch heute unwiderleglich.

Im Schrifttum hat sich deshalb unter den Vertretern der Zusammenhangstheorie auch überwiegend[44] die Meinung durchgesetzt, daß dem Täter das Ausbleiben des Erfolges bei ordnungsmäßigem Handeln nachgewiesen werden muß. So heißt es bei *Welzel*[45]: „Daß der Erfolg infolge der Sorgfaltsverletzung eingetreten ist, muß mit

---

[42] Vgl. *Exner, Frank*-Festgabe I, S. 587 bei Anm. 2.

[43] A. a. O., S. 588.

[44] Anders z. B. jetzt noch OberstLGR *Baumann*, Deutsches Autorecht, 1955, S. 211/12; viele Autoren drücken sich widersprüchlich aus oder vermeiden eine Stellungnahme zu dem Problem.

[45] Lehrb., 7. Aufl., S. 118.

einer an Sicherheit grenzenden Wahrscheinlichkeit festgestellt werden; anderenfalls ist Freispruch geboten!" Ebenso meint *Mezger*[46], es sei „Freispruch geboten, wenn auch nur die Möglichkeit, daß es auch bei pflichtmäßigem Verhalten des Täters zu demselben Ergebnis gekommen wäre, besteht".

Es steht demnach mit der Zusammenhangstheorie so, daß sie nur die Wahl zwischen einem theoretisch oder einem praktisch unhaltbaren Ergebnis hat. Sie kann entweder den sorgfaltswidrig Handelnden, wenn bei ordnungsmäßigem Verhalten der Erfolg vermutlich vermieden worden wäre, trotzdem freisprechen. Das ist von ihrem Ansatz her die theoretisch allein mögliche Lösung[47], die aber der Sache nach äußerst unbillig ist. Oder sie kann ihn verurteilen, was man zwar meist als gerecht empfinden wird, was aber theoretisch von dieser Lehre her nicht anders als durch eine unzulässige Schuldvermutung zu begründen ist. Dieses Dilemma zeigt, daß die Zusammenhangstheorie in ihrer bisherigen Form die Problematik noch nicht sachgemäß erfaßt haben kann.

bb) Dazu kommt ein zweiter Umstand: Auch wenn man die zweifelhaften Kausalverläufe beiseiteläßt und nur von Fällen ausgeht, in denen der Erfolg bei sorgfaltsentsprechendem Handeln mit an Sicherheit grenzender Wahrscheinlichkeit ebenfalls eingetreten wäre, erscheint die generelle Straflosigkeit des Handelnden keineswegs immer als das richtige Ergebnis. Wenn beispielsweise bewiesen würde, daß bei Wahrung des vorgeschriebenen Abstandes die Kurzschlußreaktion nicht eingetreten wäre, daß dann aber der Radfahrer, weil er Selbstmord begehen wollte, aus einem freien Entschluß in den Lastwagen hineingefahren wäre, so ist nicht einzusehen, warum dieser Umstand den Fahrer von der Strafe wegen fahrlässiger Tötung befreien sollte. Oder man denke sich den Hergang einmal so, daß der Lastwagenfahrer infolge grober Unachtsamkeit den Radfahrer von hinten einfach über den Haufen gefahren hätte. Soll hier von einer Bestrafung wegen fahrlässiger Tötung nur deshalb abgesehen werden, weil festgestellt wird, daß der Radfahrer bei ord-

---

[46] LK, 7. Aufl., § 59, II, S. 490.

[47] Immerhin ist es auch insoweit merkwürdig, daß auf diese Weise die sog. „Kausalitätsformel" der Unterlassungsdelikte in die Begehungsstraftaten hineingedeutet wird: Jemand ist straflos, wenn nicht mit an Sicherheit grenzender Wahrscheinlichkeit feststeht, daß ein sorgfaltsgemäßes Handeln den Erfolg abgewendet hätte. Die Zusammenhangstheorie kehrt also auf einem Umweg zur Unterlassungslösung zurück, obwohl sie gerade davon ausgeht, daß eine Unterlassungstat nicht vorliegt.

nungsgemäßem Überholen seinerseits infolge einer Kurzschlußreaktion in den Wagen hineingefahren und zu Tode gekommen wäre? Oder soll der Lastwagenführer, der in angetrunkenem Zustand auf den Bürgersteig fährt und einen Passanten tötet, straflos ausgehen, wenn sich herausstellt, daß der Getötete sich ohnehin in selbstmörderischer Absicht vor den Anhänger werfen wollte?

Solche Ergebnisse wirken nicht überzeugend. Denn die Annahme, daß eine fahrlässige Tötung deshalb nicht mehr fahrlässig sein soll, weil das Opfer sich mit unrealisierten Selbstmordplänen trug oder zu in concreto nicht eingetretenen Kurzschlußreaktionen neigte, erscheint wenig sinnvoll[48]. Auch in diesem zweiten Punkt gerät also die Zusammenhangstheorie in Schwierigkeiten, so daß wir nach anderen Lösungen Ausschau halten müssen, wenn wir der Problematik Herr werden wollen.

IV. Die Berücksichtigung hypothetischer Schadensursachen

Einen bisher nicht begangenen Weg hat neuerdings Arthur *Kaufmann*[49] eingeschlagen. Nach seiner Lehre handelt es sich in unseren Fällen um das Problem, inwieweit hypothetische Schadensursachen bei der strafrechtlichen Würdigung zu berücksichtigen seien. Zur Lösung dieser Frage will er die im Zivilrecht entwickelten Grundsätze auf das Strafrecht übertragen. Er kommt dabei zu einem Ergebnis, das er mit folgenden Worten zusammenfaßt[50]: „Trifft die einen deliktischen Erfolg verursachende Handlung des Täters ein Tatobjekt, bei dem in diesem Zeitpunkt eine zu demselben Erfolg hinführende Entwicklung bereits ein solches Maß erreicht hat, daß der Erfolgseintritt unabhängig von dem rechtswidrigen Täterverhalten nach menschlichem Ermessen zu erwarten war, so fehlt es an dem Erfolgsunwert der Tat und damit an einem Teil des Unrechtstatbestandes. Dagegen bleibt der Aktunwert der Tat bestehen". Bei Fahrlässigkeitsdelikten soll aber nach Auffassung *Kaufmanns* der Handlungsunwert allein zur Begründung der Strafbarkeit nicht ausreichen. Denn eine Tat, die zwar einen Aktunwert, aber keinen Erfolgsunwert habe, ähnele — so meint er — in ihrer Struktur dem Versuch, der bei der Fahrlässigkeit straflos sei[51]. Dementsprechend

---

48 Zur weiteren Begründung vgl. den folgenden Text.

49 Festschrift für Eb. *Schmidt*, S. 200—231.

50 A. a. O., S. 229.

51 Hier und im folgenden a. a. O., S. 230.

sollen bei vorsätzlichen Delikten hypothetische Schadensursachen nur zu einer dem Versuchsstrafrahmen angeglichenen fakultativen Strafmilderung führen.

Diese Konzeption, mit Hilfe deren *Kaufmann* — vorbehaltlich weiterer Klärung der jeweiligen Sachverhalte — im Radfahrer- und Apothekerfall zum Freispruch, im Ziegenhaar- und Novokain-Fall zur Verurteilung kommt[52], wirkt zunächst überraschend. Und zwar nicht so sehr, weil hier ein hypothetischer Ursachenablauf zur Beurteilung herangezogen wird — insoweit verfährt die Zusammenhangstheorie mit ihrer Frage, was geschehen wäre, wenn ..., nicht anders — sondern deshalb, weil es bisher im Strafrecht durchaus anerkannt war, daß hypothetischen Vorgängen als solchen gegenüber der vom Täter effektiv realisierten Handlung keine Bedeutung zukomme. Die Zusammenhangstheorie stellt ja ihre Erwägung, wie es bei ordnungsmäßigem Verhalten gekommen wäre, nur an, um etwas wirklich Gegebenes, nämlich die — freilich ziemlich vage bleibende — Beziehung zwischen Pflichtwidrigkeit und Erfolg festzustellen, während bei *Kaufmann* unverhüllt die Strafbarkeit von Geschehnissen abhängig gemacht wird, die nicht eingetreten sind.

Der Bundesgerichtshof würde sicher seine Radfahrer-Entscheidung nicht so interpretieren wollen, wie *Kaufmann* es jetzt tut. Denn er hat eine Berücksichtigung hypothetischer Geschehnisse stets abgelehnt und klipp und klar ausgesprochen[53]: „Der tatsächliche Verlauf der Willensbildung verliert sein Dasein und seine rechtliche Bedeutung nicht dadurch, daß an seine Stelle ein anderer getreten wäre, aber nicht getreten ist“[54]. Doch folgt daraus wie aus der bisher herrschenden Meinung natürlich noch nicht ohne weiteres etwas gegen die Richtigkeit der *Kaufmann*schen Thesen. Wenn man bedenkt, daß sowohl die Unterlassungslösung wie die Zusammenhangstheorie in verkappter Form hypothetische Vorgänge zur Grundlage der strafrechtlichen Beurteilung machen, dann entspricht es nur der inneren Logik dieser Entwicklung, daß man den Kern der Auseinandersetzung auf dieses Problem verlagert, anstatt ihn durch eine ge-

---

52 A. a. O., S. 229.

53 BGHSt. 13, 13—15.

54 Ebenso die von *Dallinger* mitgeteilte Entsch. des 5. Sen. v. 8. 10. 57 in MDR 58, S. 139—140. Beide Urteile versuchen ihre Lösung außerdem auf eine unklare Unterscheidung zwischen Kausalzusammenhängen in der äußeren Natur und geistigen Verknüpfungen im Inneren des Menschen zu stützen, die, wie *Heinitz*, JR 1959, S. 386—388, überzeugend darlegt, weder zutreffend noch für die Lösung erforderlich ist.

fühlsmäßige Abgrenzung von Tun und Unterlassen oder durch das Postulat eines — wie *Kaufmann*[55] sagt — „mysteriösen“ Zusammenhanges zwischen Pflichtwidrigkeit und Erfolg zu verschleiern.

Es ist auch nicht zu leugnen, daß *Kaufmanns* Verfahren gegenüber den bisher erörterten Lösungen in einigen Punkten zu besseren Ergebnissen führt. Die Schwierigkeiten, auf die wir in den Fällen gestoßen sind, wo der Erfolg nur möglicherweise ausgeblieben wäre, umgeht er dadurch, daß er den hypothetischen Ursachenverlauf allein dann berücksichtigen will, wenn die Wertminderung des Objekts so weit fortgeschritten war, daß der Erfolg unabhängig von dem rechtswidrigen Täterverhalten „nach menschlichem Ermessen“ erwartet werden mußte. Und auch Kausalverläufe, die den Erfolg trotz ordnungsmäßigen Handelns mit Sicherheit herbeigeführt hätten, kann *Kaufmann* von der Berücksichtigung ausschließen, wenn sie nicht im Opfer selbst angelegt waren; so z. B. in dem von ihm gebildeten Fall, daß „durch falsches Überholen ein korrekt fahrender Radfahrer getötet wurde, der in der Nacht darauf durch eine Gasexplosion ... ebenfalls ums Leben gekommen wäre“[56].

Dennoch lassen sich gegen die Auffassung *Kaufmanns* erhebliche Bedenken vorbringen. Wir wollen zunächst von ihrer Begründung absehen und uns auf die praktischen Ergebnisse beschränken. Da zeigt sich sogleich, daß die von uns oben gebildeten Selbstmordfälle auch für diese Theorie nicht befriedigend lösbar sind. Denn bei einem festen Selbstmordentschluß ist im Getöteten eine Schadensursache angelegt, die sicher ebenfalls zu seinem Tode geführt hätte. Wenn also jemand einen anderen fahrlässig zu Tode fährt und es stellt sich hinterher heraus, daß das Opfer gerade im Begriff war, sich in selbstmörderischer Absicht in die Elbe zu stürzen, muß nach *Kaufmanns* Lehre der Autofahrer aus diesem Grunde freigesprochen werden.

Ähnliches gilt für Schwerkranke und Sterbende; *Kaufmann* verneint „bei der eigentlichen Euthanasie ... wegen der Hinfälligkeit des Lebens des Patienten“ ausdrücklich den Erfolgsunwert[57]. Also soll man nun getrost Leute, die ohnehin bald sterben werden, fahrlässig töten dürfen? — eine Frage, die z. B. für die Obhutspflichten des Krankenhauspersonals von großer Bedeutung ist. *Kaufmann* will das anscheinend annehmen, denn er spricht auch außerhalb der

55 A. a. O., S. 223.

56 A. a. O., S. 230.

57 A. a. O., S. 231.

Euthanasie-Fälle von „Todgeweihten", bei deren Tötung der Erfolgsunwert fehle, und er überträgt diesen Gedanken sogar auf KZ-Insassen und zum Tode Verurteilte, denen die Gefahr nicht einmal durch ihre eigene Beschaffenheit, sondern durch äußere Mächte droht. Einleuchtend sind aber alle diese Lösungen nicht; denn sie stellen gewisse Menschengruppen, was die allgemeinen, verkehrsgemäßen Obhutspflichten anlangt, gewissermaßen außerhalb der Rechtsordnung. Ihnen wird ein Schutz verweigert, der allen Menschen, solange sie überhaupt noch leben, zusteht und von dessen Fehlen auch das positive Recht nichts weiß.

Dazu kommt ein anderes: Der Umstand, den *Kaufmann* als das „entscheidende Kriterium" bezeichnet[58], daß nämlich „das schadenstiftende Ereignis auf einen Gegenstand trifft, der den Keim zu dem Schaden schon in sich birgt ... und infolgedessen in seinem Wert herabgemindert oder gar wertlos ist", läßt sich keineswegs eindeutig bestimmen. Im Radfahrer-Fall z. B. liegt gewiß eine wesentliche Schadensursache in der Trunkenheit des Opfers; aber zum Tode führen kann dieser Zustand nur infolge weiterer, von außen kommender Ereignisse. Im Falle der KZ-Insassen und der Todesverurteilung droht der Schaden sogar allein von der Umwelt. Wenn man hier trotzdem — wie *Kaufmann* es tut — eine Schadensanlage in der Person des Opfers annimmt, dann ist nicht mehr recht einzusehen, warum es bei der von *Kaufmann* unterstellten „Gasexplosion"[59] so „völlig anders" liegen soll. Läßt sich feststellen, daß der tödlich Überfahrene mit Sicherheit nach Hause gegangen wäre und daß es dort beim geplanten Anzünden des Gasherdes infolge eines schon zur Zeit des Unfalls dem Gerät anhaftenden Defektes zu einer Explosion gekommen wäre, die mit Sicherheit den Tod herbeigeführt hätte, so wird man eine „Schadensanlage" schwerlich leugnen können, wenn man überhaupt externe Umstände (wie eine geplante Hinrichtung und einen KZ-Mord) in diesen Begriff einbezieht. Ähnliches gilt für den von *Kaufmann* erwähnten Fall[60], daß „A den B auf dem Weg zum Flugplatz tötet und später die Maschine, die B benutzen wollte, in der Luft explodiert". Wenn hier etwa ein Attentäter die Sprengladung schon im Flugzeug untergebracht hatte, liegt es prinzipiell nicht anders als im KZ-Fall, bei dem auch ein geplanter Mord die Schadensanlage begründet. Qualitative Unterschiede bestehen

---

58 A. a. O., S. 228.

59 A. a. O., S. 230.

60 A. a. O., S. 230.

da nicht, und wenn *Kaufmann* im einen Fall wegen fahrlässiger Tötung bestraft und im anderen zum Freispruch kommt, so wirkt das durchaus willkürlich. Eine einigermaßen sichere Abgrenzung bietet seine Lösung also nicht.

Abgesehen von den Einwänden, die sich gegen *Kaufmanns* Ergebnisse geltend machen lassen, ist aber auch seine Begründung nicht überzeugend. Sein Leitgedanke, daß bei der Vernichtung eines Gegenstandes, „der den Keim zu dem Schaden schon in sich birgt", ein Erfolgsunwert fehle, ist zu bestreiten. Bei Sachzerstörungen mag dieser Gesichtspunkt eine gewisse Berechtigung haben, obwohl man auch hier bedenken muß, daß § 303 StGB nicht in erster Linie den Vermögenswert der Sache, sondern diese selbst schützt. Wenn also jemand infolge grober Unachtsamkeit ein schon brennendes Haus auch am anderen Ende in Brand setzt[61], scheint mir ein strafrechtlicher Erfolgsunwert (nämlich die durch Feuer bewirkte Zerstörung) sehr wohl vorhanden zu sein. Die Tatsache, daß die vernichteten Gegenstände keinen wirtschaftlichen Wert mehr hatten, weil sie ohnehin bald verbrannt wären, kann bei der Strafzumessung mildernd berücksichtigt werden[62]. Sie kann aber nicht den Erfolg ausschließen, auf den der Tatbestand allein abstellt.

Vollends unzutreffend ist jedoch die Berufung auf den fehlenden Erfolgsunwert bei den praktisch wichtigsten Fällen, der fahrlässigen Körperverletzung und Tötung. Die Annahme, daß ein Mensch, „der den Keim zu dem Schaden schon in sich birgt", deshalb „in seinem Wert herabgemindert oder gar wertlos" sein soll, wirkt keineswegs überzeugend. Ein Menschenleben ist doch nicht deshalb wertlos, weil jemandem die Gefahr droht, „von der SS auf bestialische Weise zu Tode" gefoltert zu werden[63]! Wenn *Kaufmann* denjenigen, der seinen Freund vorsätzlich tötet, um ihn vor diesem Schicksal zu bewahren, milder bestrafen will, so hat er ganz recht; aber der Grund dafür liegt doch nicht in der Wertlosigkeit des vernichteten Lebens, sondern in der Unverächtlichkeit des Tötungsmotives! Im Radfahrer-Fall will *Kaufmann* den Lastwagenfahrer von der Anklage fahrlässiger Tötung freisprechen, „wenn der betrunkene Radfahrer bei richtiger Fahrweise des Angeklagten zwar nicht ... von diesem selbst, ... aber ... von einem anderen der dicht folgenden Fahr-

---

[61] Vgl. zu dieser Fallsituation *Kaufmann* a. a. O., S. 224, 225.

[62] Vgl. dazu *Engisch*, Kausalität, S. 18 Anm. I.

[63] *Kaufmann* a. a. O., S. 226.

zeuge überfahren worden wäre“[64]. Aber auch hier ist zu sagen, daß der Erfolgsunwert nicht deshalb fehlt, weil das Leben des Radfahrers „praktisch so oder so verwirkt war“. Vielmehr bedeutet sein Tod in beiden Fällen einen Erfolgsunwert im Sinne des Gesetzes, und die Frage kann nur sein, ob und unter welchen Voraussetzungen er dem Handelnden zugerechnet werden darf.

Es ist also die These aufzustellen, daß für das Strafrecht jeder Lebensaugenblick jedes Menschen — auch des Todgeweihten — einen unendlichen Wert hat und der quantitativen Messung entzogen ist. Im übrigen kann auch *Kaufmann* seine Auffassung nicht widerspruchslos durchhalten, wie sich bei Behandlung der vorsätzlichen Delikte zeigt. Hier will er, wenn der Schaden auch sonst eingetreten wäre, zwar ebenfalls den Erfolgsunwert ausschließen, aber wegen des bestehen bleibenden Handlungsunwertes eine Strafbarkeit wegen vollendeter Tat annehmen, die nur die Möglichkeit einer Milderung offenläßt[65]. Ich meine: Wenn der Erfolgswert wirklich fehlt, dürfte für den Täter, der das nicht weiß, höchstens ein versuchtes Delikt in Frage kommen, so daß bei dessen Straflosigkeit — ebenso wie bei den fahrlässigen Taten — Freispruch geboten wäre. Und wenn der Täter die Schadensanlage sogar kennt, müßte er in jedem Fall straflos sein. Es scheint mir nicht folgerichtig, wenn *Kaufmann* zu den Euthanasiefällen bemerkt, daß der Erfolgsunwert verneint werden müsse, daß aber ein Handlungsunwert „zweifellos vorhanden“ sei[66]. Denn der Handlungsunwert besteht doch bei vorsätzlichen Delikten in nichts anderem als in der willentlichen Herbeiführung eines Erfolgsunwertes. Wenn aber jemand bewußt etwas tut, was keinen Erfolgsunwert hat, ist nicht recht verständlich, worin der Unwert einer solchen Handlung liegen soll. Alle diese Unstimmigkeiten zeigen, daß die Unterscheidung zwischen Handlungs- und Erfolgsunwert, die *Kaufmanns* Lehre begründen soll, in diesem Zusammenhang nicht tragfähig ist.

Die letzte Ursache für alle aufgezeigten Schwierigkeiten, in die Arthur *Kaufmanns* Ansicht hineinführt, liegt aber in einem Fehler, der schon im Ansatz dieser Theorie verborgen ist: in der irrigen Annahme, daß man in diesem Bereich die zivilrechtlichen Problemlösungen auf das Strafrecht übertragen könnte. Im bürgerlichen Recht nämlich ist es ganz richtig, daß man auf die durch die Scha-

---

[64] A. a. O., S. 229/30.

[65] A. a. O., S. 230.

[66] A. a. O., S. 231.

densanlage begründete materielle Wertminderung abstellt. Denn da es hier immer nur um Schadensersatzansprüche geht, müssen zwangsläufig alle Gegenstände nach ihrem Vermögenswert beurteilt werden. Die Vernichtung eines Menschenlebens interessiert dabei nur insoweit, als sie den Angehörigen wirtschaftlichen Schaden bringt. Die Umrechnung eines Lebens in Geld ist hier also der Sache angemessen. Wenn man daraus aber folgert, daß der fehlende wirtschaftliche Schaden im Strafrecht den Erfolgsunwert ausschließt, so übersieht man, daß für die strafrechtliche Betrachtung das Leben seinen Wert in sich selbst trägt und jeder Quantifizierung unzugänglich ist. In dieser Wesensverschiedenheit von Straf- und Zivilrecht liegt der tiefere Grund dafür, daß die zivilrechtlichen Lösungen keine Anwendung auf das Strafrecht zulassen. Die bisher herrschende Lehre, daß es im Strafrecht keine „überholende Kausalität" gebe, erweist sich demnach als gerechtfertigt.

V. Die eigene Lösung: Das Prinzip der Risikoerhöhung

Wenn somit weder die Unterlassungslösung noch die Zusammenhangstheorie noch die Berücksichtigung hypothetischer Schadensursachen der Problematik gerecht werden, liegt es nahe, von Erwägungen über das, was bei ordnungsmäßigem Verhalten geschehen wäre, ganz abzusehen und in allen unseren Fällen zu bestrafen. Man könnte sagen: Der Täter hat den Erfolg herbeigeführt. Die Handlung, die den Tod bewirkt hat, verstieß jedesmal gegen die gesetzlichen Sorgfaltspflichten. Also liegt, da es auch an der objektiven und subjektiven Vorhersehbarkeit des Kausalverlaufs nicht mangelt, eine fahrlässige Tötung vor. Das ist im Ergebnis die Lösung von *Spendel* und *Eb. Schmidt*[67], wenn man ihren auf einzelne Teilaspekte der Problematik beschränkten Ausführungen eine so generelle Aussage entnehmen darf.

Aber auch dieses Resultat befriedigt noch nicht. Denn es fehlt der Beweis, daß ein Verstoß gegen gesetzliche Sorgfaltspflichten und die Verursachung eines tatbestandlichen Erfolges, wenn man sie zusammennimmt, notwendig eine fahrlässige Tat ergeben. Wollte man das annehmen, so käme man auf die alte und längst überwundene Lehre vom versari in re illicita zurück, wonach, wenn man etwas Verbotenes tut, alle daraus entstehenden Folgen eo ipso als fahrlässig zu-

---

[67] *Spendel*, Eb.-*Schmidt*-Festschr., S. 194 ff.; Eb. *Schmidt*, Arzt im Strafrecht, S. 201, wo allerdings nur der Novokain-Fall besonders behandelt wird. Über einzelne Abweichungen bei *Spendel* vgl. noch unten.

gerechnet werden[68]. Aus dem Bemühen um die Überwindung dieser Schwierigkeit rührt auch die oben erörterte Suche nach jenem besonderen „Zusammenhang“, mit Hilfe dessen man die für den jeweiligen Tatbestand irrelevanten Pflichtverletzungen ausschalten will.

Der dabei eingeschlagene Weg war, wie wir gesehen haben, nicht ganz der richtige. Das mehr gefühlsmäßig angesteuerte Ziel aber, die Abgrenzung tatbestandsbegründender und tatbestandsirrelevanter Pflichtverletzungen, steht auch heute noch als eine Aufgabe vor uns, die gelöst werden muß, wenn wir diese so schwierigen Konstellationen rechtlich bewältigen wollen. Wenn uns eine Bestrafung wegen fahrlässiger Tötung bei einigen der zur Erörterung stehenden Fallsituationen als ungerecht erscheint, so kann doch, da der Täter sich ohne Zweifel unkorrekt verhalten und den Tod herbeigeführt hat, der Grund nur darin liegen, daß seine Pflichtverletzung nicht ausreicht, um den Tatbestand des § 222 StGB zu erfüllen.

Die entscheidende Frage lautet also: Wie läßt sich erkennen, ob ein mit einer Todesverursachung einhergehender Sorgfaltsverstoß eine fahrlässige Tötung begründet? Als Methode zu ihrer Beantwortung möchte ich folgendes Verfahren vorschlagen: Man prüfe, welches Verhalten nach den Grundsätzen des erlaubten Risikos dem Täter nicht als Pflichtverstoß hätte zugerechnet werden dürfen. Damit vergleiche man die Handlungsweise des Angeklagten. Und nun stelle man fest, ob bei der konkreten, zur Beurteilung stehenden Sachgestaltung die Chance des Erfolgseintritts durch das unkorrekte Täterverhalten gegenüber dem erlaubten Risiko erhöht worden ist. Ist das der Fall, so liegt eine tatbestandserfüllende Pflichtverletzung vor, und es ist eine Bestrafung wegen fahrlässiger Tat geboten. Fehlt eine Risikosteigerung, so kann dem Handelnden der Erfolg nicht zur Last gelegt werden, und er muß insoweit freigesprochen werden.

Wir wollen das anhand unserer Ausgangsbeispiele veranschaulichen und weiter begründen:

1. Man nehme zunächst die Radfahrer-Entscheidung des Bundesgerichtshofs. Wenn sich allgemein sagen läßt, daß manche angetrunkenen Radfahrer auf überholende Lastwagen so reagieren, daß sie blindlings in diese hineinfahren, und wenn weiter festgestellt werden kann, daß es für diese Reaktion und ihre Folgen ganz unerheblich ist, ob der Fahrer des Wagens einen verbotenen Abstand von 75 cm oder eine zulässige Entfernung von 1 m einhält, dann kann es im Hinblick auf diesen konkret eingetretenen Todeserfolg nicht als

---

[68] Vgl. dazu nur *Maurach,* A. T., 2. Aufl., § 44 II, B, 2, S. 443; BGHSt. 4, 185.

Verletzung der dem § 222 StGB zugrundeliegenden Sorgfaltspflicht und somit nicht als fahrlässig angesehen werden, wenn der Fahrer in einer Distanz von 75 cm überholt.

Warum ist das so? Weil der Gesetzgeber sonst etwas Gleiches ungleich behandeln würde. Eine Handlung, die das erlaubte Risiko nicht steigert, die Gefahr des Erfolgseintrittes nicht erhöht, muß, wenn sie einen Erfolg verursacht, gerechterweise in dieser Beziehung ebenso beurteilt werden wie das unverbotene Verhalten. Ein Überholen in engerem Abstand kann in einem solchen Fall als Verstoß gegen die Straßenverkehrsordnung bestraft werden. Es hätte auch bei vielen anderen denkbaren Kausalverläufen eine Haftung wegen fahrlässiger Tötung begründen können — angesichtes der wirklich eingetretenen Situation bedeutete es keine größere als die allgemein erlaubte Lebensgefährdung, und die Annahme einer fahrlässigen Tötung würde in der Tat auf die Bestrafung wegen eines bloßen versari in re illicita hinauslaufen.

Dieses Ergebnis scheint mir, wenn man den Gleichheitssatz als geltendes Rechtsprinzip anerkennt, zwingend. Es zeigt außerdem, warum das Rechtsempfinden so spontan mit dem Gefühl der Ungerechtigkeit reagiert, wenn man hier anders entscheidet. Das liegt allein an der Willkür einer ungleichen Behandlung. Denn es ist keineswegs so, daß man etwa unabhängig von der rechtlichen Normenordnung sagen könnte, wann eine Tötung fahrlässig ist. Wenn beispielsweise der Gesetzgeber bei verbesserten Straßenverhältnissen allgemein einen Überholabstand von 2,50 m anordnen würde, dann würden Distanzen von 75 cm und 1 m in unserem Fall gleichermaßen zur Begründung einer fahrlässigen Tötung ausreichen, da sie die Gefahr eines Zusammenstoßes mit betrunkenen Radfahrern sicherlich erhöhen würden.

Unser Verfahren ermöglicht auch eine glatte und befriedigende Lösung der zweifelhaften Fälle, in denen bei ordnungsmäßigem Verhalten der mißbilligte Erfolg nur möglicherweise eingetreten wäre. Die rechtliche Behandlung solcher Sachverhalte hängt nicht davon ab, wie es realiter gekommen wäre — was man meist nicht wissen kann — sondern allein davon, ob ein pflichtentsprechendes Verhalten die Gefahr des Erfolgseintrittes in meßbarer Weise verringert hätte. Das ist keine Frage des Beweises hypothetischer Kausalverläufe, sondern ein Problem sachverständiger Beurteilung, das nach wissenschaftlichen Maßstäben generell lösbar ist.

Wenn wir es demnach als erwiesen ansehen, daß bei fehlender Risikoerhöhung eine Bestrafung wegen fahrlässiger Tötung unangemessen wäre, dann bedarf es doch noch einer Erklärung dafür, warum die Gefahrsteigerung notwendig eine Strafe nach sich ziehen soll, obwohl möglicherweise bei ordnungsmäßigem Verhalten der Ausgang kein anderer gewesen wäre.

Damit verhält es sich so: Wenn beim Überholen ein Mensch zu Tode kommt, dann beruht das im einen wie im anderen Falle auf der mit diesem Verkehrsvorgang verknüpften Gefahr. Der Gesetzgeber könnte, um ihr vorzubeugen, deshalb theoretisch das Überholen ganz verbieten. Um einen reibungslosen Ablauf des Verkehrs zu ermöglichen, tut er das jedoch nicht; vielmehr gestattet er es dem Verkehrsteilnehmer dort, wo die Gefahr generell und ex ante gesehen sehr gering ist, dieses Risiko einzugehen. Tritt der Erfolg trotzdem ein, so muß der Gesetzgeber, weil er dieses Risiko in Kauf genommen hatte, auf eine Bestrafung verzichten. Es wäre aber ganz unrichtig anzunehmen, daß die Erfolgsbewirkung durch eine Handlung, die ein höheres, nicht mehr gestattetes Risiko in sich birgt, nur deshalb straflos sein sollte, weil der Erfolg vielleicht auch sonst eingetreten wäre. Was der Gesetzgeber im einen Falle um der allgemeinen Erfordernisse des Verkehrs willen ungeahndet läßt, braucht er bei einer gefahrsteigernden Überschreitung der von ihm gezogenen Grenze nicht mehr hinzunehmen. Das erlaubte Risiko ist immer das Produkt einer Abwägung zwischen den Verkehrserfordernissen und den individuellen Schutzbelangen. Die Erhöhung der gerade noch hingenommenen Gefahr läßt die Waagschale zugunsten des Rechtsgüterschutzes sinken und die Erfolgsherbeiführung, die sonst nicht hätte beanstandet werden dürfen, als fahrlässig erscheinen.

Daraus ergibt sich, daß anders als nach den Prinzipien der Zusammenhangstheorie von einer Schuldvermutung oder einer Durchbrechung des Grundsatzes „in dubio pro reo“ bei einem solchen Vorgehen nicht die Rede sein kann. Was de facto wirklich geschehen wäre, ist irrelevant und kann, weil es nicht Gegenstand des Beweises ist, auch keine Beweisschwierigkeiten machen oder wegen seiner Nichtberücksichtigung gegen allgemeine Beweisregeln verstoßen.

Allenfalls könnte man daran denken, den in-dubio-Grundsatz anzuwenden, wenn allgemein nicht feststellbar ist, ob durch eine Abstandsdifferenz von 25 cm die Gefahr eines tödlichen Ausganges bei Situationen der gegebenen Art verändert wird. Solche Fälle werden selten sein, weil es sich nicht um empirische Tatsachenfeststellungen, sondern um wissenschaftlich zu ermittelnde generelle Aussagen handelt. Hier scheint einiges dafür zu sprechen, daß man in Zweifelsfällen zugunsten des Täters davon ausgeht, sein Verhalten habe keine Risikosteigerung mit sich gebracht. Aber richtig wäre nicht einmal das. Denn wenn nach dem jeweils gegenwärtigen Stand der Wissenschaft nicht mit Sicherheit auszumachen ist, ob ein Tun die vom Gesetzgeber in Kauf genommene Gefahr erhöht oder nicht, dann stehen diese Fälle denen des erlaubten Risikos eben nicht gleich, und der Handelnde wird zu Recht bestraft, wenn ein solches Verhalten eine Rechtsgüterverletzung herbeiführt. Praktische Bedeutung kann das namentlich für die ärztliche Behandlung haben. Wendet jemand ein wissenschaftlich ungesichertes und daher nach den Regeln der ärztlichen Kunst unerlaubtes Verfahren an, dann kann er, wenn der Patient daran stirbt, wegen fahrlässiger Tötung bestraft werden, auch wenn keine absolute Gewißheit darüber besteht, daß die schulmedizinisch vorgeschriebene, sich innerhalb des erlaubten Risikos haltende Behandlungsmethode wirklich gefahrloser ist.

Wie der vom Bundesgerichtshof beurteilte Radfahrer-Fall richtig zu entscheiden war, läßt sich nach dem mitgeteilten Sachverhalt nicht mit letzter Sicherheit sagen. Wir erfahren nur, daß der Unfall nach der Überzeugung des Gerichts „mit hoher Wahrscheinlichkeit“[69] auch bei ordnungsmäßigem Verhalten geschehen wäre. Hier käme es darauf an, ob das Risiko sich immerhin noch vermindert hätte — dann war Verurteilung geboten — oder ob es genau so groß war — dann mußte Freispruch erfolgen[70].

Unsere Auffassung löst aber nicht nur die Problematik der unsicheren Kausalverläufe; sie beseitigt auch die zweite Schwierigkeit, die den vorher erörterten Lehren entgegensteht. Damit sind die Konstellationen gemeint, bei denen der Erfolg mit Sicherheit auch im Falle ordnungsmäßigen Verhaltens eingetreten wäre, jedoch auf Grund eines Umstandes, der ganz außerhalb der Handlung des Täters und ihres Risikos lag: Hierhin gehören Ersatzfaktoren wie der geplante Selbstmord, ein natürlicher Tod infolge Krankheit, ein zu erwartender Mord wie in den KZ-Beispielen, die Explosion des Gasherdes oder eines Flugzeuges usw. Alle diese Ereignisse sind für die strafrechtliche Würdigung einer fahrlässigen Tötung völlig unerheblich. Was überhaupt nur in den Kreis der Überlegungen einbezogen wer-

---

[69] BGHSt. 11, S. 2.

[70] Wenn *Spendel*, Eb.-*Schmidt*-Festschr., S. 198, sagt, der Lenker des Lastzuges habe die „wenn auch geringe Chance für die Nichtvernichtung eines Menschenlebens“ nicht genutzt und das sei ihm zum Vorwurf zu machen, dann ist dem zuzustimmen, sofern man es im Sinne des obigen Textes versteht. *Spendel* will freilich wohl, wenn ich seine Auffassung richtig interpretiere, auf die theoretisch nie auszuschließende Möglichkeit eines anderen Kausalverlaufes abstellen und deshalb in unserem Fall unter allen Umständen verurteilen. Dem wäre zu widersprechen.

den darf, ist der Überholvorgang; und auf sein Risiko haben die genannten möglichen anderen Schadensursachen keinerlei Einfluß. Daher ist eine Bestrafung wegen fahrlässiger Tötung auch dann geboten, wenn bei ordnungsmäßigem Verhalten zwar nicht der Täter selbst, wohl aber ein nachfolgendes Fahrzeug den Radfahrer getötet hätte; oder wenn jemand infolge seiner Unachtsamkeit auf den Knopf am elektrischen Stuhl drückt, den bald darauf der Scharfrichter selbst betätigt hätte. Eine andere Auffassung ist hier nur begründbar, wenn man hypothetische Schadensursachen berücksichtigt, wie es Arthur *Kaufmann* tut, der denn auch folgerichtig in beiden Fällen freispricht. Warum eine solche Lösung jedoch abzulehnen ist, wurde schon dargelegt.

2. Auch der Apotheker-Fall erlaubt nach der hier entwickelten Lehre eine klare und praktikable Lösung. Es kommt nicht darauf an, ob der Arzt bei einer Rückfrage eine mehrmalige Verordnung der Medizin genehmigt hätte oder nicht, sondern entscheidend ist allein, ob eine wiederholte Verwendung der Medizin ohne weitere Untersuchungen den Regeln der ärztlichen Kunst entsprach, mit anderen Worten: ob sie sich innerhalb des erlaubten Risikos hielt. War das der Fall und hätte auch ein verantwortungsbewußter Arzt nicht anders gehandelt als es der Apotheker tat, so war die Außerachtlassung der im allgemeinen gebotenen Rückfrage kein risikoerhöhender Umstand und damit keine den Tatbestand des § 222 StGB erfüllende Pflichtverletzung.

Die Entscheidung des Reichsgerichts, die sich zunächst in ziemlich verwirrender Weise mit Kausalitätsfragen befaßt, dringt am Ende zu den maßgebenden Gesichtspunkten durch, ohne sie freilich richtig einzuordnen. Das Gericht wechselt nämlich von der Frage, was der Arzt getan hätte, auf die zutreffende Erwägung über, welche Behandlung angemessen war. Es stellt fest, „daß die Zusammensetzung der Arznei durchaus vorschriftsmäßig, die Größe der verordneten ... Dosen sachgemäß gewesen sei, auch die Anwendung der Arznei bei einem Kinde an sich wissenschaftliche Bedenken nicht erregen könne“[71]. Es erwähnt ferner das Gutachten der Sachverständigen, „daß bei Rachitis nach der Natur dieser Krankheit der Phosphor unbedingt längere Zeit hindurch angewendet werden müsse, wenn er überhaupt etwas nützen solle“ und daß der besondere körperliche Zustand des Knaben, der zu der Vergiftung geführt hat, bis zur letztmaligen Einnahme des Präparates ärztlich nicht feststellbar ge-

[71] RGSt. 15, S. 154.

wesen sei[72]. Wenn es in der Entscheidung schließlich heißt, aus alledem gehe soviel hervor, „daß die unternommene Kur an sich, wie in ihrer Fortsetzung während des erwähnten Zeitraumes sachgemäß und den Grundsätzen der Wissenschaft nicht zuwiderlaufend gewesen sei", dann wird deutlich, daß die vom Apotheker getroffenen Maßnahmen keine Steigerung des erlaubten Risikos mit sich brachten. Seine Eigenmächtigkeit mag standeswidrig gewesen sein und hätte in anderen Situationen zur Annahme einer fahrlässigen Tötung führen können; so, wie der Fall lag, war Freispruch geboten.

Anders wäre es gewesen, wenn der Arzt bei einer Fortsetzung der Kur durch ständige Kontrollen die Vergiftungssymptome zu einem Zeitpunkt hätte feststellen können, wo noch Rettung möglich gewesen wäre. Auch wenn nur eine wissenschaftlich begründbare Chance dafür bestanden hätte, würde das Verhalten des Apothekers, weil es diese Chance ausschloß, gefahrerhöhend gewirkt und die Grenze des erlaubten Risikos überschritten haben, so daß eine fahrlässige Tötung vorläge. Daran würde sich auch dann nichts ändern, wenn der Arzt im konkreten Fall diese gebotenen Untersuchungen wegen seiner Nachlässigkeit oder aus anderen Gründen vermutlich nicht vorgenommen hätte. Dann hätte eben der Arzt sich einer fahrlässigen Tötung schuldig gemacht. Es wäre also falsch, den Apotheker nur deswegen von der Verantwortung zu entlasten, weil auch ein anderer sich fehlerhaft verhalten hätte. Daraus ergibt sich, daß die Ermittlung des hypothetischen Kausalverlaufs auch hier in die Irre führt.

Mit der hier vertretenen Auffassung stimmt *Spendel*[73] insoweit überein, als er es für unerheblich hält, „was der Arzt wirklich getan hätte". Stattdessen macht er aber anders als wir die Beurteilung davon abhängig, „was sich der Apotheker hinsichtlich des Verhaltens des Arztes im Falle einer Nachfrage dachte". Wenn der Apotheker es für *möglich* hielt, daß der Arzt mit seiner Handlungsweise einverstanden sei, soll eine fahrlässige Tötung vorliegen; dagegen soll freigesprochen werden, wenn der Apotheker „ganz *sicher* der Annahme" war, der Arzt werde seine Genehmigung zur Abgabe der Medizin erteilen.

Das halte ich nicht für richtig. Wenn die Kur nach ärztlichem Urteil nicht fortgesetzt werden durfte, kann auch die feste Annahme des Apothekers, die Erlaubnis werde erteilt werden, ihn nicht entlasten. Er hat sich dann ein Urteil angemaßt, wo er es sich nach sei-

---

[72] A. a. O., S. 155.

[73] Die Kausalitätsformel der Bedingungstheorie, S. 73.

nen Kenntnissen und Fähigkeiten nicht zutrauen durfte, und darin liegt seine Fahrlässigkeit. Daß auch *Spendel* im Grunde genommen etwas ganz anderes im Auge hat, zeigt sich am Ende, wo er seiner Darstellung den Satz hinzufügt: „Diese Entscheidung kommt natürlich nur dann in Frage, wenn diese Annahme des Apothekers nach der ganzen Sachlage geboten war.“[74] Daraus folgt, daß auch *Spendel* entgegen seinem Ausgangspunkt nicht darauf abstellt, was der Apotheker wirklich dachte, sondern darauf, was er begründeterweise denken durfte, d. h. also, welche Behandlung im Rahmen des ärztlich erlaubten und gebotenen Risikos lag. Auf diese Weise tritt — ähnlich wie beim Reichsgericht — hinter andersartigen Differenzierungen plötzlich die richtige Sacheinsicht hervor. Sie müßte nur für die allgemeine Behandlung der Problematik fruchtbar gemacht werden.

3. In entsprechender Weise ist der Ziegenhaar-Fall zu lösen. Wenn bei Milzbrandbazillen der vorliegenden Art die Anwendung eines gesetzlich zugelassenen Desinfektionsmittels eine Aussicht zur Vermeidung der Ansteckung bot, bedeutete die Hingabe undesinfizierter Ziegenhaare einen risikoerhöhenden Umstand, der die Annahme einer fahrlässigen Tötung rechtfertigt. War dagegen eine Desinfektion nutzlos, weil chinesische Milzbrandbazillen durch die damals bekannten und zugelassenen Mittel nicht abzutöten waren, dann schied eine Verurteilung nach § 222 StGB aus.

Auch dieses Ergebnis scheint mir zwingend. Wenn man nämlich einmal annimmt, daß es nichtdesinfizierbare Bakterien gibt, so könnte der Gesetzgeber der durch sie drohenden Gefahr vorbeugen, indem er die Verarbeitung von Tierhaaren generell verbietet. Tut er das nicht, weil Bakterien dieser Art nur ganz selten auftreten und er deshalb den gesamtwirtschaftlichen Belangen den Vorrang einräumt, dann nimmt er das durch die Nichtdesinfizierbarkeit drohende Risiko in Kauf. Geschieht nun ein solcher im erlaubten Risiko einkalkulierter Ausnahmefall, so kann nicht bestraft werden; denn die Verarbeitung der Haare war gestattet, und eine Desinfektion konnte die Gefahr um keinen Deut verringern. Es wäre sinnlos, die Desinfektion nichtdesinfizierbarer Gegenstände zu verlangen und den Verstoß gegen derart unerfüllbare Pflichten zur Grundlage einer Bestrafung wegen fahrlässiger Tötung zu machen.

In Wirklichkeit lag es im Ziegenhaar-Fall aber anders. Der Sachverständige hatte nach den Feststellungen der Vorinstanz lediglich gesagt, „daß die zugelassenen drei Desinfektionsarten ... keine genügende Gewähr für wirkliche Keimfreiheit der Haare böten; es sei

[74] A. a. O., S. 74.

also nicht ausgeschlossen, daß die Ansteckung auch nach Anwendung" eines Desinfektionsverfahrens eingetreten wäre[75]. Hier bedeutete also die unüberprüfte Hingabe eine erhebliche Gefahrerhöhung, so daß Bestrafung geboten war. Man darf dem, wie noch einmal betont sei, nicht entgegenhalten, daß die Desinfektion doch auch in diesem Falle nur möglicherweise erfolgreich gewesen wäre und daß die bloße Möglichkeit zur Verurteilung nicht ausreiche. Das wäre nur zutreffend, wenn es sich um ein Unterlassungsdelikt handelte, wie allerdings vielfach unrichtigerweise angenommen wird. Aber nicht das Unterlassen, sondern das sorgfaltswidrige Tun wird dem Fabrikbesitzer zugerechnet! Die Gefährdung, die im Verarbeiten chinesischer Ziegenhaare liegt und die hier zu mehreren Todeserfolgen geführt hat, bleibt nur straflos, wenn alle Maßnahmen erfolgt sind, die zu ihrer Verminderung geführt hätten. Ist das nicht der Fall, so überschreitet solch gefährliches Tun die vom Gesetzgeber gezogene Toleranzgrenze, und die Folgen kommen über den Täter. Das ist nicht mehr als recht und billig und hat mit Beweisfragen und hypothetischen Kausalverläufen nicht das mindeste zu tun.

4. Verhältnismäßig am schwierigsten ist die Lösung des Novokain-Falles. So, wie der Sachverhalt realiter lag, ist die Entscheidung freilich eindeutig. Denn die Kokain-Spritze, die zum Tode des Patienten geführt hat, durfte auf keinen Fall verabreicht werden; und sie bedeutete auch, da die Verwendung des medizinisch gebotenen Narkotikums Novokain nur *vielleicht*[76] tödlich gewirkt hätte, eine wesentliche Risikoerhöhung. Warum das zur Bestrafung wegen fahrlässiger Tötung auf jeden Fall ausreicht, braucht hier nicht noch einmal begründet zu werden.

Wie ist es aber, wenn sich hätte feststellen lassen, daß der Patient auch bei Benutzung von Novokain mit *Sicherheit* gestorben wäre? Soll man dann die Tötung durch Kokain als im Rahmen desselben Risikos liegend straflos lassen? Oder würde dadurch ein ganz anderer hypothetischer Kausalverlauf untergeschoben, der mit dem eingetretenen und pflichtwidrig herbeigeführten Erfolg seiner Art nach nichts mehr zu tun hat?

Die Beantwortung dieser Frage wird dadurch erschwert, daß die medizinischen Grundlagen des Falles kaum durchschaubar sind und daß der Sachverhalt des unveröffentlichten Urteils nur bruchstückweise bekannt geworden ist. Im Schrifttum wird teils — in konsequenter Durchführung der Zusammenhangstheorie — angenommen,

---

[75] RGSt. 63, S. 213.

[76] Zum Sachverhalt vgl. *Spendel*, Die Kausalitätsformel, S. 65 ff.

daß schon die bloße Möglichkeit eines Novokain-Todes zur Straflosigkeit führen müsse[77]; teils wird auch für den Fall eines sicheren Novokain-Todes das Vorliegen einer fahrlässigen Tötung bejaht[78]. Das Reichsgericht, das sich auch mit dieser Fallvariante beschäftigt hat, sagt[79]: „Nur dann, wenn festgestellt würde, daß ... der Tod auch bei Verwendung von Novokain sicher oder mit einer an Sicherheit grenzenden Wahrscheinlichkeit eingetreten sein würde, läge keine strafbare Handlung vor."[80] Es will also für den Fall eines sicheren Novokain-Todes immerhin Straflosigkeit eintreten lassen.

Mir scheint, daß man hier — wenn die medizinischen Gegebenheiten die folgenden Schlüsse zulassen — noch anders unterscheiden muß. Die Annahme nämlich, daß der Patient vielleicht auch bei der sachgerechten Einspritzung von Novokain hätte sterben müssen, beruhte, wie *Spendel*[81] ermittelt hat, auf dem Umstand, daß bei ihm der abnorme Fall eines Bestehenbleibens der Thymuslymphdrüse vorlag (in aller Regel wird sie beim Menschen in den ersten 10 Lebensjahren rückgebildet). Diese Drüse, deren Vorhandensein für den Arzt in keiner Weise feststellbar ist, führt zu einer Überempfindlichkeit gegen alle Narkotika mit der Folge, daß in der Narkose ein plötzlicher Tod des Patienten — ein sog. Narkosezwischenfall — eintreten kann.

Führt man sich das vor Augen, so wäre in unserem Fall — bei Unterstellung eines sicheren Novokaintodes — zu prüfen, woran der Patient gestorben ist. Hat die Kokain-Spritze einen tödlichen Narkosezwischenfall herbeigeführt, so müßte der Arzt freigesprochen werden. Denn für den status thymolymphaticus des Patienten war jedes Narkotikum gleich gefährlich, und das verbotene Kokain schuf kein größeres Risiko als das erlaubte Novokain. Völlig anders liegt der Fall aber, wenn der Tod des Patienten in concreto nicht durch einen Narkosezwischenfall, sondern infolge andersartiger schädlicher Auswirkungen des Kokains — etwa einer Vergiftung — eingetreten ist. In dieser Situation würde die noch so hohe Wahrscheinlichkeit eines tödlichen Narkosezwischenfalls bei Novokain-Verwendung

---

77 Vgl. etwa *Welzel*, Lehrb., 7. Aufl., S. 118; *Exner*, *Frank*-Festgabe I, S. 588.

78 So Eb. *Schmidt*, Arzt im Strafrecht, S. 200 f.; *Spendel*, Kausalitätsformel, S. 67.

79 Vgl. *Spendel*, Kausalitätsformel, S. 67.

80 So wohl auch *Engisch*, Kausalität, S. 66 f.

81 Kausalitätsformel, S. 70, Anm. 4.

an der Strafbarkeit des Arztes nichts ändern können. Denn ein solches Geschehen lag außerhalb der durch die pflichtwidrige Kokain-Einspritzung verwirklichten Todesart. Das Risiko einer hier etwa eingetretenen Kokain-Vergiftung wurde durch die außerdem bestehende Möglichkeit eines Narkosezwischenfalls nicht zu einer erlaubten Gefahr. Wenn man trotzdem eine fahrlässige Tötung ablehnen wollte, weil der Tod ohnehin aus einem anderen Grunde eingetreten wäre, so würde man zu einer generellen Berücksichtigung hypothetischer Kausalverläufe kommen, die schon oben als unrichtig abgelehnt wurde. Es ist also entgegen den bisher vertretenen Lehren auch für den Fall eines mit Sicherheit zu erwartenden Novokain-Todes noch zu differenzieren.

VI. Vergleich mit den überlieferten Lehren

Nachdem wir so den Gedanken der Risikoerhöhung an den wichtigsten Beispielen durchgeführt haben, läßt sich deutlich erkennen, wo der richtige Kern der vorher behandelten Theorien steckt. Die Erwägungen über die „Kausalität" der Pflichtwidrigkeit oder das Postulat einer besonderen „Beziehung" zwischen ihr und dem Erfolg sind im Ansatz zutreffend. Denn wenn die Pflichtwidrigkeit nicht zu einer gegenüber dem erlaubten Risiko gesteigerten Gefahr geführt hat, der Erfolg vielmehr ohne Überschreitung der gesetzlich gezogenen Toleranzgrenze eingetreten ist, dann „beruht" er eben nicht auf der Verbotenheit des Tuns. Der von *Arthur Kaufmann*[82] apostrophierte „mysteriöse Zusammenhang zwischen Pflichtwidrigkeit und Erfolg, über dessen Natur man nirgendwo etwas Genaueres erfahren kann", wird also durch die Risikoüberschreitung im oben erläuterten Sinne hergestellt. Dadurch, daß die Vertreter der Zusammenhangstheorie das nicht erkannt und sich stattdessen in wechselnden Formulierungen mehr oder weniger deutlich auf die hypothetischen Kausalverläufe eingelassen haben, ist die Lehre auf ein falsches Gleis geraten. Ihre theoretisch unrichtige Fassung hat zu den geschilderten Beweisschwierigkeiten und zu der Unmöglichkeit einer sachgemäßen Ausschaltung risikofremder Ersatzfaktoren geführt; beide Probleme würden gelöst werden, wenn man der hier vorgeschlagenen Risikoerhöhungslehre folgen wollte.

Auch *Engischs* Theorie der Gefahrverwirklichung läßt sich mit der hier vertretenen Auffassung sehr wohl vereinigen. Zwar hat sich in allen unseren Beispielen auch im Falle der Straflosigkeit eine Gefahr verwirklicht. Wenn man den Gedanken aber so fassen würde, daß es

---

[82] Eb.-*Schmidt*-Festschr., S. 223.

sich um die Realisierung einer das erlaubte Risiko überschreitenden Gefahr handeln müsse, könnte man ihm zustimmen.

Die Prüfung hypothetischer Kausalverläufe schließlich, mit Hilfe deren man die Problematik immer wieder anzupacken versucht hat, besitzt — so wenig sie zum Kern der Sache führt — doch einen gewissen heuristischen Wert. Denn wenn jemand sich unkorrekt verhält und der Erfolg bei sachgemäßem Handeln ausgeblieben wäre, besteht einige Wahrscheinlichkeit dafür, daß das erlaubte Risiko überschritten worden ist; genau wie umgekehrt oft keine Gefahrerhöhung festzustellen sein wird, wenn der Erfolg auch bei ordnungsmäßigem Verhalten eingetreten wäre. Mehr als bestenfalls ein widerlegliches Indiz gibt diese Betrachtungsweise aber nicht her. Wendet man sie ausnahmslos ohne Hinblick auf das Risikoprinzip an, so kann man zu ganz falschen Ergebnissen kommen. Das ist oben schon gezeigt worden und wird abschließend noch an zwei besonders aktuellen Beispielen zu demonstrieren sein.

Der Gedanke der Risikoerhöhung, mit Hilfe dessen wir glauben, die schwierige Problematik befriedigend lösen zu können, ist im Jahre 1943 von *Mittasch* in einem heute fast verschollenen Aufsatz[83] schon einmal berührt worden. Da er aber unsere Fälle unter dem Gesichtspunkt der „Ursächlichkeit des fehlerhaften Risikos“[84] behandelt, gerät er alsbald wieder in den Bannkreis der Zusammenhangstheorie und sieht den Kern der Frage in der Überbrückung der danach unvermeidlichen Beweisschwierigkeiten. Das ist bei solcher Betrachtungsweise ganz konsequent. Aber seine Lösung, die eine „Umkehrung der Beweislast ... bejaht“[85], für eine Durchbrechung des Satzes „in dubio pro reo“ plädiert und selbst einräumt, daß sie dem Gedanken des „versari in re illicita ... im Strafrecht ... beschränkten Eingang“ gewähre[86], enthüllt nur allzu deutlich das Dilemma der Zusammenhangstheorie und führt der Sache nach nicht über sie hinaus. Auch *Oehler,* der sich jüngst wieder unter dem Titel „Die erlaubte Gefahrsetzung und die Fahrlässigkeit“[87] kurz mit

---

[83] Er findet sich in dem — soweit ersichtlich —einzigen noch erschienenen Heft der Deutschen Rechtswissenschaft, 8. Bd., 1943, S. 46—54; Arthur *Kaufmann,* Eb.-*Schmidt*-Festschr., S. 222, hat zuerst wieder darauf hingewiesen.

[84] A. a. O., S. 51.

[85] A. a. O., S. 51.

[86] A. a. O., S. 53.

[87] Eb.-*Schmidt*-Festschr., S. 232—248.

unseren Fällen befaßt hat, sieht ihre Lösung in der Prüfung des „strafrechtlichen Ursachenzusammenhanges“[88], den er vom Risikogedanken gerade abtrennen will[89].

Zwei weitere Fälle, die den Fragenkreis in besonderem Maße erhellen, sollen am Ende noch kurz erörtert werden. Der erste betrifft das bekannte, auch in der Judikatur schon wiederholt behandelte[90] Schulbeispiel, daß ein Passant in einen mit zu hoher Geschwindigkeit fahrenden Wagen in der Weise hineinläuft, daß auch bei Einhalten des vorgeschriebenen Tempos ein Bremsen nicht mehr möglich gewesen und der Erfolg in derselben Weise eingetreten wäre. Wollte man hier mit der allgemein geübten Methode einer Prüfung dessen, was geschehen wäre, wenn ..., wirklich Ernst machen, so müßte man zur Bestrafung des Autofahrers kommen, den man doch gerade vom Vorwurf einer fahrlässigen Tötung entlasten will. Denn wenn er eine verminderte Geschwindigkeit eingehalten hätte, wäre er von der Straßenstelle, die der Passant überquert hat, noch weit entfernt gewesen, und es wäre nichts geschehen[91].

In Wirklichkeit ist nicht ein hypothetischer Ursachenverlauf zu prüfen. Die Frage darf vielmehr nur dahin gestellt werden, ob bei der Art, wie der Passant in den Wagen hineingelaufen ist, das Risiko des Erfolgseintrittes durch eine geringere Geschwindigkeit vermindert worden wäre. Das läßt sich auf wissenschaftlich-experimentelle Weise ermitteln. Fällt die Antwort verneinend aus, ist der

---

88 A. a. O., S. 238/39.

89 Wieweit er in den Ergebnissen mit der hier vertretenen Auffassung übereinstimmt, läßt sich aus seiner kurzen Behandlung der hier interessierenden Fragen nicht ganz deutlich ersehen. Er bejaht die Entscheidung BGHSt. 11, 1 ff. (S. 238, Anm. 9), will aber anscheinend die bloße Möglichkeit eines anderen Verlaufs bei ordnungsmäßigem Verhalten für die Bestrafung ausreichen lassen (S. 238 Anm. 11).

90 Vgl. Arthur *Kaufmann*, Eb.-*Schmidt*-Festschr., S. 201; OberstLGR *Baumann*, Deutsches Autorecht, 1955, S. 210—212.

91 *Schröder* (*Schönke-Schröder*, 10. Aufl., § 59, X, 6, a, S. 372), der das hier für die h. L. auftauchende Problem sieht, will, obwohl der Erfolg bei langsamerem Fahren ausgeblieben wäre, die Haftung mit der Erwägung ausschließen, „daß die pflichtwidrig nicht beachtete Bestimmung nicht dem Schutz vor derartigen Folgen dienen soll“. Aber welchen Zweck soll die Geschwindigkeitsbeschränkung denn haben, wenn nicht den der Vermeidung von Unfällen? Trotzdem ist der (leicht mißzuverstehende) Satz richtig, wenn man davon ausgeht, daß nur die in concreto gegenüber dem erlaubten Risiko gefahrsteigernden Verhaltensweisen den Tatbestand der fahrlässigen Tötung erfüllen.

Fahrer nur wegen der Geschwindigkeitsüberschreitung zu bestrafen; sonst liegt eine fahrlässige Tötung vor. Dafür genügt also schon eine meßbare Gefahrerhöhung. Daß der Erfolg ausgeblieben wäre, braucht nicht nachgewiesen zu werden.

Der zweite Fall entstammt einer BGH-Entscheidung[92]. Die beiden Angeklagten waren „auf der Bundesstraße 7 außerhalb einer geschlossenen Ortschaft auf der rechten Seite der Straße" gegangen, obwohl § 37 Abs. 1 Satz 3 Halbs. 1 StVO für solche Fälle die Benutzung der linken Straßenseite vorsieht. Ein Motorradfahrer hatte sie von hinten überfahren und war dabei selbst zu Tode gekommen. Es ging um die Frage, ob die beiden Angeklagten wegen fahrlässiger Tötung zu bestrafen seien. Sie beriefen sich zu ihrer Entlastung darauf, daß der Unfall sich hätte ebenso ereignen können, wenn sie — verkehrsgemäß — in entgegengesetzer Richtung gegangen wären oder an der Unfallstelle gestanden hätten.

Der Bundesgerichtshof ließ das nicht gelten. Er meint, es dürfe nur geprüft werden, was wirklich geschehen wäre, und sagt[93]: „Bei Beachtung des neuen Gebots für Fußgänger hätte der Angeklagte sich auf der anderen Straßenseite befunden. Daß es dann nicht zu dem Zusammenstoß mit dem Motorradfahrer ... gekommen wäre, liegt klar zutage." An einer „schuldhaften Verkehrswidrigkeit der Angeklagten und an ihrer Ursächlichkeit für den tödlichen Erfolg" könne also „kein begründeter Zweifel bestehen"[94]. Arthur *Kaufmann* tritt dem ausdrücklich bei[95], was von seinem Standpunkt aus auch nur folgerichtig ist.

Die Annahme einer fahrlässigen Tötung wäre aber — wenigstens der Begründung nach — kein zutreffendes Ergebnis. Die Entscheidung kann nämlich nur davon abhängig gemacht werden, ob bei der Fahrweise des Motorradfahrers das Unfallrisiko vermindert worden wäre, wenn die Fußgänger in zulässiger Weise an der Unfallstelle gestanden hätten oder aus der anderen Richtung gekommen wären.

---

92 BGHSt. 10, 369—371.

93 A. a. O., S. 370.

94 A. a. O., S. 371; allerdings läßt der BGH die Möglichkeit eines Freispruchs offen, weil es an der „Vorhersehbarkeit des Erfolges fehlen könne, die noch zu prüfen sei". Nach welchen Gesichtspunkten das geschehen soll, wird nicht gesagt. Wenn dabei die oben dargelegten Umstände beachtet würden, könnte der BGH noch zum richtigen Ergebnis kommen. Aber die Prüfung des hypothetischen Kausalverlaufs, mit dem sich das Urteil ausschließlich beschäftigt, ist dann ganz überflüssig.

95 Eb.-*Schmidt*-Festschr., S. 230.

Eine solche Gefahrverringerung ist denkbar, weil die beiden Angeklagten dann vermutlich dem sich nähernden Rad das Gesicht zugewendet hätten, so daß vielleicht noch Zeit zum Ausweichen geblieben wäre. Wenn aber das Risiko durch das Verhalten der Passanten in concreto nicht erhöht wurde, weil das Motorrad so plötzlich zwischen sie hineinfuhr, daß sie ohnehin keine Ausweichbewegung mehr hätten unternehmen können, dann haben sie sich keiner fahrlässigen Tötung schuldig gemacht, auch wenn sie bei ordnungsmäßigem Verhalten auf der anderen Straßenseite gegangen wären und der Unfall sich nicht ereignet hätte[96].

Viele Schwierigkeiten würden sich klären, wenn die Rechtsprechung sich diesen Grundsätzen anschließen könnte.

Nachbemerkung:

Die vorliegende Abhandlung beschäftigt sich mit einem begrenzten Teilausschnitt aus der allgemeinen Zurechnungsproblematik, die den Gegenstand des vorhergehenden Beitrages bildete (zu seiner Einordnung vgl. oben S. 129 ff.). Es handelt sich aber um die praktisch wohl wichtigste Frage aus diesem Bereich; sie ist in den letzten 10 Jahren so viel diskutiert worden, daß *Schaffstein* (Festschrift für Honig, 1970, S. 171) sie geradezu als „Modethema der jüngsten Straf- und Zivilrechtsdogmatik" bezeichnen konnte. Das von mir zur Lösung der Problematik entwickelte „Risikoerhöhungsprinzip" ist bis heute umstritten geblieben, findet aber in der Wissenschaft in zunehmendem Maße Anhänger. In der Lehrbuchliteratur sind meiner Auffassung gefolgt: *Jescheck*, Allgemeiner Teil, 1969, S. 388; *Lackner-Maassen*, StGB, 6. Aufl., 1970, § 59, IV, 2, bb; *Stratenwerth*, Allgemeiner Teil, 1971, Rdnr. 1095, 1182; *Maurach*, Allgemeiner Teil, 4. Aufl., 1972, S. 541. Auch sonst finden sich viele zustimmende Äußerungen, von denen ich nur nenne: *Walder*, Probleme bei Fahrlässigkeitsdelikten, in: Zeitschrift des Bernischen Juristenvereins, Bd. 104, 1968, S. 161 ff. (178 ff.); *Rudolphi*, Vorhersehbarkeit und Schutzzweck der Norm in der strafrechtlichen Fahrlässigkeitslehre, in: JuS 1969, S. 549 ff.; *Schaffstein*, Die Risikoerhöhung als objektives Zurechnungsprinzip im Strafrecht, insbesondere bei der Beihilfe, in: Festschrift für Honig, 1970, S. 169 ff.; *Otto*, Kausaldiagnose und Erfolgszurechnung im Strafrecht, in: Festschrift für Maurach, 1972, S. 91 ff.

---

[96] So wohl auch im Ergebnis *Schröder*, *Schönke-Schröder*, 10. Aufl., § 59, X, 6, a, S. 372.

Die wohl immer noch überwiegende, im Ergebnis mit der Lösung des BGH übereinstimmende, von mir (oben im Text) sogenannte „Zusammenhangstheorie“ hat ihre umfangreichste Darstellung gefunden in der Monographie von *Ulsenheimer*, Das Verhältnis zwischen Pflichtwidrigkeit und Erfolg bei den Fahrlässigkeitsdelikten, 1965. In einer Besprechung dieses Buches in ZStW, Bd. 78, 1966, S. 214 ff. habe ich mich mit seinen Thesen kritisch auseinandergesetzt, während Ulsenheimer in einem weiteren Aufsatz über „Erfolgsrelevante und erfolgsneutrale Pflichtverletzung im Rahmen der Fahrlässigkeitsdelikte“, in JZ 1969, S. 364 ff., seinen Standpunkt erneut verteidigt hat. Zum selben Ergebnis wie die Risikoerhöhungslehre kommt dagegen — von etwas anderen Ausgangspunkten her — *E. A. Wolff*, Kausalität von Tun und Unterlassen, 1965. Auch die wichtige Monographie von *Kahrs*, Das Vermeidbarkeitsprinzip und die condicio-sine-qua-non-Formel, 1968, stimmt „in wesentlichen Punkten“ (a. a. O. S. 236) mit den Lösungen der Risikoerhöhungslehre überein, überträgt diese aber auch auf die Unterlassungsdelikte. Weitere und andersartige Lösungsversuche unternehmen *Spendel*, Condicio-sine-qua-non-Gedanke und Fahrlässigkeitsdelikt, in: JuS 1964, S. 14 ff.; *Seebald*, Nachweis der modifizierten Kausalität des pflichtwidrigen Verhaltens, in: GA 1969, 193 ff.; *Samson*, Hypothetische Kausalverläufe im Strafrecht, 1972.

Die Problematik hat auch im Zivilrecht in den letzten Jahren große Beachtung gefunden. Von den Arbeiten, die das Risikoerhöhungsprinzip in sehr differenzierter Weise diskutieren, nenne ich nur einige Monographien:

Münzberg, Verhalten und Erfolg als Grundlage der Rechtswidrigkeit und Haftung, 1966;

Kahrs, Kausalität und überholende Kausalität im Zivilrecht, 1969;
Hanau, Die Kausalität der Pflichtwidrigkeit, 1971.

Zum Problem der Abgrenzung von Begehungs- und Unterlassungsdelikten, das im vorstehenden Beitrag ebenfalls behandelt wird, verweise ich ergänzend auf meine Abhandlung: „An der Grenze von Begehung und Unterlassung“, in: Festschrift für Engisch, 1969, S. 380 ff.

Verwerflichkeit und Sittenwidrigkeit als unrechtsbegründende Merkmale im Strafrecht*)

1. Unser StGB nimmt an verschiedenen Stellen auf die Sittenordnung in einer Weise Bezug, die seit eh und je unter den Juristen — und nicht nur unter ihnen — ein Gefühl des Mißbehagens hervorgerufen hat. Ich will, um den Gegenstand unserer Erörterung zu begrenzen, zwei der bedeutsamsten Beispiele herausgreifen: die Rechtswidrigkeitsregelung bei der Nötigung und bei der Körperverletzung mit Einwilligung des Geschädigten. § 240 II sagt über die Nötigung: „Rechtswidrig ist die Tat, wenn die Anwendung der Gewalt oder die Androhung des Übels zu dem angestrebten Zweck als verwerflich anzusehen ist"; und in § 226a wird eine Körperverletzung mit Einwilligung des Verletzten für rechtswidrig erklärt, „wenn die Tat trotz der Einwilligung gegen die guten Sitten verstößt".

Die Kritik, die solche Bestimmungen erfahren haben, geht in zweifache Richtung: Erstens gegen ihre vage Vieldeutigkeit, die sie mit den Anforderungen des Satzes „nullum crimen sine lege" in Konflikt bringt[1]. Und zweitens gegen den unmittelbaren Rückgriff auf die Sittenordnung, der die Grenzen von Legalität und Moralität zu verwischen droht und damit einem Abgleiten ins Gesinnungsstrafrecht und dem Eindringen ideologisch verbrämter Gruppeninteressen Vorschub leisten kann.

Den beiden Einwänden wird entgegengehalten: Eine größere Tatbestandsbestimmtheit sei wegen der Vielgestaltigkeit der zugrunde liegenden Lebenserscheinungen gesetzgeberisch nicht erreichbar. Die Praxis habe gezeigt, daß der Verzicht auf jede Regelung (wie ehedem bei der Körperverletzung) oder eine auf Einzelheiten beschränkte

* JuS 1964, S. 371 ff. — Der vorliegende Text enthält die unveränderte Wiedergabe der Antrittsvorlesung, die der *Verfasser* am 11. 7. 1964 in Göttingen gehalten hat. — §§ ohne Gesetzesangabe sind solche des StGB.

1 Vgl. dazu bes. *H. Mayer*, StrafR, 1953, S. 86, Materialien zur Strafrechtsreform, Gutachten der Strafrechtslehrer, S. 269 ff., MDR 1952, 394, JZ 1953, 105 f., der § 240 für verfassungswidrig hält; § 226a wird von *Woesner*, NJW 1963, 273; 1964, 3, und *Hamann*, Grundgesetz und Strafgesetzgebung, 1963, S. 47 f., als verfassungswidrig angesehen. Ebenso wohl *Arndt*, NJW 1963, 848 f.

Kasuistik (wie früher bei der Nötigung) sich als unbefriedigend erwiesen hätten. Und was das Abstellen auf die Moral betreffe, so sei es unmöglich, andere Kriterien als die einer recht verstandenen Sozialethik zur Abgrenzung heranzuziehen (welche sollten das auch sein?); zumal da doch die Legitimation des Strafrechts gerade auf seiner engen Bindung an das Sittengesetz beruhe.

In diesem — grob skizzierten — Rahmen etwa bewegt sich die Diskussion. Beide Standpunkte sind trotz aller Gegensätzlichkeit im Ansatz einleuchtend und einer exakten Widerlegung kaum zugänglich. Daher rührt es auch, daß die Debatte sich im Kreise dreht. Selbst das ernsthafte Bemühen um theoretische Grundfragen — wie um die Erkennbarkeit einer absoluten Wertordnung oder um die rechtlichen Konsequenzen einer pluralistischen Gesellschaft — verhüllt oft, wenn es im Strafrecht um die Beurteilung konkreter Fälle geht, nur die wortreiche Leere subjektiven Meinens. Jedenfalls ist die Ausbeute an rechtlich gesicherter Erkenntnis gering, und die Gerichte tappen mit der Auslegung beider Tatbestände, wie die in Beispielen noch anzuführende Rechtsprechung gerade der letzten Jahre zeigt, ziemlich im Dunkeln.

Ein Grund für die Ausweglosigkeit des Streites liegt, wie ich meine, in der eine ganze strafrechtliche Generalklauselliteratur tragenden Voraussetzung, daß die Problemlage bei allen auf die Sittenordnung verweisenden unbestimmten Begriffen im wesentlichen dieselbe sei und daß man deshalb bei Behandlung des Themas von den Besonderheiten der jeweiligen Regelungsmaterie abstrahieren könne. Diese den widerstreitenden Standpunkten gemeinsame Voraussetzung ist aber fragwürdig. Sie führt zur Konstruktion abstrakt unaufhebbarer Gegensätze und verdeckt andererseits die bei den einzelnen Tatbeständen verschiedenen Vorgegebenheiten des Rechtsstoffes, in denen sachangemessene, wenn auch voneinander abweichende Lösungen schon angelegt sein können. Wir wollen daher die erwähnten allgemeinen Aspekte zunächst im Hintergrund lassen und uns den in Rede stehenden Strafvorschriften selbst zuwenden. Dabei fragen wir zunächst für jeden Tatbestand gesondert, welche Umstände es sind, die den Gesetzgeber veranlaßt haben, von dem Verfahren deskriptiver Tatbestandserfassung abzugehen; dann prüfen wir, welche Folgerungen sich daraus für die Auslegung der einzelnen Bestimmungen ergeben. Was sich dabei an grundsätzlichen Erkenntnissen gewinnen läßt, muß der Gang der Darstellung zeigen.

II. 1. Beginnen wir mit der Nötigung! Der Tatbestand des § 240 schützt, wie allgemein anerkannt ist, die Freiheit der *Willensent-*

schließung und der *Willensbetätigung*. Und schon in dieser, auf den ersten Blick wenig bemerkenswert scheinenden Erkenntnis liegt ein Schlüssel für die singuläre dogmatische Struktur unserer Vorschrift.

a) In aller Regel nämlich dienen die Strafbestimmungen der Erhaltung festumrissener, deutlich abgrenzbarer Rechtsgüter, wie des Lebens, des Sacheigentums, des Personenstandes, des Briefgeheimnisses usw. Diese Rechtsgüter hebt der Gesetzgeber aus dem Strom des sozialen Lebens heraus und stellt sie in seinen Normen den Bürgern als unverletzlich vor Augen. Die seltenen Fälle, in denen es gestattet ist, sie anzutasten, wie etwa die Notwehrsituation, werden durch Erlaubnissätze aufgefangen, aus deren Zusammenspiel mit den Rechtsgüterbeschreibungen sich das Unrecht ergibt. Auf dieser für selbstverständlich gehaltenen Vorstellung beruht die Regel-Ausnahme-Technik des Strafgesetzbuches ebenso wie die systematische Konzeption vom Tatbestand als dem Indiz der Rechtswidrigkeit.

b) Eine solche Voraussetzung, so gut sie bei den meisten Tatbeständen paßt, bewährt sich bei den der Nötigung zugrunde liegenden Lebensgegebenheiten nicht. Denn es kann keine Rede davon sein, daß etwa unsere Freiheit, in jeder Lebenslage Beliebiges zu tun, durch das Strafrecht geschützt werden könnte. Es braucht sich nur jeder auf seinen eigenen Tageslauf zu besinnen, um zu sehen, daß er nur selten die freie Entscheidung darüber hat, *was* er tun will, und daß selbst in der sogenannten „Frei"zeit das *Wie* seines Tuns, sobald er mit der Umwelt in Kontakt kommt, weitgehender Gängelung durch vorgeprägte Verhaltensmuster unterliegt. Kurz und vereinfacht ausgedrückt: Der Einzelne kann sich zwar normalerweise seines Lebens, seines Eigentums oder Briefgeheimnisses in ruhiger Sicherheit erfreuen, aber der Freiheit seiner Willensbetätigung ist er gerade im gewöhnlichen Ablauf des Lebens nur zeitweilig und auch dann nur in eingeschränkter Form sicher.

Dieser Befund fordert kaum weitere Erklärung: Das soziale Leben bedarf, wenn es nicht in atomistischem Chaos versinken soll, einer Zueinanderordnung der einzelnen; es läuft nur, wenn jeder durch mehr oder minder sanften Druck entgegen seinen individuellen Launen in eine Richtung gezwungen werden kann, die sich dem Ganzen einfügt. Auf unser Thema zugespitzt heißt das: Die Nötigung — hier zunächst im sozialen, vorstrafrechtlichen Sinn verstanden — ist jenseits jeden Verhältnisses von Regel und Ausnahme ein Grundelement mitmenschlichen Zusammenlebens. Damit ist die Freiheit der Willensbetätigung nicht ausgeschaltet, aber sie ist von vornherein gebunden, und mit dieser am Rechtsgut der Nötigung ablesbaren

Einsicht öffnen sich weite, wenn auch von vielen Seiten her ausgemessene Horizonte: Die dialektische Verschränkung von Bindung und Freiheit ist bekanntlich nicht nur ein rechtsphilosophisches und staatstheoretisches Hauptproblem; sie läßt sich in Theologie, Geschichte, Ästhetik und überhaupt in den gesamten Geisteswissenschaften als ähnlich bedeutungsvoll aufweisen. Sie ist, wie die neuere Anthropologie zeigt, sogar schlechthin ein Grundphänomen menschlicher Existenz.

c) Wir verfolgen das nicht weiter, sondern kehren zur Nötigung zurück, die von hier immerhin ein Licht empfängt, das sie aus dem Kreise der übrigen Tatbestände heraushebt. Eine Strafbestimmung, der die Funktion zukommt, die Freiheit der Willensbetätigung zu schützen, nimmt die eben umrissene Dialektik, soweit sie das menschliche Zusammenleben betrifft, in ihrer ganzen Spannweite und unendlich variablen Inhaltsfülle unmittelbar in sich auf. Sie hat den notwendigen Druck in den Beziehungen der Menschen zueinander von dem nicht mehr zu billigenden Willenszwang abzugrenzen und dadurch die Balance zwischen Freiheit und Bindung zu wahren. Sie bildet, so gesehen, einen Angelpunkt des sozialen Gleichgewichts.

aa) Eine Strafbestimmung gegen Nötigung *kann* nicht, wie ein anderer Tatbestand, einen festumrissenen Lebensausschnitt deskriptiv umreißen und dem gesetzgeberischen Unwerturteil unterstellen. Sie umfaßt von der flüchtigen Begegnung beim Überholen auf der Autobahn bis zum entscheidungsvollen Kräftespiel staatlicher Machtgruppen auf der einen und den höchstpersönlichen partnerschaftlichen Bindungen auf der anderen Seite die gesamte soziale Breite mitmenschlicher Willensbeziehungen und widerstrebt dadurch der typisierenden Plastizität in sich geschlossener Tatbestandsbeschreibungen.

bb) Bei ihr verwischt sich ferner zwangsläufig das übliche Bild von Regel und Ausnahme, von Rechtsgutsverletzung und Rechtfertigung. Denn wenn dem Rechtsgut selbst die Bindungsschranke immanent ist, müssen die Rechtfertigungsgründe, anstatt eine Rechtsgüterverletzung ausnahmsweise zu erlauben, schon ihr Vorliegen ausschließen. Und wo von einer Ausnahme nicht die Rede sein kann, müssen auch der Sache nach bei der Bestimmung des erlaubten Willensdrucks die Grenzen der sonst anerkannten Rechtfertigungsgründe gesprengt werden.

cc) Nimmt man die beiden vorangehenden Gedanken zusammen, so ergibt sich etwas Drittes. Die Wandlungen der Verhaltensformen in den Beziehungen der Menschen zueinander müssen bei einer Strafbestimmung wie der Nötigung weit nachhaltiger bemerkbar werden als bei anderen Vorschriften. Denn die tatbestandlich erfaßten Rechtsgüter sind gemeinhin das, was im Fluß des Geschehens einigermaßen beständig verharrt. Die soziale Dynamik der jeweiligen Lebensordnung wirkt sich viel schneller und intensiver auf Art und Umfang der Eingriffsrechte, d. h. der Rechtfertigungsgründe, aus. Werden sie schon im Tatbestand berücksichtigt, wie es bei der Nötigung aus den geschilderten Gründen unumgänglich ist, so dringt damit der Strom der sozialen Entwicklung unmittelbar in ihn ein. Und bei der notwendigen Weite dieser Bestimmung gibt es kaum einen sozialen Wandel, der sie unberührt lassen könnte. Kurz formuliert: Ein solcher Tatbestand ist nicht nur räumlich über alle Gebiete des Lebens ausgedehnt, er bewegt sich ebenso in der Zeit; und auch dieser Umstand setzt einer gesetzgeberischen Umschreibung der verbotenen Verhaltensweisen unübersteigbare Hindernisse entgegen.

dd) Alles bisher Gesagte läßt sich ohne jeden Blick ins Gesetz allein aus dem Rechtsgut der Nötigung und seiner dem Gesetzgeber vorgegebenen sozialen Funktion entwickeln[2].

Daraus wird ersichtlich, daß die herkömmlichen legislatorischen Mittel bei einer solchen Strafbestimmung zwangsläufig versagen. Die Frage, vor der ein Gesetzgeber hier steht, ist daher nach dem Vorhergehenden so zu formulieren: Wie soll ein Tatbestand aussehen, der weder ein deskriptiv abgrenzbares Rechtsgut noch eine hinreichend typisierbare Handlung aufweist, dessen möglicher Anwendungsbereich vielmehr alle Sozialbezüge durchdringt, ohne daß Zulässiges und Verbotenes subsumtionsgerecht beschreibbar oder auch nur ein für allemal feststehend sind?

Es ist nicht verwunderlich, daß der Gesetzgeber in einer solchen Situation sich eines Verfahrens bedient, das auch die Wissenschaft schon angewandt hat, wo bei der Bestimmung des Unrechts mit definitorisch fixierbaren Kriterien nicht mehr weiterzukommen ist: nämlich des unmittelbaren Rückgriffs auf die materielle Rechtswidrigkeit. Die ursprünglich von *Dohna* und *Liszt* begründete und dann beim übergesetzlichen Notstand zu besonderer Bedeutung gekommene Zwecktheorie, wonach alles rechtmäßig ist, was sich nach sozialem Werturteil als „rechtes Mittel zum rechten Zwecke" darstellt, kehrt ins Negative gewendet fast wörtlich in der Formulierung der Nötigungsvorschrift wieder, daß die Tat rechtswidrig sei, wenn die Anwendung des Mittels „zu dem angestrebten Zweck als verwerflich

[2] Zur Analyse des § 240 vgl. auch *Baumann*, StrafR, 3. Aufl. (1963), S. 235.

anzusehen" sei. Daraus läßt sich über die Bedeutung der Verwerflichkeitsklausel einiges entnehmen, was sich später bei der Auslegung dieser Vorschrift als entscheidend erweisen wird: Es handelt sich hier nicht darum, daß moralische Maßstäbe oder Gesinnungselemente bei der Umgrenzung des Unrechts eine Rolle spielten. Es geht vielmehr allein um die Ermittlung der strafbegründenden *Sozialwidrigkeit.* Das rechtsdogmatische und methodologische Problem, das der Nötigungstatbestand aufwirft, liegt nicht in der rechtlichen Erfaßbarkeit ethischer Normen, sondern in etwas ganz anderem: in der Frage, wie das Prinzip der materiellen Rechtswidrigkeit an Hand des Grundgedankens der Nötigungsvorschrift inhaltlich so ausgefüllt werden kann, daß es den Bestimmtheitsanforderungen des Satzes „nullum crimen sine lege" entspricht. Wir werden gleich sehen, daß die außerordentliche Schwierigkeit, die der Nötigungstatbestand der Rechtsprechung heute bereitet, und auch der Streit um seine Verfassungsmäßigkeit auf der Verkennung dieser Problemlage beruhen.

2. Doch zuvor wollen wir uns der Körperverletzung zuwenden. Die Vermutung, es könne sich mit den „guten Sitten", die hier der Abgrenzung von Recht und Unrecht dienen, ähnlich wie bei der Nötigung verhalten, erweist sich sogleich als trügerisch. Der menschliche Körper steht als Handlungsobjekt in frageloser Eindeutigkeit vor uns. Der Wirklichkeitsausschnitt, um den es geht, ist klar umrissen. Es handelt sich nicht einmal um die Körperverletzung schlechthin, sondern um den Ausnahmefall, daß eine solche Tat mit zweifelsfreier, ohne Täuschung und Druck zustande gekommener Einwilligung begangen wird. Solche Handlungen kommen auch nicht in unübersehbarer Häufigkeit vor. Da der Selbsterhaltungstrieb und das Schmerzempfinden einer Einwilligung in die Mißhandlung des eigenen Körpers normalerweise entgegenstehen, bleiben nur recht wenige, durch charakteristische Eigenheiten scharf gekennzeichnete Fälle übrig, bei denen das Sittenwidrigkeitskriterium des § 226a überhaupt praktische Bedeutung erlangen kann: Es sind dies verlangte Auspeitschungen und Prügelungen, die einer verirrten Triebrichtung zur Befriedigung dienen; operative Verstümmelungen zu verbotenen Zwecken, etwa zur Begehung eines Versicherungsbetruges; die freiwillig begehrte Sterilisation[3]; das Mensurenschlagen und allenfalls noch übertriebene körperliche Gefährdung bei verabredeten Raufereien.

[3] Die Kastration als schwererer Eingriff hat gegenüber der die sonstigen Körperfunktionen unberührt lassenden Sterilisation an Bedeutung verloren; vgl. *Hanack,* JZ 1964, 393 Fußn. 1. Sie ist jetzt auch spezialgesetzlich geregelt.

Die Rechtsprechung bestätigt dieses Bild: Während die Zahl der Entscheidungen, die sich mit der Verwerflichkeit von Willensbeeinträchtigungen befassen und sie bejahen, unübersehbar groß ist und sich täglich weiter vermehrt, lassen sich die Fälle, in denen der Einwilligung in eine Körperverletzung die rechtfertigende Kraft wegen der Sittenwidrigkeit der Tat versagt worden ist, an den Fingern einer Hand herzählen. Daran zeigt sich: Im Gegensatz zur Nötigung sind es bei der Körperverletzung keineswegs die Vorgegebenheiten der Regelungsmaterie, die den Gesetzgeber zu seiner Generalklausel gedrängt haben. Die sozialen Erscheinungsformen, unter denen Fälle dieser Art auftreten, hätten es durchaus zugelassen, sie klar beim Namen zu nennen und durch deskriptive Umschreibungen herkömmlicher Art dort, wo es geboten erschien, strafrechtlichen Sanktionen zu unterstellen.

Es müssen also andere Gründe als bei der Nötigung sein, die den Gesetzgeber veranlaßt haben, Recht und Unrecht hier mit Hilfe der „guten Sitten" voneinander zu scheiden. Sieht man genauer zu, so geht es auch gar nicht um die Sozialwidrigkeit der Tat im oben gekennzeichneten Sinne. Denn die materielle Rechtswidrigkeit, die wir durch diese Bezeichnung umschrieben haben, ist das Resultat einer Abgrenzung gegenläufiger Interessensphären; das zeigen die positivrechtlichen Unrechtsausschließungsgründe ebenso wie der übergesetzliche Notstand und der ausführlich analysierte Fall der Nötigung. Bei der Körperverletzung nach § 226a liegen die Dinge völlig anders. Von gegensätzlichen Interessen der beiden Beteiligten ist nicht die Rede. Der Verletzte ist vollkommen einverstanden, ja, er wird in den meisten Fällen den anderen zu seiner Handlungsweise sogar aufgefordert haben. Es ist auch nicht so, daß hier individuelle Wünsche gegen das Recht der Allgemeinheit auf Erhaltung der körperlichen Leistungsfähigkeit des Staatsbürgers abgegrenzt würden. Denn die Körperintegrität ist ein Individualrechtsgut, das als Bestandteil der Personenautonomie der prinzipiell freien Entscheidung des einzelnen unterliegt. Bestünde nach geltendem Recht eine Pflicht, den eigenen Körper oder den Körper anderer der Volksgemeinschaft zu erhalten, wäre es ja auch unverständlich, daß die Rechtsprechung eigenmächtige, erfolgreiche Heileingriffe, die sich unter diesem Aspekt als sozial eindeutig wertvoll darstellen müßten, als Körperverletzungen bestrafte[4].

---

[4] Bei den in der Rspr. vornehmlich behandelten Fällen unzüchtiger Körperverletzungen liegt außerdem eine Beeinträchtigung der körperlichen Leistungsfähigkeit in aller Regel überhaupt nicht vor; vgl. *RG*, JW 1928, 2229; *RG*, DR 1943, 234; *RGSt* 74, 91.

Wenn demnach bei der Körperverletzung mit Einwilligung des Verletzten niemand in rechtlich relevantem Sinne geschädigt ist, dann bleibt als Strafgrund solcher Verhaltensweisen jenseits aller Rechtsgüterbeeinträchtigungen nur eines übrig: die moralische Mißbilligung des Tuns. Und dazu paßt das anders nicht erklärbare Merkmal der guten Sitten, dessen sich der Gesetzgeber zur Begründung des Unrechts bedient, denn auch vortrefflich. Was sonst nicht plausibel zu machen wäre, erhält so einen einleuchtenden Sinn: Es soll nicht die *Sozial*widrigkeit, die Schädigung bestimmter Rechtsgüter, sondern die *Moral*widrigkeit des Verhaltens bestraft werden, auch ohne daß sich jemand konkret beeinträchtigt fühlt.

Damit rückt bei der gestatteten Körperverletzung in den Vordergrund, was bei der Nötigung keine Rolle spielt: die Objektivierbarkeit moralischer Maßstäbe. Erkennt man das, so ist klar, daß die Auslegung des § 226a völlig andere Probleme stellen muß als die des § 240. Zwar geht es hier wie dort um die Tatbestandsbestimmtheit; aber die Schwierigkeit, die dieses Erfordernis bereitet, hat ganz verschiedene Gründe. Sie liegt in den Körperverletzungsfällen nicht wie bei der Nötigung in der mangelnden Beschreibbarkeit des tatbestandlichen Handelns — die in Frage kommenden Konstellationen sind sogar sehr leicht überschaubar — sondern in der Unverifizierbarkeit am Rechtsgüterschutz nicht mehr orientierter sittlicher Urteile. Nicht die Reichweite und Inhaltsfülle des Tatbestandes, sondern die Uneindeutigkeit der gesetzlichen Wertungsmaßstäbe führt hier zum Konflikt mit den gesetzlichen Bestimmtheitsanforderungen. Vereinfachend könnte man sagen: Die Unsicherheit liegt bei der Nötigung in der Vielgestaltigkeit des Beurteilungssubstrates, bei der Körperverletzung dagegen in der fehlenden Bestimmbarkeit der Beurteilungskriterien.

3. Als Zwischenergebnis können wir nun feststellen: Die verbreitete Auffassung, das Generalklauselproblem in § 240 und § 226a sei prinzipiell dasselbe, ist falsch. Generalklauseln, die sich auf die Sittenordnung beziehen, können vielmehr eine durchaus verschiedene Funktion haben: Sie verweisen entweder — wie bei der Nötigung — auf die *Sozialwidrigkeit* oder — wie in § 226a — auf die *Moralwidrigkeit* eines bestimmten Verhaltens. Diese Differenzierung ist nicht so zu verstehen, als ob eine strafbare Nötigung nicht unmoralisch wäre. Das ist sie natürlich; aber straf*begründend* ist die in der Rechtsgüterbeeinträchtigung liegende Sozialwidrigkeit, im Verhältnis zu der die moralische Beurteilung des Täterverhaltens nicht für

Tatbestand und Unrecht, sondern allenfalls für das Strafmaß Bedeutung hat. Bei der einverständlichen Körperverletzung dagegen fehlt angesichts der Willensübereinstimmung aller Beteiligten ein Verletzter, so daß die moralische Unwertigkeit des Verhaltens das Unrecht überhaupt erst konstituiert. Zwischen diesen Polen der Sozial- und der Moralwidrigkeit bewegen sich auch die übrigen wertausfüllungsbedürftigen Begriffe dieser Art, die im geltenden Strafrecht zahlreich vertreten sind, und je nachdem, welchem von beiden ein solcher Tatbestand zuzuordnen ist, müssen die Auslegungsschwierigkeiten, die er bereitet, und die Wege zu ihrer Überwindung voneinander abweichen. Das soll im folgenden in der notwendigen Beschränkung auf unsere beiden Ausgangsfälle gezeigt werden.

III. 1. Wir beginnen wieder mit der Sozialwidrigkeit. Unser Problem lautet: Wie läßt sich das Prinzip der materiellen Rechtswidrigkeit, das bei der Nötigung an die Stelle einer Beschreibung des verbotenen Handelns getreten ist, inhaltlich konkretisieren? Der *BGH*, der schon in seiner berühmten, grundlegenden Irrtumsentscheidung[5] auf diese Frage stieß, hat sich die Antwort leicht gemacht. Er sagt, daß bei der Nötigung dem Richter die Aufgabe zufalle, „an Stelle des Gesetzgebers durch unmittelbare Wertung zu entscheiden, ob die ... Nötigung im Einzelfall rechtswidrig ist oder nicht". Wäre das zutreffend, dann wäre um die von H. *Mayer* so nachdrücklich verfochtene Verfassungswidrigkeit des Nötigungstatbestandes kaum herumzukommen. Denn das „natürliche Rechtsgefühl", auf das sich der *BGH* zur Ermittlung des Rechtswidrigen beruft, ist das gerade Gegenteil jener „lex", die unsere Verfassung für die Strafbarkeit fordert.

Wir müssen also nach anderen Lösungswegen suchen, wenn wir die Verfassungsmäßigkeit der Bestimmung retten wollen. Eigenartigerweise hat die Wissenschaft ihre Aufmerksamkeit dem Problem noch kaum zugewandt. Sicher ist jedenfalls: Eine Tatbestandsfassung herkömmlicher Art ist auch im Wege der Auslegung nicht zu erarbeiten, weil aus dem unübersehbaren Regelungsstoff hinreichend bestimmte, subsumtionsgerechte Merkmale nicht abstrahierbar sind; und die unmittelbare Dezision aus dem richterlichen Rechtsgefühl, die der *BGH* gelten lassen will, ist unzulässig.

Abweichend von diesen beiden ungangbaren Wegen will ich ein Verfahren vorschlagen, das man aus der anfangs erörterten, dem Ge-

[5] *BGHSt* 2, 196.

setzgeber vorgegebenen Struktur der Nötigung entwickeln kann. Es beruht auf der Erwägung, daß sich zwar nicht die deliktischen Situationen, wohl aber die Maßstäbe, mit Hilfe deren das menschliche Aufeinanderwirken geregelt ist, vorausschauend bestimmen lassen. Sie finden sich in der gesamten Rechtsordnung, können aus ihr herausinterpretiert, zum geschilderten Grundgedanken der Nötigung in Beziehung gesetzt und am Rechtsstoff entfaltet werden mit der Wirkung, daß man objektivierbare und recht eindeutige Lösungen erhält. Man muß also eine Vorschrift wie die Nötigung, anstatt sie auf deskriptive Handlungselemente zu reduzieren, auf eine Reihe von sozialen Ordnungsprinzipien zurückführen, aus deren Ineinandergreifen sich die Balance von Bindung und Freiheit herstellt, die dem Zweck dieser Bestimmung entspricht.

Ich nenne in der gebotenen Kürze deren sechs:

a) *Das Rechtswidrigkeitsprinzip.* Wer jemanden nach § 240 I zu einem verbotenen Verhalten nötigt, handelt immer verwerflich im Sinne des Abs. 2. Denn hier wird schon durch das Handlungsziel das soziale Gleichgewicht gestört und daher unzulässiger Willenszwang ausgeübt.

b) *Das Güterabwägungsprinzip.* Wer jemandem eine Tracht Prügel androht, um ihn von einem Diebstahl abzuhalten, oder wer ihn zu diesem Zweck gewaltsam festhält, begeht keine strafbare Nötigung. Denn der hier beeinträchtigte Wille ist als solcher sozialwidrig und das in einer anderen Situation unzulässige Zwangsmittel bewahrt hier gerade den vorgeschriebenen Zustand, anstatt ihn aus dem Gleichgewicht zu bringen.

c) *Das Geringfügigkeitsprinzip.* Der alte Grundsatz „minima non curat praetor" gilt bei der Nötigung in besonderem Maße. Zwangseinflüsse ohne Dauer und nennenswerte Folgen sind nicht im materiellen Sinne sozialschädlich. Wer z. B. einem anderen aus Schabernack einen Augenblick lang die Tür vor der Nase zuhält[6], handelt formal unzulässig. Da die Beeinträchtigung aber ernstlich nicht ins Gewicht fällt, muß man hier eine Störung des geordneten Zusammenlebens verneinen, so daß eine strafbare Nötigung ausscheidet. Namentlich bei flüchtigen Einwirkungen im Straßenverkehr spielt das eine bedeutsame Rolle. Im Falle der Drohung ist dieses Prinzip schon im gesetzlich geforderten Merkmal der „Empfindlichkeit" des Übels enthalten.

d) *Das Prinzip des Vorranges staatlicher Zwangsmittel.* Wer sich für eine Forderung gewaltsam, indem er etwa dem Schuldner die Geldbörse entreißt, Befriedigung verschafft, erfüllt immer die Voraussetzungen der Verwerflichkeitsklausel. Denn indem er die Grenzen des gesetzlichen Selbsthilferechts überschreitet und den Klageweg umgeht, beeinträchtigt er emp-

[6] Vgl. dazu treffend *Schröder*, JZ 1964, 31.

findlich die Friedensordnung der Rechtsgemeinschaft. Das gilt über diesem Beispielsfall hinaus für alle Fälle der Gewaltanwendung, die nicht durch positive Rechtfertigungsgründe und das erwähnte Güterabwägungsprinzip gedeckt oder durch das Geringfügigkeitsprinzip ausgeschaltet sind.

e) *Das Prinzip des mangelnden Zusammenhanges.* Auch wer an sich legitime Zwecke — etwa die Wiedergutmachung eines Schadens — erstrebt, nötigt in verwerflicher Weise, wenn er sich dazu eines Mittels bedient, das mit dem Ziel in keiner inneren Beziehung steht, wenn er also etwa mit der Aufdeckung früherer Straftaten droht. Dagegen fehlt es an der Verwerflichkeit, wenn eine Strafanzeige wegen des den Schadensersatzanspruch auslösenden Delikts als Druckmittel benutzt wird. Dieses vom *BGH*[7] zu Recht betonte Prinzip hat seinen Grund darin, daß im zweiten Fall die Strafanzeige als Restitutionsmittel durch das Adhäsionsverfahren sogar gesetzlich anerkannt ist, während bei mangelndem Zusammenhang von Nötigungsmittel und Zweck die soziale Sinnbeziehung und damit die Legitimation für den Willenszwang fehlt. Wer sich einmal etwas hat zuschulden kommen lassen oder sonst Angriffspunkte bietet, würde, wenn die Nötigungsvorschrift das nicht verhinderte, denen, die davon erfahren haben, so weitgehend ausgeliefert sein, daß der durch die Rechtsordnung garantierte Freiheitsraum nicht mehr gewahrt bliebe.

f) *Das Autonomieprinzip.* Es liegt keine Nötigung vor, wenn jemand mit der Unterlassung von Handlungen droht, deren Vornahme von der Rechtsordnung in das freie Belieben des einzelnen gestellt ist. Wer einem anderen die Einstellung freiwilliger Unterstützungsleistungen oder einer Zeitung den Entzug lukrativer Anzeigen für den Fall ankündigt, daß der Betroffene nicht dies oder jenes tue, der handelt zwar unter Umständen sittlich anstößig; aber strafbar ist er nicht. Hier zeigt sich sehr deutlich der Unterschied zwischen Moral- und Sozialwidrigkeit: Den Verzicht auf Leistungen, zu denen ein anderer nicht verpflichtet ist, muß man nach den Ordnungsprinzipien unserer Gesellschaft tragen, einerlei, auf welchen Motiven das Verhalten des anderen beruht. Deshalb liegt auch in dem viel erörterten Fall, daß jemand die Vergabe einer Filmrolle oder einer Stellung von privaten Gunstbezeugungen abhängig macht, keine Nötigung vor, so unmoralisch ein solches Benehmen fraglos ist. Dasselbe gilt für die Drohung mit dem Abbruch persönlicher Beziehungen, mag sie für den Betroffenen auch schmerzlich sein und noch so anfechtbare Gründe haben.

Aus dem Autonomieprinzip folgt weiter — um noch ein letztes Beispiel zu nennen —, daß Selbstmorddrohungen nicht als Nötigung strafbar sind. Denn niemand hat in dem Sinne einen Anspruch auf das Leben eines anderen, daß dessen Freitod in die eigene Rechtssphäre eingriffe. Die ethische Fragwürdigkeit mancher Selbstmordandrohungen kann vom hier vertretenen Standpunkt aus keinesfalls ihre Verwerflichkeit nach § 240 II begründen.

---

[7] Vgl. besonders *BGHSt* 5, 254 ff.

Die sechs genannten Prinzipien gelten zur Hälfte für Gewalt und Drohung gemeinsam (a—c), zum anderen Teil speziell für die Gewalt (d) oder die Drohung (e, f). Es ist klar, daß sie noch der Verfeinerung, der vertieften Begründung und vor allem der weiteren Exemplifizierung an einem umfassenden Rechtsprechungsmaterial bedürfen[8]. Doch kann es jetzt nur darauf ankommen, trotz der notwendig skizzenhaften Form die Methode und vor allem das Resultat plausibel zu machen: daß nämlich bei einer Auslegung des Nötigungstatbestandes, wie sie mir vorschwebt, die Anforderungen des Satzes „nullum crimen sine lege" gewahrt bleiben. Selbst wenn die geschilderte Entfaltungsaufgabe heute noch — solange wir keine einzige Monographie über den Gegenstand besitzen — künftigen Arbeiten vorbehalten ist, bieten die Prinzipien, die sich der Rechtsordnung entnehmen lassen, hinreichend sichere Maßstäbe, um den Begriff der Sozialwidrigkeit, und das heißt hier: die Verwerflichkeitsklausel des § 240 II, mit greifbarem Inhalt zu erfüllen. Selbst ihre Wandelbarkeit, die der oben aufgewiesenen „Beweglichkeit" des Nötigungstatbestandes Rechnung trägt, ändert daran nichts. Natürlich sind das Rechtswidrigkeits-, das Zusammenhangs- oder das Autonomieprinzip inhaltlich der sozialen und rechtlichen Entwicklung unterworfen. Ihre jeweils objektive Bestimmbarkeit leidet darunter jedoch nicht. Vielmehr prägt sich gerade darin die Synthese von verfassungsmäßig geforderter Statik und rechtsgutsbedingter Dynamik aus, deren Herstellung das Ziel einer sachentsprechenden Tatbestandsinterpretation sein muß.

Als Kehrseite der entwickelten Konzeption ergibt sich nun freilich, daß eine Auslegung, die an den erörterten Gesichtspunkten vorübergeht, die verfassungsmäßig gezogenen Grenzen überschreitet. Die

---

8 Eine solche Darstellung, die ich später einmal geben zu können hoffe, müßte sich im Hinblick auf die lex ferenda namentlich auch mit § 170 E 1962 auseinandersetzen; dort wird unter Beibehaltung der Verwerflichkeitsformel der sehr interessante Versuch unternommen, mit Hilfe des Begriffs der „gefährlichen Drohung", den § 11 I Nr. 7 E 1962 enumerativ bestimmt, zu einer stärkeren Konkretisierung des Tatbestandes zu kommen. Diese Zielsetzung ist zu begrüßen; doch scheint mir die Mischung von Kasuistik und Generalklausel, die hier vorgesehen ist, kein sehr guter Lösungsweg zu sein. Schon die Begründung (S. 309) zweifelt daran, daß auf diese Weise die strafwürdigen Fälle richtig erfaßbar seien. Vor allem bleibt auch der Grundgedanke der Nötigung bei einer solchen Regelung zu sehr im unklaren. Demgegenüber ist es durchaus möglich, die oben genannten „Prinzipien" gesetzlich festzuhalten. Doch würde das eine weiter ausgreifende Untersuchung erfordern, die hier nicht angestellt werden kann.

Auseinandersetzung mit zwei typischen Fallkonstellationen, die in der jüngsten Rechtsprechung aktuell geworden sind, möge das zeigen. Der erste Sachverhalt ist alltäglich[9]:

Eine Schuldnerin hatte eine Zahlung abgelehnt. Der Angeklagte hatte daraufhin, obwohl die Voraussetzungen des Selbsthilferechts eindeutig nicht vorlagen, Gewalt angewendet. Er hatte die zahlungsunwillige Person an den Haaren gerissen und mit einem im Urteil nicht näher gekennzeichneten „Griff", dem sie sich nicht entwinden konnte, so in Angst versetzt, daß sie das Geld herausgab.

Der *BGH* mußte entscheiden, ob hier ein „verwerfliches" Verhalten im Sinne des § 240 II und damit eine strafbare Nötigung vorlag. Das hänge davon ab, heißt es im Urteil, ob das Tun des Angeklagten einen erhöhten Grad „sittlicher Mißbilligung" verdiene. Zur Beantwortung dieser Frage sei „das Rechtsempfinden des Volkes"[10] heranzuziehen. Danach bedürfe der Angeklagte im konkreten Fall nicht „der Zurechtweisung mit den Mitteln des Strafrechts"[11], weil er „aus begreiflicher Wut über das üble Verhalten" der Schuldnerin zur Gewalt gegriffen habe. Eine strafbare Nötigung sei also nicht anzunehmen.

In diesem Urteil stecken, wenn man von unserem Lösungsweg ausgeht, zwei wesentliche Fehler. Erstens wird die verfassungsmäßig geforderte Tatbestandsbestimmtheit preisgegeben, wenn das Gericht bestimmte Grade sittlicher Mißbilligung unmittelbar dem Rechtsempfinden des Volkes entnehmen und danach entscheiden will, ob im Einzelfall eine Zurechtweisung mit den Mitteln des Strafrechts geboten ist oder nicht. Unverhüllter kann man ein selbständiges Recht zur Festsetzung der Strafbarkeit kaum in Anspruch nehmen. Bei einer solchen Rechtsfindungsmethode ist es nicht verwunderlich, daß Senatspräsident *Baldus* vom *BGH* berichtet hat, in seinem Senat ergebe die Abstimmung beim Tatbestand der Nötigung fast immer nur ein Verhältnis von 3 : 2[12]; denn wo der Richter selbst sich zum Gesetzgeber aufwirft und über den Grad der Sittenwidrigkeit urteilen soll, gibt es natürlich unendlich verschiedene Meinungen. Abgesehen davon erscheint es mir aber auch dogmatisch nicht möglich, Umstände wie „die begreifliche Wut" des Angeklagten, die doch allenfalls im Rahmen der Schuld auf das Strafmaß Einfluß haben können[13], zum Kriterium tatbestandlichen Unrechts zu erheben.

---

[9] *BGHSt* 17, 328. [10] A. a. O., S. 331. [11] A. a. O., S. 332.

[12] Niederschriften über die Beratungen der Strafrechtskommission VI, 1958, S. 282.

[13] Gerade die vom *BGH* herangezogene Parallele zu den §§ 199, 233, 213 zeigt das.

Demgegenüber ist nach dem hier vorgeschlagenen Verfahren das Ergebnis völlig eindeutig. Das Prinzip des Vorranges staatlicher Zwangsmittel läßt eine solche gewaltsame Selbsthilfe als zweifelsfreie Nötigung erscheinen. An die Stelle des Volksempfindens und individueller Strafwürdigkeitsüberlegungen tritt also hier ein rechtlich gesicherter Maßstab, der für subjektive Meinungen keinen Raum läßt und damit den Erfordernissen der Tatbestandsbestimmtheit genügt.

Der zweite Fehler, dessen sich das Urteil schuldig macht, liegt in der Verwechselung von Sozialwidrigkeit und Moralwidrigkeit, die im Abstellen auf die besondere sittliche Mißbilligung zum Ausdruck kommt. Denn wenn ein Gläubiger gegen den faulen und erkennbar zahlungsunwilligen Schuldner Brachialgewalt anwendet, so kann man seine Wut oft genug begreiflich und sein Tun nicht übermäßig unsittlich finden. Das ist aber, wenn man an die anfangs aufgewiesene Funktion des Nötigungstatbestandes denkt, durchaus unmaßgeblich. Denn die Tolerierung des Faustrechts, die der *BGH* hier praktiziert, müßte, wenn sie Schule machte, die gesetzliche Friedensordnung aus den Angeln heben. Zu ihrer Wahrung aber ist die Nötigungsbestimmung gerade da, so daß deren Sinn verkannt wird und die bedenklichsten Folgen eintreten müßten, wenn man wirklich Ernst damit machte, sie in Fällen wie diesem auszuschalten.

Noch ein letztes Beispiel soll die praktische Bedeutung unserer Erwägungen zeigen. Unter den OLGen ist es strittig geworden, ob eine Nötigung vorliegt, wenn jemand auf der Autobahn kilometerlang das Überholen eines anderen verhindert, indem er jedesmal nach links ausbiegt, wenn der andere zum Überholen ansetzt. Nach unseren Kriterien ist diese Frage zu bejahen. Beim Fehlen einer Geschwindigkeitsbeschränkung ist das Überholen positiv erlaubt, seine gewaltsame und willkürliche Verhinderung greift also unzulässig in den gesetzlich garantierten Freiheitsraum ein und ist als Nötigung zu bestrafen. Eine Ausnahme gilt nur in Bagatellfällen, also bei einer ganz kurzen Einwirkung, die keine ernstliche Hinderung darstellt. Liegt aber eine erhebliche Beeinträchtigung vor, so ist eine Nötigung anzunehmen, ohne daß über die größere oder geringere Sittenwidrigkeit des Verhaltens noch irgendwelche Erwägungen anzustellen wären.

Zum ersten Mal hat jetzt der *BGH*[14] diesen Fall entschieden. Er bestraft in concreto zutreffend wegen Nötigung, meint aber im Ge-

[14] NJW 1963, 1629 = JZ 1964, 29 m. Anm. *Schröder* = JuS 1963, 453 Nr. 7.

gensatz zur hier vertretenen Ansicht wieder, allgemeine Regeln ließen sich nicht aufstellen. Es komme ganz darauf an, ob ein Verhalten im einzelnen Fall „sittlich besonders zu mißbilligen" sei und „als Vergehensunrecht empfunden" würde. Daran könne es z. B. fehlen, wenn jemand „in vorübergehender Unmutsaufwallung" gehandelt habe. Damit ist der gefährliche Weg beschritten, den wir oben schon abgelehnt haben. Denn in einem Tatstrafrecht kann das Unrecht nicht davon abhängen, ob der Rechtsgüterverletzung eine Unmutsaufwallung oder ein Charakterfehler zugrunde liegt.

Die Folgen zeigen sich sogleich. In einem wenige Wochen später ergangenen Urteil des *OLG Köln*[15] wird unter Berufung auf den *BGH* Nötigung in einem Fall verneint, wo jemand einen anderen von der Überholbahn hatte vertreiben wollen. Obwohl der Angeklagte erkannt hatte, daß der andere „bei der gegebenen Situation die Fahrbahn ... nicht freimachen konnte", war er unter Außerachtlassung der vorgeschriebenen Sicherheitsabstände mit 100 km/h Geschwindigkeit „ganz dicht" an ihn herangefahren, hatte seine Fahrbahn „bedrohlich" geschnitten und ihn zum Bremsen veranlaßt. Trotzdem spricht das *OLG Köln* diesem lebensgefährlichen Manöver den Charakter einer strafbaren Nötigung ab, weil die (übrigens ungenannten) Motive des Angeklagten keine schärfere Verurteilung verdienten als die vom *BGH* hervorgehobenen „Unmutsaufwallungen". Jeder anständige Kraftfahrer werde zwar das Verhalten des Angeklagten verurteilen, es sei aber trotzdem nicht „sittlich verwerflich".

Mein sittliches Urteil würde hier, wenn es darauf ankäme, ganz anders lauten[16]. Aber darüber kann man immer streiten. Der eigentliche Fehler liegt, wie wir jetzt deutlich sehen, in der die ganze neuere Rechtsprechung beherrschenden Verkennung der Grundstruktur des Nötigungstatbestandes. Allein der Umstand, daß der Angeklagte den Vorausfahrenden zur verbotswidrigen Überschreitung der Höchstgeschwindigkeit zwingen wollte, hätte nach dem Rechtswidrigkeits-

[15] NJW 1963, 2383 m. abl. Anm. *Schweichel* = JuS 1964, 124 Nr. 9.

[16] In einem sehr ähnlichen, auf Vorlage des *OLG Köln* vom *BGH* jetzt entschiedenen Fall (NJW 1964, 1426) wird denn auch eine Nötigung angenommen, weil der bedrängende Fahrer „in hohem Maße rücksichtslos" gehandelt habe. Doch auch hier bleibt der *BGH* einschränkungslos bei den Rechtsfindungskriterien der vorhergehenden Urteile. Wie wenig damit weiterzukommen ist, zeigen aber gerade die ständigen Meinungsverschiedenheiten zwischen den oberen Gerichten, die bei fast jedem Sachverhalt dieser Art auftreten.

prinzip hier zur Bestrafung führen müssen[17]. Es ist freilich nicht zu verkennen, daß ein Urteil wie dieses die Reichweite des Sittenwidrigkeitskriteriums einschränken will. Aber ein solcher Versuch muß mißlingen, weil die Prämisse falsch ist.

Wir fassen zusammen: Die „merkliche Unsicherheit", die noch jüngst *Schröder*[18] der Rechtsprechung attestiert hat, ist nicht unvermeidbar, sondern beruht auf einer Vermengung von Moral- und Sozialwidrigkeit, die eine mit der Verfassung schwerlich noch zu vereinbarende Auslegungspraxis im Gefolge hat. Richtigerweise ist eine besondere Sittenwidrigkeit für die Erfüllung des Nötigungstatbestandes weder erforderlich (das zeigen die zuletzt genannten Beispiele) noch ausreichend (wie die beim Autonomieprinzip aufgezählten Fälle erkennen lassen)[19]. Die Rechtsprechung bedarf also, wenn man meinem Gedankengang folgt, in dieser Frage einer prinzipiellen Umorientierung, durch die allein sich die Schwierigkeiten der heutigen Praxis beheben lassen.

2. Damit kommen wir zur Moralwidrigkeit, wie wir sie bei der Körperverletzung gemäß § 226a als maßgebend erkannt haben. Auch die Verfassungsmäßigkeit dieser Vorschrift ist umstritten, und wir erinnern uns, daß das Bestimmtheitsproblem hier anders als bei der Nötigung in der Schwierigkeit liegt, sichere Wertmaßstäbe ausfindig zu machen. Die Rückführung auf soziale Ordnungsprinzipien, die im Falle des § 240 eine verfassungskonforme Interpretation möglich macht, scheitert hier notwendigerweise. Denn in solcher Art rechtlich gegliedert ist nur die Rechtsgüterwelt, während eine davon gelöste Sittenwidrigkeit, wo es an gesetzlichen Anhaltspunkten für die Beurteilung fehlt, nur als rational nicht weiter begründbar hingenommen werden kann, mag man sie nun aus den Quellen der Offenbarung, aus einer „intuitiven Wesensschau" oder einfach aus dem moralischen Empfinden herleiten.

Auf den konkreten Fall des § 226a zugespitzt, heißt das: Wir stehen hier vor der Aufgabe, die der *BGH* irrigerweise schon bei der

---

17 So auch zu Recht *Schweichel* in seiner Anmerkung (a. a. O., S. 2384).

18 JZ 1964, 30.

19 *Eb. Schmidt* hat, ohne damit Beifall zu finden, bei den Beratungen der Strafrechtskommission (Niederschriften VI, S. 285) die Verwerflichkeitsformel durch die Wendung ersetzen wollen, daß die Tat rechtswidrig sei, „wenn die Anwendung des Mittels zu dem angestrebten Zweck den Grundsätzen eines geordneten Zusammenlebens widerspricht". Das entspricht genau der Sache.

Nötigung lösen zu müssen glaubt; das heißt, wir müssen die besondere Sittenwidrigkeit der in Rede stehenden Körperbeeinträchtigungen feststellen. Dabei ist sicher, daß die Bejahung oder Verneinung eines derartigen qualifizierten Moralverstoßes nicht individueller richterlicher Wertung überlassen werden kann; das wäre verfassungswidrig. Schon daraus folgt der Gesichtspunkt, der uns bei der Auslegung des § 226a leiten muß: Eine Strafbarkeit läßt sich nur begründen, wo das Sittenwidrigkeitsurteil eindeutig objektivierbar ist[20]. Anderenfalls muß Straflosigkeit eintreten, wenn man mit dem nullum-crimen-Satz ernst machen will. Das ist nicht nur grundgesetzlich geboten, sondern auch der Sache nach unbedenklich und sogar rechtspolitisch förderlich. Denn die Fallkonstellationen sind hier, wie wir schon sahen, so scharf abgegrenzt und so wenig zahlreich, daß der Gesetzgeber die lex, wo sie heute mangels Bestimmbarkeit fehlt, mühelos schaffen kann, wenn er sie für unerläßlich hält.

Die entscheidende Frage lautet also: Wie und wo ist das Sittenwidrigkeitskriterium objektivierbar? Wann und warum fehlt die Bestimmbarkeit? Ich nehme das Ergebnis vorweg: Von den fünf Sachverhaltstypen, die bei § 226a ernstlich nur in Betracht kommen, läßt sich bei dreien der Verstoß gegen die guten Sitten objektiv eindeutig dartun: bei Verstümmelungen zu deliktischen Zwecken, bei bewußt lebensgefährdenden Schlägereien und bei sadomasochistischen Verletzungen; bei zweien, nämlich bei den praktisch bedeutsamsten Fällen der einverständlichen Sterilisation und bei den studentischen Schlägermensuren, dagegen nicht.

Diese weittragenden Behauptungen ruhen auf folgenden Gründen: Objektivierbar ist die besondere Sittenwidrigkeit zunächst dort, wo sie durch Wertentscheidungen, die der Gesetzgeber an anderen Stellen der Rechtsordnung getroffen hat, außer Frage gestellt wird. Strafbar sind deshalb Eingriffe in die Körperintegrität, soweit sie deliktischen Zwecken des Verletzten dienen, ob es sich nun um einen Versicherungsbetrug oder um eine Wehrpflichtentziehung handelt. Denn daß die Ermöglichung einer Straftat gegen die guten Sitten verstößt, ist keine Frage subjektiven Meinens; es ist vielmehr nach den Wertungsmaßstäben der Rechtsordnung unbestreitbar und jedem Richter eindeutig vorgegeben.

Als Körperverletzung strafbar sind ferner zwar nicht Raufereien, wohl aber lebensgefährliche Schlägereien und Zweikämpfe (soweit

[20] Zu den allgemeinen Grundlagen dieser Auffassung vgl. besonders *Wieacker*, JZ 1961, 337; *Eb. Schmidt*, Die Sache der Justiz, 1961, S. 29 ff., 42 ff.

nicht noch schwerere Strafdrohungen eingreifen). Die Tat verstößt hier, auch wenn die Beteiligten in ihre eigene konkrete Gefährdung einwilligen, gegen die guten Sitten. Das ergibt sich aus § 216, dem sich entnehmen läßt, daß der Gesetzgeber das Leben nicht als verzichtbares Individualrechtsgut ansieht. Daraus folgt, daß körperliche Eingriffe unabhängig von jeder Einwilligung zumindest dann von der Rechtsordnung mißbilligt werden, wenn sie darüber hinausgehend ein anderes Rechtsgut, nämlich das unverfügbare Leben, bedrohen. Detailfragen können in diesem Zusammenhang unerörtert bleiben. Deutlich wird jedenfalls, daß auch bei dieser Konstellation die guten Sitten aus den Normen der Rechtsordnung hinreichend bestimmbar sind.

Unsittlich sind drittens Körperverletzungen zum Zwecke abnormer Triebbefriedigung. Es ist vornehmlich dieser Fall gewesen, an dem die Rechtsprechung in den Jahrzehnten vor Einführung des § 226a das Sittenwidrigkeitskriterium entwickelt hat. Auf ihn ist also dieses Merkmal ausdrücklich gemünzt, und an der Bestimmbarkeit fehlt es hier auch nicht. Denn daß etwa auf Lustgewinn abzielende Auspeitschungen sittenwidrige Perversionen sind, weiß sogar, wer sich solchen Praktiken ergeben hat. Ob man dergleichen im künftigen Recht pönalisieren sollte, läßt sich mit Fug bezweifeln. An der Strafbarkeit de lege lata ist aber, wenn der Gesetzgeber schon einmal auf die Moralwidrigkeit abstellt, nicht zu rütteln.

In den beiden restlichen Fällen jedoch fehlt es an der Objektivierbarkeit. Bei der studentischen Schlägermensur können wir uns nach dem klärenden Urteil des *BGH*[21] kurz fassen. Hier ist es so, daß die Schmarren und Schrammen, die als körperliche Beeinträchtigung sichtbar werden, als solche überhaupt keine Beziehung zur Sittenordnung haben. Eine derartige Verbindung wird erst hergestellt durch den Sinn, der einer Mensur beigelegt wird. Dieser Sinn aber — und darin besteht der Unterschied zu allen anderen in Betracht kommenden Fällen — ist durch nichts, auch nicht durch Erfahrungen der Vergangenheit, so festzulegen, daß andere Ausdeutungen unmöglich oder verboten wären. Ob es sich dabei um eine Probe männlichen Mutes, um ein rituelles Brauchtum, um die Manifestation dünkelhafter Standesvorurteile, um die Ausprägung elitären Verantwortungsbewußtseins oder um noch etwas anderes handelt, das ist nicht verifizierbar, sondern eine Sache persönlicher Auf-

[21] *BGHSt* 4, 30.

fassung. Hier eine Sittenwidrigkeit anzunehmen, hieße eine gewiß achtenswerte subjektive Meinung zum Gesetz erheben; und das ist unzulässig.

Zum Schluß kommen wir zum schwierigsten Fall, der erbetenen Sterilisierung[22]. Bundesanwalt *Kohlhaas* hat kürzlich die Professoren aufgefordert[23], ein „öffentliches Bekenntnis“ über die Beurteilung dieses Problems abzulegen. Ich glaube, man kann sogar mehr tun: nämlich versuchen, unabhängig von persönlichen Konfessionen, die aus den geschilderten Gründen die Entscheidung über die Strafbarkeit nicht beeinflussen sollten, eine rechtlich tragfähige, und das heißt *allgemeingültige*, Lösung zu entwickeln. Dabei macht der kaum noch übersehbare Streit zunächst eine Unterscheidung zwischen zulässigen und unzulässigen Argumenten erforderlich:

a) Verboten ist es, durch Statuierung einer Moralwidrigkeit zwangsweise ein Verhalten durchsetzen zu wollen, zu dem nach geltendem Recht keine Verpflichtung besteht. Angewendet auf unseren Fall, heißt das: Da unbestritten ist, daß — nach einer bekannten Formulierung von *Kohlrausch*[24] — eine „Rechtspflicht für die Frau, sich fruchtbar zu halten“, nicht existiert, muß das bevölkerungspolitische Argument zur Begründung der Strafbarkeit ausscheiden. Auch wenn man eine moralische Pflicht des einzelnen zur Erhaltung der biologischen Substanz des Volkes bejahen wollte, würde man darauf also die strafbegründende Unsittlichkeit der erbetenen Sterilisation nicht stützen dürfen. Denn das würde eine Strafe wegen Verletzung einer nicht bestehenden Rechtspflicht bedeuten; und deren Unmöglichkeit bedarf keiner Erläuterung.

b) Unzulässig ist für das Strafrecht aber auch die metaphysische Begründung der Sittenwidrigkeit[25]. Man kann sagen, daß niemand ein Recht habe, in den dem Menschen von Gott gegebenen Körper oder in die Naturordnung derart einzugreifen, daß die leibliche Existenz einer wesentlichen Funktion beraubt werde. In diesem eigen-

---

[22] Ich befasse mich im folgenden — entsprechend dem Thema meines Vortrages — nur mit § 226a, nicht aber mit der Frage einer beschränkten Weitergeltung des § 14 ErbGesG. Darüber, daß diese Vorschrift jedenfalls die Auslegung des § 226a nicht bestimmen kann, vgl. treffend *Hanack*, JZ 1964, 395.

[23] NJW 1964, 26, bei Besprechung der 11. Aufl. des StGB-Kommentars von *Schönke-Schröder*.

[24] ZStW 52, 393.

[25] Übereinstimmend *Hanack*, JZ 1964, 397; vgl. auch *Arthur Kaufmann*, Recht und Sittlichkeit, 1964, S. 30 bei Fußn. 50.

mächtigen Eingriff in die Schöpfungsordnung liege der Sittenverstoß, der in solchen Fällen zur Strafbarkeit führe. Und wenn es ums Bekennen geht: Ich selbst meine auch, daß eine ohne Not erbetene Sterilisierung sündhaft sei. Aber dabei handelt es sich um eine Glaubensüberzeugung; und unserer Rechtsordnung liegt das durch die Verfassung gesicherte Prinzip der Glaubensfreiheit zugrunde. Danach darf niemand gezwungen werden, einer ihn nicht bindenden metaphysischen oder religiösen Auffassung entsprechend zu handeln; und deshalb ist es unstatthaft, die Sittenwidrigkeit nach § 226a aus der postulierten Sündhaftigkeit eines Verhaltens herzuleiten.

c) Wenn die beiden genannten, für den sozialen und theologischen Aspekt des Themas ohne Frage wesentlichen Gesichtspunkte für die Beurteilung der Strafbarkeit irrelevant sind, dann bleibt für die juristische Diskussion nur noch eine dritte Möglichkeit übrig: der Rückgriff auf die von bevölkerungspolitischen Forderungen und metaphysischen Prämissen unabhängigen Regeln einer weltlichen Moral, wie sie sich als bindende Verhaltensnormen in der Rechtsgemeinschaft entwickelt haben. Strafbar wäre unter diesem Blickwinkel die Sterilisation nicht wegen der durch sie herbeigeführten Geburtenminderung und auch nicht wegen eines in ihr liegenden religiösen Frevels, sondern allein wegen der unmoralischen Haltung, die sich darin ausprägt.

aa) In diese Richtung gehen denn auch vorwiegend die Argumente, die in Wissenschaft und Praxis zur Begründung der Strafbarkeit herangezogen sind. *Hanack*[26], der im Jahre 1959 die bisher einzige umfassende monographische Darstellung der Problematik gegeben hat, meint, der Staat habe ein berechtigtes Interesse, „die Entstehung von Personen, die sich schrankenlos und ‚ungefährdet' dem Geschlechtsverkehr hingeben wollen, zur Vermeidung der Unzucht und eines moralischen Tiefstandes zu vermeiden"[27].

---

[26] Die strafrechtliche Zulässigkeit künstlicher Unfruchtbarmachungen, 1959, S. 192.

[27] Sehr viel zurückhaltender und eher im Sinne der im folgenden Text vertretenen Ansicht äußert sich *Hanack* neuestens in JZ 1964, 398. Wenn er die Sittenwidrigkeit nunmehr darauf gründen will, „daß jedenfalls bei Frauen die Sterilisation in einem nicht gering zu nehmenden Prozentsatz gravierende negative Folgen psychischer Art zeitigt und nicht ganz ungefährlich ist" (a. a. O., S. 399), so kann ich freilich auch dem nicht zustimmen. Natürlich muß der Arzt die Ehepartner auf solche Möglichkeiten (*Hanack* meint, daß bei „mindestens 5 % der Sterilisierten" psychische Auswirkungen eintreten) genauestens hinweisen. Aber weder Arzt noch Richter sind berufen, ihnen ihre Entscheidung abzunehmen. *Hanack* sagt selbst (S. 398), daß „unsere Gesellschaft vom eigenverantwortlichen

Dieselbe Auffassung spricht sich in der sehr bekanntgewordenen Formulierung des *OLG Celle*[28] aus, daß eine Sterilisation der „ungehemmten Genußsucht" Vorschub leiste und deshalb sittenwidrig sei. Eine weitere, in der Presse diskutierte Ansicht, wonach es bei der Bestrafung der Sterilisation darum geht, „die Rudimente des Anstands im deutschen Volk wiederherzustellen"[29], würde — generalpräventiv gewendet — denselben Standpunkt erkennen lassen.

Für uns stellt sich nach dem früher Erörterten das rechtliche Problem dahin, ob eine solche Begründung des Sittenverstoßes objektivierbar ist. Sie ist in der öffentlichen Diskussion vielfach zu Un-

---

Menschen ausgeht, nicht aber von einem Wesen, das sich seine Lebensentscheidung vom Richter diktieren läßt". Außerdem wird sich doch jemand nur sterilisieren lassen, wenn er gerade die Möglichkeit ständig neuer Schwangerschaften als schwere psychische Belastung erlebt. Sogar *Hanack* rechnet mit 95 % Frauen, die hinterher nur „Dankbarkeit" gegenüber dem Arzt empfinden (a. a. O., S. 401 Fußn. 123). Warum sollte man das nicht auch berücksichtigen? Abgesehen davon scheinen mir gerade diese schwierigen Abgrenzungsfragen medizinisch-psychologischer Art zu zeigen, wie wenig man solche Probleme mit dem nach geltendem Recht allein in Betracht zu ziehenden Sittenwidrigkeitskriterium lösen kann. Und was die (recht geringe) Gefahr gesundheitlicher Schädigungen betrifft, so kann sie eine Sittenwidrigkeit ebenfalls nicht begründen. Oder soll auch der Zigarettenverkauf wegen der Gesundheitsgefährlichkeit des Rauchens unter Strafe gestellt werden? Und wie steht es mit Boxkämpfen, die bekanntlich schon oft körperliche Schäden herbeigeführt haben? Es ist eben nicht die Aufgabe des Strafrechts, erwachsene Menschen vor den Folgen ihrer Entschlüssen zu schützen.

Im übrigen geht es hier nicht um die (sehr vielschichtige) Frage, ob und inwieweit der Gesetzgeber Sterilisationen unter Strafe stellen sollte, sondern allein darum, ob sie de lege lata strafbar sind. Gerade weil das, wie ich meine, mit Hilfe der Sittenwidrigkeit nicht begründbar ist, ist der Gesetzgeber dringend aufgerufen, sich seiner Aufgabe nicht länger zu entziehen und unter ernster Auseinandersetzung mit den sachlich allein relevanten Gesichtspunkten medizinischer, psychologischer, bevölkerungspolitischer und sozialer Art zur Sterilisation positiv-rechtlich Stellung zu nehmen. Gerade die hier vertretene, m. E. unumgängliche Straflosigkeit der Sterilisation nach geltendem Recht wird dazu beitragen, den Gesetzgeber zum Handeln zu bringen. Damit ist auch den Befürwortern einer Strafbarkeit mehr gedient als mit der gegenwärtigen Rechtsunsicherheit. Vor einem sozialen Problem von so entscheidender Bedeutung gibt es kein Ausweichen (vgl. dazu auch *Kohlhaas*, NJW 1963, 2348; *Eb. Schmidt*, JZ 1964, 299; *Breithaupt*, JZ 1964, 284).

[28] NJW 1963, 406.

[29] Vgl. den „Spiegel", Nr. 47/1963, S. 73.

recht billigem Spott preisgegeben worden. Es ist aber nicht, wie manche meinen, die eifernde Stimme pharisäerhaften Muckertums, die hier spricht, sondern das Ethos einer hochachtbar bewahrenden, auf Zucht und Verantwortung gestellten Lebensstimmung. Die Möglichkeit eines schrankenlosen oder, wie *Hanack* sagt, „ungefährdeten" Genusses erscheint ihr als Liederlichkeit und unmoralischer Exzeß.

Gleichwohl: So respektgebietend eine derartige Auffassung als Grundlage persönlicher Lebenshaltung ist, die Bewertung einer einverständlichen Sterilisation als kriminelles Delikt kann sie nicht tragen. Denn sie beruht auf der Voraussetzung, daß eine Geschlechtsbeziehung, die nicht durch die Aussicht auf Kinder begründet oder mindestens in Schranken gehalten werde, etwas an sich Unanständiges, durch Liebe und Lust der Partner nicht zu Rechtfertigendes sei. Diese These aber, die ja geschichtlich weit zurückreichende Wurzeln hat, ist völlig unverifizierbar. Sie wird heute nicht einmal von den Kirchen mehr uneingeschränkt vertreten und kann jedenfalls dem einzelnen im intimsten Bereich persönlicher Lebensgestaltung nicht durch Kriminalstrafen oktroyiert werden. Schon aus diesem Grunde muß die erbetene Sterilisation straflos bleiben.

bb) Wollte man hier anderer Meinung sein, so wäre das rechtliche Ergebnis trotzdem kein anderes. Man wird dann auf den Weg der Differenzierung gedrängt, den die Praxis auch folgerichtig einzuschlagen versucht. Denn wenn man schon entgegen der hier vertretenen Auffassung von „moralischem Tiefstand" in verbindlicher Weise glaubt sprechen zu können, so läßt sich doch nicht verkennen, daß die Fälle sehr verschieden liegen und daß die Motive der Handelnden keineswegs generell auf die Förderung der vielberufenen „Genußsucht" zielen. Man müßte die Kinderzahl, das Einkommen und die Lebensverhältnisse der Eltern, das Alter und den Gesundheitszustand der Frau und viele andere Umstände berücksichtigen. Wo hier die besondere Sittenwidrigkeit und damit die Strafbarkeit beginnen würde, darüber gibt es so viele Standpunkte wie Beurteiler. Eine solche Grenze der Rechtsordnung oder auch nur einer gefestigten Moralüberzeugung des Volkes entnehmen zu wollen, ist unmöglich. Sie durch den Richter bestimmen zu lasen, ist aber wegen des nullum-crimen-Grundsatzes unzulässig, so daß auch aus diesem zweiten Grunde die Straflosigkeit der Sterilisation de lege lata als rechtsstaatlich geboten erscheint[30].

---

[30] *Hanack*, JZ 1964, 396, bei und in Fußn. 57, zieht eine Straflosigkeit ebenfalls mangels hinreichender Gesetzesbestimmtheit ernstlich in Betracht, lehnt sie dann aber schließlich ab, weil das zu einer sachlichen „Entscheidung aus formalem Grunde" führen würde. — Darüber, ob der „nullum-crimen"-Satz „formal" sei, ließe sich streiten. Jedenfalls aber hat er Verfassungsrang, so daß man sich über ihn nicht einfach hinwegsetzen kann.

cc) Noch eine dritte Erwägung stützt dieses Urteil: Die Sittenwidrigkeit der freiwilligen Sterilisation läßt sich nicht nur nicht dartun: es ergeben sich sogar aus dem positiven Recht konkrete Anhaltspunkte, die *dagegen* sprechen, daß unser Fall durch das Strafgesetz erfaßt werden soll. Wenn man nämlich die Rechtswidrigkeit der erbetenen Sterilisation bejaht, zeigt sich das seltsame Resultat, daß man ein Verbrechen ohne anwendbare gesetzliche Strafdrohung vor sich hat. § 225, der auf diesen Fall zutreffen würde[31], bestraft die beabsichtigte schwere Körperverletzung mit Zuchthaus von zwei bis zu zehn Jahren; mildernde Umstände sind nicht vorgesehen. Da der Gesetzgeber nun selbst die *Tötung* auf Verlangen (§ 216) nur als Vergehen betrachtet und mit Gefängnis bedroht, bei mildernden Umständen sogar eine Strafe von sechs Monaten mit Bewährungsfrist zuläßt, würde sich ein unerträglicher Wertungswiderspruch ergeben, wenn eine verlangte Unfruchtbarmachung so unvergleichlich viel härter als die doch sicher schwerer wiegende Tötung bestraft würde. Da der Gesetzgeber das nicht gewollt haben kann, bleibt nur der Schluß übrig, daß die freiwillige Sterilisation dem Unrechtstatbestand der beabsichtigten schweren Körperverletzung von vornherein nicht unterfällt[32].

Man hat zwar versucht, einen anderen Ausweg durch analoge Heranziehung des in § 216 festgesetzten Strafrahmens zu finden. Aber das würde mindestens den Nachweis voraussetzen, daß der Gesetzgeber die freiwillige Sterilisation einer Tötung auf Verlangen hätte *gleichstellen* wollen. Da es für diese Annahme keinerlei Anhaltspunkte gibt, ist die Anwendung dieser Bestimmung genauso unzulässig wie es die eines beliebigen anderen Tatbestandes oder die Festsetzung eines Strafrahmens durch freie richterliche Rechtsschöpfung wäre. Es ist nicht einmal möglich, auf § 223, den Grundtatbestand der Körperverletzung, zurückzugehen. Denn daß die Einwilligung die Bestrafung aus dem qualifizierten Tatbestand, nicht aber aus dem Grunddelikt ausschlösse, daß sie also gewissermaßen „halb wirksam" sei, wäre eine rechtlich unmögliche Konstruktion. Auch dieser dritte Grund führt also zur Straflosigkeit der erbetenen Sterilisation: Es fehlt nicht nur die Verifizierbarkeit des Sittenwidrigkeitskriteriums, sondern ebenso die gesetzliche Bestimmbarkeit der Rechtsfolgen.

Damit stehen wir am Ende. Was über die Moralwidrigkeit als unrechtsbegründendes Merkmal zu sagen war, kann man so zusammenfassen: Der besondere Sittenverstoß, der hier maßgeblich ist, läßt sich zwar anders als die vorher erörterte Sozialwidrigkeit in manchen Fällen nicht in einer Weise objektivieren, die den Anforderungen des Satzes „nullum crimen sine lege" entspricht. Wohl aber ist

---

31 Abweichend nur *Urbanczyk*, NJW 1964, 428.

32 Auch *Hanack*, JZ 1964, 395, Fußn. 42, nennt eine Anwendung des § 225 auf unseren Fall „abwegig" und weist darauf hin, „wie wenig die StGB-Vorschriften passen". Trotzdem will er ebenfalls mit einer Analogie zu § 216 helfen, für die es keine gesetzlichen Anhaltspunkte gibt.

es mit rechtlichen Mitteln möglich festzustellen, *wann* die Moralwidrigkeit für den Richter bestimmbar ist und wann nicht. Und da im zweiten Fall Straflosigkeit eintreten muß, kann die Auslegung in diesem Bereich, wenn auch auf anderen Wegen, ähnlich sichere Lösungen erzielen, wie sie bei der Konkretisierung der Sozialwidrigkeit erreichbar sind.

Nachbemerkung:

Als Arbeiten zum Gesamtthema, die sich auch mit dem vorliegenden Beitrag gründlich und weiterführend auseinandersetzen, sind zu nennen: *Lenckner*, Wertausfüllungsbedürftige Begriffe im Strafrecht und der Satz „nullum crimen sine lege", in: JuS 1968, S. 249—257, 304—310; *Noll*, Begriff und Funktion der guten Sitten im Strafrecht, in: Festschrift zum 150jährigen Bestehen des Oberlandesgerichts Zweibrücken, 1969, S. 206—230.

Für die in meiner Abhandlung erörterten Rechtsprechungsprobleme kann die nachfolgende Diskussion hier nicht im Detail nachgewiesen werden. Doch sollen wenigstens für den Fall der Sterilisation und für meinen Versuch einer Ausfüllung der Verwerflichkeitsklausel bei der Nötigung einige Hinweise gegeben werden:

Der BGH hat unmittelbar nach dem Erscheinen meiner Abhandlung ein Grundsatzurteil (BGHSt 20, 81 ff.) gefällt, das die freiwillige Sterilisation für straflos erklärte. Zur Begründung führte das Gericht aus, nach der Aufhebung des früheren § 226b StGB, der die Sterilisation mit Strafe bedroht hatte, bestehe keine Strafdrohung mehr, die auf Sterilisationen angewandt werden könne; insbesondere dürfe nicht auf die allgemeinen Körperverletzungsvorschriften in Verbindung mit § 226a StGB zurückgegriffen werden. Von diesem Standpunkt aus wäre also die Beschäftigung mit § 226a StGB in Sterilisationsfällen überflüssig. Doch hat die Begründung des Urteils im Schrifttum einhellige Ablehnung gefunden; ich bin ihr in einem Aufsatz über „Die strafrechtliche Beurteilung der einverständlichen Sterilisation", in: Niedersächsisches Ärzteblatt, 1965, Nr. 6, entgegengetreten. Während also im Schrifttum Einigkeit darüber besteht, daß die entscheidende Frage in der Beurteilung der Sittenwidrigkeitsklausel des § 226a StGB liegt, gehen die Antworten auseinander. Die weitaus überwiegende Meinung ist meiner im obigen Text dargelegten Auffassung gefolgt; ich nenne aus dem umfangreichen Schrifttum nur die Abhandlung von *Engisch*, Kritische Bemerkungen zu dem Urteil des Bundesgerichtshofes in Strafsachen über die Straflosigkeit freiwilliger Sterilisierungen, 1965, und die Darlegungen von

Bockelmann, Strafrecht des Arztes, 1968, S. 52 ff., 73 f. Für die Gegenmeinung, die einer Indikationenlösung zuneigt, ist vor allem hinzuweisen auf *Hanack*, in: Arzt und Recht, 1966, S. 28—39 (vorher schon JZ 1964, 393 ff.; JZ 1965, 221 f.) und *Schwalm*, Kastration, Sterilisation und Einwilligung in strafrechtlicher Sicht, in: Die juristische Problematik in der Medizin, 1971, Bd. III, S. 200—250.

Meine „Prinzipienlehre“, die helfen soll, den Nötigungstatbestand präziser zu konturieren, hat bei verschiedenen Autoren (u. a. auch in den oben genannten Arbeiten von Lenckner und Noll) weitgehende Zustimmung gefunden. Unter den Arbeiten, die meine Lösungsskizze — mit manchen Modifizierungen — auszuarbeiten und weiter zu entwickeln versuchen, sind zu nennen:

Berz, Die Grenzen der Nötigung, in: JuS 1969, S. 367 ff.; *Busse*, Nötigung im Straßenverkehr, 1968; *Reents*, Die Verwerflichkeitsklausel, Diss. Göttingen, 1969; *Schünemann*, Die Freiheitsdelikte im künftigen Strafrecht, MSchrKrim 1970, S. 250 ff. Auch der Gesetzesvorschlag des Alternativentwurfs, Straftaten gegen die Person, Erster Halbband, 1970, zur Neufassung des Nötigungstatbestandes beruht auf der oben entwickelten „Prinzipienlehre“ (vgl. § 116 AE mit Begründung, a. a. O., S. 62 ff.). Abgelehnt wird meine Konzeption bei *Seel*, Unbestimmte und normative Tatbestandsmerkmale im Strafrecht und der Grundsatz nullum crimen sine lege, Diss. München, 1965. Auch die neueste Monographie von *Hansen*, Die tatbestandliche Erfassung von Nötigungsunrecht, 1972, stimmt zwar meinen Darlegungen über das Verhältnis von Tatbestand und Rechtswidrigkeit bei der Nötigung zu, vertritt aber die Auffassung, daß die von mir genannten „Prinzipien“ für „die Unrechtsfeststellung im Einzelfall keine hinreichende Grundlage“ böten (a. a. O. S. 146).

Zur Abgrenzung von bedingtem Vorsatz und bewußter Fahrlässigkeit — *BGHSt* 7,363*)

Die beiden Angeklagten *K* und *J* hatten beschlossen, ihren gemeinsamen Bekannten *M* zu berauben. Zu diesem Zweck wollten sie mit Gewalt gegen *M* vorgehen, ihn widerstandsunfähig machen und ihm dann in Ruhe aus seiner Wohnung die ersehnten Sachen wegnehmen, um sie für eigene Zwecke zu verwenden.

K schlug vor, *M* mit einem ledernen Hosenriemen zu würgen und ihn dann zu fesseln und zu knebeln. *J* war damit einverstanden. Beide Angeklagten erkannten, daß eine solche Drosselung über eine Bewußtlosigkeit hinaus auch schwerere Schädigungen, ja sogar den Tod *M's* herbeiführen könnte.

Gelegentlich eines Besuchs am 8. Februar 1954 wollte *K* in Gegenwart von *J* die Tat ausführen; ihn verließ jedoch der Mut; er gab den Riemen an *J* weiter, der aber ebenfalls nichts unternahm.

Die Angeklagten gaben aber ihren Plan nicht grundsätzlich auf. *J* riet jedoch nunmehr davon ab, *M* mit dem Lederriemen zu drosseln, weil die Angeklagten die Gefahr sahen, daß *M* dadurch nicht nur bewußtlos werden, sondern sterben könne. Deshalb machte *J* den Vorschlag, *M* mit einem Sandsack zu betäuben, womit sich *K* schließlich einverstanden erklärte. Beide überlegten dabei, daß der Sandsack sich beim Anprall gegen den Kopf der Schädelform anpasse und deshalb keine ernsthaften Verletzungen eintreten könnten.

Am 15. Februar 1954 abends suchten die Angeklagten *M* auf. *J* hatte den Sandsack in seiner Hosentasche. *K* hatte aus eigenem Entschluß ohne Wissen des *J* für alle Fälle den Lederriemen mitgenommen. Die Angeklagten baten *M*, sie bei sich übernachten zu lasen. *M* kam dieser Bitte nach. *K* schlief im Zimmer *M's*, *J* in einem anderen Zimmer.

Gegen 4 Uhr morgens schlug *J* in *K's* Beisein mit dem Sandsack zweimal kräftig auf *M's* Kopf. Die Schläge hatten jedoch nicht die erhoffte Wirkung, sondern weckten *M*. Bei einem nochmaligen Schlag platzte der Sandsack. *M* stieg aus dem Bett und kam mit *J* ins Handgemenge. *K* war inzwischen auf den Flur gestürzt und hatte den Riemen geholt. Er näherte sich *M*, der bis dahin noch gar nicht gemerkt hatte, daß auch *K* mit zu seinen Angreifern gehörte, von hinten und warf ihm hinterrücks den Lederriemen

---

* (Urt. v. 22. 4. 1955 — 5 StR 35/55 = NJW 1955, 1688). JuS 1964, S. 53 ff.

über den Kopf; der Riemen blieb jedoch zunächst am Kinn hängen. *J* drückte, um das nunmehr auch von ihm erkannte Vorgehen mit dem Lederriemen zu unterstützen, *M's* Hände und Arme nach unten, wodurch dieser wieder auf das Bett geworfen wurde. Hier warf ihm *K* nochmals den Riemen über den Kopf, während *J* die Arme *M's* festhielt. Der Riemen lag nun um den Hals des *M;* die beiden Enden waren im Nacken über Kreuz geschlungen. Jeder der Angeklagten zog nunmehr mit aller Gewalt an einem der Riemenenden solange, bis *M* die Arme fallen ließ und in das Bett sank. Daraufhin begannen die Angeklagten *M* zu fesseln. Als dieser sich aufrichtete, warf sich *J* auf seinen Rücken und drückte ihn nach unten. *K* begann erneut, *M* mit dem Riemen zu drosseln. Dabei hatte er den Riemen so um *M's* Hals gelegt, daß das Riemenende durch die Schnalle führte, die an der linken Halsseite *M's* fest anlag. *K* zog an dem Riemen wiederum so lange, bis sich *M* nicht mehr rührte und keinen Laut mehr von sich gab. Als *J* das merkte, rief er *K* zu: „Hör auf!“ *K* ließ daraufhin vom Drosseln ab. Beide Angeklagten fesselten nunmehr *M.* Alsdann suchten sie sich aus seiner Wäsche und Kleidung eine Reihe von Gegenständen aus. Anschließend sahen sie dann nach *M.* Sie bekamen jetzt Bedenken, ob dieser noch lebe. Sie versuchten vergeblich eine Wiederbelebung. Dann verließen sie die Wohnung.

I. Der Meinungsstand

Die Prüfung, ob bei dem vorstehend geschilderten Sachverhalt ein vorsätzlicher Mord oder eine fahrlässige Tötung anzunehmen ist, führt uns mitten in „eine der schwierigsten und umstrittensten Fragen des Strafrechts“[1] hinein. Bevor wir uns der Antwort zuwenden, die der *BGH* im vorliegenden Fall gegeben hat, müssen wir uns zum Verständnis der weiteren Zusammenhänge kurz vergegenwärtigen, welche vielfältigen Lösungsmöglichkeiten Wissenschaft und Rechtsprechung im übrigen entwickelt haben und wie sie sich auf die Beurteilung unseres Sachverhaltes auswirken[2]. Dabei schalten wir die Fälle der „Absicht“ und des „dolus directus“ von vornherein aus.

[1] *Welzel,* StrafR, 7./8. Aufl. (1960/63), S. 63.

[2] Wer in den augenblicklichen Diskussionsstand tiefer einringen will, muß außer den Lehrbüchern und Kommentaren vornehmlich folgende neuere Spezialschriften zur Hand nehmen: *Engisch,* Untersuchungen über Vorsatz und Fahrlässigkeit im Strafrecht, 1930; *ders.,* NJW 1955, 1688 f. (Anm. zu der besprochenen Entsch.); *Schröder,* Festschrift f. Sauer, 1949, S. 207; *Schmidhäuser,* GA 1957, 305; 1958, 161; *Armin Kaufmann,* ZStW 70, 64; *Stratenwerth,* ZStW 71, 51; *Gessner,* Die bewußte Fahrlässigkeit, Diss. Saarbrücken 1959; *Germann,* SchwZStR, 1961, 357 ff. mit instruktiven rechtsvergleichenden Hinw.; *Jescheck,* Festschrift f. Erik Wolf, 1962, S. 473; *ders.,* Niederschriften über die Sitzungen der *Großen Strafrechtskommission,* Bd. XII, S. 102.

Wer einen Erfolg erstrebt, oder wer, auch wenn ihm die Rechtsgüterverletzung unerwünscht ist, weiß, daß sie mit Sicherheit eintreten wird, der handelt nach allen heute vertretenen Lehren vorsätzlich. Uns interessieren allein die Situationen, bei denen der Täter den Erfolg nicht erstrebt und seinen Eintritt auch nicht für sicher, aber doch für möglich hält. So ist die Sachlage in unserem Ausgangsbeispiel — denn *K* und *J* bezweckten nicht den Tod des *M*, wußten aber, daß er eintreten könne —, und so verhält es sich überall dort, wo es um die Grenzlinie von dolus eventualis und bewußter Fahrlässigkeit geht.

1. Den engsten Raum läßt dem Vorsatz die sog. Einwilligungs- oder Billigungstheorie. Danach gleichen sich bedingter Vorsatz und bewußte Fahrlässigkeit darin, daß der Handelnde sich den Eintritt des Erfolges als möglich vorgestellt oder sogar ernsthaft mit ihm gerechnet hat. Der Unterschied liegt in der Einstellung zur Tat: Hat der Täter den (nicht erstrebten) Erfolg für den Fall seines Eintretens „innerlich gebilligt", war er mit ihm einverstanden", so ist Vorsatz anzunehmen. Hat er dagegen die Rechtsgutsverletzung „innerlich abgelehnt" und auf ihren Nichteintritt gehofft, so handelt es sich nur um bewußte Fahrlässigkeit. Diese Lehre beruht auf der bis ins 19. Jahrhundert zurückreichenden „Willenstheorie"[3], die (im Gegensatz zu der von ihr bekämpften „Vorstellungstheorie") das Vorsatz und Fahrlässigkeit unterscheidende Merkmal nicht in einer bestimmten Art des Wissens, sondern im voluntativen Bereich findet: Nur wer den Erfolg „billigt", hat ihn (eventuell) „gewollt".

Die Einwilligungstheorie hat — mit häufigeren Schwankungen — die Rechtsprechung des *RG* beherrscht[4]. Sie lag auch dem StGB-Entwurf 1958 zugrunde, wo es in § 16 hieß: „Vorsätzlich handelt, wer die Tat mit Wissen und Wollen verwirklicht oder die Verwirklichung zwar nur für möglich hält, sie jedoch billigend in Kauf nimmt." Folgt man dieser Auffassung, so wird man in unserem Ausgangsbeispiel nur eine fahrlässige Tötung annehmen können. Denn die Täter haben zwar mit der Möglichkeit eines tödlichen Ausganges gerechnet, wie sich aus ihren vorangegangenen Überlegungen und dem anfänglichen Verzicht auf den Lederriemen ergibt; aber sie waren damit keineswegs einverstanden, sondern wollten den Erfolg nach Möglichkeit vermeiden.

2. Eine der Einwilligungstheorie nahestehende, die Reichweite des Vorsatzes aber etwas ausdehnende Lehre vertritt *Engisch*[5]. Danach liegt unabhängig von der Billigung des Täters Vorsatz zumindest immer dann vor, wenn der Handelnde den Eintritt des Erfolges als „höchstwahrschein-

---

[3] Zur Dogmengeschichte vgl. *Engisch,* Untersuchungen, S. 126 ff.

[4] Zuletzt *RGSt* 72, 43; zur unterschiedlichen Beurteilung der RG-Rechtsprechung vgl. noch unten bei und in Fußn. 43.

[5] Untersuchungen, S. 88 ff.; zusammenfassend NJW 1955, 1688 f.

lich" angesehen hat[6]; denn „höchste Grade der Wahrscheinlichkeit gelten nun einmal dem Juristen praktisch der Gewißheit gleich"[7]. In den übrigen Fällen greift *Engisch* wieder auf die Willenseinstellung des Delinquenten zurück, zieht aber außer den Fällen der Billigung auch die der „Gleichgültigkeit" gegenüber dem Erfolge zum Vorsatz. Dolus eventualis ist demnach anzunehmen, „wo der Täter die bloß möglichen schlechten Nebenfolgen positiv gutheißt oder gleichgültig hinnimmt, nicht aber dort, wo er Nebenfolgen als unerwünscht ansieht und demgemäß hofft, daß sie ausbleiben werden"[8].

Schließt man sich dem an, so hängt die Entscheidung unseres Falles davon ab, ob *K* und *J* es für „höchstwahrscheinlich" gehalten haben, daß die Strangulation mit dem Tode des *M* enden werde. *Engisch* meint, das ließe „sich behaupten", so daß die Bejahung des Vorsatzes „sehr wohl" vertretbar sei[9]. Nimmt man dagegen an, was mir richtiger zu sein scheint und was wohl auch *Engisch* für näherliegend hält, daß die Täter den tödlichen Ausgang zwar als durchaus möglich, aber nicht gerade als höchstwahrscheinlich angesehen haben, so liegt nur bewußte Fahrlässigkeit vor. Denn „gleichgültig" war den beiden der Tod des *M* nicht, wie die Versuche mit dem Sandsack und die Wiederbelebungsbemühungen zeigen. Man kommt also, wenn man von dieser Theorie ausgeht, zu dem Ergebnis, „daß mit Bezug auf den Tod des Opfers nicht ganz die innere Einstellung vorhanden war, die für den Vorwurf des Tötungsvorsatzes gefordert werden muß".

3. An nächster Stelle ist die „Wahrscheinlichkeitstheorie" zu nennen, die heute namentlich von *H. Mayer*[10] verteidigt wird. Nach seiner Lehre ist die „innere Einstellung" zum Erfolge, auf die die Auffassungen 1 und 2 im wesentlichen abstellen, völlig unbeachtlich. Statt dessen kommt es darauf an, ob „der Täter sich den verbotenen Erfolg bzw. die maßgeblichen Begleitumstände als wahrscheinlich vorgestellt hat"[11]; es handelt sich also um eine Variante der Vorstellungstheorie. Wahrscheinlichkeit bedeutet nach *Mayer* „mehr als bloße Möglichkeit und weniger als überwiegende Wahrscheinlichkeit"[12].

---

[6] Untersuchungen, S. 175 ff.

[7] NJW 1955, 1689.

[8] NJW 1955, 1689; i. einzelnen Untersuchungen, S. 186 ff.

[9] Hier und im folgenden: NJW 1955, 1689.

[10] StrafR, 1953, S. 250 ff.; teilw. auch *Welzel*, S. 62 f.; ferner *Sauer*, Allgemeine Strafrechtslehre, 3. Aufl. (1955), S. 177 ff.; für den Fall, daß der Täter sich die Tatumstände als von seinem Willen unabhängig vorgestellt hat, auch *Mezger*, StrafR, 2./3. Aufl. (1933/49), S. 346.

[11] A. a. O., S. 250.

[12] A. a. O., S. 251; enger *Sauer*, S. 179: „mit der nahen Möglichkeit rechnen".

Auf Grund einer solchen Konzeption wäre in unserem Fall Vorsatz anzunehmen. Denn wenn auch *K* und *J* bei Verwendung des Lederriemens den Eintritt des Todes vielleicht nicht als „überwiegend wahrscheinlich" angesehen haben, so haben sie doch immerhin mehr als eine „bloße Möglichkeit" angenommen. Andernfalls hätten sie nicht wegen der von ihnen erkannten Gefährlichkeit der Strangulation von diesem Verfahren zunächst Abstand genommen und den harmlosen Sandsack benutzt.

4. Zu ähnlichen Ergebnissen wie die *Mayer*sche Wahrscheinlichkeitstheorie kommen einige gemeinsam zu behandelnde Auffassungen, die den Akzent wieder mehr auf die Willenseinstellung des Täters verlagern.

a) Hier ist in erster Linie auf die Ansicht von *Stratenwerth* hinzuweisen. Danach besitzt den bedingten Vorsatz, wer die Möglichkeit, daß eine unerwünschte Nebenfolge eintreten könne, „ernst nimmt" und trotzdem handelt. Wer dagegen die von ihm vorgestellte Gefahr „in einem präzisen Sinne nicht ernst nimmt"[13] und sich „leichtsinnig" verhält, handelt nur bewußt fahrlässig. Das führt in unserem Fall zur Annahme des Vorsatzes, da sich an der zuerst getroffenen „Wahl des anderen Mittels zeigt, daß die Täter die mit der Drosselung verbundene Lebensgefahr ... ernst nahmen"[14].

b) Nicht weit davon entfernt ist die Lösung *Germanns*[15], bei dem es heißt: „Ist sich der Täter bewußt, durch seine Tat möglicherweise einen Deliktstatbestand zu verwirklichen, so handelt er mit dolus eventualis, wenn er diesen Umstand in seinen für die Tat maßgeblichen Willensentschluß einbezieht." Damit soll gesagt sein, daß der Handelnde die Möglichkeit eines ungünstigen Ausganges für seine Willensbildung „ernsthaft in Betracht" zieht, sich jedoch trotzdem zur Tat entschließt, „um damit das von ihm angestrebte Ziel zu erreichen, weil er hierauf nicht verzichten will, auch nicht mit Rücksicht auf das damit verbundene Delikt"[16]. *Germann* zitiert in diesem Zusammenhang beifällig das auch für die Entwicklung in Deutschland bedeutsame Urteil des *Schweizerischen Kassationshofes* vom 17. Juni 1955 im Fall *Stierli,* wonach dolus eventualis vorliegt, „wenn der Täter zwar nicht sicher ist, daß die objektiven Tatbestandsmerkmale der strafbaren Handlung durch sein Tun oder Unterlassen verwirklicht werden, das aber ernsthaft für möglich hält und sich mit der Verwirklichung innerlich abfindet"[17]. Es bedarf keiner näheren Erörterung, daß dieser Standpunkt wie bei *Stratenwerth* in unserem Fall zur Annahme des Vorsatzes führt. Denn in der Schlußphase des Geschehens ließen *K* und *J* es bewußt „darauf ankommen".

---

13 *Stratenwerth,* S. 55; *Germann,* S. 368, hat auf ähnliche Formulierungen in den Urteilen des *Schweiz. BG* aufmerksam gemacht.

14 *Stratenwerth,* S. 63.

15 A. a. O., S. 374; vgl. ferner die Formulierungen S. 368, 370, 372.

16 A. a. O., S. 379.

17 *BGE* 81 IV 202; bei *Germann,* S. 376.

c) *Welzel* arbeitet mit den Parallelbegriffen des „Rechnens mit" (Vorsatz) und des „Vertrauens auf" (Fahrlässigkeit), nähert sich aber der Konzeption *H. Mayers*, indem er den Beginn des „Rechnens" mit dem Erfolge dann annimmt, „wenn der Täter dem Erfolgseintritt mehr als bloße Möglichkeit und weniger als überwiegende Wahrscheinlichkeit beimißt"[18]. Da das in unserem Ausgangsbeispiel der Fall ist, kommt also auch *Welzel* zur Bejahung des Vorsatzes[19]. In den durch sein Begriffspaar nicht gedeckten Situationen „des schlichten Fürmöglichhaltens", wo der Täter „weder mit dem Eintritt der Folge rechnet noch auf ihr Ausbleiben vertraut", soll Fahrlässigkeit vorliegen[20].

d) Das „Ernstnehmen" einer Gefahr, ihre „Einbeziehung" in den eigenen Willensentschluß und das „Rechnen" mit ihr unterscheiden sich verhältnismäßig so wenig, daß es naheliegt, diese Elemente zu einer einheitlichen Regelung zu verarbeiten. Einen solchen Weg geht der Entwurf 1962, der in § 16 den bedingten Vorsatz davon abhängig macht, daß der Handelnde „die Verwirklichung (scil. des Tatbestandes) für möglich hält und sich mit ihr abfindet". Das entspricht der Konzeption von *Germann* und *Stratenwerth*[21]. Da nach § 18 II des Entwurfs bewußte Fahrlässigkeit vorliegen soll, wenn jemand „pflichtwidrig und vorwerfbar im Vertrauen darauf handelt", daß er den Tatbestand nicht verwirklichen werde, besteht aber im wesentlichen auch Übereinstimmung mit der Lehre *Welzels*[22]; die einzige Abweichung scheint mir darin zu liegen, daß der Entwurf die Kategorie des „schlichten Fürmöglichhaltens" nicht kennt und alle Fälle fehlenden „Vertrauens" als ein „Sichabfinden" mit dem Erfolge zum Vorsatz zieht[23].

Sicher ist jedenfalls: Der unserer *BGH*-Entscheidung zugrunde liegende Sachverhalt würde nach dem künftigen Recht— wenn der Entwurf nicht in diesem Punkt noch wieder geändert wird — als ein Fall vorsätzlichen Mordes zu betrachten sein.

5. Ein weiteres, auf die Art der Geschehenssteuerung zielendes Abgrenzungskriterium hat *Kaufmann* vorgeschlagen. Danach ist bedingter Vorsatz zu bejahen, wenn der Täter sich die unerwünschte Folge auch nur als möglich vorstellt, „es sei denn, der steuernde Wille ist auf ihre Ver-

---

[18] StrafR, S. 62.

[19] A. a. O., S. 30, 64.

[20] A. a. O., S. 62.

[21] Die Kritik *Germanns* und die o. erwähnte Formulierung im Fall *Stierli* haben wohl unmittelbar auf diese Regelung eingewirkt; vgl. *Germann*, ZStW 71, 161 f. u. SchwZStR 1961, 378; *Jescheck*, Niederschriften, S. 263 u. allg. S. 298 ff.

[22] Vgl. *Welzel*, S. 65; ferner Entwurfsbegr., S. 130.

[23] Dem Entwurf folgt jetzt *Jescheck*, Festschrift, S. 485 f., der durch seinen Hinweis auf *Germann* und die Schweizer Judikatur wohl auch die entscheidende Anregung für die neue Formulierung gegeben hat.

meidung gerichtet"[24]. Dieser betätigte Vermeidewille, der die Annahme bewußter Fahrlässigkeit begründet, setzt voraus, daß der Täter bei seiner auf den Erfolg hinwirkenden Handlung „gleichzeitig Gegenfaktoren einsetzt, mit deren Hilfe er den Ablauf so zu steuern versucht, daß eine als möglich vorgestellte Nebenfolge nicht eintritt"[25].

Wie unser *BGH*-Fall auf der Grundlage dieser Theorie zu entscheiden wäre, ist umstritten. Während *Kaufmann* selbst ohne nähere Begründung Vorsatz annehmen will[26], meint *Stratenwerth*[27], die Täter hätten sich alle erdenkliche Mühe gegeben, „die Drosselung so zu dosieren, daß der Betroffene zwar das Bewußtsein verlor, aber nicht getötet wurde. Hier ist das Verhalten also durchaus auf die Vermeidung ... des Todeseintritts hingesteuert worden, und *Kaufmann* müßte infolgedessen den Tötungsvorsatz verneinen". Das scheint mir richtig zu sein. Denn *Kaufmann* verlangt für den Vorsatzausschluß grundsätzlich nicht, daß der Handelnde darauf vertraut, er werde durch den Einsatz der Gegenfaktoren den Erfolg vermeiden; vielmehr genügt es für ihn, daß der Täter „seiner eigenen Geschicklichkeit eine reelle Chance einräumt"[28], und das wird man *K* und *J* doch wohl zugestehen müssen.

6. Den weitesten Raum erhält der Vorsatz in den Lehren von *Schröder* und *Schmidhäuser*, die — mit zum Teil abweichenden Begründungen, im Ergebnis aber fast völlig übereinstimmend — annehmen, daß dolus eventualis schon dann zu bejahen sei, wenn der Täter sich den Erfolg als möglich vorgestellt habe. Der betätigte Vermeidewille, der bei *Kaufmann* zur Annahme bewußter Fahrlässigkeit führt, schließt also hier den Vorsatz nicht aus, wenn der Handelnde den Erfolg weiterhin für möglich hielt. Diese Lösung beruht bei *Schröder* auf der These, die den vorsätzlichen Delikten zugrunde liegende Norm sei so beschaffen, daß bereits die Vorstellung der Erfolgsmöglichkeit den Handelnden motivieren solle, von seinem Tun Abstand zu nehmen[29]. *Schmidhäuser* kommt zum selben Resultat, indem er zwischen abstrakter und konkreter Gefahr unterscheidet: Bei der bewußten Fahrlässigkeit „erkennt der Täter zwar die abstrakte ... Gefährlichkeit seines Tuns"[30], glaubt aber im konkreten Fall gerade nicht an die Möglichkeit des Erfolges. „Handeln in Unkenntnis der konkreten Gefährlichkeit: dies ist ... das wesentliche Moment der Fahrlässigkeit"[30].

---

24 ZStW 70, 86.

25 A. a. O., S. 78.

26 A. a. O., S. 77 bei Fußn. 46; ebenso *Jescheck*, Niederschriften, S. 115, auf der Grundlage des *Kaufmann*schen Kriteriums.

27 ZStW 71, 62; ebenso *Koffka*, Niederschriften, S. 115.

28 A. a. O., S. 77.

29 Festschrift f. *Sauer*, S. 245 u. passim.

30 GA 1957, 313; entspr. GA 1958, 178 ff.; *Schmidhäuser* folgend *Maihofer*, ZStW 70, 190 f.

Diese Auffassungen bedeuten, daß die bewußte Fahrlässigkeit in der überlieferten Form verschwindet und dem Bereich des Vorsatzes zugezählt wird. So sagt denn auch *Schröder*[29]: „Alle Fahrlässigkeit ist unbewußte Fahrlässigkeit", und *Schmidhäuser*[31] meint, „von einer bewußten Fahrlässigkeit im bisherigen Sinne" könne man nicht sprechen, so daß „nunmehr Vorsätzlichkeit und Fahrlässigkeit auch in dem umstrittenen Grenzbereich ganz als Kenntnis und Unkenntnis" zu unterscheiden seien. Wir haben hier also im Hinblick auf den dolus eventualis zwei Ausprägungen der reinen Vorstellungstheorie vor uns. Der einzige Fall, in dem man „vielleicht" noch von bewußter Fahrlässigkeit reden könne, meint *Schröder*, sei dort gegeben, „wo die Möglichkeit ungünstigen Ausganges so gering veranschlagt wird, daß sie nicht in Rechnung gestellt zu werden braucht"[32]. Das dürften ähnliche Situationen sein, wie sie *Schmidhäuser* im Auge hat, wenn er „bewußte" Fahrlässigkeit annimmt, „wo der Täter zwar die abstrakte, nicht jedoch die konkrete Gefahr erkannt hat"[33]. Es ist klar, daß beide Autoren in unserem Ausgangsbeispiel ohne weiteres zur Bejahung des Vorsatzes kommen; denn die Täter hatten die konkrete Möglichkeit eines tödlichen Ausganges sehr wohl gekannt[34].

II. Die Ansicht des BGH

1. Unsere Übersicht zeigt, daß *Engisch*[35] recht hatte, als er meinte, die Entscheidung des *BGH* könne „zum Ausgangspunkt einer neuerlichen Diskussion über die Grenzen des Vorsatzes werden". Nachdem wir die verschiedenen Auffassungen kennen, werden wir die Lösung, die der *BGH* gewählt hat, verstehen und richtig einordnen können. In den Urteilsgründen heißt es[36]:

„Richtig ist es, daß die Kenntnis der möglichen Folgen einer Handlungsweise und die Billigung dieser Folgen zwei selbständige Voraussetzungen des bedingten Vorsatzes sind ... Die Umstände ... sprechen zwar dafür, daß den Angeklagten der eingetretene Tod *M's* höchst unerwünscht war. Die Billigung des Erfolges, die ... das entscheidende Unterscheidungsmerkmal des bedingten Vorsatzes von der bewußten Fahrlässigkeit bildet, bedeutet aber nicht etwa, daß der Erfolg den Wünschen des Täters entsprechen muß. Bedingter Vorsatz kann auch dann gegeben sein, wenn dem Täter der Eintritt des Erfolges unerwünscht ist. Im Rechtssinne billigt er diesen

---

31 GA 1957, 312; auch 1958, 178.

32 Festschrift, S. 244 f.

33 GA 1957, 314.

34 Vgl. *Schmidhäuser*, GA 1958, 168 ff.; *Schönke-Schröder*, StGB, 11. Aufl. (1963), § 59 Rdnrn. 57, 145.

35 NJW 1955, 1688.

36 *BGHSt* 7, 368 f.

Erfolg trotzdem, wenn er, um des erstrebten Zieles willen, notfalls, d. h. wofern er anders sein Ziel nicht erreichen kann, sich auch damit abfindet, daß seine Handlung den an sich unerwünschten Erfolg herbeiführt, und ihn damit für den Fall seines Eintritts will. ... Der bedingte Vorsatz ... unterscheidet sich von der bewußten Fahrlässigkeit dadurch, daß der bewußt fahrlässig handelnde Täter darauf vertraut, der als möglich vorausgesehene Erfolg werde nicht eintreten ...".

Der *BGH* kommt also zu dem Ergebnis, daß es sich um eine vorsätzliche Tat handele. Dabei sieht man sofort, daß die Begründung einen merkwürdigen Widerspruch enthält. Während nämlich das Gericht formal der Einwilligungstheorie folgt, indem es den Vorsatz von der „Billigung" abhängig macht und sie ausdrücklich zum „entscheidenden Unterscheidungsmerkmal" erklärt, vertritt es der Sache nach den Standpunkt der oben unter I 4 gekennzeichneten Meinung. Das ergibt sich eindeutig aus der Bejahung des Vorsatzes und aus dem Umstand, daß die Billigung als ein „Sich-Abfinden-mit" und die bewußte Fahrlässigkeit als ein „Vertrauen-auf" umschrieben wird. Eine solche terminologische Vermengung zweier Theorien ist wenig glücklich. Sie fördert — wie sich gleich noch am praktischen Beispiel zeigen wird — Mißverständnisse, und vor allem ist es sprachlich schlechterdings nicht einleuchtend, daß jemand etwas höchst Unerwünschtes, mit dem er sich wohl oder übel für den äußersten Fall abzufinden bereit wäre, deshalb „gebilligt" haben soll. Das scheint auch der *BGH* selbst zu empfinden, wenn er sagt, die Angeklagten hätten den Erfolg trotz ihres dringenden Wunsches, ihn zu vermeiden, „im Rechtssinne" gebilligt. Hier muß man doch wohl stillschweigend hinzulesen: „Im Sinne des normalen Sprachgebrauchs" haben sie den Tod keineswegs gebilligt[37].

2. Nun würde es sich um eine letzten Endes zweitrangige terminologische Frage handeln, wenn wir davon ausgehen könnten, daß der *BGH* hinter den verhüllenden Formeln der Einwilligungstheorie materiell jene Auffassung verträte, die das „Sichabfinden" mit dem Erfolge zum Kriterium des Vorsatzes macht und die sich jetzt

---

[37] *Schmidhäuser*, GA 1958, 171, spricht beim „Billigen" des *BGH* treffend von einer „Begriffshülse", um die es sich von der Umgangssprache her gesehen nur noch handele, und meint, GA 1957, 308, die Einwilligungstheorie werde hier so zurechtgebogen, „daß ..., wo der Begriff verlorengeht, wenigstens am Worte festgehalten werden kann". Ähnlich sagt *Hall*, Fahrlässigkeit im Vorsatz, 1959, S. 38: „Es ist mir nicht verständlich, wie man bei einer so klaren Mißbilligung des Erfolges mit der Einwilligungstheorie den Vorsatz begründen kann." Die Annahme der Billigung durch den *BGH* sei „eine Fiktion". Vgl. auch *Germann*, Schw-ZStR 1961, 365 Fußn. 6.

auch im Entwurf 1962 durchgesetzt hat. Das mag für die bisher allein erörterte Entscheidung *BGHSt* 7, 363 zutreffen. Es gilt aber für die Rechtsprechung des *BGH* nicht generell. Das möge ein Fall zeigen, der bald darauf vor den *BGH* kam und dessen Sachverhalt — kurz gesagt — so lag[38]:

Ein gewisser *Anton* war bei seinem früheren Arbeitgeber *Karl* des Nachts eingebrochen, um dessen Geld zu stehlen. Er wurde dabei von *Karl* und seinem Neffen *Willi* überrascht. Sie versuchten, ihn zu ergreifen, wobei *Willi* ihn am Hals würgte und *Karl* seine Brust umfaßte. Um zu entkommen, zog *Anton* ein 30 cm langes, scharfgeschliffenes Brotmesser aus der Jacke und stach damit im Dunkeln „blindlings" und „mit Wucht" um sich. *Willi* wurde leichter und *Karl* wurde lebensgefährlich verletzt. *Anton* entfloh.

Das Schwurgericht, das den Fall zunächst zu verhandeln hatte, stellt zur Frage des Tötungsversuches ausdrücklich fest, daß *Anton* „eine zum Tode führende Verletzung der zwei Männer ... in Kauf genommen" habe[39] und fährt dann fort[40]: „Eine andere Frage ist, ob er damit einverstanden war, innerlich gebilligt hat, daß er durch die Stiche einen der Angreifer oder beide tötete ... Wenn auch die Messerstiche keine Kurzschlußhandlungen waren ..., so ist doch trotzdem nicht auszuschließen, daß er einen tödlichen Erfolg nicht erwartet oder doch mindestens gehofft hat, ein solcher Erfolg werde nicht eintreten." Mit der Begründung, daß *Anton* „eine Tötung nicht gewünscht" habe, wird dann der Vorsatz verneint. Die Revision der Staatsanwaltschaft gegen dieses Urteil verwirft der *BGH* mit den Worten: „Das Schwurgericht hat die Grenze zwischen bewußter Fahrlässigkeit und bedingtem Vorsatz zutreffend gezogen. Denn es geht richtig davon aus, daß bedingter Vorsatz eine innere Billigung des Erfolges durch den Täter erfordert und ein bloßes ‚Inkaufnehmen' des Erfolges nicht genügt."

Es ist leicht zu erkennen, daß diesem Urteil die echte Einwilligungstheorie (oben I 1) zugrunde liegt, daß hier also für den Vorsatz eine nicht nur fingierte, sondern eine wirkliche Billigung des Erfolges verlangt wird. Damit gerät die Entscheidung, obwohl der *BGH* das bestreitet[41], in unüberbrückbaren Gegensatz zu den Ur-

---

[38] Der Fall wird mitgeteilt und ausführlich geschildert bei *Schmidhäuser*, GA 1958, 163 ff. Hier findet sich die gründlichste und beste Analyse der beiden Entscheidungen. Deshalb sei jedem Studenten die Lektüre dieses Aufsatzes für die weitere Vertiefung dringend empfohlen.

[39] Das übersieht wohl *Germann*, SchwZStR 1961, 372 Fußn. 6.

[40] Bei *Schmidhäuser*, GA 1958, 164 f.

[41] Bei *Schmidhäuser*, a. a. O. S. 165.

teilsgrundlagen unseres Ausgangsfalles. Denn man kann einen Erfolg nur „in Kauf nehmen", wenn man sich mit seinem Eintritt „notfalls abgefunden" hat. Was im ersten Beispiel für den Vorsatz ausreichte, soll im zweiten also nicht genügen. Umgekehrt soll die bloße Hoffnung, der Erfolg werde nicht eintreten, im Falle unseres Messerstechers die Fahrlässigkeit begründen, während in der Entscheidung *BGHSt* 7, 363, wo die Handelnden ebenso auf einen günstigen Ausgang gehofft haben, schon der Leitsatz betont, der Täter könne „auch einen solchen Erfolg billigen, der ihm an sich unerwünscht" sei.

Wir kommen also zu dem Ergebnis, daß die Rechtsprechung des *BGH* in unklarer Weise zwischen den in unserer Übersicht oben I 1 und 4 genannten, durchaus abweichenden Theorien schwankt und die Unsicherheit hinter einer einheitlichen, auf die „Billigung" abstellenden Terminologie verbirgt[42]. Es ist zwar richtig, daß auch schon das *RG* bisweilen in ähnlicher Weise laviert hat[43]; aber dadurch wird der Widerspruch nicht geringer. Mit seiner Feststellung ist freilich noch nichts über die Richtigkeit der einen oder der anderen Auffassung gesagt. Dieser Frage müssen wir uns nun zuwenden.

III. Der Weg zur Lösung

1. Wenn wir uns die anfangs skizzierten sechs Auffassungen[44], die gegenwärtig das Gespräch beherrschen, in die Erinnerung zurück-

---

[42] Das ließe sich auch an anderen Urteilen nachweisen; wie *BGHSt* 7, 363 z. B. *BGH,* VRS 12, 186; wie im Messerstecher-Fall dagegen etwa *BGH,* MDR 1952, 16; *OLG Braunschweig,* NJW 1947, 71; *OGHSt* 2, 254 ff.

[43] So meint etwa *H. Mayer,* S. 253, die Entscheidungen des *RG* seien zwar mit der Billigungstheorie begründet worden, aber in Wirklichkeit habe man keinen Unterschied zwischen den Begriffen „Inkaufnehmen" und „Billigen" gemacht. Andererseits heißt es aber in *RGSt* 72, 43 (dagegen freilich wieder *OLG Kiel,* HESt 2, 206): „Auch da, wo gelegentlich in der Rspr. des *RG* der Ausdruck ‚Inkaufnehmen' bei der Darstellung des bedingten Vorsatzes gebraucht worden ist, ist das ausdrücklich unter der Voraussetzung geschehen, daß der Täter mit der von ihm als möglich erkannten Folge seiner Handlung einverstanden gewesen ist und sie innerlich gebilligt hat"; und *Engisch,* NJW 1955, 1688, meint immerhin zur Entscheidung *BGHSt* 7, 363, sie hätte vom Boden der früheren Rspr. aus nicht ergehen können. — Wir können uns auf eine Analyse der Rspr. des *RG* hier nicht im einzelnen einlassen; aber schon aus dem Vorstehenden ergibt sich, daß die Situation ähnlich war wie in der Rspr. des *BGH.*

[44] Sie sind alle in gleicher oder ähnlicher Weise schon im älteren Schrifttum vertreten worden. Vgl. dazu die unübertroffene Darstellung bei *Engisch,* Untersuchungen, S. 91 ff.

rufen, so kann man sie in zwei Gruppen zerlegen, die sich in charakteristischer Weise unterscheiden und in den strittigen Fällen meist auch zu abweichenden Ergebnissen führen. Auf der einen Seite stehen die Theorien 1 und 2, die das Billigen des Erfolges oder die Gleichgültigkeit ihm gegenüber zum Vorsatzkriterium erheben; auf der anderen Seite haben wir die Lehren 3—6, die die Wahrscheinlichkeit oder Möglichkeit des Erfolgseintritts, das Rechnen oder Sich-Abfinden mit ihm, sein Ernstnehmen oder Vermeidenwollen für maßgebend halten.

Versucht man, die beiden Gruppen auf eine je einheitliche Fragestellung zurückzuführen, so müßte sie im ersten Fall lauten: *Wie steht der Täter zum eingetretenen Erfolge?* Oder, genauer und umständlicher: Von welcher Art ist die Einstellung des Handelnden zu dem als möglich vorgestellten Erfolgseintritt? Billigt er ihn, ist er damit einverstanden, ist er ihm gleichgültig? Oder bedauert er ihn und empfindet ihn als unerwünscht? Bei den Theorien 3—6 dagegen heißt die Frage: *Wie schätzt der Täter die Möglichkeit des Erfolges ein?* Hält er sie für gegeben oder für wahrscheinlich? Nimmt er sie ernst, rechnet er damit, glaubt er, den Erfolg vermeiden zu können? Oder vertraut er auf einen glücklichen Ausgang und hält ein Mißlingen für konkret unmöglich, für unwahrscheinlich und vermeidbar?

Das eine Mal kommt es also auf die *innere Einstellung* zum etwaigen Erfolg, das andere Mal auf eine *intellektuell oder emotional begründete Erwartung* im Hinblick auf den voraussichtlichen Kausalverlauf an. Hier liegt, wie sich im folgenden zeigen wird, ein über Nuancen hinausgehender, prinzipieller Gegensatz, der — oft in seiner Bedeutung verkannt — nicht nur die Theorien, sondern (man denke nur an unsere beiden *BGH*-Fälle!) auch die Judikatur spaltet. Freilich wird dieser Unterschied terminologisch oft verwischt, so daß man ihn nicht erkennt und das Widersprechende für gleichartig hält. Das gilt nicht nur für die schon geschilderte, doppeldeutige Verwendung des Billigungsbegriffes, sondern ebenso für das Kriterium der „Gleichgültigkeit". So sagt man etwa, wenn jemand mit einem Erfolg rechne, ihn ernst nehme, für wahrscheinlich oder auch nur für möglich halte und trotzdem handele, so zeige sich darin, auch wenn dem Täter sein Eintritt unerwünscht sei, eine „Gleichgültigkeit" gegenüber dem geschützten Rechtsgut, die durch die Vorsatzstrafe geahndet werden müsse. Natürlich ist es durchaus möglich, das Merkmal der Gleichgültigkeit so zu verstehen (man hat es sogar in anderem Sinne zur Charakterisierung der bewußten und der unbewußten Fahrlässigkeit verwendet). Nur muß man sich darüber klar sein, daß man dann mit diesem Begriff etwas ganz anderes bezeichnet, als es der oben genannten Auffassung *Engischs* entspricht. Was *Engisch* meint, ist eine von ihm so genannte „absolute“ Gleichgültigkeit, bei der der Täter „auf den Umstand, daß die Tatbestandsverwirklichung ebensogut ausbleiben wie eintreten konnte, kein Gewicht legte“[45]. Die anderen Theorien dagegen lassen sich höchstens durch den Begriff einer „relativen“ Gleichgültigkeit umschreiben. Hier ist dem Handelnden der Eintritt der Nebenfolge keineswegs „absolut egal“; er stellt nur sein eigenes Ziel höher als die Vermeidung des Risikos und zeigt eine „relative“ Gleichgültigkeit. Dieser letzte Fall gehört anders als der erste in die Gruppe 2; denn für seine Annahme ist nicht mehr erforderlich, als daß der Täter sich trotz einer — nach den verschiedenen Auffassungen so oder anders zu bestimmenden — Einsicht in den möglichen Kausalverlauf zur Tat entschließt, während für die Ermittlung der „absoluten“ Gleichgültigkeit eine spezifische Einstellung zu dem als möglich vorgestellten Erfolg hinzukommen muß.

Auch das in den Entwurf 1962 aufgenommene Merkmal des „Sichabfindens“, das wir zu den Theorien 3—6 gestellt haben, ist nicht ganz unmißverständlich. Betrifft es nicht eher die emotionale Haltung zum Erfolge (entsprechend dem „Billigen“ und der „absoluten“ Gleichgültigkeit) anstatt die Beurteilung des Kausalverlaufs? Doch das ist nur scheinbar so; denn der Entwurf gibt, wie der Komplementärbegriff des „Vertrauens auf“ deutlich werden läßt, demjenigen, der ohne den festen Glauben an einen günstigen Verlauf handelt, nicht die Chance, sich der Vorsatzstrafe dadurch zu entziehen, daß er sich innerlich mit dem Geschehen „nicht abfindet“. Er *muß* sich in diesem Fall mit den Folgen abfinden, ohne daß es auf seine Stellungnahme dazu noch ankäme. (Dagegen brauchen ihm die Folgen deshalb noch lange nicht gleichgültig oder willkommen zu sein). Das „Sichabfinden“ gehört also (wie das entsprechende schlichte „Inkaufnehmen“) zur zweiten Gruppe. Freilich wäre es auch denkbar, diese Begriffe so zu deuten, daß sie außer einer bestimmten Ablaufsprognose noch eine emotionale Haltung zum Erfolge (etwa im Sinne des Einverstandenseins) erforderten. Dann würden sie in die Nähe des Gleichgültigkeitskriteriums von *Engisch* gehören und in unserem Ausgangsfall zur Verneinung des Vorsatzes führen. Aber so wird man den Entwurf nicht auslegen dürfen.

Bei der Umschreibung der bewußten Fahrlässigkeit prägt sich die hier herausgehobene Differenz in den scheinbar so ähnlichen Begriffen des „Hoffens“ und „Vertrauens“ aus. Im Vertrauen auf das

---

[45] A. a. O., S. 198; vgl. auch a. a. O., S. 205.

Ausbleiben der unerwünschten Nebenfolge zeigt sich eine bestimmte Einschätzung des mutmaßlichen Kausalverlaufs; wer aber auf einen guten Ausgang nur hofft, ohne darauf zu vertrauen, der fällt kein Urteil über das, was geschehen wird, sondern beweist durch seine innere Einstellung nur, daß ihm der etwaige Erfolg immerhin nicht gleichgültig ist. Das „Vertrauen" gehört demnach in die Theoriengruppe 2, das „Hoffen" in die Gruppe 1. Auch unsere Entscheidung *BGHSt 7*, 363 läßt diese Differenz hervortreten: *K* und *J* hofften, daß *M* am Leben bliebe; aber sie vertrauten nicht darauf.

Es ist also sehr wohl möglich, die verschiedenen Abgrenzungsverfahren, auch wo sie sich unter gleichen oder ähnlichen Bezeichnungen verbergen, der Sache nach richtig zuzuordnen. Aber die Mehrdeutigkeit vieler in der Diskussion verwendeter Kriterien muß besser erkannt werden, als es bisher oft geschehen ist. Denn sie erschwert die Verständigung und hat es der Rechtsprechung erleichtert, über die Unterschiede der beiden Grundauffassungen hinwegzugehen und unter dem Deckmantel identischer Formulierungen bald so, bald anders zu entscheiden.

2. Nach dieser Klärung stehen wir vor der Frage, welches der beiden Abgrenzungsprinzipien den Vorzug verdient. Setzt die Bejahung des Vorsatzes *eine bestimmte (billigende oder gleichgültige) Einstellung zum Erfolge* voraus, oder genügt dafür *eine (wie auch immer im einzelnen festzulegende) Einschätzung des voraussichtlichen Geschehensablaufes?* Der Ausgangspunkt für unsere Antwort kann nur darin liegen, daß die Abgrenzung die Schulddifferenz zur Geltung bringen muß, die den unterschiedlichen Rechtsfolgen vorsätzlicher und fahrlässiger Begehung entspricht[46]. Unter diesem Aspekt

---

[46] Insofern besteht völlige Übereinstimmung z. B. mit *Engisch,* NJW 1955, 1689. Durchaus abweichend ist der Denkansatz der Finalisten (zu unserem Problem vergleiche man die o. zit. Schriften von *Welzel, Armin Kaufmann* und *Stratenwerth),* die die Reichweite des Vorsatzes nach der ontologisch festgelegten Struktur des Handlungsbegriffes bestimmen wollen, dabei freilich untereinander zu teilweise abweichenden Ergebnissen kommen. Auf diese strafrechtsdogmatische Grundfrage kann hier aus Raumgründen nicht im einzelnen eingegangen werden. Interessenten verweise ich auf meine Stellungnahmen ZStW 74, 515 ff., 550 ff. (= oben S. 72 ff.) u. Täterschaft und Tatherrschaft, 2. Aufl., 1967, S. 180 ff. Danach steht der finalistischen Konzeption entgegen, a) daß es einen dem Recht vorgegebenen inhaltlich bestimmten Handlungsbegriff überhaupt nicht gibt, daß sich folglich aus ihm auch für den Vorsatz nichts ableiten läßt (ZStW 74, 515 ff. = oben S. 72), b) daß die Orientierung des Vorsatzes an einem ontologischen Handlungsbegriff zu Kollisionen mit dem Schuldprinzip führt

müßte unsere Frage also lauten: Liegt der Grund, der den Gesetzgeber veranlaßt hat, die fahrlässige Tat in den meisten Fällen gar nicht oder doch wesentlich milder zu bestrafen, darin, daß der Handelnde hier (wenn er auch die Möglichkeit oder Wahrscheinlichkeit des Erfolgseintrittes erkannt hat) immerhin auf einen guten Ausgang hoffte (bzw. einen schlechten Ausgang bedauerte) und sich dadurch als weniger hartgesottener Sünder erwies (Gruppe 1)? Oder ist die geringere Strafwürdigkeit des fahrlässig Handelnden darin begründet, daß er die Folgen seines Verhaltens (aus welchen Gründen auch immer) falsch eingeschätzt hat und deshalb den Eintritt der Nebenfolge nicht berücksichtigen zu müssen glaubte (Gruppe 2)?

Der erste Standpunkt ist am eingehendsten von *Engisch* begründet worden[47]. Er meint[48]: „Soweit ... einfache Wahrscheinlichkeit oder bloße Möglichkeit der Tatbestandsverwirklichung vom Täter ins Auge gefaßt wird, verliert das Handeln in der Hoffnung auf den Nichteintritt des ... Erfolges seinen verwerflichen Charakter und offenbart uns aller Vorwerfbarkeit ungeachtet eine Einstellung zu der Rechtsgüterwelt, die wir schonender zu beurteilen geneigt sind als den Standpunkt desjenigen, der jener Hoffnung ermangelt, weil es ihm auf einen rechtswidrigen Erfolg nicht ankommt." Daran ist gewiß unbestreitbar, daß jemand, dem ein Erfolg unwillkommen ist und der sein Ausbleiben wünscht, eine geringere Schuld offenbart als der, der ihn erstrebt oder sich sagt: „Das ist mir gleichgültig." Die beiden Täter unseres *BGH*-Falles, die sehnlichst gehofft haben, die Drosselung möge nicht zum Tode führen, sind bei aller Schlechtigkeit nicht so schlimm, wie sie es wären, wenn sie der mögliche Tod des *M* von vornherein unberührt gelassen hätte oder wenn sie ihn sogar, um der Entdeckung zu entgehen, erstrebt hätten. Aber liegt in dieser

---

(ZStW 74, S. 550 ff. = oben S. 108 ff.), und daß c) nach den Prämissen der finalen Handlungslehre, wie zuerst *Engisch*, Festschrift f. Kohlrausch, 1944, S. 155, gezeigt hat, auch das bewußt fahrlässige Verhalten als final gesteuert angesehen werden muß (vgl. Täterschaft und Tatherrschaft, S. 180 ff.). — Mit alledem ist gegen die sachlichen Ergebnisse, zu denen die Finalisten bei der Abgrenzung kommen, freilich noch nichts gesagt. Die hier vorgetragenen Bedenken richten sich nicht gegen sie, sondern gegen ihre Herleitung.

[47] Vgl. Untersuchungen, S. 175 ff., bes. S. 186 ff. Dem um ein tieferes Eindringen bemühten Studenten ist die Lektüre dieser grundlegenden Ausführungen dringend zu empfehlen, zumal da hier i. Erg. die andere Auffassung vertreten wird.

[48] A. a. O., S. 177.

treffend erfaßen Abstufung die maßgebliche Differenz zwischen vorsätzlicher und fahrlässiger Schuld? Dagegen spricht, daß unser Strafrecht vornehmlich am Rechtsgüterschutz orientiert ist. Es kann ihm nicht in erster Linie darauf ankommen zu verhindern, daß jemand eine Rechtsgüterbeeinträchtigung auf Grund einer besonders mißbilligenswerten inneren Einstellung begeht; vielmehr muß verhindert werden, daß sie überhaupt begangen wird[49]. Räumt man das ein, dann ergibt sich ein grundlegender Unterschied der Schuldformen danach, ob der Täter sich (mit welchen Gefühlen, Hoffnungen und Wünschen auch immer) für die mögliche Tatbestandsverwirklichung entschieden hat oder nicht. Eine solche Entscheidung für oder gegen den von der Strafdrohung geschützten Rechtswert ist immer schon dann nötig, wenn der Täter sich vor die Frage gestellt sieht, ob er um des möglichen Erfolges willen von seinem Tun Abstand nehmen oder ob er trotzdem handeln soll. Gibt er in dieser Lage seinen Plan auf, so hat die Norm ihren Zweck erreicht, und das Rechtsgut ist gesichert. Zieht er dagegen das Weitermachen vor, so hat er sich, da er weiß, daß er den möglichen Erfolg nicht verhindern kann, durch sein Tun gegen das Rechtsgut entschieden. Seine innere Hoffnung, der Erfolg möge ausbleiben, ändert daran nicht das geringste. Sie nützt ja auch, wie der Täter selber weiß, dem Opfer nichts. Deshalb ist es angemessen, solche Fälle der schwereren Schuldform zuzuweisen. Die Unterschiede im Gesinnungsunwert wirken sich dann, wie es beim dolus directus ohnehin der Fall ist, nicht auf den Vorsatz, sondern nur auf die Strafzumessung aus.

In dieser zweiten Auffassung liegt nun, wie ich meine, die übereinstimmende Grundlage der Theorien 3—6. Die Frage, *wie* der Täter den voraussichtlichen Ablauf eingeschätzt haben muß, damit sein Handeln sich als Entscheidung für die eventuelle Rechtsgüterverletzung darstellt, wird von ihnen nicht einheitlich beantwortet. Das *Prinzip* der Abgrenzung ist aber, wenn man unserer Sicht folgt, dasselbe: *Es kommt überall darauf an, daß sich der Täter durch die (wie auch immer zu spezifizierende) „Vorstellung, den strafbaren Erfolg herbeizuführen, in seinem Entschluß nicht irremachen läßt“*[50] und dadurch für den — meist durchaus unerwünschten, aber einkalkulierten — äußersten Fall gegen den geschützten Rechtswert Stellung bezieht. Dieses (freilich inhaltlich noch näher zu umreißende) Kriterium ist, vom Normzweck und vom Schuldprinzip her gesehen,

---

[49] Vgl. dazu auch *Schmidhäuser*, GA 1958, 177.

[50] *Gallas*, Niederschriften, S. 121.

für die Bestimmung des dolus eventualis aus den genannten Gründen jedenfalls als Leitprinzip zutreffend[51].

3. Folgt man der hier vertretenen Ansicht, so ist, ohne daß dafür noch weitere Differenzierungen nötig wären, in dem vom *BGH* entschiedenen Sachverhalt, der den Ausgangspunkt unserer Erörterungen bildet, Vorsatz anzunehmen. Wir haben hier geradezu einen Modellfall der geschilderten Entscheidungssituation vor uns. Denn eben weil die Täter genau wußten, daß eine Drosselung mit dem Lederriemen tödlich sein werde, hatten sie zunächst zum Sandsack gegriffen. Erst als sie sich vor die Wahl gestellt sahen, entweder auf ihren Raub zu verzichten oder die gefährliche Strangulation vorzunehmen, haben sie sich für den Deliktsplan und damit für den möglichen Tod des *M* entschieden. Das Urteil des *BGH* verdient also im Ergebnis Zustimmung, so wenig die Begründung überzeugt.

Unrichtig ist dagegen die Lösung des oben besprochenen, von *Schmidhäuser* mitgeteilten Einbruchs-Falles. Der Täter stand hier vor der Alternative, sich entweder fangen und der Polizei überliefern zu lassen oder die beiden Männer durch die „aus nächster Nähe mit Wucht" geführten Stiche kampfunfähig zu machen und vielleicht zu töten[52]. Er hat die zweite Möglichkeit gewählt, sich durch die

---

[51] Ein Hauptargument gegen die hier vertretene Lehre und für die Theorien 1 und 2 ist immer der Fall der ärztlichen Operation gewesen. Noch die Begründung des E 1958, S. 23, rechtfertigt die Billigungstheorie mit der Erwägung: „Der Arzt, der bei einer schwierigen Operation mit der Möglichkeit eines tödlichen Ausganges rechnet, nimmt den Tod des Patienten in Kauf, ist aber nicht mit diesem Ergebnis einverstanden. Er handelt nicht vorsätzlich." Aber das Problem des Falles wird verkannt, wenn man meint, den Vorsatz des Arztes nur wegen seiner emotionalen Einstellung zum etwaigen Erfolge verneinen zu können. Denn sein Handeln ist durch das Güterabwägungsprinzip schon objektiv gerechtfertigt, so daß der Deliktsvorsatz aus diesem Grunde (und nicht wegen der fehlenden Billigung) entfällt. Selbst wenn er sich über die Notwendigkeit der Operation irrt, entfällt sein Vorsatz immer noch wegen der angenommenen Rechtfertigungsvoraussetzungen, so daß es der Billigungstheorie nicht bedarf. Vgl. dazu nur *Schröder,* S. 242; *Schmidhäuser,* GA 1957, 307 f.; *Stratenwerth,* S. 65. Anders in diesem Punkt wohl jetzt wieder *Jescheck,* Festschrift, S. 483; *Germann,* SchwZStR 1961, 369; *Dreher,* Niederschriften, S. 109, 117; *Schwarz-Dreher,* StGB, 25. Aufl. (1963), § 223 Anm. 3 B.

[52] Die Möglichkeit, daß der Angeklagte in seiner Überraschung und Bestürzung an einen tödlichen Ausgang nicht gedacht hat, wird durch die Sachverhaltsfeststellungen ausgeschlossen. Läge sie vor, wäre aller-

Norm also nicht motivieren lassen[53]. Es wäre folglich eine Bestrafung wegen versuchter vorsätzlicher Tat am Platze gewesen[54].

IV. *Die Abgrenzung im einzelnen*

1. Mit dem Vorstehenden sind wir uns über die Trennung von dolus eventualis und bewußter Fahrlässigkeit freilich erst im grundsätzlichen klar. Denn wenn wir die *„Entscheidung für die mögliche Rechtsgüterverletzung"* zum Kriterium der höheren Schuldstufe gemacht und dadurch die Merkmale des *„Billigens"* und der *„Gleichgültigkeit"* beiseite geschoben haben, so ist doch noch die Frage offen, bei Vorliegen welcher Voraussetzungen im Einzelfall eine vorsatzbegründende Stellungnahme gegen das geschützte Rechtsgut zu bejahen ist. Wenn wir die Theorien 3—6 (ungeachtet ihrer verschiedenen Herkunft) an unserer oben entwickelten Problemstellung messen, müssen wir sie als differierende Antworten auf die *eine* Frage[55] betrachten: Wann liegt eine Entscheidung für die mögliche Tatbestandsverwirklichung vor? Schon dann, wenn der Täter handelt, obwohl er sich den Erfolg als möglich vorgestellt hat? Oder erst, wenn er ihn für wahrscheinlich hält, wenn er ihn ernst nimmt, in

---

dings nur Fahrlässigkeit anzunehmen gewesen, weil schon die Vorstellung des Erfolges gefehlt hätte.

53 Vgl. auch *Schröder*, S. 241, 245.

54 Durchaus übereinstimmend *Schmidhäuser*, GA 1958, 174 u. passim. Dagegen würde *Engisch* von seinem Standpunkt aus dem zweiten Urteil zustimmen müssen.

55 Sie ist, wie ausdrücklich betont sei, nicht identisch mit der berühmten ersten Formel von *Frank* (vgl. nur ZStW 10, 217), wonach bei Ermittlung des Vorsatzes zu fragen ist, ob den Täter „die Voraussicht des Erfolges als eines gewissen oder notwendigen vom Handeln nicht abgehalten haben würde". Denn es ist in unserem *BGH*-Fall durchaus möglich, daß die Täter auf den Raub verzichtet hätten, wenn sie mit Sicherheit gewußt hätten, daß *M* sterben werde. Was *Frank* vorschwebt, ist eine hypothetische Entscheidung ex post, während wir auf die Situation ex ante abstellen, wo der Täter nicht den sicheren Erfolg, sondern nur das Risiko sieht, sich deshalb auch nur für die Erfolgs-Chance, also lediglich bedingungsweise für die Tatbestandsverwirklichung entscheidet. — Die zweite *Frank*sche Formel („mag es so oder anders werden, auf jeden Fall handle ich") ließe sich im Sinne unserer Auffassung verstehen, aber *Frank* will damit wohl dasselbe wie mit der ersten ausdrücken; man könnte die zweite Formel sogar auch i. S. d. Kriteriums der „absoluten Gleichgültigkeit" deuten. Zur *Frank*schen Lehre und ihrer Interpretation vgl. *Engisch*, Untersuchungen, S. 97 ff.; *Gessner*, S. 35 ff.

seinen Willensentschluß einbezieht, mit ihm rechnet, sich mit ihm abfindet oder den Einsatz von Gegenfaktoren unterläßt?

2. Aus der Vielzahl der Antworten hebt sich zunächst *Kaufmanns* Lehre von den „Gegenfaktoren" heraus, weil sie unserer Konzeption in einigen Punkten widerspricht. Setzt der Täter freilich ihm zu Gebote stehende Gegenfaktoren nicht ein (er unterläßt es z. B., die Drosselung vorsichtig zu dosieren), so ist die Annahme des Vorsatzes klar; ebenso, wie es seine Ablehnung ist, wenn der Handelnde infolge seiner Gegenmaßnahmen überzeugt ist, daß der Erfolg ausbleibt (er glaubt etwa, die Strangulation so vornehmen zu können, daß sie mit Sicherheit nur betäubend wirkt). Wie ist es aber im Zwischenbereich, wo der Täter an der Wirksamkeit der verwendeten Gegenfaktoren zweifelt? *Kaufmann* will den Vorsatz schon dann ausschließen, wenn der Handelnde „seiner eigenen Geschicklichkeit eine reelle Chance einräumt, den Erfolg zu verhindern"[56]. Damit trennt er sich von der hier vertretenen Auffassung. Denn wenn jemand sich sagt: „Vielleicht gelingt es mir, die Deliktsverwirklichung abzuwenden, vielleicht aber auch nicht. Trotzdem handele ich", dann hat er sich *für* die mögliche Rechtsgüterverletzung entschieden und ist, wenn der Erfolg eintritt, wegen vorsätzlicher Tat zu bestrafen.

Eine solche Konstellation war es, die dem Drosselungsfall zugrunde lag; und deshalb ist es kein Wunder, daß *Kaufmann*, wie wir oben[57] sahen, entgegen seiner eigenen Annahme hier konsequenterweise zum Vorsatzausschluß hätte kommen müssen. Seine Lehre nimmt also eine eigenartige Mittelstellung zwischen unseren beiden Grundauffassungen ein: Wo sich keine Gegenfaktoren einbauen lassen, genügt das Bewußtsein der bloßen Erfolgsmöglichkeit für den Vorsatz; versucht der Täter aber, die Deliktsverwirklichung zu verhindern, so kommt, auch wenn er sie weiterhin für möglich, ja wahrscheinlich hielt, stets nur Fahrlässigkeit in Frage, obwohl er mit dem Fehlschlag von vornherein rechnete und sich damit abgefunden hatte. In solchen Fällen beweist sein Verhalten nur, daß ihm der Erfolgseintritt immerhin nicht gleichgültig war, so daß *Kaufmann* hier im Ergebnis der Theorie 2 folgt, während er sonst der reinen Vorstellungstheorie (Nr. 6 unserer Übersicht) zustimmt[58].

---

[56] ZStW 70, 77.

[57] Bei Fußn. 26—28.

[58] Diese Divergenzen erklären sich daraus, daß *Kaufmann* von anderen methodischen Ausgangspunkten an das Problem herangeht. Er will den Vorsatz nicht nach Schuldmaßstäben, sondern auf Grund der ontologi-

3. Die übrigen noch zu erörternden Theorien mit ihren sehr vielfältigen Formulierungen kommen in unserem Ausgangsbeispiel alle zum selben Ergebnis (der Annahme des Vorsatzes), so daß wir für die Lösung des Falles zwischen ihnen nicht zu wählen brauchten. Das ist kein Zufall. Ein näheres Hinsehen zeigt nämlich, daß sie sich nicht nur auf dieselbe Fragestellung zurückführen lassen, sondern daß auch die Antworten viel näher beieinander liegen, als man auf den ersten Blick meinen sollte. Zwar besteht ein Abstand zwischen „Möglichkeit" und „Wahrscheinlichkeit"; berücksichtigt man aber, daß *H. Mayer* nur etwas „mehr als bloße Möglichkeit" verlangt und daß andererseits *Schmidhäuser* und *Schröder* ebenfalls Möglichkeiten ausschalten, die „abstrakt" und so „gering" sind, „daß sie nicht in Rechnung gestellt zu werden" brauchen, dann schrumpft die Differenz doch auf ein Minimum zusammen. Da *Welzels* Kriterium des „Rechnens mit" ausdrücklich bei *Mayers* Wahrscheinlichkeit anknüpft und *Stratenwerths* „Ernstnehmen" auch nicht mehr als ein Rechnen mit dem Erfolge voraussetzen kann, handelt es sich hier wie bei den anderen oben I 3—6 angeführten Abgrenzungsversuchen mehr um Nuancen derselben Grundauffassung als um prinzipielle Unterschiede.

4. Dennoch bleibt zu klären, welche der zahlreichen Formulierungen die Voraussetzungen der von uns berufenen „Entscheidung für die mögliche Rechtsgüterverletzung" am exaktesten kennzeichnet. Dabei müssen wir uns bewußt sein, daß es sich bei dieser Stellungnahme um einen psychischen Akt handelt, der zwar dem Nacherleben zugänglich ist, sich aber in seiner Spontaneität der begrifflichen Fixierung weitgehend entzieht und immer nur annäherungsweise umschrieben werden kann[59]. Während sich für den Handelnden Impulse oft fast unreflektiert in Aktionen umsetzen[60], sind unsere nachfol-

---

schen Finalstruktur der Handlung bestimmen und meint, daß ein betätigter Vermeidewille auf jeden Fall die Finalität und damit den Vorsatz ausschließe. Vgl. dazu vom finalistischen Standpunkt aus die m. E. treffende Kritik von *Stratenwerth*, S. 61, u. *Roxin*, Täterschaft und Tatherrschaft, S. 188 f.; ferner o. Fußn. 46. — Daß *Kaufmann* selbst hier lieber Vorsatz annehmen möchte, scheint mir aber zu zeigen, daß er trotz der abweichenden systematischen Prämissen unserer Fragestellung im Grunde nicht fernsteht.

[59] Vgl. dazu auch *Welzel*, S. 63; Niederschriften, S. 106, wo ähnliche Ausführungen über den Begriff des „Wollens" gemacht sind, dabei aber wohl ebenfalls das Phänomen gemeint ist, um das es uns hier geht.

[60] Vgl. darüber auch *Schmidhäuser*, GA 1958, 167 Fußn. 10.

genden Begriffsprägungen immer schon Interpretationen, mit deren Hilfe wir das Bewußtseinserlebnis, dessen wir unmittelbar nie habhaft werden können, deutend zu erfassen und in rechtliche Kategorien einzuordnen versuchen. Deshalb können verschiedene Begriffe, anstatt sich auszuschließen, einander hier ergänzen, weil sie jeweils bestimmte Züge des Phänomens schärfer ans Licht heben und so zur Verfeinerung unserer Erkenntnismethoden beitragen. Wenn man die Dinge so sieht, sind die einzelnen Formulierungen also nicht einfach „richtig" oder „falsch". Sie stellen dann für uns überhaupt nicht mehr selbständige „Theorien" dar, sondern sind nur noch (mehr oder weniger erhellende) Hilfsbegriffe für die Verdeutlichung der gemeinsam umkreisten Grundgegebenheit. Mit diesem Vorbehalt können wir uns der Einzelbetrachtung zuwenden.

5. a) Die nächstliegende und klarste Konzeption scheint zunächst die von *Schmidhäuser* und *Schröder* vertretene „Möglichkeitstheorie" zu sein, die zur Streichung der bewußten Fahrlässigkeit im herkömmlichen Sinne führt. Muß man nicht sagen, daß derjenige, der sich den Erfolg auch nur als möglich vorgestellt hat und trotzdem handelt, damit immer schon für den Eventualfall gegen das geschützte Rechtsgut Stellung nimmt? So einleuchtend das klingt, es gibt Lebenserscheinungen, die daran Zweifel erwecken. Sind der junge Mann, der ein höchst riskantes Überholmanöver wagt, oder der Lehrer, der seine Schüler trotz des Verbots im gefährlichen Fluß baden läßt, vorsätzliche Täter, wenn daraus ein Unglücksfall entsteht? Man ist geneigt, das zu verneinen, auch wenn beide die sich ihnen aufdrängende Gefahrvorstellung bewußt in den Wind geschlagen haben — und eben diesem Umstand, scheint mir, verdankt die Rechtsfigur der bewußten Fahrlässigkeit ihre Lebenskraft.

Versucht man, solche und ähnliche Fälle unter dem Aspekt unserer Fragestellung zu erfassen, so zeigt sich in der Tat etwas auf den ersten Blick Überraschendes: Es fehlt hier eine Entscheidung für die mögliche Rechtsgüterverletzung, obwohl der Handelnde durchaus an sie gedacht hat. Das für diese Situationen Charakteristische ist gerade, daß der Täter den Gedanken an die möglichen Folgen seines Tuns beiseiteschiebt und sich einer stellungnehmenden Entscheidung durch die rational meist nicht begründbare Annahme, es werde „schon gutgehen", entzieht. Der Ausschluß des Vorsatzes in solchen Fällen ist also durchaus sachgerecht.

Die Unabweisbarkeit unserer Fragestellung wie der hier gegebenen Antwort scheint mir daraus hervorzugehen, daß *Schröder* und *Schmidhäuser* wohl beide in Situationen der geschilderten Art ebenfalls Fahrlässigkeit annehmen würden. *Schröder* erwähnt die Fälle, daß jemand „trotz Möglichkeitsvorstellung“ sich bei der Überzeugung beruhigt, „es werde schon gutgehen“, und verneint den Vorsatz mit der Erwägung, dann fehle „es überhaupt an einer wirklichen Vorstellung von der Möglichkeit der Erfolgsverursachung“[61], und in sehr ähnlicher Weise spricht *Schmidhäuser*[62] von einem seltsam widersprüchlichen „für-möglich-halten und doch-nicht-für-möglichhalten“.

Dem liegen durchaus richtige Beobachtungen zugrunde, aber die abschließende Deutung, daß die Grenzlinie ganz nach den Merkmalen „Kenntnis“ und „Unkenntnis“, „Vorstellung“ und „fehlender Vorstellung“ zu ziehen sei, ist zu intellektualistisch. Was durch das *Schmidhäuser*sche Paradox und durch die *Schröder*sche Unterscheidung zwischen einer „wirklichen“ und einer anders zu qualifizierenden, für den dolus eventualis nicht ausreichenden Möglichkeitsvorstellung getroffen wird, ist vielmehr der Umstand, daß seelisch zusammen bestehen kann, was vom Blickwinkel des abwägenden Verstandes aus ungereimt wäre. Der Täter sieht sehr wohl die Möglichkeit des Erfolges; aber er akzeptiert diese Sicht nicht und drängt sie in der Weise ab, daß sie seinen Handlungsentschluß nicht berührt, ohne deshalb aus dem Hintergrund seines Bewußtseins zu verschwinden. Das ist gewiß nicht logisch; aber es entspricht der gefühlsbetont-unverständigen Art des bewußt fahrlässigen Verhaltens. Der Übermütige und Tollkühne hat eine recht konkrete Gefahrvorstellung; (sonst wäre er ja einfach dumm und tölpelhaft). Aber er glaubt, wenn auch oft aus äußerst unvernünftigen Gründen, trotzdem nicht, daß es schiefgehen könne. Deshalb fehlt eine Entscheidung für die mögliche Rechtsgüterverletzung, und es liegt nur — freilich oft hochgradige — Fahrlässigkeit vor.

b) Ähnliche Grenzen hat die *Mayer*sche Wahrscheinlichkeitstheorie. Es stimmt, wie wir sahen, daß die Vorstellung der bloßen Möglichkeit nicht immer für den bedingten Vorsatz ausreicht. Und richtig ist auch, daß der Täter sich normalerweise der Entscheidung für oder gegen die etwaige Rechtsgüterverletzung um so weniger entziehen kann, je mehr die Möglichkeit des Nebenerfolges sich seiner Einsicht aufdrängt. Aber auch diese Lehre vernachlässigt den irrationalen Einschlag des Phänomens. Welcher Täter pflegt schon die Chance ungünstigen Ausganges in Prozenten abzuschätzen? Und wie viele Prozent muß er sich vorgestellt haben (5, 6 oder 10 %)? Vor allem hängt davon nichts Entscheidendes ab. Es gibt einen — der

61 *Schröder*, S. 231.

62 GA 1957, 310 f.

Fahrlässigkeit zuzurechnenden — „bodenlosen Leichtsinn", bei dem auch das Bewußtsein von etwas „mehr als einer bloßen Möglichkeit" die höchst unvernünftige Zuversicht des Handelnden nicht erschüttert. Und andererseits kann bei sorgsamer Überlegung das Bewußtsein einer konkreten Möglichkeit (ohne jedes Mehr) sehr wohl genügen, um den vorsatzbegründenden Akt der Stellungnahme gegen das geschützte Rechtsgut herbeizuführen. Immerhin erfaßt das Kriterium *Mayers* die meisten Fälle richtig, so daß es als Indiz wertvoll ist.

c) Am genauesten wird der für uns maßgebende Gesichtspunkt durch die anfangs unter I 4 gekennzeichneten Lehren umschrieben, und zwar von verschiedenen Seiten her. Wenn *Germann* für den dolus eventualis darauf abstellt, ob der Täter die Möglichkeit des Erfolges „in seinen Willensentschluß einbezieht", so trifft er haarscharf eine unerläßliche Voraussetzung der Stellungnahme, die zur Bejahung des Vorsatzes führt: Wer den unerwünschten Erfolg ins Auge faßt, seine Eventualität in den Tatplan einkalkuliert und sie dadurch im *Stratenwerth*schen Sinne „ernst nimmt", anstatt sie unbedenklich und sorglos beiseite zu lassen, der hat für den äußersten Fall gegen das Rechtsgut entschieden und sich mit der Deliktsverwirklichung „abgefunden". Sehr gut hat dieses Moment auch einmal *Gallas*[63] ausgedrückt mit den Worten: „Wer die Kälte aufbringt, daß er ernstlich den Gedanken an das Erfolgsrisiko besteht, der handelt mit dolus eventualis."

Geht man von der bewußten Fahrlässigkeit aus, so ist das von *Stratenwerth* wieder zu Ehren gebrachte, früher namentlich bei *v. Hippel*[64] verwendete Kriterium des „Leichtsinns" ein recht brauchbares Abgrenzungsmerkmal. Es appelliert freilich insofern an das Vorverständnis des Lesers, als man die Bewußtseinshaltung, die in diesem Zusammenhang mit dem Prädikat „Leichtsinn" belegt wird, schon kennen muß, um die einzelnen Elemente der bewußten Fahrlässigkeit aus ihm herausholen zu können. Was aber *Stratenwerth* über das Ernst- und Leichtnehmen interpretierend sagt, trifft genau die hier gemeinte Grenzlinie. Im ersten Fall, heißt es bei ihm[65], müsse der Handelnde „zu dem negativ-wertigen Erfolg selbst Stellung beziehen und sich entscheiden, ob er ihn um höherbewerteter Ziele willen in Kauf nehmen oder die geplante Handlung unterlassen will. Im zweiten Falle dispensiert er sich von einer solchen Stellungnahme, weil er die gefahrträchtigen Momente der Situation ein-

---

63 Niederschriften, S. 121.

64 Vgl. nur: Die Grenze von Vorsatz und Fahrlässigkeit, 1903, S. 125 ff.

65 ZStW 71, 58.

klammert und sich darauf verläßt, daß der negativ-wertige Erfolg nicht eintreten werde"[66]. Hier wird — bemerkenswerterweise von ganz anderen Ausgangspunkten her — die uns leitende „Entscheidung für die mögliche Rechtsgüterverletzung" unmittelbar zum Kriterium der Abschichtung gemacht.

6. Mit den bisher geschilderten Versuchen ist die Grenze der beiden Schuldformen verhältnismäßig präzise bestimmt. Natürlich kann es fruchtbar sein, auch andere Momente, die in den gegenwärtig vorherrschenden Lehren mehr beiläufig anklingen, einmal in den Vordergrund zu rücken; etwa die Unterscheidung von rational und irrational bestimmtem Verhalten oder von zielgerichteter Abwägung und unvernünftiger Nichtabwägung. Solche Merkmale wirken in der Anwendung auf unsere Beispiele recht erhellend. Für die Täter unserer *BGH*-Fälle etwa ist es kennzeichnend, daß sie ihre Beute bzw. die Freiheit mehr schätzten als das Leben der Opfer und folglich in dem durch die Situation geschaffenen Konflikt eine Abwägung der im Widerstreit stehenden Güter vornahmen, die im Hinblick auf ihre primären Ziele zweckentsprechend war, aber der Rechtsordnung zuwiderlief.

Das ist bei der bewußten Fahrlässigkeit ganz anders. Es kann — man denke nur an unsere Beispiele! — keine Rede davon sein, daß der waghalsige Autofahrer und der leichtsinnige Lehrer irgend etwas höher bewerteten als das Leben ihrer Opfer. Sie haben keine Ziele, die auch nur in ihren eigenen Augen gegenüber dem drohenden Schaden ins Gewicht fallen könnten; für sie stehen keine Güter gegeneinander, zwischen denen sie entscheiden müßten. Was man den bewußt fahrlässig Handelnden vorwerfen kann, ist vielmehr die oft hochgradige Unvernunft, mit der sie eine Abwägung unterlassen haben: Sie denken zwar an den Erfolg, aber sie denken nicht nach; sie sehen die Möglichkeit nur, um in sorglosem Zutrauen über sie hinwegzusehen. Wo ein umsichtiger Mensch überlegen und sein Verhalten danach einrichten würde, verlacht der bewußt fahrlässige Täter in unbegründetem Optimismus, was ihm sein Verstand sagt. In dieser Unvernunft liegt ein charakteristischer Gegensatz. Denn der bedingt vorsätzliche Täter handelt nach dem Maßstab seiner Wertabwägung vernünftig; und selbst der unbewußt Fahrlässige ist zwar unauf-

---

[66] Vortrefflich auch *Welzel,* S. 64, der den Leichtsinn (= bewußte Fahrlässigkeit) beschreibt als „eine eigenständige, voluntative Einstellung beim Handeln, die intellektuell die Gefahrvorstellung einschließt, aber voluntativ (bei der Entschlußfassung) die Realisierung der Gefahr ausklammert".

merksam, aber nicht eigentlich unvernünftig; dazu bedürfte es einer Ignorierung der Vernunftstimme, die sich hier gar nicht erst gemeldet hat.

Bei dieser Blickrichtung tritt die Schulddifferenz zwischen dolus eventualis und bewußter Fahrlässigkeit, von der wir ausgegangen sind, besonders deutlich hervor. Der Vorsatztäter hat sich — wenn auch vielleicht nur bedingungsweise und notgedrungen — gegen das Recht gestellt. Der bewußt fahrlässige Täter hat dagegen bei prinzipieller Rechtstreue außer acht gelassen, was der Verstand ihm sagte. Unvernunft ist, selbst wo sie als Leichtfertigkeit auftritt[67], noch keine Schlechtigkeit, keine Rechtsfeindschaft. Deshalb besteht zwischen dolus eventualis und bewußter Fahrlässigkeit ein qualitativer, nicht nur ein quantitativer Unterschied. Er macht die verschiedene Behandlung, die der Gesetzgeber den beiden Schuldformen angedeihen läßt, auch im Grenzbereich verständlich.

7. In ähnlicher Art ließen sich noch manche Züge schärfer herausheben. Sie erschöpfen in ihrer Vereinzelung das Phänomen keineswegs, tragen aber zu seiner immer exakteren Umschreibung bei. In dieser Richtung, scheint mir, müßte auch die dogmatische Arbeit weitergehen. Etwas prinzipiell Neues wird sich nach allem, was zum Thema in den letzten 100 Jahren gesagt worden ist, nicht mehr auffinden lassen. Aber eine Analyse des gesamten Rechtsprechungsmaterials und eine vertiefte Durchdringung der psychologischen Grundlagen könnte noch so vieles prägnanter umgrenzen und so viele bisher vernachlässigte Aspekte ans Tageslicht bringen, daß für die Zukunft genug zu tun bleibt.

Nachbemerkung:

Die hier abgedruckte Arbeit versucht anhand einer kritischen Besprechung der höchstrichterlichen Rechtsprechung eine Einführung in die Gesamtproblematik der Vorsatzabgrenzung unter Einbeziehung aller bisher vorgetragenen Lehrmeinungen zu geben. Mein eigener Vorschlag ist, wie sich schon aus dem Text ergibt, durch die Abhandlung von *Stratenwerth* über „Dolus eventualis und bewußte

---

[67] Das beachtet m. E. *Gessner,* S. 113 u. passim, nicht genügend, wenn er die Fälle der Leichtfertigkeit alle zum Vorsatz schlägt. Für die bewußte Fahrlässigkeit bleiben bei ihm nur Situationen übrig, wo der Täter „die von ihm zu erwartende Rücksichtnahme und Wertschätzung für die fremden Rechtsgüter bewiesen hat". Was das für Fälle sein sollen, die danach für die bewußte Fahrlässigkeit übrigbleiben, ist mir nicht recht klar.

Fahrlässigkeit" (in: ZStW, Bd. 71, 1959, S. 51 ff.) wesentlich beeinflußt worden. *Stratenwerth* hat jetzt das von mir vorgeschlagene Kriterium der „Entscheidung für die mögliche Tatbestandsverwirklichung" bzw. „gegen das geschützte Rechtsgut" aufgenommen (Allg. Teil, Randnr. 321—326) und so auch von seiner Seite aus die Übereinstimmung bestätigt. Dieselbe Auffassung vertritt auch *Ambrosius* in seinen „Untersuchungen zur Vorsatzabgrenzung", 1966. Die jüngste ausführlichere Stellungnahme zum Thema in der Monographie von Jakobs, Studien zum fahrlässigen Erfolgsdelikt, 1972, S. 104 bis 119, nähert sich weitgehend der oben erörterten Lehre von Schröder und Schmidhäuser, bewegt sich aber mit der Ablehnung aller Billigungs- und Gleichgültigkeitstheorien ganz auf der hier verfolgten Linie.

Das 2. Strafrechtsreformgesetz hat darauf verzichtet, die Grenze von Vorsatz und Fahrlässigkeit definitorisch festzulegen. Der oben erörterte § 16 des E 1962 wird also nicht Gesetz werden, so daß alle miteinander streitenden Auffassungen auch für das künftige Recht noch von Bedeutung sein werden.

www.ingramcontent.com/pod-product-compliance
Lightning Source LLC
LaVergne TN
LVHW010649300926
849161LV00005B/1075